中交二航局
第四工程有限公司
发展史

1955—2015

中交二航局第四工程有限公司　编著

安徽师范大学出版社

·芜湖·

责任编辑:祝凤霞　何章艳　房国贵
装帧设计:丁奕奕

图书在版编目(CIP)数据

中交二航局第四工程有限公司发展史 / 中交二航局第四工程有限公司编著. —芜湖 : 安徽师范大学出版社,2016.5
ISBN 978-7-5676-2506-8

Ⅰ. ①中… Ⅱ. ①中… Ⅲ. ①建筑企业-经济史-中国 Ⅳ. ①F426.9

中国版本图书馆CIP数据核字(2016)第112592号

ZHONGJIAOERHANGJU DISIGONGCHENGYOUXIANGONGSI FAZHAN SHI

中交二航局第四工程有限公司发展史

中交二航局第四工程有限公司　编著

出版发行:安徽师范大学出版社
芜湖市九华南路189号安徽师范大学花津校区　邮政编码:241002
网　　址:http://www.ahnupress.com/
发 行 部:0553-3883578　5910327　5910310(传真)　E-mail:asdcbsfxb@126.com
印　　刷:安徽新华印刷股份有限公司
版　　次:2016年5月第1版
印　　次:2016年5月第1次印刷
规　　格:700 mm ×1000 mm　1/16
印　　张:27.25
字　　数:452千
书　　号:ISBN 978-7-5676-2506-8
定　　价:118.00元

中交二航局有限公司董事长、党委书记蒋成双为四公司六十周年题词

本书编委会名单

主　任：秦体达

副主任：张国云　张　玮

编　委：秦体达　张国云　张　玮　焦贤模　吴天寿
　　　　尤　田　唐　启　程跃辉　王德怀　赵成立
　　　　徐　琨　罗　仕　张宏武　曾亿忠　杨　辛

主　编：焦贤模

副主编：邱　阳　王　力　唐元元

主要执笔人：李水泉

参与编写人员：方　顶　刘　兵　孙华才
　　　　　　　高梁栋　苏胜丰　陶　涛

寄语

四公司

峥嵘60年，风云一甲子。“厚重、稳健、务实、创新”的四公司人，60年砥砺前行，开拓创新，谱写了非凡的发展史。

从筑港长江到走向沿海，从建桥劲旅到多元发展，从扬名国内到转战海外，四公司以坚实的脚步踏响时代的主旋律。几代四公司人不畏艰难，务实奋进，创新图强，开创了四公司良好的发展局面。如今的四公司人，已经接过发展的接力棒，以“五商中交”“品质二航”为引领，开启了转型升级、提质增效的新征程。

务实文化已经成为推动四公司发展的“软实力”，这样的文化，不仅四公司需要好好传承，整个二航局都应积极倡导。

站在新起点，寄语四公司：做规章制度的执行者，做企业形象的维护者，做桥品牌的支撑者，做转型发展的领跑者，为“百年二航”事业做出新的贡献！

中交二航局有限公司总经理

二〇一六年五月十日

湖北荆州大桥

安徽安庆长江大桥

桥梁工程

浙江杭州湾跨海大桥

江苏江阴大桥

上海长江隧桥

江苏南京长江三桥

安徽马鞍山长江大桥

桥梁工程

浙江金塘大桥

福建平潭海峡大桥

塞尔维亚泽蒙大桥

沪通铁路大桥

青荣客专豹础铺特大桥

铁路工程

杭黄铁路富春江特大桥

哈大铁路

宿淮铁路

湖北洪湖螺山船闸

福建三明官蟹船闸

广州新沙港

深圳盐田港

水工工程

广西钦州港

朱家桥外贸码头

江苏国信码头

安徽庐铜高速公路

广西钦防高速公路

杭埠河大桥

广西南宁机场路

广西南百路

广西隆百高速公路

安徽芜湖中江桥

湖南株洲五桥

安徽合肥地铁2号线

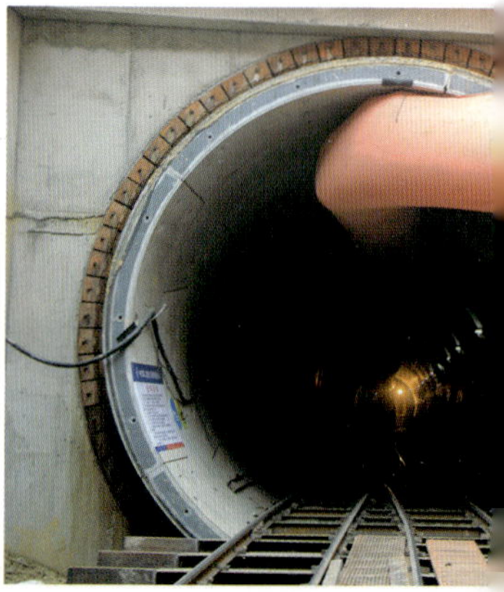

市政工程

湖南湘潭芙蓉大桥

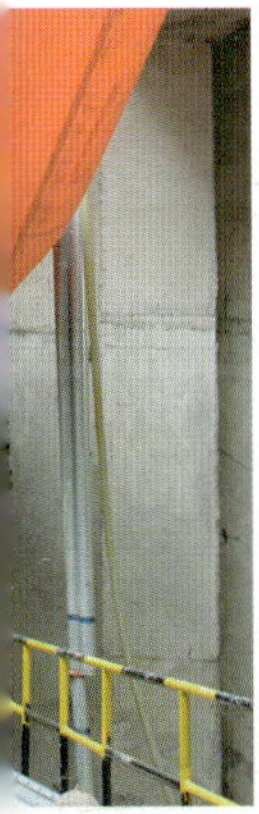

福州地铁

上海A15公路

江苏南京浦口管廊

江苏无锡地铁

前　言

中交第二航务工程局第四工程有限公司(以下简称“四公司”)从1955年裕溪口建港开始,已走过60年的发展历程。60年的峥嵘岁月,承载着四公司艰苦创业、开拓进取、稳健发展的光辉历程。

一

四公司是中国交通建设股份有限公司旗下中交第二航务工程局有限公司在安徽芜湖设立的全资子公司,是集路桥、水工、市政、铁路、轨道交通等工程施工于一体的大型综合性建筑企业。公司具有市政公用工程施工总承包一级、公路工程施工总承包一级、桥梁工程专业承包一级、公路路基工程专业承包一级等资质。

作为二航局在长江下游的主力施工队伍,四公司经历了漫长的孕育、成长期。1976年2月,“交通部第二航务工程局直属分处”正式成立,1977年12月正式更名为“交通部第二航务工程局第四工程处”(县团级)。1984年11月,为进一步落实企业经营自主权,二航局决定将所属工程处改为工程公司。第四工程处随之更名为“交通部第二航务工程局第四工程公司”。1999年6月,随着中国港湾建设集团总公司的成立,四公司更名为“中港第二航务工程局第四工程公司”。2002年4月,为利于二航局整体资质就位,二航局将所属公司变为分公司,四公司随之更名为“中港第二航务工程局第四工程分公司”。2005年7月,中港集团和路桥集团合并重组,成立了中国交通建设集团有限公司,四公司成为中交集团旗下三级分公司。2006年9月公司改名为“中交第二航务工程局有限公司第四分公司”。2010年5月，四公司完成了由分公司至全资子公司的改制。根据中交集团关于统一规范三级子公司名称的要求，公司正式定名为“中交第二航务工程局第四工程有限公司”。

历经60年的发展，至2015年6月，公司共有职工1 176人，有各类专业人员700余名，其中高级职称人员240余名，施工经验丰富的一、二级项目经理100余名。拥有各类大中型机械设备1 351台（艘），固定资产原值已达3.43亿元。

在60年的发展过程中，公司经营规模和生产能力不断跨越新平台。至2015年，公司经营额跨过100亿元大关，施工产值跃上40亿平台，施工足迹遍布全国20个省市及海外多个国家。

公司根据工程项目的需要，除每年组建20个左右的项目经理部外，目前还下设安徽分公司、湖南分公司、广西分公司、中东欧分公司、装备分公司、城轨分公司等6个分公司和试验检测中心、物流中心、技术分中心等机构。公司正在按新的资质定位，建立现代企业管理制度，推动事业持续健康地发展。

二

公司60年的发展历程，大致可分为五个阶段。

第一阶段：孕育成长期（1955—1972）。

1955年2月，国家计委和交通部召开了淮南铁路终点（裕溪口）建港会审会议，确定在芜湖裕溪口建设机械化煤港，并将该项目建设任务交给二航局（当时称航务工程总局第二工程局）自发自包管理。这是二航局成立之初承担的第一个大型项目。当时二航局刚成立不久，人员和装备能力都十分有限，为完成该项目施工任务，几乎举全局之力，连局机关都一起迁至裕溪口施工现场。在施工过程中组建了一、二两个工区，并在施工现场开展试验、科研活动，包括四公司在内的第一代“二航人”依托该项目得以成长。1958年4月，该项目建成后，第一工区仍立足裕溪口并在此基础上成立了第一工程处，承建了长江下游镇江至九江区段的多项工程，主要有马鞍山新港区工程，南京炼油厂万吨级油码头的设计与施工工程，九江、湖口等地的水工工程。1971年，第一工程处迁至汉口，在裕溪口设立留守处（四公司前身），在驻地周边继续承担“三线建设工程”和“三年大建港工程”等任务。

这一时期，在极其简陋的条件下，广大职工以高昂的热情不断探索筑港技术，取得了一些科研和革新成果，如创造了水冲沉桩、单船顶推沉排、喷射式深层井点降低地下水位等新技术并得到广泛应用。

这一时期的前期是国民经济恢复性发展期，航务事业刚刚兴起，沿江港口建设得到恢复发展。后期（1958—1972），由于受“大跃进”“三年严重困难”和“左”的错误思想等影响，迫使国民经济实行调整，基本建设战线压缩，刚兴起的航务事业任务严重不足，加之1966年的 “文化大革命”，企业再一次受到重创。然而，面对各种各样的困难，一批“二航人”多次经历风雨而不散，以裕溪口基地为依托，在港口水工工程建设领域砥砺前行。

第二阶段：开拓创业期（1973—1984）。

1977年12月“交通部第二航务工程局第四工程处”（县团级）正式成立。工程处成立后，完善了机关机构设置和下辖单位的组建，开始了自主创业的艰难历程。

1973年，上海海运局获港造船厂水工工程（简称“711工程”）开工建设。趁此机遇，公司在原裕溪口预制场的基础上，克服资金困难，以争取一部分国家投资、在“711工程”项目上列支一部分、自筹一部分的资金来源方式，自行设计，自行施工，历经数年，逐步建成后来长江边最大的混凝土预制品厂。此时的预制厂形成了“预制—水上运输—现场施工”一条龙的施工模式。这是二航局的首创，也是全国港口建设施工中的领先业绩。

随着港口建设任务的不断加大，大型船机设备不断增多，加上裕溪口基地地势低洼，交通不便，公司从1974年开始着手策划在芜湖市区择地建设芜湖基地。至1980年，芜湖基地第一期工程基本完成，包含以修船、钢结构制造、金属加工为主的修造厂，约2 000平方米四层办公大楼及1 000平方米的四层附楼，职工宿舍及大礼堂、职工食堂、浴室等生产生活设施。

这一时期公司出色地完成了以海军“九五工程”为代表的“三线建设工程”和以“711工程”为代表的“三年大建港工程”任务，主要包括：上海海运局获港船厂码头工程、安庆石化出口码头及廊道工程、高港磷矿码头、镇江大港港区一期工程、芜湖市中江桥工程、安庆市五里庙码头工程等。

这一时期，公司经历了企业调整整顿，各项管理步入正轨，取得了辉煌成就，主要亮点有：1982年，公司首次挺进市政工程施工领域，获得了芜湖市中江桥工程的施工权，突破了单一水工经营的品种局限；1984年，在建筑业改革基本体制、开放建筑市场、实行投标招标承揽施工任务时，公司夺得市场开放后第一次投放市场的安庆五里庙工程施工权，打破了“等、靠、要任务”的局面。

这一时期，公司在党的十一届三中全会精神指导下，坚持“两个文明”一起抓，思想建设上拨乱反正，职工队伍建设上开展“五四三”等活动，职工素质明显提高。1983年，公司在企业全面整顿中成为全局第一家验收合格单位。

第三阶段：改革发展期（1985—1994）。

这一时期，国家经济体制改革向纵深发展。四公司紧随全国改革进程，不断推出行之有效的改革措施。

1985年起，公司改革领导体制，正式推行经理负责制，推行以承包为核心内容的队长、厂长经济责任制；1987年起，施工体制上推行“鲁布革工程”管理经验，按项目法组织施工，促进“两层分离”；内部分配上，全面推行“百元产值工资含量系数包干”；干部任用和职工队伍建设上，实行招聘和优化组合。这些强有力的改革措施给公司带来前所未有的生机和活力，促使公司综合实力不断提高，施工产值和企业效益快速增长。1992年，公司产值首次突破亿元大关，达1.37亿元；1994年突破2亿大关，达2.12亿元。基于企业综合实力，1995年安徽省50强建筑企业评比中，四公司名列第九位。

这一时期公司抓住水工建设的“黄金时期”，不断调整经营策略，跨出长江，在东南沿海打造出一大批有影响力的大型水工工程，主要有广州港新沙一期工程、深圳盐田港一期集装箱码头及堆场工程等；主业延伸方面有六安九里沟船闸、福建官蟹船闸等影响国计民生的大型项目。

这一时期公司的施工技术水平迅速提高，产生了一大批先进的施工技术和先进工艺。其中新沙一期工程中格形钢板桩整体吊装、大面积深水回填砂的振冲密实技术被录入《新中国第一》一书。

这一时期企业的“两个文明”建设取得突出业绩。1985年起，公司先后被芜湖市政府命名为“文明单位”“先进集体”“最佳企业”“安徽省先进建筑企业”“安徽省文明单位”“安徽省建设AAA企业单位”等称号；在局开展的“四杯”“五杯”竞赛中多次获得“安全杯”“质量杯”“文明杯”“效益杯”。1989年，通过企业整顿验收，达到“交通行业国家二级企业”标准，同年被国家建设部批准为“国家一级工程总承包企业”。

第四阶段：转型发展期（1995—2006）。

公司发展至1994年，生产能力和企业规模不断壮大，然而港口水工建设项目黄金期已过，出现萎缩走势。据此现实，公司决策层审时度势，决定转轨变型，进入市场走多元化经营的路子。1995年以承接福建刺桐大桥、江苏江阴长江大桥A标为转折点，将传统水工技术成功嫁接到大型桥梁施工中，实现了由传统水工工程向特大型桥梁工程施工领域的具有里程碑意义的跨越。也就是从1995年起，公司在大型桥梁建设施工领域完成了“生力军—主力军—领军”的发展过程，不断打造出跨江跨海世界级桥梁品牌工程，主要有：浙江杭州湾跨海大桥、南京长江三桥、浙江舟山金塘跨海大桥、上海长江大桥、湖南株洲天元大桥等。同时在高速公路施工领域也取得突破，以广西钦防路为起点，翻开了高速公路施工的新篇章。

不鸣则已，一鸣惊人，公司转入路桥施工后，不断创造出“品牌工程”，获得许多荣誉。这一时期获得的奖项主要有：江阴长江公路大桥的大直径超长群桩基础为国内第一，获中国建设工程“鲁班奖”“詹天佑土木工程奖”；润扬长江大桥获“詹天佑土木工程奖”。

这一时期，公司的改革进入攻坚阶段，撤销了全部施工处，组建了内部“五大市场”，管理体系上打造“一体化”平台，导入绩效模式，开启了现代企业制度建设的新步伐。

公司坚持“围绕生产经营抓党建，搞好党建促经营”的指导思想及“文化兴局”的战略，切实开展党建和精神文明建设活动，加强廉政建设，创建防腐败体系。开展文明创建活动，保持省级文明单位称号；产生了一大批省部级及以上的先进个人，职工队伍素质由劳动密集型向智力密集型转变，职工素质进一步提高。

第五阶段：快速发展期(2007—2015)。

2006年，国家开放铁路建设市场，公司在局两个“三分天下”战略引领下，抢占先机，进入铁路施工领域，先后承接了哈大、宿淮、青荣、沪通、杭黄等铁路施工项目，实现了以桥梁为主到以桥梁、铁路并重的发展战略。同时，公司第一次走出国门，承接了塞尔维亚贝尔格莱德蒙泽大桥、黑山南北高速公路等海外项目。公司发展到此阶段，经营品种已经涵盖了传统水工、路桥、铁路、市政、轻轨等领域，经营范围已拓展到海外，且主要传统经济技术指标连创新高，生产规模不断扩大，企业利润持续增长，装备实力明显增强，技术创新成就显著。公司正迅速步入持续稳定发展的快车道，并呈现扩张发展的态势。

这一时期，公司建造出一大批有国际影响力的大型项目。其中主要有安徽马鞍山长江大桥、广东广州猎德大桥、浙江嘉绍跨海大桥、浙江曹娥江大桥、广东南澳大桥、福建平潭海峡大桥、福建泉州湾跨海大桥、江苏沪通长江大桥、广西隆百高速公路、湖南湘江五桥以及多项铁路工程。

这期间，通过自主创新产生了一大批科技成果。2007年南京长江三桥获国际桥梁界最高奖项“古斯塔夫斯·林德恩斯奖”，这是该奖项1999年设立以来第一次授予中国的桥梁项目；沪通长江大桥被国际桥梁大会(IBC)授予“乔治·理查德森奖”，成为我国首个荣获该国际奖项的项目；杭州湾跨海大桥“大直径超长钢管桩设计、制造、防腐和施工成套技术”达到国际领先水平，获2007年中国公路协会科技进步一等奖；上海长江大桥“宽阔水域独立塔分体式共轨共面钢箱梁特大跨海斜拉桥关键施工技术研究”获国家科技创新成果一等奖；南京长江四桥南锚碇基础施工技术创中国企业新纪录，其基础采用井筒式地连墙结构形式为国内首创。

三

回顾过去，由于受到计划经济体制影响，公司完成产值1 000万元以下长达30年；直至1985年实行经理负责制之后，在激烈的市场竞争中，公司抓住不同的历史机遇，企业生产才开始呈现持续、稳定发展的态势，1995年转入路桥施工和2007年挺进铁路施工领域的两次大的转轨经营，使公司跨入快速发展的新常态，并积累了一系列发展经验。

第一，根据市场规律，制定科学的经营战略是发展的先决条件。

1985年之前，公司基本局限于长江下游，在计划经济的束缚下，只有单一水工工程施工；而1985年之后，公司根据市场变化，不断修正经营方针，扩大了经营范围。1995年完成了由水工向路桥施工的转变，2007年成功挺进铁路施工领域。两次大的产业扩展，使公司立足市场前沿，奠定了公司持续发展的基础。

第二，建设高素质的员工队伍是企业发展的力量源泉。

公司一直把职工队伍素质建设作为公司发展方针之一，实施局提出的“十百千”人才工程，采取引进、自培、招收大中专毕业生等办法，增加技术人员、管理人员，走智力密集型发展道路。高级工程师、高级建造师、高级会计师、高级经济师和高级技师日渐增加，逐渐形成有利于人才成长的激励机制和管理运行机制，一代代高素质的人才队伍成为企业发展的源泉和动力。

第三，打造品牌效应、提升企业核心竞争力是企业发展的坚实基础。

发挥品牌的辐射效应，不断打造出精品工程，使“桥梁品牌”成为公司发展的基石，同时根据需要不断增加主要工程设备，不断提升企业核心竞争力。在施工过程中，一批兢兢业业的员工结合实际刻苦钻研，形成了大量的高品格的施工工艺和工法，掌握了核心技术，形成了积极影响。

第四，精神文明建设和企业文化建设为企业发展提供了精神动力和智力支持。

自20世纪80年代末以来，二航局着力塑造“争科技领先，创管理一流”的企业精神，进入21世纪后，二航局又适时提出核心价值观、企业使命、企业愿景，不断丰富企业文化内涵。四公司在发展的各阶段努力践行企业精神和企业文化建设的各项要求，将自身发展过程中沉淀的深厚文化底蕴不断传承和发扬，并且形成了公司“厚重、稳健、务实、创新”的文化共识，营造厚重而不沉重、稳健而不失灵动、务实而不刻板、创新而不浮躁的文化氛围。这种文化因子深植于员工心里，渗透到他们的理念中，成为企业持续发展的精神动力。

公司60年的发展历程，是一部把握时代脉搏，踩准时代节拍，不断解放思想，坚持强化自我，始终追求卓越的历史。60年的发展历程，取得的成绩值得自豪，积累的经验弥足珍贵，它将激励四公司员工在新的历史时期肩负责任和使命，迎接困难和挑战，发扬顺时应变、攻坚克难的优良传统，在打造升级版二航四公司的征途中续写新的历史篇章！

目　　录
Contents

第一章　创业之初　曲折前行

（1955—1972）

解放战争前，长江港口建设十分落后，其码头多为原始的斜坡码头，只有少量的木栈桥加趸船组成的浮码头，且设施十分简陋。解放战争期间，国民党军队溃逃时，又对各主要港口进行轰炸、破坏，长江上能用的港口所剩无几，满目疮痍，破败不堪。

1949 年 10 月 1 日，中华人民共和国成立，开创了中国历史的新纪元。新中国成立之初，1949 年 11 月 19 日至 12 月 28 日，交通部召开了首届全国航务、公路会议，确定了建国初期我国交通运输发展的方针、任务，并号召各方要相互学习，通力合作，克服困难，恢复航运，迎接交通运输业的复兴，就此拉开了港口建设的序幕。

第一节　长江筑港队伍的形成

一、浦口码头抢修工程委员会成立

(一)浦口码头抢修工程委员会成立

南京港是南北铁路交通和长江下游水运的重要枢纽。下关和浦口一带河床历来不稳，自 1931 年起，长江在浦口上游 5 千米处形成白沙洲，且逐年顺水延展，长江主流被迫北移，直冲浦口码头，造成浦口岸线连年坍塌，1948 年后日渐加剧，使三民码头全部坍毁，大量煤炭被水冲走。1949 年浦口相继被水冲塌码头6座，坍塌线长达1 800米，全部津浦码头岸壁均有裂纹出现，浦口发电厂、火车站以及铁路轮渡栈桥等重要建筑受到严重威胁。

中央人民政府对于浦口岸线的严峻形势极为关注，尽管当时国家财政困难，还是把浦口抢险护岸工程列为全国重点项目。1950年1月，政务院财政经济委员会决定，由交通部主持，并由交通部、铁道部、水利部、华东财政经济委员会、南京市人民政府联合组成浦口码头抢修工程委员会。交通部副部长季方任主任委员，南京市副市长柯庆施与华东水利部副部长刘宠光任副主任委员。抢修工程委员会在20天内建立起各级领导机构，委员会设秘书处、检查处、技术室、材料处、工程处、船舶运输处、劳工处、浦口办事处等八个职能部门，下设护岸、疏浚、白沙洲人工挖泥等三个工程总队和测量队。从19个单位调集工作人员及工程师达700余人，高峰时动员近万名劳动力参加施工。

浦口码头抢修工程1950年2月18日开工，8月31日完工。本工程调集的人员、设备在完成各自任务后返回原单位。护岸工程总队中交通部新港工程局派出的人员也大多返回天津新港，留下少数人员准备1951年南京港第二期整治工程，并以此为基础成立交通部新港工程局长江区工程筹备处。交通部浦口码头抢修工程委员会于1950年年底撤销，其房产、家具和材料处的未了事宜，统由交通部新港工程局长江区工程筹备处接收处理。

二、南京港整治工程局成立

经过1950年南京港浦口码头抢修工程，已使长江主流离开浦口岸边向江心移动，岸边深槽缩小，江心航道已逐渐刷深，白沙洲附近北泓水量已部分移到江心，这些都说明在向有利方向变化。为确保南京港岸线的安全，尚需进行第二期治理，其任务仍为整流抛泥与护岸两部分。鉴于本工程关系着许多部门，3月10日，经交通部报政务院财政经济委员会批准，成立了交通部南京港整治工程委员会。由交通部航务总局副局长高原任主任委员，水利部长江下游工程局局长苌宗商、南京市建设局局长邓吴明、铁道部蚌埠分局局长胡卫中任副主任委员，南京市总工会副主任邵雪岭、南京市水上公安局局长黄聚文、新港工程局局长周纶、南京航务分局局长李宁任委员。3月12日，由交通部新港工程局抽调干部组成的交通部南京港整治工程局正式成立(办公地址设在南京中山北路虹桥路20号,后迁挹江门内南祖师庵1号),由周纶任局长,李宁任副局长,田述基任总工程师。局机关设置五科(秘书、人事、保卫、会计、材料)、一室(总工程师室),下属护岸、疏浚两个工程总队和一个测量队。截至3月22日,共有职工231人,内有新港工程局调来干部78人,工人133人,合计211人,占职工总人数的91.3%。施工高峰期职工人数达到638人,其中干部101人,工人482人,其他55人。第二期治理工程于3月14日开始,12月3日结束。

三、长江航道工程局的成立

1951年7月,交通部召开的第二届全国航务会议决定,成立交通部航道工程总局。同时决定以南京港整治工程局为基础,组建交通部长江航道工程局。同年10月29日,长江航道工程局正式成立,同南京港整治工程局合署办公。由李益民任长江航道工程局副局长兼南京港整治工程局局长。1952年12月12日,交通部调任卢宝成为长江航道工程局第二副局长。长江航道工程局与南京港整治工程局系一套机构两块牌子,属于南京港整治工程的工作,以南京港整治工程局名义对外;属于长江沿线的航道疏浚、港湾建设工程,以长江航道工程局名义对外。

长江航道工程局的职工队伍,主要由以下几部分人员组成:①南京港整治工程局原向其他单位借调、长江航道工程局成立后陆续正式办理调入手续的人员;②根据工作需要,在南京地区新招收的一部分人员;③参加南京浦口码头抢修工程完成任务后留下的人员。

长江航道工程局成立一年半时间,承担了长江沿岸各港口码头的勘察设计施工和航道整治疏浚任务。

四、筑港工程公司长江区工程处成立

1953年2月,交通部航道工程总局改名为航务工程总局,下属设计、筑港工程、疏浚、打捞4个公司。2月7日,交通部长江航道工程局划归航务工程总局筑港工程公司领导,更名为“交通部航务工程总局筑港工程公司长江区工程处”,李益民任代处长,5月17日史安任处长,卢宝成任副处长,办公地址仍在南京南祖师庵1号。同年9月20日筑港工程公司改称筑港工程局,长江区工程处亦于24日改名为“交通部航务工程总局筑港工程局长江区工程处”。根据施工生产需要,长江区工程处下设直属单位有第一、二、三工程队,川江炸滩工程队和机具修配厂以及汉口办事处(1953年4月13日成立,11月19日长江区工程处迁武汉市黄陂街323号新址办公)。一支从无到有、由小到大的长江筑港队伍,伴着中华人民共和国的前进脚步,开始在长江区域逐步形成。

五、第二航务工程局的成立及其沿革

1955年2月10日,根据国家建设和“一五”计划的安排,为适应长江区域筑港事业的发展,交通部决定撤销“筑港工程局”,并将该局原属“长江区工程处”与“天津新港工程队”一部分合并成立“航务工程总局第二工程局”,由“交通部航务工程总局”直接领导。

1956年9月4日,交通部决定“航务工程总局第二工程局”更名为“交通部航务工程局第二工程局”。第二航务工程局便由此正式成立,开始了在长江流域的筑港生涯。

为贯彻“地、群、普”的交通建设方针,发挥省、市、地方交通部门的积极性,根据中共中央、国务院关于“精简机构、下放人员”的指示精神,交通部于1958年6月发布《关于交通事业、企业管理体制下放的决定》,指出:“长江(汉口)以原第二工程局为基础,将水运设计院土壤试验室并入,并抽调成套设计人员组合成全能设计施工单位,下放湖北省。以汉口为基点,担负长江南京至重庆河港的建设任务,并抽调部分技术干部支持各省。”根据这一决定,第二工程局于1958年7月正式下放湖北省交通厅领导。9月27日,湖北省交通厅将第二工程局更名为“湖北省交通厅航务工程局”。

航务工程局由交通部下放湖北省后,仍承担长江沿线包括川、湘、赣、皖、苏等省筑港任务。对上述省外工程的安排,湖北省存在着单方协调困难,对施工中出现的问题,如任务安排、材料供应等又无力解决的状况。为有利于建设,方便工作,1959年4月,交通部遵照国务院《关于调整若干企业隶属关系的通知》精神,决定收回航务工程局,并定名为“长江航运管理局航务工程局”,实行交通部和长航局双重领导。其设计施工任务的安排、计划、财务管理以及技术力量的组织调配等由交通部水运工程局为主领导。

在此期间,第二航务工程局以承担国家“一五”计划156项重点工程之一的裕溪口机械化煤炭装卸运输码头为开端,相继承建了“四港一厂”,即武汉杨泗庙新港区、马鞍山港、裕溪口港二期工程、武钢工业港、长航青山船厂的建设任务,掀起了长江筑港建设的第一个高潮。在承建这批重点工程中,航务工程局得以迅速发展,在芜湖裕溪口、武汉两地相继组建了4个工程处,1个船舶机械修造厂,除负责船机修造及港机安装外,还开始自制部分施工机具,以装备施工队伍。

1958年,交通部水运设计院部分技术人员下放航务工程局,组建了局属勘察设计处。后又在裕溪口建港工程施工中形成的中心试验室的基础上成立了局属科研所。至此,航务工程局已发展成为具有勘察、设计、科研、施工、船机修造、安装于一体的综合性航务工程施工企业。

1960年至1962年,由于“大跃进”等影响,国民经济处于严重困难时期,国家压缩基本建设投资,航务工程任务严重不足。1962年6月,长江航运管理局决定撤销“长江航运管理局航务工程局”,有关长江航务工程任务改由长航局直接负责办理。航务工程局撤销后,原下属勘察设计处并入长航局科研院,第一、二工程处缩编为长航局第一、二工程队,机械修造厂改为长航局机具检修厂。原有职工,除上述单位需要留下971人外,其余710人均作编余处理。原有资产,包括船舶机具设备、库存材料、器材、房地产、家具、行政车辆、炊具以及学校、幼儿园的用品、医疗设备及药品,农场及所属农具、农副产品等,分别移交长航局所属各有关单位及相关部门。此时,航务工程局建制撤销,骨干调离,资产流失,元气大伤。

1962年11月19日,时隔长航撤销令下达5个月后,交通部从发展航务事业出发,根据当时部内外及国防水工建设任务的需要,做出了关于“将原属航务工程局的勘察、设计、施工、船机检修等技术力量,包括原有的各项施工船舶、机具等单独组建一个工程处”的决定,定名为“交通部长江航务工程处”,归交通部直接领导,党的工作仍由长航局党委领导,并对恢复、重建工作提出了具体要求:①原属航务工程局的机具、船舶等固定资产随机转移,尚未调出的机具、船舶一律停止外调,已调走的按航务工程局租借办法由工程处与调入单位办理租借手续;②核算体制按交通部〔1962〕交财基字999号文件办理;③办公家具及房屋已分用了的,应重新考虑,以保留部分够用、略有富余为原则;④各级干部应配备齐全,处一级领导和机构编制报部批准。交通部的这一决定,不仅及时挽救了航务工程局,同时也挽救和保护了一支独具特色的部属航务工程的专业骨干队伍。

在长江航务工程处组建之际,1963年1月18日,交通部再次决定恢复航务工程局,并定名为“交通部长江航务工程局”,由交通部直接领导。同年4月17日,交通部下达了《关于更改四个直属航务工程局名称的通知》,指出

"我部所属航务工程单位的工作均具有服务面广、流动性大的特点，而其名称则大部分是以其驻扎地命名，与其业务范围的广阔性不相适应"。决定自即日起将所属航务工程单位均作更改，由交通部航务工程局直接领导。交通部长江航务工程局由此更名为"交通部第二航务工程局"。

第二节 承建长江重点工程

一、裕溪口煤码头建设

（一）裕溪口建港的时代背景

芜湖是中国的"四大米市（无锡、长沙、芜湖、九江）"之一，她南倚皖南山系，北望江淮平原，浩浩长江自城西南向东北缓缓流过，青弋江自东南向西北穿城而过，汇入长江。这里地理位置优越，河网密布，交通便利。相传，从明朝中叶开始，芜湖便商贾云集，米号粮行鳞次栉比，每年都有几千万石大米在此集散，到后来发展成为农产品的重要集散地和内陆商市。到了近代，在四大米市中，芜湖又被誉为"万货之会"，名列"四大米市"之首。在这片热土上，货物的出口及中转，经久不衰。

裕溪口是芜湖江北的门户，自古以来就是连接皖中、皖西的水冲要道，裕溪河与长江在此交汇，铁路专用线直达码头，水路、铁路运输十分便利。1934年淮南铁路通车后，淮南矿所产煤炭即从裕溪口出口，陆运转水运，到达长江中下游各地，煤炭也成为芜湖港运量最大的货种。

中华人民共和国成立后，百废待兴，对煤炭的需求量与日俱增，特别是全国最大城市上海，时刻面临缺煤的威胁。据《芜湖港史》统计，1949年5月至12月，由裕溪口出口援运上海的煤炭达18万吨。1950年，由裕溪口运往上海的煤炭为29.5万吨；1951年，运往上海的煤炭为10.1万吨；1952年，运往上海的煤炭为32.4万吨。从新中国成立之初到1952年，由裕溪口出口运往上海的煤炭近百万吨，对恢复国民经济发挥了重要作用。

同时，南京浦口码头损坏严重，1949年浦口被水冲塌码头6座，坍塌线长达1 800米；再者，受浦口铁路轮渡密度的限制，运输有困难，经浦口运往苏南三角地区和上海的煤炭,也远远跟不上需要。为解决这一问题,确定部分煤炭由裕溪口水运至芜湖,再经由武宁线、宁沪线火车接运,翻开了芜湖水铁联运的开端,也拉开了裕溪口港扩建的序幕。图1-2-1为铁路海运联运图。

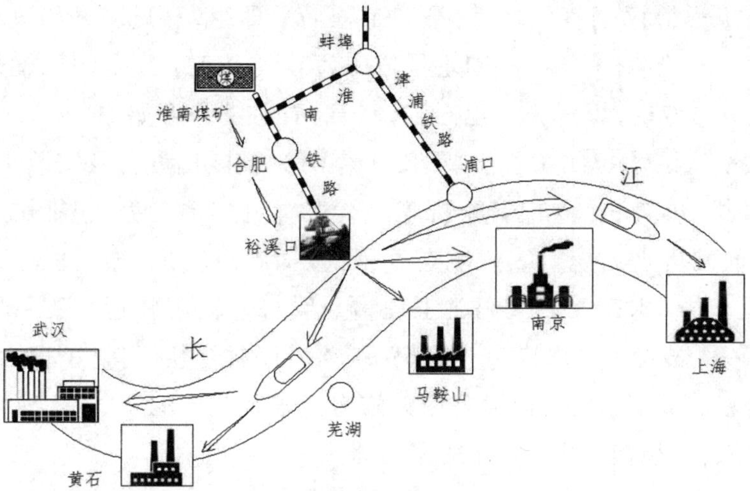

图1-2-1　铁路海运联运图

(二)裕溪口机械化煤码头的施工

1955年2月,国家计委和交通部召开了淮南铁路终点港建港会审会议,会议认为在裕溪口建港,能够利用原有铁路及部分现有设备,且地理位置优越,得天独厚,会议审定同意裕溪口建港方案,方案设计年吞吐量为250万吨,储煤容量5万吨。初步决定港区高程在12.66米到13米,第一期工程煤码头长度为120米,靠泊3 000吨级驳船,采用双墩装煤机码头,同时对木材码头、客货码头、装卸设备等,进行了认真研究。全部工程由交通部水运设计院设计,在设计裕溪口港机方案时,苏联建筑专家对工程的施工提供了建议。

1955年5月,长江航运管理局与航务工程总局第二工程局签订了"裕溪口建港工程协议书"。施工项目包括场地平整、大型临时工程、抢险工程、土方工程、煤码头、货码头、木材码头、柴排护岸、装煤机拆修、宿舍建造、机械调运等,全部工程总概算为1 700万元。1956年,根据交通部指示,改由第二工程局自发自包经营管理,对建港工程全面负责,即含施工、设备安装、港机操作人员培训等统管的“交钥匙”工程，第二工程局既履行建设单位的职能，又履行施工单位的职能。

1. 施工内容

建港工程协议书签订之后，第二工程局立即组织力量，开始进行抢险护岸工程。1955年11月15日，围埝土方工程首先开工，12月1日，输煤坑道开挖全面动工，20日，煤码头工程开工，24日，打桩工作开始。

由第一工区承担的工程主要有：①煤码头机械化设备及安装工程，包括安装装煤机、堆煤机、皮带运输机等。②煤坑道排水工程，包括坑道排水系统、坑道地面排水系统。③煤坑道工程，包括卸煤坑道、输煤坑道、机房、护坡、桥架、土方、木棚等。④码头工程，包括煤码头、客货运码头、军用码头、木材码头等，煤码头系墩座直立式码头，前沿停放趸船，可供3 000吨级船舶靠泊作业。⑤房建工程，包括公用设施房建工程957.84平方米、职工宿舍及其他福利设施房建工程5 190.68平方米。

2. 施工管理

在桩基施工中，采取了射水沉桩兼锤击的施工方法，这在长江流域施工中尚属首次。在装煤机安装中，因陋就简，用“木制土滑板”将重达7吨的装煤机架从江边滑到机座上就位安装。通过改装打桩船，将重达8吨的装煤机悬臂吊装到距水面高达23米的机架上，解决了当时无大型起重设备的困难。

一些专业性较强的工程项目，如铁路专用线的铺设和高压输变电项目，分别包给专业单位施工，并为分包单位解决材料供应和设备订购等问题。

港内铁路由交通部投资，技术设计委托铁道部办理，济南铁路局负责铺轨工程施工，第一工区负责铁路路基施工。为解决建港工程中电力照明问题，1955年，经交通部批准，接通了合肥—裕溪口高压线路，线路总长110.54千米。输变电安装部分分包给武汉送变电工程局一处施工，此线路工程自1956年11月1日正式开工，1957年9月底竣工，1958年3月15日17时正式送电，解决了裕溪口港区建设以及职工住宅所需用电。

当时，在施工生产中，严格推行月旬作业计划制度、工程任务单制度、限额领料单制度、工具领料单制度、组长日报表制度和计件工资制度等，建立了严格的操作规程和责任制度，实行责任到人，落实到人，在建筑物或施工部位上悬挂质量负责人铭牌,以便于检查明确责任。

3. 生活工作条件

裕溪口建港工地的生产生活条件较差,全局职工,从领导到群众,从干部到工人,从生产班组到机关科室积极投入“爱国建港安全生产劳动竞赛运动”热潮之中,从国家利益出发,不计较个人得失,以苦为荣,发扬艰苦创业的精神,实行大礼拜9小时工作制,干劲十足地共同劳动在工地上,同住在江堤用稻草搭建的工棚里,睡双层通铺。就连局机关办公室(图1-2-2),也是用稻草搭建的,生活办公条件极其简陋。

图1-2-2　当时局机关在裕溪口的办公室

1955年至1957年,为适应裕溪口建港和其他工程施工需要,先后由交通部拨款168万元,购置了部分新的工程船机设备,为机械化施工注入了新的力量,改变了过去施工中,由于缺乏施工机具,混凝土用人工搅拌和人工插捣以及材料搬运全靠肩挑人抬的落后状况,为加快工程进度,提高工程质量,创造了必要的条件。当时,裕溪口建港工地有3台搅拌机、7台振捣器、几十台轻轨斗车和两台起重机,相对来说,机械化程度有了大幅度提高,但是,由于任务重,时间紧,夜以继日“与洪水赛跑”,机具设备仍显得不足,混凝土的人工搅拌和人工插捣还屡见不鲜。

4. 人员组成

1955年10月，第二工程局组建第一工区，工区负责人为孙一冰、吴志清、任舒衡、李思纺等。

随着企业施工生产的发展，第二工程局职工人数逐年增长，1955年年初为948人，到了1960年年末，固定职工人数达到3 471人。职工人数的增长，主要来源有6个方面：①1955年从原筑港工程局天津新港工程队调进500名职工；②1955年至1956年从原第一工程局（湛江）等单位调来60名职工；③1958年交通部水运设计院下放188名职工；④1955年至1960年上级分配123名大中专院校毕业生；⑤1953年至1960年安置进局90余名部队复员转业军人；⑥1956年至1960年在湖北、安徽等地招收新职工2 500余名。这些职工大多安排在水工建筑、机修、船员等生产岗位上，做到各工种协调配套，形成综合生产能力。

5. 工程竣工

裕溪口建港工程，自1955年12月破土动工，至1958年4月全部竣工，实际工期2年零4个月，实际造价1 400余万元，比计划造价减少200余万元。经过试运行和试生产，各项技术数据均达到了设计要求。1958年4月5日，受国家计划委员会委托，以交通部航务工程总局成希颙副总工程师为首组成的验收委员会对工程进行了逐项验收鉴定，确认工程质量符合国家标准，同意验收，并移交长江航运管理局芜湖港务局正式投产使用。昔日的芦苇滩，兴建起来了全国内河第一座机械化煤码头。

裕溪口港的建成，特别是机械化煤码头的投产，解决了淮南煤炭的水陆联运问题，减轻了津浦铁路南段的运输压力，促进了工农业生产的发展。淮南煤矿是全国五大煤矿之一，1957年产煤量比1949年增加了3倍多，并继续增长。裕溪口，则是淮南煤矿出口的咽喉，陆水中转的枢纽。机械化煤码头的建成投产，结束了裕溪口以人工挑抬装卸煤炭的历史，年输出量提高两倍以上。同时，通过工程施工，积累了施工经验，培养锻炼了施工队伍，为二航局日后承担大型港口码头建设奠定了良好的基础。

机械化煤码头投产运营后，党和国家领导人非常重视，1958年4月25日，朱德副主席视察裕溪口新港区。同年10月21日，刘少奇主席视察裕溪口新港区。图1-2-3是建成后的裕溪口煤码头。

图1-2-3　建成的裕溪口煤码头

(三)裕溪口港二期扩建工程

1958年裕溪口煤码头建成投产后,由于受“大跃进”的影响,全党全民大炼钢铁,来自繁昌、当涂、宣城、贵池、南陵等地的大量矿石运集裕溪口,由裕溪口水转陆运至合肥、淮南、阜阳等地,这样,裕溪口很快就成了对全省大炼钢铁有举足轻重作用的矿石运输咽喉,货种的突然变化和任务的不断增加,使港口原有的工艺设备、吞吐能力等无法适应。

1958年6月,裕溪口港提出扩建意向,当时的计划极为庞大,不易得到国家的投资,计划迟迟未能执行。1958年9月,成立了安徽省裕溪口港扩建工程委员会和裕溪口扩建工程指挥部,开始进行扩建初期的吹填工程。1959年8月,上级领导机关批复,裕溪口扩建工程中的其他码头项目缓建,集中精力建好两座矿石码头即门吊码头。这项工程,经过全体建港人的努力,1962年年底宣告建成。

新建裕溪口门吊码头,是安徽省第一座高桩框架直立式码头,整个码头为钢筋混凝土框架结构,可以直接靠泊船只进行装卸作业,码头上有铁轨,安装了可以直线行走的门式起重机,码头长度188米,也是芜湖市最长的生产码头。码头后方紧靠堆场和铁路线,车船直接衔接,大大提高了作业效率。

裕溪口是淮南铁路南端终点,除货运外,每天有3至4列客车在裕溪口和蚌埠间对开,沟通皖南与淮南、淮北间的交通,旅客通过量很大。为了改变客运设施差的条件,皖江航运管理局芜湖分局于1963年春天,动工兴建裕溪口客运码头及候船室。1964年5月30日竣工投入使用。整个工程包括候船室一座、钢筋混凝土台阶码头一座、钢引桥一座,候船室占地面积2 000多平方米,可容千余名旅客,紧靠火车站,是裕溪口第一座设施较好的客运码头。

二、承建的其他主要工程

(一)马鞍山港新港区工程的设计与施工

马鞍山港新港区是为适应马鞍山市钢铁工业迅速发展,客货运输量急剧增加的需要,经安徽省报请国家建委批准,由交通部投资兴建的。

1958年12月,航务工程局接到马鞍山港务局《关于建设新港区的委托书》后,对建港的设计与施工进行了具体安排。由勘察设计处负责选址、布局规划、机械工艺和水工建筑的设计工作;由第一工程处负责水工建筑的施工,包括码头、护岸、堆场、道路和吹填土等工程的施工。

航务工程局勘察设计处于1959年1月派出人员赴马鞍山踏勘,2月派出设计小组,设计负责人为杨杰,到现场设计,4月完成初步设计,1960年12月完成全部设计工作。规划的第一作业区位于旧港区下游,自向山码头以下1 120米范围内,港区岸线稳定顺直,岸边水深,具有建港的良好条件,设计建设门式起重机直立式码头两个泊位,年通过能力为155万吨。规划的第二作业区位于谢家洼人头矶以上500米至1 500米范围内,由于受长江主流的冲刷,岸线坍塌严重,马鞍山市和马钢公司均要求在此建码头,故设计提出只宜建临时性斜坡码头,同时对此段提出观测要求。

航务工程局第一工程处于1959年4月组建马鞍山港建港工地,承担马鞍山港新港区的施工任务,施工负责人为任舒衡、刘挽黄、周钰峰、张瑞华。5

月人员正式进场，为赶工期，抢在枯水期施工，在材料供应不及时的情况下，对不需要国家统配材料的项目，如吹填土、护岸、斜坡码头等工程首先动工。10月才正式开始预制钢筋混凝土桩，12月底开始打桩。由于投资、材料供应等原因，1961年12月才基本完成码头主体工程。

由于马鞍山港新港区建设是在“边勘察、边设计、边施工”的情况下进行的，给设计、施工的进行和材料的供应造成不少的困难。为加快工程进度，保证工程质量，设计人员在设计中打破长江流域工程只能在枯水季节施工的惯例，编制出中、小洪水位施工方案，并首次采用桩基框架梁板结构装配的形式。施工人员在施工中，采用以水冲为主、锤击为辅的沉桩方法，同时，与正在施工的裕溪口港二期工程结合，在裕溪口建设了临时钢筋混凝土预制场和出桩码头，解决马鞍山港新港工程的急需。

马鞍山港新港工程自1959年开工至1962年竣工，历时4年。1963年9月，经长江航运管理局及有关单位验收，同意交付使用。

(二)南京炼油厂万吨级油码头的设计与施工

为适应南京炼油厂每年运进原油100万吨装卸任务的需要，1963年5月23日，石油部决定，在炼油厂北部长江右岸马龙山麓已建的4 500吨级油码头与货运码头之间新建万吨级油轮码头一座。同时在万吨级油码头下游279米处建造轻油码头一座。码头的设计与施工均由二航局承担，二航局勘察设计处以主办人邱景行为首的设计组，于同年7月至8月间到达现场进行技术经济调查，10月12日完成方案设计，1964年3月11日完成扩大初步设计，同年第三季度出施工图设计。设计内容为两个码头的水工建筑物和附属工程以及原有油库码头的拆迁、港区护岸工程等。二航局第一工程处、船舶机械处负责上述项目建筑安装工程的施工。为加强对工程的领导，成立了以地方领导为主的工作委员会，在工作委员会领导下组织了以甲方为主，由施工单位参加的指挥部。二航局也组织了由第一工程处、船舶机械处、勘察设计处和局工作小组参加的工地领导小组，协同统一领导。处机关搬至现场办公。工地领导小组主要负责人为任舒衡，施工技术负责人为刘挽黄，设备安装工程技术负责人为章德铸，全部工程于1964年9月26日开工，1965年7月20日竣工，工程预算造价175.97万元，实际造价156.61万元.

万吨级油码头为栈桥式结构，设计船型为万吨级一个泊位，年运量100万吨，设计高水位+8.7米（吴淞零点），低水位+1.70米，码头前最小水深11.03米。码头前方是12米×100米的钢质趸船，后方是钢管桩桩基墩台，墩台与趸船间架设宽5.12米的管道钢引桥与宽4.13米的人行钢引桥，两种引桥各由两节组成，节长25.9米及26.24米。

该码头安装有新型的平衡重消能设备共4座，设在与趸船连接的钢支撑端部，位于支撑墩处。每座最大允许冲击能力为50吨（钢支撑长29.5米）。这种消能设备对减少船舶对码头的撞击力，改善码头的受力状况，确保码头安全起到了重要作用。

岸上设有6个55吨系船柱，所有墩、台基础均为600毫米，壁厚分别为12毫米和14毫米16锰钢管桩，桩长23.3米至41.2米不等，共24根。基桩均沉至岩层，管桩内的泥土在沉桩后清除并采用水下浇筑混凝土。所有钢管桩因沉桩设备所限，均采用了接桩的方法。桥台桩全部为直桩，在陆上施打，桥墩及支承墩均为4:1斜桩，用打桩船在水上施打。该工程除节管、趸船为外加工，其余450吨钢构件均由二航局船舶机械处制作，并用32个工作日安装完成。

焊接由600毫米用16锰钢制成的钢管桩，特别是水上打斜桩时的接桩，都是第一次遇到，技术难度很大，通过开展技术练兵，采用加内衬管接头的方法，既保证了焊接质量，又加快了工程进度，提前3天完成水下打基桩任务。

该工程下沉钢管桩和水下浇混凝土两项施工被评为1964年建厂样板工程，设计获得国家建委颁发的奖状。1966年4月6日万吨油码头和轻油码头工程验收时被评为优良工程。

（三）刚果造船厂水工工程的施工

刚果是优质木材资源非常丰富的国家，为利用这一资源，发展民族工业，1967年刚果政府与中华人民共和国政府达成协议，中国政府用贷款形式援助刚果兴建年产14艘客货轮（其中有100客位设有一、二、三等舱现代化设施的木质客货轮）的小型造船厂一座，总投资555.4万法郎，刚果政府将该厂定名为“国家造船厂”。

1968年2月29日,国务院决定,该厂的筹建任务由广东省航运厅承担,航运厅水运规划院负责设计,广东省基建指挥部负责土建工程施工,第二航务工程局负责水工工程施工,由交通部作为对外总交货人。

为加强对援建统一领导,1969年7月26日,交通部决定组成由华南水运公司尹子森为组长,广东省基建指挥部李陆根和二航局王振远为副组长的专家组。下分土建施工技术组和水工施工技术组,由李陆根、王振远分别兼任组长。二航局共派出职工38人(技术主管郭巨武,技术人员姚明璋、陈春田,翻译梁永伦,潜水员、船员以及爆破、测量、木、瓦、钢筋、混凝土等工种技工)。

二航局援建的水工工程项目,主要包括200吨级高低轨横向梳式滑道一座、船台两座(一座有船棚)、钢结构移动式浮码头一座、木材码头一座以及浆砌块石护岸、厂区道路等。

刚果船厂水工工程,是二航局建局以来,第一次出国承担的援建项目。为确保工程的顺利完成,在国内注意做好施工前的准备,并指定以彭光荣为主的国内物资设备小组,负责采购工程需要的钢材、水泥、机具设备、爆破器材等,组织建造自航开底泥驳、钢引桥、组合驳,办理材料、设备出国托运手续,按国外工程进度要求,及时发运到刚果(仅水泥、钢材总量就有1 000多吨)。选调出国人员进行出国前的培训。在国外注意精心组织施工,根据施工组织设计的要求,为了加快工程进度,水工施工组设水上、陆上两个工段,分别承担水上、陆上工程的施工(工段负责人郑吉俊,赵汉生)。在施工中,针对工程所处的自然条件和地理情况,对重要工序,事先认真分析了有利和不利因素,制定了两套以上的施工方案和措施,从而保证了工程进度和质量。滑道基槽开挖,采用吸泥与抓斗结合,提高工效4至5倍。水下爆破,采用风钻和高压射水成孔,套管装药,最后提前一个半月完成了爆破任务。

由于二航局参加刚果船厂援建人员(图1-2-4),从组长到一般人员,从技术人员到工人,发扬了国际主义和集体主义精神,一律实行同吃、同住、同劳动、同报酬(每人每月只发生活零用费人民币40元),冒着非洲赤道炎热气候,团结协作,共同战斗。自1970年4月15日开工,到1971年4月10日竣工,顺利地完成了承担的施工任务,较计划工期(14个月)提前了2个月。同时也为刚果培养了第一代潜水员和一批船员、木工、钢筋工、砌坡工、瓦工等技术力量，因此，受到刚果政府和中国驻刚果大使馆的表扬。水工施工技术组组长王振远于1971年9月荣获了刚果政府授予的刚果国家勋章。

图1-2-4　刚果造船厂部分援建人员

刚果政府对造船厂项目十分重视，在工程进行中，刚果总统恩瓦比曾先后7次到工地视察，劳动党总书记、政府总理、部长等也经常到工地视察指导工作。造船厂建成投产后，建造的第一艘100个客位的客货轮下水时，万名群众载歌载舞在船厂集会庆祝，政府命名该轮为“光荣三天号”，即“国庆号”。中国访刚果军事代表团团长粟裕还亲临施工现场和驻地慰问，我国驻刚大使王雨田和经济参赞等经常亲自指导并协助解决援建中的资金和材料等问题。这些使二航局在刚果船厂工作的职工深受鼓舞。

通过援建工程，中国工程技术人员与刚方造船厂领导、工人建立了深厚友谊，特别是我施工潜水人员应邀打捞一受雇于别国企业不慎落水淹死的刚果工人的尸体，由于水流湍急，经过一天时间，不顾劳累多次下水，终于在水深20米处找到，守候在河岸近300名刚果人纷纷表示感谢。我国施工技术人员在完成援建任务回国时，除刚方政府举行送行仪式，许多刚方工人也自动到我驻地欢送。此处援助，也培养了二航局职工的爱国主义和国际主义精神，为提高祖国声誉、加深中刚友谊做出了贡献。

第三节　筑港技术的提高

一、掌握现代筑港技术

通过“一五”期间裕溪口港的建设，利用简陋的施工设备，开展群众性的技术革新，学习苏联先进经验，组织技术攻关，初步摸索总结出一套在长江上建设现代化大型综合性港口的经验，如水冲沉桩、沉排护岸、水下基床整平、浇筑水下混凝土、坑道防水等施工技术，并进行了电渗矽化加固土壤、捷罗克乳化沥青防水剂等研究工作。施工两年多，培养出一批可以独立担负工程任务的工程技术人员，培养的各种熟练技术工人达千名，为今后的港口建设准备了有生力量，改变了旧中国港口建设依靠外国人的局面。1958年开始承担长江上“四港一厂”的建设任务，设计、施工工作全面铺开。在长江上第一次设计和施工了直立式桩基框架和桩基梁板码头，提高预制装配程度，加快了工程建设速度，初步探索出一条在长江上克服水位限制，实施常年施工的新路子。土洋结合，土法上马，兴建了裕溪口临时预制场，生产出第一批桩、梁、板、框架等混凝土预制件(包括先张法预应力空心方桩)。特别是通过武钢工业港施工，成功地掌握了大直径钢筋混凝土管桩的制作和下沉的施工技术。在青山船厂梳式滑道施工中，成功应用喷射式深层井点降低地下水位的新技术，使全局的技术水平不断提高。

二、依靠群众大搞技术革命

创建初期，筑港工人的施工作业基本上靠手工操作，靠肩挑人抬。以后，为适应施工生产发展需要，逐步增添了少量土建施工机具，在一定程度上减轻了工人的劳动强度，但还远没有从繁重的体力劳动中解放出来。

1955年，为改变施工生产技术装备落后状况，以适应裕溪口建港工程的需要，全局开展了以提合理化建议、总结推广先进经验为主要内容的社会主义劳动竞赛，发动职工群众进行改良施工工具和创新操作技术等。1956年，为促进劳动竞赛的深入发展，成立了“合理化建议审议及先进经验鉴定委员会”，加强对竞赛活动的组织领导，推动施工工艺、操作技术、施工工具和其他方面的技术改革。据统计，1955年至1956年，共创造和推广先进经验28项。仅1956年职工提合理化建议就有400条，采纳170余条，其中有的建议经济价值明显。例如裕溪口建港工程之沉排工程建议减少一个沉排滑台，减薄排层厚度，减少沉排数量，同时在沉排时改两艘拖轮为一艘拖轮顶推，既为施工争取了时间，又降低了成本25万余元。煤码头沉桩根据建议改进打桩工艺，改装打桩船桩架，而不用木扒杆，大大加快了施工进度。安装装煤机施工，根据建议土法上马，采用滑移的办法，将重7吨至8吨的装煤机塔架安装就位，克服了缺少大型吊装设备的困难。

第二个五年计划开始后，随着国家经济建设的迅速发展，港口码头建设任务大幅度增加，全局面临十分喜人的生产形势。但施工主要建筑原材料供不应求，施工技术装备严重不足，已成为亟待解决的一个重大问题。

为了响应中央开展技术革新和技术革命运动的号召，1958年局拟订了“尽快实现施工机械化和半机械化，改变施工生产面貌”的规划，制定了“实现机械化半机械化施工，必须贯彻能洋则洋，不能洋则土，土洋并举，由土到洋”的方针。1959年局成立了科学技术工作委员会和技术革命办公室。随后，各工程处也相继组建了科研工作小组，以加强对技术革新和技术革命工作的领导。由于广大工人迫切要求从繁重的体力劳动中解放出来，因而职工搞“双革”的积极性很高。许多职工动脑筋想办法，提合理化建议，搞革新。据统计，1958年至1960年，全局共采纳职工合理化革新建议2 100多条，其中重大的325条，内容涉及科研、设计、施工、机具改良等各个方面。在码头工程设计上，首次采用高桩框架装配式结构，提高了装配程度，加快了施工进度。在土方工程施工中，用“车子化”代替了肩挑人抬。在施工机具革新上，自己武装自己，自行研制了全齿车床、龙门刨床、电动机、洗石机、筛砂机、钢筋加工机械、皮带运输机等多种设备，基本上实现了木工、钢筋加工、混凝土搅拌振捣以及沉桩、制桩、施工现场搬运的机械化配套。

通过“双革”运动和施工机械的增加，筑港施工已由过去以手工操作为主的作业方式改变为以机械化、半机械化为主,为提高工程质量,减轻工人劳动强度,完成施工任务,发挥了极其重要的作用。但在这一阶段中,由于“左”的思想影响,缺乏科学态度,盲目推广,粗制滥造,因而在人力物力上,也造成了一定的浪费。

三、科研与革新成果

(一)水冲沉桩

1955年,在承建裕溪口港工程中,煤码头的装煤机墩、引桥基墩及装煤机悬臂支架,均为钢筋混凝土管桩基础。煤码头为细砂地基,故在设计中根据苏联港口建筑工程专家的建议,对装煤机墩的截面尺寸55厘米×55厘米,长23米的基桩40根、引桥的基墩及装煤机悬臂支架的截面尺寸40厘米×40厘米,长15~25.5米的基桩28根,均采取水冲为主,锤击为辅,最后1米干打的施工方案。用此法沉桩不但在第二工程局是首次,就是在长江筑港史上也是第一次应用。由于建局初期,施工机械设备条件较差,全局仅有一台柴油机为动力的高压水泵,作为与打桩船配套水冲沉桩的主要装备。为确保沉桩质量和进度,由局领导、工程技术人员亲临现场与工人密切配合,开展技术革新活动,对于吊装和射水等设备进行了改良,从而提前3天完成了沉桩任务。事后经观测,工程质量完全达到了设计标准。裕溪口煤码头水冲沉桩的成功经验,为以后长江筑港工程采用水冲沉桩技术,开辟了一条新路。

(二)单船顶推沉排

新中国成立初期,在南京港整治工程中,曾进行了大规模的沉排护岸施工。当时沉排方法是:在扎柴排的场地扎好排后,用两艘拖轮拖引和用两只木帆船辅助,拖至沉排定位点,再往柴排上抛石实施下沉。1956年年初,裕溪口建港工程中,设计单位确定仍采用沉排护岸施工。但裕溪口港护岸沉排工程量大(约5.8万平方米),加之设计文件未按期交付,材料未及时供应,开工时间推迟,又受长江水位季节性上涨等因素影响,如按惯例施工,将难以赶在长江水位上涨之前完成沉排任务。为避免造成经济损失(如扎排场地会被淹没等),确保如期完成建港任务,第二工区发动职工群众,开展献计献策活动。经过工地技术人员和船员共同研究,创造了单船顶推沉排的方法,并一次试推成功。用此法施工,使每块柴排运送时间(扎排场地至沉排地点的一千米左右路程)比两船拖引缩短了20分钟,同时也提高了扎排场地的周转率,加快了工程进度。加上在此期间对扎排技术和工艺进行了一些改进,由原来每天沉一块排,提高到每天沉两块,为长江洪水位到来之前完成裕溪口港全部沉排施工,争得了时间,并节约了一艘拖轮和两只木帆船,仅船机使用费一项,就节约了七八万元,降低了工程成本。

(三)喷射式深层井点降低地下水位

青山船厂滑道工程位于武钢运河。根据水文地质情况和观测资料,该区域地基下层土壤为粉砂及细砂层,终年有高承压水头地下水,在长江枯水季节的地下承压水位为吴淞口标高+16米,由于水线工程底端标高需施工至+6.7米,所以必须人工降低地下水达9.3米。随着长江水位逐渐上升,地下水位亦相应升高,因而需要降低的地下水量将逐渐增多。在这种情况下,要保证工程质量,加快工程进度,必须选择最佳施工方案。就国内经验,当时有两种方法可供选择,一是湿施工方法(即水下施工),二是干施工方法。施工技术人员经过对两种方法进行技术可行性研究,并征得工地委同意之后,确定采用干施工方法。实施干施工方法,关键是排除地下水,过去国内是采用地表排水或通用的真空轻型井点排水。这两种排水法,因受现场条件和器材设备等诸多因素所限,难以解决问题。经过了解,在苏联几个大型水工建筑物施工中有采用喷射式排除深层地下水的成功经验,按当时的客观条件,采用该技术是本工程唯一可行的解决途径,但苦于无完整的技术资料可供利用,困难很大。局领导经过慎重考虑,果断地做出决策,成立以局中心试验室邓志远为首的攻关小组,负责开展喷射式深层井点排水的筹备工作。攻关人员赴东北和北京等地搜集资料,终于在化工部设计院借到一套苏联建工部地基设计院喷射式井点系统的构造图,根据这些资料,结合现场水文、地质情况及所能筹集到的材料规格,对井点的结构做了适当修改,并对井点体系做了施工设计。该方案得到青山船厂工地党委的大力支持,在筹集井点所用钢管、配套机械等方面给予大力协助。汉口船厂在设备加工方面大力支持,在一个月之后就陆续提供喷射式井点管。1959年2月起,下沉井管,3月中旬以后喷射式井点陆续投入运转,在14 400平方米范围内进行大面积降低地下水,保证在地下水位以下滑道部分土方、轨道基础及安装等工程的顺利施工,以便赶在长江水位上涨之前圆满地完成该工程的施工任务。

喷射式深层井点,在技术经济方面,有以下三个方面的优点:一是维修和使用费低。二是安装使用较简便、作用大,在本工程每小时可排水500立方米左右,地下水下降15米至20米,确保了工程的干施工。三是在滑道降低地下水的范围内,由于降低地下水,可以加大土壤的有效应力,大大增强了地基的承载能力。

青山船厂滑道工程利用喷射式深层井点,是我国首次引进国外先进技术用于大型水工工程,降低地下水,这种技术的引进及其大面积降低地下水的规模与效果,都具有国内先进水平。1959年4月至5月,由中央交通部主持,邀请建工部、化工部、冶金部、水利部、铁道部等和全国15个省、市的交通、建筑、港口、航运系统的有关专家和工程技术人员共170余人参加,在青山船厂工地召开现场会,交流了采用喷射式大面积深层井点降低地下水的先进经验,其技术成果得到与会专家的肯定。

第四节 裕溪口基地的创建

800里皖江北岸的裕溪口,系淮南铁路的终点站。沿淮南铁路北上118千米可达合肥,北上201千米可达淮南市,再在蚌埠与津浦铁路相衔接。鉴于其独特的地理位置,新中国成立之后,就将其列入国家港口建设重点对象。1952年2月,国家计委召开了淮南铁路终点站建港会议,会议同意裕溪口建港方案,并将裕溪口建港工程任务交给二航局(当时称航务工程总局第二工程局)承担。由此,裕溪口便与港口航务事业、二航局、四公司结下了深厚的历史渊源。

一、生活基地

裕溪口港口建设工程是我国“一五”时期156项重点建设项目之一，也是二航局成立之后承担的第一个大型项目。二航局成立之初，施工力量和机械设备十分薄弱。为完成该项工程，几乎举全局之力，将人员设备结集在裕溪口。1955年5月，局成立了裕溪口建港筹备处，9月将局机关迁入裕溪口建港现场。工程开工后，由于当时的机械化能力极低，坑道开挖、沉排护岸需要大量劳动力，就在当地招募大量民工；因机械化煤港设备安装任务重，又从社会上、兄弟单位调入70多名技工；结合现场施工，开展科研试验工作（后来成为二航科研所的前身），大量工程技术人员参与其中。工程施工高峰时期，参建人员达千人。因生产、生活的需要，职工们砍断芦苇，筑堤填沙，陆续搭建了办公用房、职工食堂、民工食堂、工棚宿舍、机具库、材料库等临时性设施，裕溪口基地由此而产生。

1957年4月，工程主体完成后，局机关迁回汉口。1958年工程整体完工后，部分人员陆续撤离，但部分人员及家属、部分施工机械和船舶在裕溪口驻扎下来，继续完成周边地区工程施工任务。直至1971年一处迁往上游参与三线建设，仍有126户家属留在裕溪口。1960年至1962年因受“大跃进”和“三年严重困难”的影响，基建压缩，任务不足，裕溪口基地承载着这些暂时的困难，组织职工及家属开展了一些农副业生产活动。渡过这段困难之后，1962年经交通部同意，在吹填的沙滩上，陆续新建了砖木结构的平房宿舍22栋，建成砖木结构的机具库、材料库1 264平方米。1963年至1972年，因受“文革”影响，基地生活设施建设处于停滞状态。

1973年，交通部确定在裕溪口建设临时混凝土预制场。在筹建生产设施的同时，生活基地得到一次较大的发展。当年建成砖瓦结构的单身宿舍1 680平方米、职工食堂464平方米、招待所300平方米、卫生所300平方米、浴室100平方米、办公室182平方米、子弟小学及托儿所260平方米。为丰富职工的业余生活，1973年还建起了灯光球场。

1974年至1982年，按局下达的基建计划逐步对裕溪口宿舍进行了防震加固改造。其中1982年局批复同意每户增加一间住房，扩大了原住房面积。档案记载：1974年6月17日晚8时至翌晨，裕溪口地区刮起8至10级阵风，裕溪口分处职工食堂、民工食堂、工棚仓库等建筑物遭受不同程度的破坏。7月31日,局交航革〔1974〕290号文件批复,同意抢修单身宿舍500平方米及其他损坏的设施。

1979年,第四工程分处克服困难,组织职工自己动手为每家每户安装了自来水管。随后又在宿舍区自建售煤点,从此解决裕溪口基地十几年来职工家属吃水、用煤两大难题。

1992年,为缩小裕溪口区与芜湖片区宿舍差距,将局下达的基建指标合并使用,在裕溪口家属区建造两栋四层的家属宿舍,同时,随着生产发展的需要,预制厂办公楼、船舶队办公楼及职工活动室等设施陆续改造和兴建,基地功能不断完善。

二、生产基地

1973年,由于上海造船厂“711工程”上马,交通部水基字〔1973〕1702号文件批准,同意在裕溪口设置水工混凝土临时预制场。预制场生产规模设计年产混凝土15 000~20 000立方米,构件产值350万元,定员400人,预制场设计由陈光福主持,采用全面规划,分期建设的办法逐年实施。

1973年至1974年,建成了出桩码头、工作船码头、砂石料进口码头、袋装水泥库、预应力台座、水塔、蓄水池等建筑物。同时建成了钢筋车间3 200平方米,混凝土车间2 400平方米,木工车间900平方米,木工加工车间450平方米,混凝土拌合楼一座,散装水泥库一间及试验室、起重车间、修理车间、金工车间、变电站等建筑物。这些建筑基本达到设计要求,能满足“711工程”建设的需要。

1975年,由于海军“九五工程”以及之后的镇江大港建港工程的上马,裕溪口临时预制场由于设备简陋,预制和吊运大框架有困难,11月24日,以交通部基建局子刚局长为首的长江航运基建检查组到达裕溪口,要求对预制场生产工艺进行立即改造。根据检查组的意见,分处随即制定了预制场改造规划。经上级批准,于1976年,投资52.99万元,改建了急需的项目。1977年投资30.16万元,自行设计与施工改建了预应力张拉台座。直到1978年年底,先后投资132.3万元,建成了拥有2 700吨墩座底板式预应力台座组,及60吨龙门吊、转盘、横移区、搅拌楼等设施。另外,还自行设计制造了先张法预应力钢筋楔形放松器、预应力张拉车千斤顶自动回程装置以及试块浇水器等。这些设备具有适应范围广、结构简单、制作方便、使用灵活等优点。

1978年,改建后的预制场更名为预制厂,是二航局成立后建立的第一个永久性混凝土预制厂,为长江码头工程施工向装配化方向发展迈出了最早的一步。

第二章　艰苦奋斗　稳步前进
（1973—1978）

自1955年5月因裕溪口煤港建设需要而成立的“裕溪口建港筹备处”起，至1976年2月交通部第二航务工程局直属分处成立，约20年的时间，一支航务施工力量以裕溪口为基地，辗转长江中下游，为“三线建设”“三年改变港口面貌”等航务工程建设而顽强拼搏，做出了应有的贡献。这支队伍，就是第四工程处的前身，因其行政上属于当时的第二航务局第一工程处，直至1973年，因工程需要成立的“711工程水工建设指挥部”才逐渐演变成第四工程处。

第一节　第四工程处成立

一、工程处的演变

（一）711工程水工建设指挥部（1973.6—1973.9）

20世纪60年代以来，受国际环境的影响，国家提出“备战、备荒为人民”的战略思想，一些沿海重点企业部分向内地转移。进入70年代初，由于中国外交战线的胜利，中国在国际舞台上的地位日渐提高，对外贸易大幅上升，外轮和远洋货轮不断进出中国港口。在这样的大背景下，上海海运局荻港船厂码头动工兴建。荻港船厂码头（亦称“711工程”）既是根据战备需要兴建的海船修理厂，又是我国“三年改变港口面貌”的重点工程之一。为加强对码头工程建设的领导，1973年6月13日二航局成立了“二航局一处获港船厂码头水工工程指挥部”（又称“711工程水工建设指挥部”），由薛保平兼任主任，周象贤、曾昭久、潘礼康（8月增补）为副主任。同时成立党总支委员会，薛保平任书记，周象贤、潘礼康任副书记，指挥部下设码头、预制、护岸三个工段，设立政治工作组、施工技术组、物资供应组、人事组、财务组、总务组等主要职能部门，指挥部的办公地址设在芜湖裕溪口，电报挂号0711，这即是第四工程处组织机构的雏形。

（二）芜湖分处（1973.9—1976.2）

1973年9月，为便于预制场和运输船舶的管理，交航发〔1973〕93号文件将“二航局一处获港船厂码头水工程工建设指挥部”改名为“第二航务工程局第一工程处芜湖分处”，分处的领导班子不变。1974年8月增补于增源为党总支部副书记，兼政工组组长，增补陈春田、孙启彩为副主任，分处机关地址仍在芜湖市裕溪口。

（三）直属分处（1976.2—1977.12）

1976年2月18日，由于长江下游港口建设任务不断加大，二航局交航革〔1976〕53号文件《关于一处芜湖分处隶属局领导的通知》，将芜湖分处改名为“交通部第二航务工程局直属分处”，曾昭久任主任，潘礼康任党总支书记。

（四）交通部第二航务工程局第四工程处（县团级）（1977.12—1984.11）

1977年12月，经交通部批准，局交航革〔1977〕427号《关于我局直属分处改为第四工程处的通知》，将直属分处改名为“交通部第二航务工程局第四工程处”（县团级），赵庭芳任主任，薛保平任党委书记。

1978年至1984年，处领导和机关职能科室、下辖单位逐渐有一些调整和增设。1978年6月随着工程处“革委会”的撤销，二航局对各工程处领导先后进行了一些调整：第四工程处处长赵庭芳，党委书记薛保平，副书记赵庭芳、黄观钿、潘礼康，并对下属工程处进行了统一编号，第四工程处当时下辖401、402、403三个工程队，并下辖预制厂、修造厂、船舶队等固定建制单位，处机关恢复科级建制。

1979年6月4日,交航发〔1979〕66号文件增补陈春田、孙启彩、张廷奎、于增源为副处长。1980年4月增补刘挽黄为副处长。1983年3月至1985年2月刘挽黄为代理处长。1983年4月免去薛保平党委书记职务,胡永桢任党委副书记(主持工作),陈升富任党委副书记,黄观锢任纪委书记,于增源任工会主席。1984年2月胡永桢调局任党委副书记。4月局二航党组〔1984〕17号文件通知:陈升富代理公司党委书记。5月丁公义任副处长,詹克强任政治处主任,刘寿彭任主任会计师(1973—1984)。第四工程处机构设置见图2-1-1、2-1-2、2-1-3、2-1-4。

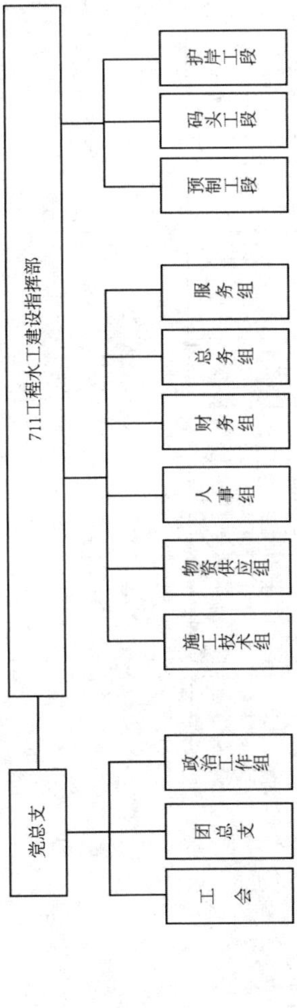

图 2-1-1　施工组织机构(1973—1974)设置图

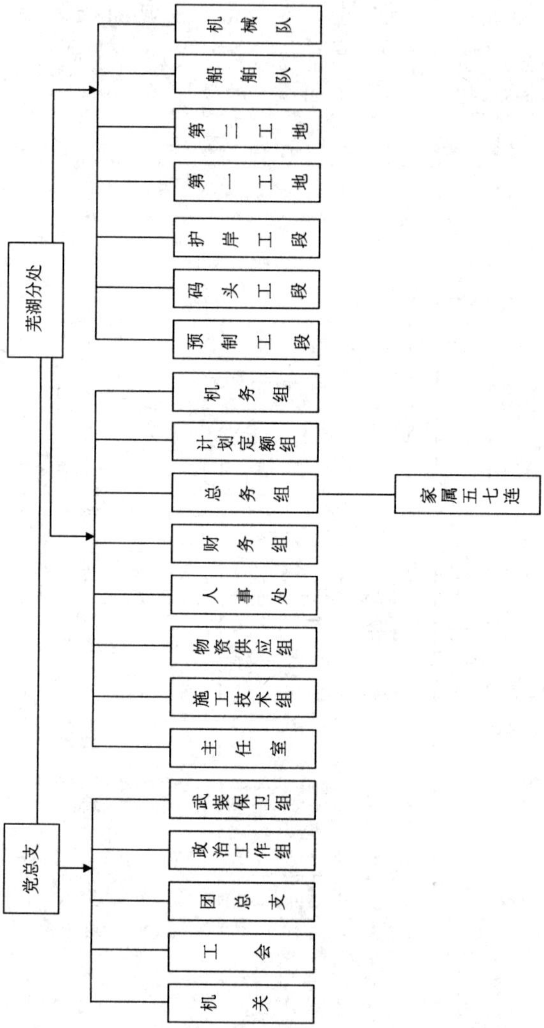

图 2-1-2 施工组织机构（1974—1976）设置图

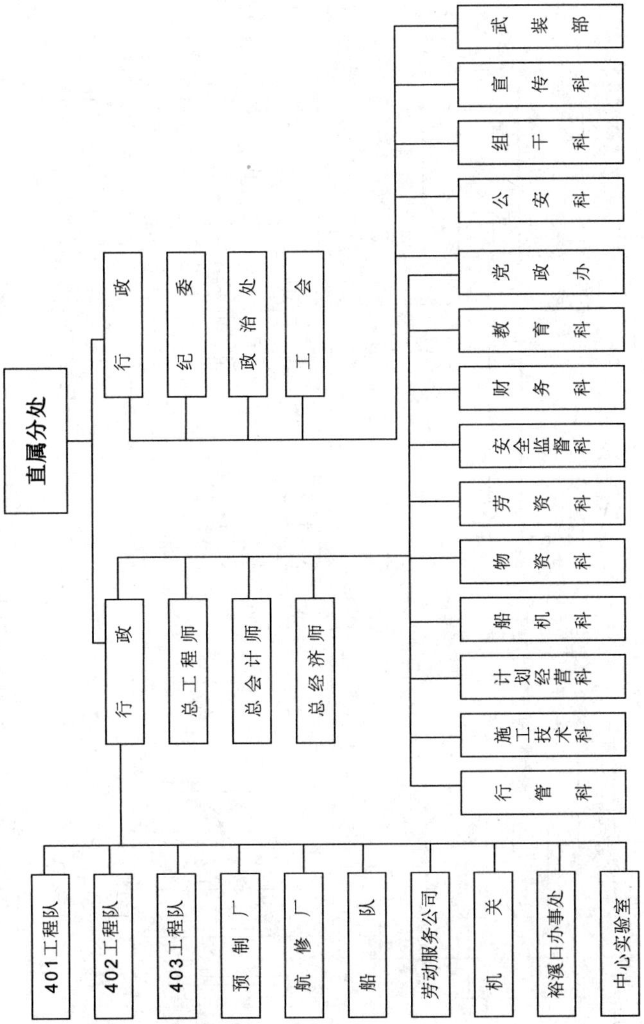

图 2-1-3施工组织机构(1976—1977)设置图

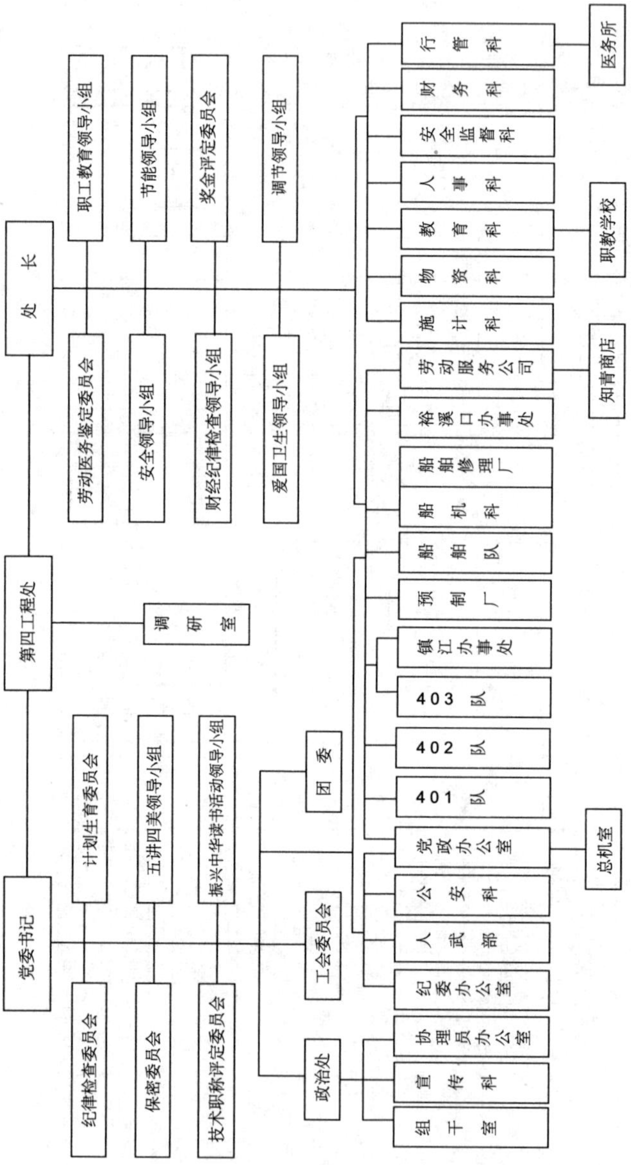

图 2-1-4交通部二航四处组织机构（1977—1984）设置一览表

二、机关职能部门的设置

1973年6月,“711工程水工建设指挥部”成立时,行政管理部门只组建成立了施工技术组、物资供应组、人事组、财务组、总务组、服务组(兼管机关支部职能)、政治工作组等7个部门。9月,“711工程水工建设指挥部”更名为“芜湖分处”。其下属管理部门做了如下变动:1973年10月成立工会,左兆海任工会主席。成立团总支,钟芹任团总支副书记。1973年11月10日,航一处党发〔1973〕74号文件批复:为适应工作需要,决定增设分处计划定额组、机务组,黄定国提任计划定额组副组长,吕建昌担任机务组组长,刘谊全提任机务组副组长。1973年11月28日,分处党发〔1973〕24号文件调整了物资部门的管理力量,肖广丰任物资组组长,张玉山提任物资组副组长。1973年12月11日,航一处党发〔1973〕90号文件批复成立计划调度组,于凤鸣任组长,黄定国任副组长。1974年1月,李可威调任政工组副组长。1974年7月3日,航一处政发〔1974〕15号文件对分处职能部门进行了再次调整:于凤鸣任机务组组长,免去计划调度组组长职务;刘挽黄同志调主任室负责全盘技术工作,免去其施工技术组组长职务;项昌祥任施工技术组组长;朱正亮任总务组副组长。1974年8月6日,于增源调芜湖分处任总支副书记兼政工组组长。1974年11月成立武装保卫组,属政工组领导,只设办事员。1975年12月,魏成良任武装保卫组组长。1975年6月,交航革〔1975〕291号文件批复成立“芜湖分处家属‘五七’连”,沈其标、殷增芝、骆骥骏等同志先后任主任。

1976年2月,芜湖分处改名“交通部第二航务工程局直属分处”后,处属机构做了相应的调整。较为重要的调整是:将船机组分设为一个管理部门(船机组)和两个生产单位(船舶队、机械队),魏家堂为船机组组长。1978年保卫科改名公安科,盛志超任科长,魏成良任副科长。1979年芜湖市交通局党委批准成立“航务四处党委纪律检查委员会”,黄观钿兼任纪委书记。1979年4月,交二航〔1979〕228号文件批准成立“四处中心试验室”,归属预制厂领导。同年6月改由处直接领导,具体业务由施工科负责,并接受局科研所的技术指导。

1977年12月施工计划组改为施工计划科；1978年4月安全技术科改为安全监督科，机务组改为船机科，物资供应组改为物资供应科，人事组改为劳动工资科，财务组改为财务科，总务组改为行管科，政治工作组改为政治处；1979年成立武装部；1981年设立教育科；1984年6月施工计划科改为计划定额科；1984年设立纪委办。

三、固定建制单位的设立

（一）401工程队

1973年之前，二航局第一工程处的主要施工力量分别分布在宜昌、九江、芜湖（裕溪口）、马鞍山等地施工。1973年6月，上海造船厂获港“711水工工程”上马，一处以在芜湖、马鞍山的施工力量为主，抽调其他工地部分人员成立了“711水工工程建设指挥部”，指挥部下设预制、码头、护岸三个工段，其中码头工段在完成“711水工工程”施工任务后，又继续在获港完成了711船厂宿舍防震加固等工作，1978年4月27日，为便于统一管理，局交航革〔1978〕219号文件批复同意将码头工段更名为“第四工程处401工程队”。当时，码头工段的段长是盛新亭，副段长是项昌祥、李云骓；支部书记、指导员是林少华，副指导员是王保文。

（二）402工程队

1975年4月，分处承接了安庆石化化肥出口码头的施工任务，因施工管理需要成立了“芜湖分处第一工地”，第一工地副主任殷增芝、李瑞龙，副指导员张先元。第一工地完成石化出口廊道（码头）施工任务后，于1976年转迁江苏江阴承担了海军“九五工程”施工，工地主任为徐锦义，副队长董长海，党支部书记，指导员余赐山，副指导员吕家富，在第一工地的基础上于1978年4月组建成立了402工程队。

（三）403工程队

1975年4月，南京新华船厂、芜湖江东船厂等水工工程陆续开工，芜湖分处随即成立了“芜湖分处第二工地”，第二工地主任曾广林，副主任史永安，指导员左兆海，在第二工地的基础上，于1978年4月成立了403工程队。

(四)预制厂

虽然自1955年裕溪口煤港建设以来,一支施工力量驻扎在裕溪口,并且形成了生产、生活基地,也从事过部分构件预制任务。1973年成立的“711水工工程指挥部”实际分开在两个区域,即前方荻港711水工工地现场为码头工段,护岸工段,而预制工段设在后方的裕溪口,也就是在预制工段的基础上于1978年4月成立了预制厂,预制工段第一任段长孙启彩,副段长曾广林,支部书记指导员陈金喜。

以上三个工程队及预制工段自1973年至1978年除承担上述主要工程之外,还承担了九江至江阴区间的其他工程,如高港磷矿码头、江阴港4号码头、南京等地工程,从而形成了很多的分工地、小分队、施工点。为便于统一管理,1978年4月27日,二航局交航革〔1978〕219号文件批复:将原码头工段更名为“第四工程处401工程队”,原第一工地更名为“第四工程处402工程队”,原第二工地更名为“第四工程处403工程队”,原预制工段更名为“第四工程处构件预制厂”。

(五)船舶队

1976年8月,二航局决定将中小型船舶下放各工程处管理,分处成立了船舶队,队长魏家堂(1976年)、杜长珍(1977年)、副队长盛永才(1977年),支部书记张远吉(1977年)、李可威(1978年)、莫春才(1979年),船舶队负责全处范围内船舶的管理和调度工作。

(六)航修厂

船舶队成立之后,船舶的维修仍由当时的机务组承担,而当时的机务组兼有管理和生产两项职能,在实践中,管和修分成两个单位,往往影响工效,不利于工作,分处于1977年6月将机务组的生产职能分开,成立了机械队。机械队长张志成、副队长廖新浩(1979年)、张剑平(1978年)、刘谊全(1978年),1980年7月机械队易名为“第四工程处航修站”。

第二节 “三线建设”及“大建港”时期承担的主要工程

一、上海海运局荻港船厂码头工程

上海海运局荻港船厂(图2-2-1),位于安徽地区长江右岸的繁昌县荻港镇凤凰矶与板子矶之间,主要工程项目有4个万吨级泊位的舾装码头和起重码头各1座,工作船码头2座,大、小浮坞码头各1座以及防汛墙、护岸、抛石、取水泵房、厂区道路等11个单位工程和6个配套单位工程。由交通部水运规划设计院负责设计,二航局第一工程处芜湖分处负责施工,船舶机械大队负责水上打桩和土方工程。1973年8月开工,1978年年底竣工,实际完成工作量1 779.43万元。

舾装码头、起重码头、工作船码头均为高桩框架结构,基础均采用钢筋混凝土方桩,上部结构为框架空心大板,并由高桩梁板结构的引桥与陆域连接。4个万吨级泊位的舾装码头长600.9米,宽18.35米,由105个排架组成,是当时长江上最大的高桩框架码头。大、小浮坞码头由11个靠船墩、系缆墩和两座引桥组成。由于码头位置土质较硬,岩基较高,墩基设计最后部分改用钢管桩。

图2-2-1 荻港船厂

荻港船厂工程是20世纪70年代初根据需要兴建的海船修理厂,同时又是我国“三年改变港口面貌”的重点工程之一,建设规模大,施工任务重,工期要求急,岸线长(1 500米)。

由于工程紧急,工期短,又是边勘察、边设计、边施工,施工筹备期很短,在裕溪口预制场正在改造的情况下,为抢在1973年长江中洪水位时期把起重码头引桥桩打完,以便枯水期能进行栈桥施工,预制工段职工在盛夏的8月份,顶着烈日,在方驳铁板上预制钢筋混凝土方桩,保证了按期打桩,经过一冬奋战,将起重码头抢出施工水位,并完成了一部分舾装码头打桩安装任务。由于地质、水文资料提供的时间晚,加上抢时间、争速度,发生了局部岸线滑坡事故,最严重的一次将已打好的钢筋混凝土基桩推倒70余根,施工速度被迫放慢。1975年8月7日,在北京召开了荻港船厂码头岸线滑坡事故处理方案审查会,同意设计院提出的抛石护坡,削坡减载及大滑坡地段的处理意见(采用袋装砂井加固软基)。在滑坡事故处理中,设计、施工单位紧密配合,抢抛抢护,处理及时,措施得当,制止了岸坡滑动,总结出在危险岸坡地带打桩防止滑坡的经验。根据上级要求,为把耽误的时间抢回来,工地组织了百日大战,局、分处、船机大队联合组成协作组,驻现场指挥调度,预制、运输、打桩、安装一条龙,集中兵力打歼灭战,打破工种界线,大搞混合作业。顶朔风,斗雨雪,日夜奋战在江边,保证按计划完成任务。大、小浮坞码头的系、靠船墩远离岸边,孤立在江中,每个墩子有400多立方米混凝土,仅底座就有150多立方米。由于当时工地没有大型起重船和预制场地,经多方研究论证,决定采用现浇方案,通过干部、技术人员和工人三结合小组反复试验,首次采用夹吊结合,以吊为主的办法。利用桩头吊筋固定底模钢梁,水上拌合船浇筑混凝土获得成功,不仅顺利完成了浮坞码头,也为大型靠船墩浇筑提供了新的施工工艺。

该工程交接验收的11个水工建筑单位工程中,有8个被评为优良,其他为合格。参与该工程施工的主要人员有王同华、刘成、刘尚仁、王保文等。

二、江阴“九五工程”

江阴“九五工程”固定码头,为顺岸栈桥式码头,全长440米,宽20米,码头面标高+7.2米(吴淞零点)。码头前沿水深12米,供两万吨级船舶停靠使用,码头后沿两侧长79千米,水深6米,供1 000千吨级船舶停靠,码头与陆上有三条引桥相连,上下引桥宽8米,中引桥宽4米,全长均为72米。

码头为高桩梁板式结构,栈桥由67根排架组成,间距7米,沉陷缝处为2.4米,每排架下面有9根预应力空心方桩,其中直桩5根,交叉桩4根(两对),码头两端排架,各有上下游向斜桩2根。

栈桥预应力砼空心板断面为55厘米×55厘米,长度为30米、32.5米、36米三种,码头上部为板梁结构,每跨由5块π梁板(或4块π梁板和一块管沟板)及两根门机梁组成,门机梁及管沟梁的简支结构,π型板除沉陷缝及系船柱处为简支处,其余为连续结构。

横梁高为2.2米,上横梁为1.0米×0.6米,下横梁为1.2米×1.1米,叉柱处横梁加宽至1.3米。

码头上部设置5米×30米门机式起重机一座,前言设置65系船桩17个,后沿设置25系船柱8个,另设有油、水、气、电及通讯电缆,后方设照明灯,四周设有护轮坎,引桥设有栏杆。

引桥砼预应力空心桩断面为50厘米×50厘米,长度为18米、22米、25米三种,排架间距为8米,上下引桥每排3根桩,中引桥每排2根桩,引桥中间设叉桩一对,引桥横梁高度为1.8米,引桥根部现浇桥台一座。

码头竖向设计荷载:均布荷载,门机轨处为1.5吨/平方米,以内2.0吨/平方米,集中荷载:汽—15级及5吨×30平方米门座式起重机。水平荷载:挤靠力为1.8吨/平方米,系船力最大值为65吨。

该工程由四公司402施工队施工。1976年10月正式动工,1979年5月基本竣工,造价约700万元,参与施工的主要人员有徐锦义、董长海、汪德隆、陈文杰、余赐山。

三、镇江大港磷矿码头工程

镇江大港磷矿码头位于江苏镇江大港镇。该工程由镇江港务局建港办公室建设,二航四公司403队施工。

工程主要内容包括:两千吨的泊位一个(即由66米×11米钢质泵船、钢引桥和钢筋砼引桥组成的浮码头);内河转运小码头泊位共有板桩岸壁214米,其中可靠船部分110米,石砌护岸171米,堆场5 405平方米,场内砼道路2 650米,进港公路240米,围埝390米,辅助房653平方米,等等。

该工程1975年10月6日由国家计委批准:同年12月由二航科研设计院设计,1979年年初正式动工,1980年6月22日竣工验收,竣工结算造价438万元,参加施工的主要人员有张凤、丁公义、王铭泉、陈军、顾志香。

第三节　组织技术攻关,提高施工技术水平

一、袋装砂井排水法

袋装砂井是将中粗砂灌入编织袋,利用机械打设,置入地基中作为土层的垂直排水通道,并在其上加载,以达到使土壤排水、固结的目的,这是国外20世纪60年代后期在普通砂井基础上发展起来的一种加固软土的新技术。鉴于该技术的优越性,交通部责成二航局开展这方面的试验研究,以便在工程中推广应用。二航局安排设计研究院科研所开展此项试验研究。

1977年,设计所为处理荻港码头工程区的滑坡,除采取了抛石压脚、削坡减载等措施外,还决定在坡顶145米×14米的范围内,用直径33厘米,间距250厘米的普通排水砂井加速软土层的固结,提高岸坡稳定性,以保证码头及车间的安全。科研所派出陈宗岳、盛善杨、万骏义、刘金发等人到现场结合该工程开展袋装砂井试验研究。研究项目有:①袋装砂井施工工艺及袋装材料性能的探索;②观测沉降量和沉降速率同理论计算结果比较;③观测孔隙水压力的大小和消散过程;④检验加固后地基土的物理力学指标变化情况等。图2-3-1为袋装砂井加固软基施工现场。

在二航局第四工程处陈光福等配合下,用卷扬机、自落锤、水泵、三脚架、有承插式接头的无缝钢等设施组合成打入式及冲水式的简易施工设备,砂袋材料使用黄麻布、再生白布等作比较。试验研究表明:使用简陋的设施施工,工艺可行,其效率也比普通砂井大大提高;加固后土质有明显改善,达到了加强岸坡稳定性的目的。

图2-3-1　袋装砂井加固软基施工现场

随后，盛善扬在浙江炼油厂软土地基中认真进行了应用与研究，得到同样的加固效果，该成果后来在天津新港港区及公路工程中得到广泛推广应用。

为提高施工效率，增强推广应用的生命力，科研所又由万骏义、袁长宏负责设计EHZ-8型袋装砂井打设机，在船舶机械修造厂刘立民、林鹤鸣等配合下试制取得成功。袁长宏并研制了打设机钢套管的内铰式活瓣桩尖（1988年取得国家专利局实用新型专利，名称为“桩管端盖装置”），使技术的经济效益进一步提高。1981年11月，交通部主持了对该课题的技术鉴定，认为：本项技术在国内尚属首次应用，是一项工效高、材料省、成本低的软基加固排水措施，技术上是成功的；袋装砂井与普通砂井的适用范围相同，但具有保证排水井的密实性和连续性,对地基变形适应性强,施工引起的扰动较小及工艺简便,可用轻型或重型机具进行施工等优点,肯定该成果有较大实用价值,建议推广应用,该成果于1982年先后获得交通部和武汉市科技成果二等奖。

二、参加局科技情报网建设

科技情报工作,是科学技术软件工作的重要组成部分,是进行生产部署制订规划和技术决策的参谋,是观察掌握国内外科技发展动向和赶超世界科学技术先进水平的耳目。1973年,交通部为配合港口建设的大发展,决定由水运规划设计院负责组织水运工程科技情报网(时称情报站),部属航道、航务工程单位均为该网(站)的成员单位。1975年8月,二航局参加了该网(站)的工作,11月召开了第一次科技情报工作会议,并成立了二航局科技情报网(时称中心组),确定局施工计划科为业务组长单位(由赵明旭负责),局属设计院、第一工程处、船舶机械修造厂为业务副组长单位,日常业务归口设计院管理,局属院、处、厂和基层生产单位均为局情报网(组)的成员。各成员单位配备1至2名专职或兼职情报人员,负责本单位的情报工作。至1978年年底,全局情报工作人员达到30名,其中二航局设计院就有11名,四处陈光福、郑玲玲为情报网成员。在建立本系统情报网(组)的同时,加强了与地方情报网的横向联系,与全国各地120多个单位建立了情报关系,其中主要的有湖北建筑结构技术情报站、武汉地区船舶情报站、湖北省勘察技术情报站、湖北省暖通情报站、湖北省给排水情报站、湖北省电力情报站及土木建筑学会等。

二航局情报网(组)成立以来,根据“科学技术必须面向经济建设,经济建设必须依靠科学技术”的方针和“专业化、小型化、多样化”的原则,紧密结合生产实际、技术革新、技术改造、新技术引进等开展了情报活动,收到较好效果。

此外,为了沟通信息和资料交流,还由局情报网主持编写了《情报通讯》,1979年7月改为《河港工程》(季刊),定期报道内河港口科研、设计、施工、船机管理等方面的新技术和经验。

为适应水运工程建设发展的需要，据交通部的部署，二航局还参加了部分港口工程技术规范的编写工作，并负责主编《河港总体及工艺设计规范》《斜坡码头及浮码头规范》《港口工程测量技术规范》和《港口工程地质勘察技术规范》。在各参加单位的协作支持下，经过几年的努力，规范经交通部批准颁发试行。《河港总体及工艺设计规范》对1960年交通部颁发的《港口工程设计标准及技术规范(试行)》做了较大的修改补充，该规范的大部分内容是从无到有，首次总结提炼制定为规范条文的，其余3本规范更是首次制定的，这4本规范都在深入调查研究的基础上，系统总结了新中国成立以来的实践经验。与此同时，二航局又根据交通部的指示，组织人员开始了《港口工程测量手册》的编写工作。在各参加单位的协助下，于1975年11月编写出征求意见稿。1977年11月编写完成并提交人民交通出版社出版。该手册共分3篇33章，第一篇为平面、高程控制测量，第二篇为地形测量，第三篇为港口工程测量。

1972年至1983年，二航局还主持或参与了《河港装卸工艺设计手册》《港口装卸机械设备手册》《地质基础规范》《港口工程混凝土试验方法》以及《英汉港口航道工程词典》《港口工程混凝土和钢筋混凝土施工规范》《港口工程混凝土和钢筋混凝土设计规范》《港口工程桩基施工规范》《港口工程制图技术规范》《港口工程荷载技术规范》《港口工程高桩码头技术规范》等的编写工作。其中的《港口装卸机械设备手册》，按照简明、实用、方便的原则，汇编了我国港口目前使用的各种装卸机械及设备的主要技术性能参数、外形尺寸、造价等有关资料。

第四节　企业生产能力的提高

一、职工人数增加，素质提高

资料显示：1973年芜湖分处成立时，固定职工有578人，自1973年至1978年共6年时间，因工程业务的增加，预制工作量的不断扩大，根据国家政策和企业自身发展的需要，通过吸收职工子女，安排退伍军人，招收新工人，接纳大中专毕业生及转入、农调等途径，不断充实职工队伍，至1978年年底,第四工程处在册固定职工人数为814人。

由多种渠道进入单位的职工,文化程度和操作技能也参差不齐,为使职工(特别是新进场的青年职工)尽快掌握生产技能,提高业务水平,根据当时状况,分别进行不同形式的培训:一是本着干什么学什么的原则,进行业务技术培训;二是针对文化低的职工进行扫盲或业余文化补课;三是以师带徒,按二航局《技术教学合同实施办法》,青工进场后指定专门师父,签订师徒合同,搞好传、帮、带;四是根据不同任务安排青工跟班学习,开展"多面手"活动,提倡"一专多能";五是通过短训班,专业分工方式,提高职工思想和政治理论素养,通过在实践中不断地培养和锻炼,职工技术、业务、思想政治素质都有了明显提高。

在新增职工中,有一批次的"江西职工",因数量大,在此做一简记:

1970年10月至1971年元月之间,经交通部批准,由三航局一处在江西省湖口、都昌两县共招收300名新工人,这批新工人进入单位后被安排在当时"三线建设"之"6214工程"(江西瑞昌县境内)工作。"6214"工程是应对当时国际环境而新建的工程,其水工部分包括材料码头、舾装码头、船台、滑道、船闸等主要项目。1972年4月,参建人员先后撤回上海基地(当时三航一处基地在上海市逸仙路1328号,与上港九区毗邻),1974年4月,由于该批人员户口无法进入上海,由交通部协调,281名新工人整体转入二航局,其中120人分配至芜湖分处。

二、拥有一定数量的船机设备

随着港口和其他施工任务的增加,船机设备也不断得到增添和充实。1976年8月,局将中、小型船舶和部分机械下放到各工程处管理。工程处成立机构建立台账,有了明确的船机设备管理资料。

资料显示,至1978年年底,当时第四工程处拥有拖轮5艘,方驳13艘,泥驳2艘,推土机1台,履带式起重机1台,轮胎式起重机4台,汽车式起重机3台,载重汽车21辆,自卸汽车7辆,装载机9台,混凝土拌合机30台,空气压缩机5台,打桩机3台。1978年年底船舶总值715万元,机械设备总值322万元,车辆总值84万。表2-4-1为1978年四公司主要船机设备状况及其分布情况。

附表

表2-4-1　1978年四公司主要船机设备状况及其分布情况

项目 名称	合计		分项													
	单位	数量	在用	封存	待报废	在修	单位	合计	401队	402队	403队	预制厂	修造厂	船队	机关	设备库
一、工程船舶	艘	20	9	11	—	—	—	—	—	—	—	—	—	20	—	—
1.拖　轮	艘	5	2	3	—	—	马力	1 806	—	—	—	—	—	5	—	—
2.方　驳	艘	13	7	6	—	—	吨	5 400	—	—	—	—	—	13	—	—
3.泥　驳	艘	2	—	2	—	—	立方米	560	—	—	—	—	—	2	—	—
二、工程机械																
1.推土机	台	1	—	1	—	—	马力	60	—	—	—	—	1	—	—	—
2.履带式起重机	台	1	—	—	1	—	吨	16	—	—	—	—	—	—	—	1
3.轮胎式起重机	台	4	2	1	—	1	吨	84.5	—	1	1	1	1	—	—	—
4.汽车式起重机	台	3	3	—	—	—	吨	60	—	—	—	1	2	—	—	—

续表

项目/名称	合计		分项													
	单位	数量	在用	封存	待报废	在修	单位	合计	401队	402队	403队	预制厂	修造厂	船队	机关	设备库
5.载重汽车	辆	21	15	6	—	—	吨	110	2	4	3	5	4	—	4	2
6.自卸汽车	辆	7	7	—	—	—	吨	24.5	1	2	4	—	—	—	—	—
7.装载机	台	9	7	1	1	—	立方米	7	1	2	2	3	—	—	—	1
8.混凝土拌合机	台	30	19	4	5	2	立方米	14.1	4	4	7	9	—	—	—	6
9.空气压缩机	台	5	3	—	2	—	立方米	44	—	1	1	1	—	—	—	—
10.打桩机	台	3	—	3	—	—	吨	7.8	—	—	—	—	—	—	—	3

第五节 “文革”与企业恢复性建设

1966年6月爆发的“文化大革命”持续了十年之久，使工程处正常生产秩序遭到严重的干扰和破坏。

一、“文革”对企业的影响

1967年上半年，由于各种势力的干扰，大批领导干部和富有工作经验、具有娴熟科技业务管理能力的中层干部，有的“靠边站”，有的被送农村插队落户，有的被迫害致死。原有管理机构不能正常行使职权。全处上下正常的工作秩序、生产秩序统统被打乱，调度指挥失灵，陷入混乱之中。特别是1967年下半年到1968年，由于社会上形势变化，一部分职工被迫离开生产和工作岗位，由此造成停工、停产，企业生产急剧下降。这不仅破坏了企业的生产管理系统，而且以所谓“管、卡、压”的名义，将一些行之有效的规章制度，如《岗位责任制》《劳动考勤制》和《交接班制》等废除；将月生产调度会和旬日生产安排会取消；生产统计、工程质量无人过问；安全操作规程无人遵守，工作（生产）中有章不循现象严重。由于劳动（工作）纪律松弛，出勤不出力人员增多，全处职工出勤率很低。

二、党、群组织机构的恢复

1967年1月，由于种种原因，两级党、团、工会组织相继被迫停止活动，直到1969年11月，工程处遵照上级党组织的部署，才开展了整党建党工作。

随着党群组织的恢复重建，工程处加强了党对企业各项工作的领导，保证了企业生产建设任务的顺利完成，推动了企业党的思想、组织和作风建设。

三、消除“文革”影响

1976年10月，随着一系列斗争的胜利，党和国家进入一个新的发展时期，同时，对“文革”中产生的冤、假、错案进行了平反昭雪。涉及四处的有三件案子得到了平反:①1979年4月,交航发〔1979〕45号文件《关于改正黄炳荣同志被错划右派的决定》,摘掉了黄炳荣同志右派帽子,恢复工资和其他待遇。②交航发〔1979〕74号文件《关于对“四二四”案件彻底平反的通知》,对马文恭同志被迫害投江身亡,一些同志蒙受不白之冤,政治上受到歧视,使用上受到影响,精神上受到折磨,肉体上受到摧残,局党委决定予以彻底平反,恢复马文恭同志名誉。③1979年3月29日,四处党委受局党委委托召开追悼大会,为张慎丰、马文恭同志平反昭雪。对强加给张慎丰、马文恭两同志的一切诬陷不实之词,全部推倒。恢复名誉,对其家属按规定予以抚恤。

四、开展学大庆运动,成为大庆式企业

20世纪60年代初,全国开展“工业学大庆,农业学大寨,全国人民学习解放军”活动,各行各业有了学习的目标,广大职工热情投身工业学大庆运动中。然而,由于“文革”运动而受到冲击,一度中断。1971年起,二航局党委恢复后又提出开展“工业学大庆”群众运动,1974年7月为贯彻全国交通工作会议精神,二航局在广州黄埔港工地召开全局工作会议,部署了宣传大庆经验,学习“铁人”精神的工作。1975年1月,为把“工业学大庆”群众运动引向深入,全局召开了第一次“工业学大庆经验交流会”。1977年4月为创建大庆式企业,局制定了《二航局四年建成大庆式企业规划》。根据《规划》精神,直属分处1977年7月成立了“工业学大庆”办公室,李德恕任主任,于增源任副主任,并制定了《直属分处建成大庆式企业计划》。

为把直属分处建成大庆式企业,全处上下,充分发动群众,对照大庆找差距,结合计划抓落实,具体抓了以下工作:一是抓领导班子整顿,采取“小整风”的形式,召开支部扩大会和各种座谈会,学好文件抓住纲,虚心听取群众意见,着重进行思想整顿,明确大是大非问题。班子进行适当调整后,基本上达到了弄清思想、边整边改的目的。同时,还对下属7个基层支部班子进行了调整、整顿和充实。二是抓紧职工队伍建设,发动群众,广泛开展社会主义劳动竞赛,开展“大干一百天”“决战十二月”等活动,使职工精神面貌和革命热情得到充分发挥。三是抓基础管理工作。为加强成本管理和降低

工程造价，恢复建立了各项定额原始记录，对工、料、机按预算、按定额进行考核，物资管理实行两级管理体制，并基本做到“五五化”和“四号定位”的要求，财务管理也努力做到“两统”和“五定”，同时加强财经纪律检查工作。还在设备管理中，实行了“生产调度会”“办公会”制度及设置了“生产调度指令单”“船舶装运航次表”“全处生产调度表”等。又根据实际需要，不定期地开办了“企业管理业余学习班”。采取自编教材，业务负责人辅导与讨论相结合的办法对财务、物资、施工计划、船机、劳资、安技、生活等多项专业管理进行培训，仅1977年就培训基层骨干40余人，各项管理逐渐走上正轨。

在整顿领导班子，加强队伍建设，改进各项管理的过程中，各施工工地结合自己的任务，明确大干的目的，提出大干的口号，强调日保旬、旬保月、个人保班组、班组保工段的层层落实制度，增强计划的严肃性，积极组织挑战和应战，使生产现场呈现轰轰烈烈大干的场面。其中“95工地”因受台风袭击而影响的工期，在劳动竞赛中做相应调整后抢回了损失。1977年全处施工产值突破千万元大关，达到1 002万元，成为公司历史上产值突破千万元的首个年份。

在工业学大庆，创建大庆式企业活动中，全处职工精神面貌有了较大的改变，干部作风有了明显好转，涌现出了一大批先进集体和先进个人。1977年总结评比中评选先进个人332人，占职工总数23%，先进班组22个，占班组总数的23.8%，四处职工刘江汉被交通部批准为全国交通战线工业学大庆先进生产者。

1978年12月，经长江航运管理局学大庆检查团验收，第四工程处定为大庆式企业，1978年后，该项创建活动未再进行。

五、初步整顿企业

1976年2月，直属分处成立，四处机构正式产生。直属分处在企业管理上着手进行了建章立制、整顿改进各项工作。

(1)从思想上拨乱反正，结合企业初步整顿，刹住歪风邪气，为企业建章立制打下基础。

(2)整顿领导班子，改进领导作风。处领导以不同形式，有目的地深入基层单位蹲点,参加劳动,听取意见,接受批评,汲取营养和调查研究,同时进行党的基本路线教育,开展“一学四批五大讲”活动,使领导班子团结一心,充满战斗力。

(3)整顿加强企业管理,抓住无章可循、管理混乱的薄弱环节建立和恢复多项管理制度:①调整了物资仓库,制定了相应的管理制度,提出了及时进账、核定库存等具体要求。处总库在推广物资工作“五五化”“四对口”“四号定位”等先进经验的基础上,各工程队也开展了此项工作。②组织专业人员参加“施工计划会议”“船机管理会议”“人事安技会议”,在这些专业会议的基础上,明确处、队两级专业管理职责,拟定了一系列管理办法,如《施工技术管理实施细则》《水工工程施工质量检查实施办法》《船机管理办法》,船员考核、船员职责、安全质量检查网等相关措施和办法相继出台。③在“从班组到机关科室部门岗位责任制,从工人到干部(包括领导干部)责职都要建立起来”的指导下,人事考勤制度、各岗位责任制、工具保管制、机具维修制等制度进一步完善,从而结束了十余年混乱场面。④由于各项制度的恢复和建立,企业生产得到逐年发展。据统计,1973年完成工作量131.91万元,为年计划的104.5%;1974年完成工作量419.10万元,为年计划的108%;1975年完成工作量537.22万元,为年计划的118%;1976年完成工作量722.3万元,为年计划的105.4%;1977年完成工作量1 002万元,首次突破千万元大关。

六、加强职工培训

1973年以来,随着长江下游港口建设任务的增加,职工人数和机械设备也不断增加。资料显示,1978年年底,第四工程处固定职工人数814中,文盲和半文盲191人,高小189人,初中254人,高中127人,大学(大专)53人。整个施工队伍的文化、技术素质都很低。工人、技术干部、管理干部的现状不能适应航务事业的发展和“四化”建设的需要。新设备不会使用,新技术不能掌握,新工艺不能推广,企业管理水平不高。

针对现状,第四工程处十分重视职工教育工作。1976年就成立了职工教育领导小组,开展在职培训和选送学员入校深造等各种培训活动。其中在职培训又以举办脱产或半脱产的短期培训、开展岗位练兵技术比武、师傅带徒弟等各种形式进行。仅1978年,结合施工进行了四次现场技术讲课,以《“711工程”总结》《国外港口建设动态》《模板设计》《桩基规范》等作为教材进行技术专业辅导。401工程队结合施工,组织了技术交底和技术讲评,开办了“几何知识班”;402工程队开办了“业余技术学习班”,每周一次学习,连炊事员都主动参加学习;机械队开设了机械识图、内燃机修理、钳工、金属材料等业余学习班;船队组织船员学技术,内部开展“传帮带”,经有关部门考核,过去从船长到轮机长拿临时执照顶岗的同志都取得了正式执照。同时还选派十几名同志分别到重庆建工学院、广州航务工程学校等院校进行深造,又派人员参加了局举办的定额学习班。通过在职培训和学校教育,全处职工政治、文化、技术业务素质有明显提高。

七、职工工资调整

(一)早期的工资

新中国成立初期,国家对职工工资实行以实物为计算单位,以货币为支付形式。实物计算单位有按“工资米”(又有大米小米之分),也有按“工资分”计的。1952年7月5日,国家制定了《实行工资制工作人员的工作标准》,并确定以“工资分”为统一计量单位。按照国家规定,1952年7月第一次为局属284名固定工确定了“工资分”。

(二)工资制度改革

1954年11月,根据交通部指示,将筑港工人7级制工资标准改为筑港工人的8等16级。1955年二航局成立后,对行政管理人员、工程技术人员、医务人员以及勤杂人员按筑港企业的统一标准进行了一次套改调整。1956年8月,根据交通部工资改革会议精神,为了与全国建筑工人的工资相一致,复将8等16级工资制改为7级工资制(机械安装仍为8级)。工资支付办法也随之由分工资改为货币工资。1959年3月,为减少工人工资计算手续,经二航局二次职代会决定,将日工资改为月工资。

(三)推行计件工资制

在实行计时工资制的同时,二航局于1955年下半年开始推行计件工资制度。先是在临时工中实行,接着在固定工人中试点。对某些不能实行计件的辅助性工人,实行计时奖励制度。实践证明,计件工资对调动职工积极性,促进生产发展起到了很大作用。但在极"左"思想的影响下,1958年之后,这项制度停止推行。

(四)设立各种奖励制度和津贴制度

在改革工资制度的同时,根据上级指示,逐步推行了各种奖励制度和津贴制度,具体有:1956年1月颁发的《超额奖励办法》,1958年12月颁发的《跃进奖》制度,1959年5月修订的《超额奖励暂行办法》,1961年4月制定的《计时超额奖励办法》,1963年8月在机关建立的《季度综合奖励制度》,等等。在津贴制度方面,1953年以来先后实行了"船员伙食津贴""船员生活津贴""工地流动津贴""夜班津贴""潜水员津贴""组长津贴""水上施工津贴""野外勘察津贴"等。1958年在"整改"运动中取消了"工地流动津贴"和"水上施工津贴"。

(五)工资调整

1952年7月确定工资后,1956年进行了工资改革。1959年和1963年分别对部分人员进行了工资整改,1966年"文革"开始,以上形成的工资、奖金、津贴等制度被指责为"奖金挂帅,物资刺激",遭到废止,正常的升级制度停止执行。直至1971年11月国务院颁布的《关于调整部分工人和工作人员工资的通知》下发后,二航局对1957年年底前参加工作的三级工、1960年年底参加工作的二级工、1966年年底参加工作的一级工或低于一级工的人员调整了工资。

(六)工程处成立后第一次调资

1977年8月国务院下发了《关于调整部分职工工资的通知》,对1977年参加工作的一级工、1966年年前参加工作的二级工以及同他们工作年限相同、工作等级相似的职工都调整工资。同时对1971年年底以前参加工作的其他职工(不包括17级以上干部)也调整一部分工资。

根据这一文件精神,第四工程处成立调资领导小组,采取“三上三下”三榜公布的做法,并经职代会讨论,报经局批准:为1971年年底前参加工作的一级工郑秀芬1人、1966年年底前参加工作的二级工陈锋等78人、符合40%升级面的华炳林等193人、低于规定工资标准的向木生等2人,共273名职工调升了工资,全处月增工资1 857.8元。

(七)工程处再次调资

1980年3月,为贯彻中共中央中发〔1979〕70号文件和国务院〔1979〕251号及二航局工调会议精神,第四工程处为40%升级工作顺利进行,成立领导小组,制定工作方案。9月4日请局审查验收后,331人调升了工资,全处月增资2 083.79元。

第六节　芜湖基地建设

1974年,随着“三年大建港”航务工程任务的不断增加,大型船机设备也逐年增多。裕溪口基地由于地势低洼,场地不足,加之与芜湖隔江相望,交通不便,已经不适应生产的需要,分处向上级提出报告,经交通部〔1974〕交计字600号、2058号等文件批复,决定在芜湖择地兴建基地。为尽快落实基地建设任务,分处成立了筹备小组,于凤鸣、刘谊全、李瑞龙、王东明等先后参与具体的选址、报批等筹备工作。1975年经安徽省、芜湖市等有关部门批准,确定在芜湖市水泥厂北约130米处兴建四处基地,并于当年征地21.957亩,1976年续征34.76亩,开始兴建芜湖基地(即原长江路231号办公楼片区)。

一、生产基地

芜湖基地生产部分主要功能是承担四公司船舶机械的修理。其厂房和生产车间的设计由芜湖市建筑工程设计室承担,水工建筑物的扩建设计则由芜湖分处自己承担。基地当时批准总投资133.56万元,总建筑面积11 653平方米。船舶修理上下滑道及船舶停靠码头设在大堤外,占堤外岸线200多米。工程于1975年11月27日正式动土,当年只完成4.14万元投资,至1978年年底,基本建成金工车间、锻工车间、机具车间、材料库、油库、成品库等生产性厂房2 571平方米及办公室1 667平方米,1979年后由402队继续进行部分厂房续建,堤外临时性码头因受堤防所、水利部门的限制,一直没有建成。

二、生活区基地

芜湖片区生活基地是与生产基地同时经交通部批准同意兴建的,1975年开始建设,第一期工程4栋建筑(含办公楼、附楼及1号、2号宿舍)由和县建筑公司三工区承担施工,由于材料、拨款、质量等问题,至1979年才逐步交工验收。1980年以后,基地宿舍逐年增建。其中二航计〔1980〕414号文件批准建设3、4、5号宿舍和礼堂兼食堂。3、4、5号宿舍由黄澄源设计,402队施工。礼堂由徐豪东设计,402队施工。1982年二航计〔1982〕280号批准同意公司自筹资金兴建6号宿舍,6号宿舍由王东明设计,面积1 326平方米,浴室214平方米,两项投资19万元。1983年至1985年陆续兴建了7、8、9号宿舍。1986年局批准同意四公司在市区购买商品房2 000平方米,公司在芜湖市绿影新村购买了两个单元24套住宅。同时,考虑单身职工生活需要,在芜湖基地建成两栋四层宿舍楼,作为401、402工程队基地,在镇江建有403队基地,还建成招待所大楼,计量实验大楼。

在1987年至1990年四年的时间里,公司芜湖基地没有兴建宿舍。1991年兴建了10号宿舍,10号宿舍设计层高为六层,由南陵浦桥建筑公司承建。1993年为更好地发挥地段价值,拆除了办公楼前低矮门面房,兴建了三层综合服务楼。1994年经开发区管委会批准,在公司生活基地南侧征地30.9亩。同年11、12号宿舍动工。1995年13至16号宿舍动工。1998年,抓住房改政策末班车的机遇,职工集资建造了17至20号宿舍。至此,芜湖基地土地全部利用完毕。为了解决逐年进入单位的大学生住房困难。2006年拆除了大礼堂和单身宿舍,在这块地基上兴建了21、22号宿舍。这些宿舍在房改过程中,均按当时的有关政策,优惠出售给了本单位的职工。住房制度市场化之后,很多职工出售了自己的房屋在市区另购新房,原“二航新村”已经社会化，成为合南社区的一个住宅小区。

三、公司办公楼的变迁

公司成立之初，一直在裕溪口基地临时性厂房内办公。至1973年，公司机关条件仍然简陋。1975年，公司在芜湖选址择地，开始新建办公场所，至1979年办公楼落成（长江路231号），1980年新建办公楼开始使用，由于公司发展较快，1982年将相邻的附楼与办公楼连通，亦作为办公楼使用，这一时段公司办公条件相对较好。至2001年，这两栋办公楼使用了20余年后，因其功能不能适应公司的现状，制约了公司的发展，在局批准同意后于2001年10月和2005年11月分两次购置了芜湖市经济技术开发区标准厂房约6 000平方米，作为公司办公用房（港湾路17号）沿用至今。

1983年年初，由于公司经济条件渐好，国家又鼓励企业开发多种经营，在这一背景下，公司萌发了在市内中心区购买地块独资建设综合服务大楼的想法，并先后派王铭泉、李章良等人积极参加筹办。多处选址后，与芜湖市交通局达成意向，决定在新市口交通局驻地建造9层综合服务大楼，市土管局、规划局、分管副市长也三次主持了协调会，协调的主要意向是：四公司出资交通局出地，建成后分配房屋西侧九间给交通局，并希望双方积极合作，早日完成大楼建设，为当时市容提升做贡献。经过三年多的努力但最终因交通局要合资建设而流产。

说到芜湖基地建设，不能忘记当时芜湖港8号客运码头附近，有一栋低矮破旧的房子，约150平方米，是1955年裕溪口建港时，经与芜湖港协商，为方便物资采购转运而购买的房子，后来几经翻修和改造，成为二航四处在芜湖市最早的落脚点（俗称采购站）。据老职工回忆：这个落脚点除承担物资采购、转运、保管外，最主要的是起到一个旅社的作用，多时设有10张床位。当时陆运很不发达，而水运忙，客运等级票总是一票难求，职工们因公外出或返乡探亲，乘船上达武汉、重庆，下达南京、上海，都要在这里候船歇脚。落脚点有专人管理，三十多年来一直为赶路启程和回乡省亲的职工提供一杯热水和洗漱条件，设备虽然简陋，却提供着永恒的温馨。这栋房子直到20世纪90年代房改时，出售给了两位家在市区的职工。

第三章　整顿开拓　不断壮大

（1979—1984）

党的十一届三中全会1978年12月在北京召开，这是一次具有里程碑意义的会议，“解放思想，实事求是，团结一致向前看”成为中国共产党当时新的思想路线，农业、工业、国防和科学技术现代化建设序幕正式拉开。

为适应这一新形势的要求，二航局1979年3月5日至10日召开了全局企业管理会议。3月12日至14日又接着召开了全局工作会议。四处主要领导和部分管理干部参加了会议。会议在学习和领会三中全会精神，检查总结1978年工作的基础上，确定了1979年贯彻三中全会精神、实现全局工作重心转移的具体措施。为贯彻落实三中全会精神，落实工作重心转移的各项措施，第四工程处集中精力开展各项工作。

第一节　贯彻三中全会决定，实现工作重点转移

一、组织学习，统一认识

党的十一届三中全会召开后，处党委学习讨论了“把全党工作重心和全国人民的注意力转移到社会主义现代化建设上来”的战略决策，并在全处开展了以工作重心转移为中心的学习讨论。从1979年3月下旬开始，先后四次召开了政治工作会议和宣传工作会议。在此期间，党委负责同志及政工部门的同志反复宣讲三中全会精神，宣讲四项基本原则，宣讲民主与法制等有关问题。通过宣讲及时澄清了一些模糊认识，加深了对全会精神的理解，收到较好效果。

二、开展职工全员培训

工作重点转移对人的素质提出了更高要求，为适应“四化”建设需要，全处开展了职工素质教育工作，处成立了职工教育领导小组，并设立教育科，配备2名专职教育干部、4名专职教师，发动和鼓励职工在“四化”建设的伟大事业中，不断提高经济理论、科学技术和企业管理三个方面的知识。建立培训中心，健全职工教育制度，进行技术和文化补课，其中全处有209名职工属于文化补课对象。至1982年止，举办脱产、半脱产学习班4期，97人入学，占应补课对象的46.4%，经过考核合格80人，合格率达到82.5%。同时，通过各种业务培训班和选送职工进入“工农兵”大学深造，鼓励职工参加电大、函大、夜大学习，共有50多名职工取得教育部认可的大专及以上学历。职工综合素质进一步提高，为工作重心转移奠定了坚实基础。

三、召开首次党代会、职代会、团代会

(1)第四工程处首次党代会于1979年10月16日至17日在裕溪口召开，出席这次代表大会的共有57名代表，代表全处228名党员。大会听取了薛保平所作的党委工作报告，并选举产生了新一届党委成员，报经上级党委批准，第一届党委委员会由薛保平、赵庭芳、黄观钿、孙启彩、陈春田、张贵、胡永桢等7位同志组成。薛保平任党委书记，赵庭芳、黄观钿任副书记，孙启彩、陈春田、张贵、胡永桢为党委委员。1983年3月，根据工作需要，胡永桢代行党委书记职责。这届党委在成立后的5年时间里，带领全处职工拨乱反正，开展企业整顿，进行经济体制改革，推动两个文明建设，为公司步入稳定发展轨道打下了坚实基础。

(2)第四工程处首届职工代表大会于1980年3月10日在裕溪口召开。出席这次会议的正式代表79名，列席代表20名。会议审议了赵庭芳处长《关于我处工作情况的报告》，选举产生了处首届工会委员会，报经上级批准，张贵兼任工会主席，戴志平任工会副主席。

1981年12月7日至12日，在处机关(芜湖)召开了第二届职工(会员)代表大会，93名代表参加了会议，选举了新一届工会委员会，报经上级批准，王

槐松任工会主席,戴志平任副主席。

1983年8月12日至15日,在芜湖召开了第三届职工会员代表大会,85名代表出席会议,会议通过了《二航四处职工代表大会暂行条例实施细则》《二航四处职工奖罚条例实施细则》和《二航四处工会工作条例》,选举产生了第三届工会委员会,由于增源、孙茂祝、黄学恒、王秋水、吕家富、张克西、唐尚忠、于亚保、卓兰英、曹火珍、张帆组成。于增源任工会主席、孙茂祝任副主席。

(3)第四工程处首届团员代表大会于1980年6月23日在裕溪口召开。出席这次会议的正式代表45名,代表全处192名团员,听取了耿星义所作的《全处团员青年动员起来,为加速航务现代化贡献青春》报告,并选举产生了新一届团委会。经芜湖市交通局团〔1980〕8号文件批准,同意耿星义、陶铮、庞裕金、林一衡、光飞、郭云刚、李兴唐、吴紫燕、邵继凡九位同志组成“共青团交通部第二航务工程局第四工程处委员会”,耿星义同志任团委副书记。

第二节　调整整顿中完成的主要工程

一、镇江大港港区一期工程

镇江大港港区位于镇江市下游约25千米的丹徒县大港镇。港区一期工程是镇江港历史上,也是当时长江中规模最大的建设项目,总投资10 043万元,其中码头水工建筑及相应配套设施投资为4 788.65万元,占地面积647亩。设计年货运量130万吨,年吞吐量236.5万吨。

根据交通部批示,港区内部的总体布置、装卸工艺、码头水工建筑、土建等的设计、施工由二航局承担。

1975年9月,二航局接到交通部下达的一期工程设计、施工任务后,即责成设计院组成现场设计组(项目负责人杨杰),奔赴建设现场进行踏勘,并于同年10月完成了初步设计,12月完成了部分施工图设计。责成直属分处第二工地(施工负责人王铭泉、陈金喜),开赴建设现场进行施工前期准备工作,并于1976年2月破土动工。

为有利工程建设,镇江地区行政公署建港领导小组,将建港指挥部设在现场(二航局派胡延升参与指挥部工作,任副指挥长,指挥长由镇江市领导兼任),加强现场指挥调度,并密切同建设、设计、施工、使用单位的联系,及时解决施工过程中发生的问题。

由于当时国民经济正在进行调整,国家决定对一批大、中型基建项目暂缓建设,大港一期工程也在这次被列为缓建项目而停工。至1978年12月仅完成2 000吨级磷矿码头1座及部分大港河板桩码头。

1981年6月,为适应我国外贸事业迅速发展的需要,分流上海港吞吐量不断增长的压力,交通部根据国家计委《关于同意扩建镇江大港深水港区》的批文,下达了《关于镇江港大港一期工程复工续建的通知》,并要求1985年建成投产。

复工续建决定下达后,10月,二航局设计院根据交通部的指示,对1975年的初步设计方案进行了调整(包括修正概算),并根据交通部关于码头结构考虑利用北仑山码头剩余钢管桩的指示,补充了钢管桩的方案。年底,二航局第四工程处(前身为直属分处)根据局要求,组成以403工程队为主体(施工负责人张凤、王铭泉、陈军),预制厂、船队和局属船机处、船机厂配合的施工联合组织,以概算包干方式,对码头主体及附属工程实行总包,并进场筹备开工。

1982年2月,大港一期工程列入了国家大、中型建设项目。同月28日,大港一期工程正式复工续建,其主要项目有4个25 000吨级泊位(岸线长732.9米,按1、2、3、4号泊位排列)及附属工程,并包括前期未完的大港河板桩码头7个泊位(码头总长544.13米,可供靠泊直线段386.4米,其中一部分1978年已建成,这次续建238.3米)以及护坡、堆场、道路等。

深水泊位为钢管桩、钢筋混凝土梁板结构,由前方宽14.5米的栈桥,宽13.5米的后方平台及长33米、宽9米的引桥(共12座)组成。堆货荷载:栈桥2吨/平方米,平台4吨/平方米,引桥以W613铲车荷载控制,挡土墙后15米范围内2吨/平方米。装卸机械除煤炭作业线采用部分固定胶带输送机外,其余均选用以流动机械为主的通用机械。内河转运码头为钢筋混凝土板桩结构,设计船型为100吨及60吨,装卸机械为9台5吨苏州吊和一个运载桥。

深水泊位地处大港河与五峰山之间。该地段为新近河流沉积物,厚度大,土质软;港区前沿负40米的深槽紧迫岸边,岸陡坡高,对岸坡稳定不利,为确保大港港区安全,在设计中通过对大量地质钻探资料及河势分析,并经反复研究讨论,确定码头前沿线后移30米,以保证岸坡稳定。同时,考虑到由于码头线后移有局部回淤,未采用全部护岸,仅在标高正负零米以上做干砌块石,以防风浪和船行波对岸坡的局部冲刷。此外,通过试桩掌握钢筋混凝土桩和钢管桩的承载力数据,并经过动载、静载试验分析,确定4个深水泊位的前方栈桥和平台均采用直径1 200毫米的开口钢管桩基础,引桥桩基采用直径900毫米和600毫米钢管桩,排架间距采用10米和12米的结构。由于深水泊位采用的钢管桩,最大长度为53米,而当时全局没有打这样长桩的打桩船(最多可打桩架高42米加水深为46米以内的桩)。为确保沉桩进度和质量,对于超长桩(53米),采用了二次进龙口的施工方法进行。

大港港区一期工程,由于前期工作准备不足,勘察、设计、施工同时进行,给设计、施工的安排与力量组织带来较大影响,为了按期完成建设任务,复工后,二航设计院在不能按常规进行施工图设计的情况下,及时抽调45名技术骨干组成专业配套的现场设计组,奋战2个月,突击完成深水泊位绝大部分图纸,并在现场进行技术指导,为施工创造条件。第四工程处403工程队在经常"待图施工"的情况下,及时研究调整施工部署,并根据季节性水位变化,采取"中洪水位施工引桥及上部结构,枯水位施工平台、栈桥",并全部采用水上安装及浮式工厂浇筑混凝土的方法。局、处均将大港工程列为全局、全处的重点项目,经常有局、处领导深入现场蹲点,帮助指导工作,解决施工中的技术和施工进度问题。二航局还将大港工程作为设计、施工一条龙的试点工程,在进行初步设计和施工图设计期间,组织施工技术人员参与研究讨论,使设计与施工紧密结合。长航局为了加强对建港工程的领导,重新组建了镇江建港指挥部和建港领导小组,负责建港重要事项的决策和协调工作。

在上级的重视及指挥部、设计、施工单位共同努力下,大港一期工程(码头主体及附属工程)自1982年2月28日复工续建到1985年6月30日全部竣工(其中板桩码头1984年4月30日完成主体工程,深水1号、2号泊位1984年7月31日全部竣工),3年4个月中未发生重大伤亡事故,未突破概算指标,工程质量优良,提前半年完成了建设任务。

1985年11月,交通部、江苏省及镇江市等主管部门和单位联合组成的验收领导小组,对大港一期工程进行了验收,认为:“选址正确,布局紧凑,结构合理,使用方便,整个工程质量是好的,投资是省的,建设速度是比较快的。”宣布同意验收,并于1986年1月1日起正式投产。中央和江苏、湖北及镇江等省市的新闻单位,对大港一期工程进行了广泛的宣传报道,一致认为:它的建成投产,是我国港口建设的又一重大成就,对江苏省及长江流域各省的经济建设和对外贸易的发展、对分流上海港的货物,减轻上海港的压力,都有重要的促进作用。

二、芜湖市中江桥工程

芜湖市中江桥(图3-2-1)工程是新中国成立以来芜湖市最大的一项市政工程,1982年列为安徽省三项市政重点工程之一。

中江桥工程位于市区弋江桥下游300米处,由主桥(包括立交孔)、南北岸引桥、南北接坡引道组成。桥宽20米(其中车行道宽14米,两侧人行道各3米),全长957.14米。主桥为单悬臂加吊梁,中跨37米,边跨24.43米,全长85.9米。立交桥横跨北岸沿河路,为10索预应力钢混凝土T形梁,跨径为24.77米,引桥为钢筋混凝土空心板,每跨径为12米。北岸8跨,南岸10跨,南北各有旋梯二座。基础除16至23号计8个桥墩为天然基础外,其余各墩均为打入式钢筋混凝土桩的低桩承台。方桩断面为40厘米×40厘米,桩长为16米至23米不等。墩台除1号桥台和9号、12号、15号桥台的6座桥墩为钢筋混凝土实体台(墩)外,其余桥墩为钢筋混凝土框架。中江桥工程的设计,由上海市政工程设计院负责。二航局第四工程处主要承担桥梁部分施工。

桥梁部分包括主桥及南北岸引桥,全长326.67米,混凝土总量为7 521.3立方米(其中预制3 094.52立方米,现场浇筑4 426.78立方米),挖填土方19 112.31立方米,建筑安装工作量为317.7万元。

第四工程处组成以401工程队为主体,预制厂、船队、船机修理站配合的施工体制(工地负责人王同华、王保文、张家云),于1982年11月18日开工,1984年5月1日竣工。其中1983年特大洪水和1984年年初连续雨雪与低温共影响施工2个多月,实际施工期14个多月。

图3-2-1　芜湖市中江桥

根据中江桥所处地理位置的自然条件,建筑物结构型式和施工条件等情况,在施工中采用了"中水位水下清基挖泥,施打水中桩;低水位筑围堰,浇水中墩;高水位进行大梁安装"的方法,并采取了全钢模板分段浇筑混凝土等技术措施,因而确保了工程质量和工程的如期完成。

工程竣工后的质量鉴定为:"中江桥工程分部工程优良品率达100%,分项工程全部合格,优良品率达94.3%,符合设计要求。"中江桥工程验收委员会评定"中江桥工程为优良工程"。

中江桥工程,是二航局四公司首次承担的比较完整的市政工程。通过该工程施工,为今后承担市政工程建设积累了经验,锻炼了队伍。

三、安庆五里庙码头

该工程位于安庆港五里庙，是交通部在长江流域基建系统实行公开招标的第一个项目，由二航局勘察设计院设计，安庆港务局建设，二航局四公司中标承包施工。

安庆五里庙码头（图3-2-2）于1984年10月开工，1986年12月25日竣工，竣工造价719万元。

图3-2-2　安庆五里庙码头

该工程主要包括19.41米宽钢筋混凝土栈桥150米，7.5米×55米钢筋混凝土引桥3条，7.5米宽混凝土路面20米，浮式钢系靠船构体16套，混凝土桥台3座等主要分项工程。

参与工程施工的主要人员有：汪德隆、陈文杰、倪维华、唐建军。

第三节　全面整顿企业　提高企业素质

党的十一届三中全会之后,经过拨乱反正和恢复性整顿建设,全处各项工作有所发展,生产工作秩序趋于正常。但是,由于"左"的思想积重难返,加之航务工程任务不足,自1977年施工产值首次突破千万元大关之后,反而逐年下降。至1981年,全处全年居然只完成162.61万元建安工作量。实践中重生产、轻管理、工期长、质量差、成本高、管理乱、基础工作薄弱、经济效益下滑等问题严重存在,客观上要求对企业进行一次全面整顿。

1982年1月,中共中央国务院《关于国营工业企业进行全面整顿的决定》下达后,在局的统一部署下,第四工程处自1982年3月开始按五个方面要求进行了企业全面整顿。

一、按"四化"要求,整顿建设处、队两级领导班子

处级领导班子是在局党委的直接关怀领导下,根据"四化"(革命化、年轻化、知识化、专业化)要求,通过基层考核,征求多方面意见,由局党委批准组建的。调整前,处级领导班子8名,年龄最大的56岁,平均50.1岁,大专以上文化程度的3名。调整后,处级党政领导6名,比调整前减少2名。年龄最大的56岁,平均年龄47.5岁,比调整前年轻2.6岁。大学文化程度的4名,占66.6%,他们都具有18年以上基层单位工作的经验。调整后领导班子"革命化、知识化、专业化、年轻化"都有较大程度的提高。

处级领导班子调整后,对基层领导班子和机关科室负责人立即进行考核调整。调整前,基层6个领导班子共21名成员,平均年龄42.9岁,高中以上文化程度的7人,占33.3%,有技术职称的6人,占28.6%。调整后,班子成员为22人,班子人数变化不大,但人员调整27人,其中,最高年龄45岁,最低年龄28岁,平均年龄36.9岁,比原来年轻6岁。高中以上文化程度15人,占68.2%,有技术职称10人,占45.5%。

科室负责人调整前20人,最高年龄52岁,最低年龄42岁,平均46.6岁,高中以上文化程度7人,占35%,有技术职称的4人占20%。调整后人数仍

为20人，人员调整11人，最高年龄51岁，最低 34岁，平均44.3岁，比原来年轻3岁，高中以上的8人，占40%，比原来上升5%，有技术职称的5人，占25%，比原来上升5%。经过调整，基层科室领导班子基本符合“四化”要求。

为纯洁干部队伍，防止“五种人”掌握各级领导权，在班子调整过程中，进行考核，政审，必要的外调内查，调整后的各级领导班子中没有“五种人”。

在班子调整中，积极组织干部认真学习十二大文件，反复学习中央领导关于建设“四化”班子的讲话，对退出领导班子的14名同志都做了比较妥善的安排。

二、推行经济责任制

经济责任制是在国家计划指导下，以提高经济效益为目的，把经济责任、经济权利和经济利益结合起来，正确处理国家、企业和劳动者个人利益的经营管理制度。二航局试行经济责任制是在贯彻执行扩大企业经营管理自主权，实行利润分成办法的基础上逐步开展起来的。大体经历了三个阶段：第一阶段是1982年年初制定的《关于试行经济责任制的实施方案》，按照产值、工期、质量、安全、成本、利润等主要经济技术指标，实行队对处、处对局、局对部的全面包保。第二阶段是1983年1月利改税后，将局对部实行的“四定一分成”改成“七定一分成”（即“定施工工作量、定质量、定全员劳动生产率、定工伤事故频率、定利润、定工程成本降低率、定定额流动资金占用率”），完成上述七项指标的，可按核定的税后留利比例分成。第三阶段是1984年8月，随着全国建筑业改革的发展，局制定了《关于百元产值工资含量系数包干实施方案》建立层层承包经济责任制。

1983年，局对处推行的是七项包保指标考核办法。公司结合自身实际制定了“经济责任制实行办法”，具体以预算工日、工程质量、施工纯利润、劳动生产率和安全生产五项指标分解到基层队、厂、站。队、厂、站按责、权、利相结合的原则以工日、质量、材料消耗、基本职责等指标计算分解到班组，直接生产班组按施工定额下达生产任务，辅助工种采用定额生产与班组挂钩的办法，管理人员按岗位职责明确考核分值或系数。

这项经济责任制的推行，克服了平均主义，打破了“大锅饭”，拉开了奖金档次,促进了生产发展,但制度条款不健全,具体执行时有“界定”困难,后在发展中不断得到改进和完善。

三、整顿劳动组织,加强劳动纪律

一是整顿和改革了企业内部组织机构:①将船机科与航修站合并为一套机构,撤销了机械队。②撤销了裕溪口物资中转站,划归预制场统一管理;航修站物资库划归物资科直接管理。③组建了职工培训学校和镇江、裕溪口办事处。④撤销了知青队、五七连,组建了劳动服务公司。⑤施工、技术、计划、预算定额、基建等由施工计划科综合管理,实现了人员满负荷工作,减少了机关办事人员。⑥芜湖基地三个食堂(402 队、机关、航修站)合并。⑦各单位生产班组根据实际情况进行了调整。

二是制定了各部门、岗位职责和岗位责任制。各类人员定员定岗定编,整顿前全处非生产人员为 250 人(其中管理人员 143 人),占全部职工的 20.83%。整顿后,通过“双定”,非生产人员减少为 210 人(其中管理人员 139 人),占全体职工的 17.5%,实际减少 40 人。其中充实到生产一线的 17 人,调到二线的 15 人,调服务公司 6 人,其他 1 人,待安排 1 人。整顿前一线工人 401 人,占工人数的 59.49%,二线工人为 273 人,占工人的 40.48%。整顿后,一线工人上升为 425 人,占 62.7%,二线工人为 250 人,占 37.22%。“以工代干”问题也基本解决。整顿后,各类人员都有了岗位责任制和经济责任制,建立了正常的人事考勤制度,同时,全处压缩了计划外用工 87 人。

三是加强劳动纪律,严格执行奖惩制度。根据“全国整顿企业劳动组织座谈会”和交通部“直属企业整顿劳动组织工作经验交流会”精神,处领导组织召开各单位负责人会议,下发了《关于整顿劳动组织的工作安排》,制定了《奖惩条例实施细则》,成立了公司劳动组织整顿领导小组。会后,各单位都制定了整顿纪律方面若干意见,开展了“怎样遵章守纪”的大讨论,查清了违犯劳动纪律的各种现象,纠正了“人多好办事”、精简压缩会“影响团结,影响生产”“甩包袱”等思想认识。通过会议座谈、谈心等方式,教育职工顾大局,识大体,号召他们到一线去,到艰苦的岗位去。由于狠抓劳动纪律,职工的组织纪律性大有好转,迟到早退、上班干私活的不良现象基本消除。

四、整顿财经纪律，健全财务会计制度

一是建立和健全经济核算的基础工作和财务会计制度。第四工程处两级财务严格执行财政部1981年颁发的《国营施工企业会计制度》，设置了总账、明细分类账、现金、银行日记账及辅助登记账等。各项财务业务的发生都能取得合法的原始凭证，并严格按规定的程序制证和登账。现金账、银行日记账等各类账册都能如实、及时、清楚、符合要求地记录各项经济业务，账册档案完整，能及时、完整、正确、有分析地认真编报各年度财务计划，并始终编报成本计划，做好成本预测，协调和指导各部门各单位采取降低成本的措施，受到局财务处的好评。

二是结合经济责任制的推行，全面推行有额生产，并下达流动资金、储备资金定额，管理费用定额等。对各项资金实行归口分级管理。各单位对生产经营的各环节都建立了各项原始记录和统计报表，各类物资的计量验收制度也已建立，财务人员参与工程预决算工作，做到当家理财，心中有数。人人都明白经济责任制和考核指标。除认真执行上级制定的财务制度外，四处还制定了《固定资产管理办法实施细则》《专项资金管理办法》等制度。

三是正确贯彻执行国家政策法令，遵守财经纪律，通过年度自查。四处坚持了“一支笔”审批制，没有搞计划外项目，正确计算各项税金、利润，没有截留利润和隐瞒收入，各专项基金能按规定提取和留成，并按规定范围使用。财务收支能按制度和计划执行，严格执行社会集团购买力和劳保用品发放的有关规定。

四是保护国家财产，依靠群众管家理财，建设财务队伍，处对固定资产实行了分级归口管理，并在整顿中组织专门班子对固定资产进行了专门清查，财务部门设有固定资产总账、明细账、单项卡，及时正确记载了固定资产的购买调动等动态情况，做到账、卡、物三相符。对流动资金，各单位实行了有额分级归口管理，物资部门制定了物资管理办法，及时清仓查库，物资现场、重点部位设有报警器，各项资产的保管、维修均与经济挂钩，有效地保护

了国有财产。

通过财经纪律的整顿、财务制度的健全和严格执行,全处都能按各年度要求及时足额上缴税款和利润,并显现出较好的各项财务指标。表 3-3-1 是 1978 年至 1983 年六项主要财务指标。

表 3-3-1　1978—1983 年六项主要财务指标

指标＼年份	1978	1979	1980	1981	1982	1983
成本降低率	4.68%	1.84%	7.80%	6.53%	7.63%	10.5%
资金利润率	2.85%	0.60%	3.00%	0.10%	4.43%	10.56%
产值利润率	3.84%	1.98%	8.30%	1.16%	8.21%	10.43%
每百元固定资产创造价值	81.17	33.45	37.67	9.53	56.92	100.00
定额流动资金占用率	25.15%	53.34%	32.32%	224.75%	29.90%	12.55%
每百元产值使用管理费(元)	11.27	18.60	13.22	39.51	12.50	7.43

五、搞好文明生产,改善职工福利

文明生产是对企业厂容厂貌、船容船貌、库容库貌等的一个基本要求,也是企业生产能力、管理水平及文明程度的综合反映,在企业整顿期间,结合整顿的要求,主要抓了以下工作。

一是加强安全质量管理,强调施工现场安全质量管理“六同时”(计划、布置、检查、总结、评比、奖励)。在施工生产过程中,每道工序都开展安全质量大检查,做到自检互检相结合,初步形成了专职成线、群管成片的局面,对质量事故着重分析，狠抓“三不放过”，找出原因，提出改进措施、认真落实整改。

二是加强劳动保护。①全处都建立了劳保用品卡，按规定发放劳保用品，不扩大范围，不提高标准。②高空作业都挂安全网防护。③现场生产职工都戴安全帽。④船员配齐了救生设备，带缆作业必须穿救生衣。⑤潜水员普遍进行体检和减压。⑥对全处职工进行身体健康体检。

三是加强治安消防等方面工作，处成立了治保委员会和调解委员会，制定了《治安保卫工作细则》等10项制度。处配齐了4名干警，各单位有治保会和专兼职治保人员，同时注意调动工会、共青团、民兵等各方面力量，共同完成治安整顿和保卫任务。

四是美化“厂容厂貌”，开展了“讲卫生、环境美”活动，整顿过程中，共栽种各种花木13.5万棵，清扫垃圾800多方，平整马路300多米，预制厂、航修站容貌彻底改观。各单位因地制宜，营造文明生产生活环境，消除“脏乱差”现象。处多次被芜湖市人民政府授予“爱国卫生先进单位”。

五是改善职工物质文化生活，到1983年年底，芜裕两地共建家属宿舍324套、16 023平方米，安置316户居住，户均居住面积达49.45平方米。芜裕两地都有单身宿舍，做到单身职工每人都有铺位；对家住农村的职工，自1981年起拨出2万元周转金作为农村职工修建房屋借款，到1983年底，共有168名职工借周转金重新建房修房；对有困难的职工进行必要的补助；组织先进生产者、离退休老干部分期分批到太湖、北戴河等地调养；在芜裕基地还开办了职工阅览室、棋牌室，加强基地和各工地食堂、浴室、托儿所、医务室管理；举办“振兴中华”读书活动和职工书画、摄影、美术竞赛活动；举办各种球类、棋类比赛，活跃职工文化生活。计划生育工作自1980年起，连续四年被评为裕溪口区、芜湖市计划生育先进单位，多次受到芜湖市交通局的表扬。

第四工程处企业整顿工作是按局统一部署展开的，原定1984年一季度验收，由于四处这项工作开展深入扎实，成绩突出，在1983年中期全局内部验收时获得首肯，于是，决定向交通部申报提前验收。交通部于1983年12月25日至31日对四处进行了验收并获得了通过。验收后全局又在四处召开了现场会,号召全局各单位借鉴四处的做法,进一步深入扎实地开展此项工作。

六、企业整顿验收评价

(一)企业整顿工作验收团团长王振远同志在验收总结大会上的评语

验收团认为:二航局四处在交通部第二航务工程局和芜湖市的领导下,认真贯彻执行中央〔1982〕2号文件精神,狠抓企业整顿,做了大量工作,取得了较好的成绩,主要表现在:第一,按照"四化"要求,调整和建设了处、队两级领导班子,加强了职工队伍的思想政治工作;第二,全面推行了经济责任制,改善了企业经营管理;第三,整顿了劳动组织,加强了劳动纪律,开展了全员培训;第四,整顿了财经纪律,健全了财务制度,开展了经济核算;第五,在文明生产、职工福利等方面有了较大改善;第六,提高经济效益,各项可比经济技术指标均超过了本单位历史最高水平。1983年完成了建安工作量1 805万元,全员劳动生产率每人每年15 008元,预计实现利润195万元,工程质量竣工优良品率到达100%,镇江大港、芜湖中江桥等重点工程形象进度均超额完成计划。通过企业整顿,企业生产面貌、职工精神面貌均发生了可喜的变化,经过验收团认真审议,一致认为:第一项"整顿建设领导班子,加强对职工的思想政治工作"已经具备,同意对其他四项整顿内容进行验收。第二项"整顿和完善经济责任制,改进企业管理"满分为500分,合格分数为425分,经过评定实得455.5分。第三项"整顿劳动组织,加强劳动纪律,进行全员培训",满分为290分,合格分数为246.5分,经过评定实得264分。第四项"整顿财经纪律,健全财务会计制度",满分为100分,合格分数为85分,经过评议实得93.5分。第五项"搞好文明生产,改善职工福利"满分为110分,合格分数为93.5分,经过评议实得103分。按照交通部和局验收标准规定,五项工作中第一项为验收前提条件不计分,其余四项按千分制计分,得850分为合格。此次验收,四处共得916分,经验收代表团验收,交通部第二航务工程局第四工程处为企业整顿合格单位。表3-2-2是四处八项技术经济指标完成情况(1976—1983)。

表3-3-2　　四处八项技术统计经济指标完成情况（1976—1983）

项目 年份	建安工作量（万元）	全员劳动生产率（元/人年）	质量		实现利润（万元）	完好率		利用率		负伤事故频率	工程成本降低率	定额流动资金占用率
			单位工程优良品率	返工损失率		船舶	机械	船舶	机械			
1976	722	6 474			-1.6							
1977	1 002	6 065			43.4			110.0%	61.0%			
1978	983	6 496		1.5%	38.7	88.9%	80.3%	102.4%	39.7%	5.4%	4.7%	25.2%
1979	469.7	3 895	89.0%	0.6%	9.3	91.8%	86.1%	92.8%	45.3%	38.8%	1.8%	52.3%
1980	600.9	5 632	91.0%	0.5%	49.9	89.5%	87.7%	37.5%	13.0%	15.0%	7.3%	32.3%
1981	162.6	1 613	100%	0.3%	1.9	93.0%	86.3%	8.7%	6.5%	7.5%	6.5%	224.8%
1982	985.1	8 581	88.9%		80.9	95.2%	80.0%	40.5%	22.7%	13.2%	7.6%	29.9%
1983	1 870	15 008	100%	1.6%	195	100%	71.2%	61.5%	40.2%	6.5%	10.5%	12.6%

（二）芜湖市经委副主任董正厚同志在验收总结大会上的讲话

同志们：

二航局四处企业整顿验收会议今天就要结束了。刚才验收团团长对四处企业整顿工作的检查验收做了总结报告，宣布四处企业整顿验收合格。

我代表市经委、企整办、交通局、建设银行表示完全同意。在这里我受市政府领导的委托，对此表示热烈的祝贺，并向在加强企业管理，提高企业素质工作中付出辛勤劳动的四处广大职工致以亲切的问候和崇高的敬意。

一年来，四处在二航局的直接领导下，认真贯彻中共中央国务院〔1982〕2号文件和局企业整顿工作会议精神，按照企业整顿的五项要求，结合本单位的具体情况和特点，扎扎实实地做了大量的整顿工作，取得了显著成效，企业面貌发生了很大变化。

通过整顿，各级领导班子向"革命化、年轻化、知识化、专业化"标准迈进了一大步。调整后的班子减少了人员，专业技术人员的比重增大，文化水平明显提高，平均年龄明显下降，是一个基本适应"四个现代化"建设要求的好班子。

通过整顿，建立和完善了经济责任制，打破了"大锅饭"，增强了广大职工的工作责任心，调动了广大职工生产和工作积极性，加强了企业管理，提高了劳动生产率，大大提高了企业经济效益。

在整顿过程中，企业内部组织机构得到了合理的改革，加强了劳动组织，减少了非生产人员，充实了一线生产力量，基本上消灭了"人浮于事"的现象。并建立健全了各项规章制度，改造了经营管理，促进了生产的发展。

通过整顿，加强了技术和设备管理，提高了工程质量，降低了成本，今年工程质量竣工验收率达到100%，返工率为1.55%，创历史同期最好水平。

通过整顿，加强了对职工的政治思想教育，建立了职工培训中心，健全了职工教育制度，改善了职工的文化生活。职工的精神面貌发生了喜人的变化，努力工作，钻研技术，积极上进的热情越来越多，好人好事不断涌现，促进了文明生产，美化了企业的环境，改变了企业的面貌。

此外，在企业整顿过程中，整顿财经纪律加强财务管理，加强安全生产、职工劳动保护、治安保卫，改善职工福利以及实行计划生育等方面取得了很大成绩。处公安科连续两年被市人民政府评为先进单位，四处连续四年被评为市计划生育先进单位。

自整顿开展以来，四处一边抓企业整顿，一边抓施工生产，工作步步深入，生产面貌不断变化，今年将全面提前完成局下达的生产任务，各项经济指标均达到或超过历史最高水平,经济效益有了明显提高。这些成绩的取得,是在处党委和上级主管部门的领导下,充分发动群众,狠抓企业整顿的结果,四处企业整顿的做法和经验为我市开展企业整顿验收工作树立了榜样,同时对我市企业整顿工作的开展也将起到一定的推动作用。二航局尊重市政府和市交通局及有关部门领导,并能很好地完成地方政府布置的各项工作,特别是对芜湖市建设工程给予积极支持,并做出了很好成绩,我们是比较满意的。借此机会,对二航局及四处的领导和同志们表示感谢。

今天二航局四处企业整顿已验收合格了,这也是向新的目标迈进的起点。希望四处对验收团提出的薄弱环节和存在的问题,逐条研究落实。并希望全处广大职工在新的历史条件下,迎接新的战斗任务,再接再厉,乘胜前进,为开创企业三项建设,争创"六好企业"的新局面而努力奋斗!

第四节　夯实基础　改进管理

企业整顿验收合格后,第四工程处为进一步加强企业管理,争创"六好企业",从基础工作着手,夯实基础,改进管理,开启了新一轮建设性工作。

一、加强全面计划管理

全面计划管理首先是遵守基建程序。四处所承担的工程无论其规模大小,施工难易,都按照程序来执行,工程开工前认真调查研究,合理配制资源,工程开工后,按合同要求安排工程进度,力保合同履约率100%,同时以"用户第一信誉至上"为原则与建设单位保持着良好的关系。

其次是建立完善的计划统计工作体系和指标体系。配备相应的业务管理部门和人员,将各单项计划纳入综合管理范畴,及时反映施工经营活动情况及存在问题,给领导决策提供基本准确数据,从而及时协调解决生产、经营中存在的问题,达到旬保月,月保季,季保年的目的。

最后是强调计划的严肃性。在年度、季度会议上都明确计划指标,并分解到各有关单位和部门,执行中如遇问题可做调整,但调整计划要说明理由,征得上一级管理部门的同意方可,否则将按未完成计划与经济效益挂钩。

二、开展全面质量管理

全面质量管理又称“综合质量管理”,是企业动员全体人员参加的、贯穿于生产经营全过程的、具有全面性的质量管理方法。

为推行全面质量管理,处成立了质量管理领导小组,配有专职检测人员,制定了现浇混凝土及在建工程的质量标准、打桩安装质量标准、预制构件出厂质量标准、工业零部件加工和焊接质量标准、构件运输和服务质量标准等。各队、厂、站均成立了质量管理小组,配有专职质量员,班组均配有兼职质量员,做到构件质量有评定,工序之间有检查。1983年,在二航局首次QC小组成果发布会上,四处有5项成果发表,占总发表数的50%,其中3项获优秀成果奖,2项获成果发布奖。交通部第二次QC小组成果发布会上,403队挡土墙施工QC小组获部优QC小组称号。1983年竣工的芜湖市中江桥工程123个分项工程的优良率达92.7%,31个分部工程优良率达100% ,6675立方米现浇混凝土优良率达92.6%,受到多方好评,被局评为“优质单位工程”,获局“优质混凝土奖”。1984年,四处荣获局“质量管理奖”,捧回“质量杯”。

三、重视安全生产管理

安全生产管理是施工企业各项管理的重点,也是难点之一。经查,1979年至1984年间,全处发生了三起安全死亡事故:①1980年2月1日早上,403队施工用木船装载钢筋,因船头装载过重,在行驶中钢筋随船沉入江底,6人落水,5人获救,1人死亡; ②1982年5月1日,402队某汽车司机在维修汽车时起火被烧伤死亡;③1983年8月18日,402队130型货车前往大港工地,途经距镇江市21千米处发生翻车事故,致两人死亡。此外,还发生了几起一般交通事故。

针对安全生产严峻的局面,四处在企业整顿的基础上,又制定了四项安全制度和《安全解救调查处理暂行办法》,并对14个工种的安全操作规程进行了重新修订,统一了格式。在1984年的“安全月”活动中,举办了专职安全员、电工组长培训班，转发了部、局、省、市有关安全生产管理文件，印发了《第四工程处1984年安全管理工作目标》；召开了13次职工大会，张贴了4期安全宣传栏，举办了12次安全讲座和4期船员安全学习班，购买了学习材料162份，进行了安全知识、操作规范规程考试及18次安全生产大检查等。安全生产管理逐步具体化、目标化，逐渐摆到了各项管理的重要位置。各单位行政一把手都有安全生产责任制，为安全生产第一责任人，安全生产工作得到高度重视。

四、加强设备管理

为加强设备管理工作，各单位配齐了由专业学校毕业的机务管理人员，做到“四懂”“三会”，建立设备维修计划，船机科负责编制年、季大中修计划和设立设备总账。下属单位编制三保以下维修作业计划，设有设备卡。贯彻局制定的11项设备管理规定，各项操作规程、岗位责任制都悬挂或张贴在设备上。航行日志、轮机日志、运输日志均做到逐日填写，船员、司机通过考试持证操作。工程处统一修订船机设备管理考核制度，实行单机单车考核办法，开展五好设备竞赛等活动，调动设备管理人员、使用人员的积极性。

同时重视节能工作，把节能工作和经济责任制挂起钩来，制定了节能工作升级增分计划，建立了能耗台账，逐步试行了能源消耗考核工作。为节省能源，推行试用了“电焊机自动断电开关”“SH231型化油器”“耗油测试仪”“自制清洗槽”“电磁脉冲计时器”“节煤喇叭炉”等新技术、新工艺、新设施，起到节能降耗的效果。

五、加强物资管理

物资的重要性是因其本身的属性所决定的，一项土木建筑工程的成本，七成以上是物资。加强物资管理成为建好工程项目，产生企业利润的重要基础。

一直以来，四处重视物资管理工作，执行部、局推行的各项管理办法，同时结合自身实际，制定物资管理细则、材料消耗定额、工具管理办法等各项制度，1983年在企业整顿的基础上，又提出了《关于我处物资体制改革设想》,整理了《处管物资统计划价目录》。当时规定:下属六个施工单位除三个工程队和预制厂设有物资供应部门外,其他单位由物资科直接供料,芜湖设有物资库,加强物资的“五统一”,要求各库实行“五五化”“四号定位”和账、卡、物、资金“四对口”,物资科对各库多余材料、积压物资、周转材料、可调剂材料进行摸底,并据此调剂急需,编制新的供应计划。

随着供应体制的改革,“五大材”由原来甲方供应到现场改由甲方订货,施工单位组织购运,针对这一新情况,物资部门抓住物资流通过程中降低费用这个环节,通过多渠道比价,弄清材料的规格、数量,通过码单点件、抽样验尺、过磅计量等各种手段,杜绝亏吨少方,减少损耗,保证数量。

第五节 推行方针目标管理

方针目标管理是企业为实现以质量为核心的中长期经营方针目标,充分调动职工积极性,通过个体与群体的自我控制与协调,以实现个人目标,从而保证实现共同成就的一种科学管理方法。

二航局1983年健全了经济技术考核管理体系,在此基础上,1984年全面开展了方针目标管理。为落实局年度方针目标,四处拟定了《交通部二航四处八四年方针目标管理方案》,1984的经营方针是:“以提高经济效益为中心,加强企业管理的基础工作,开创目标管理的新途径,创全优工程求信誉,降低成本增利润,巩固企业整顿成果,朝六好企业迈进!”并将全处1984年总产值、计划利润、安全、质量四大指标分配到各个基层单位,使之形成纵横交叉、专业归口、上下挂钩的指标网络,进行分级(处、队)分部门管理,纵管到底,横管到边。

1984年具体目标分为14类:①1984年建筑安装工程产值计划。②1984年利润计划。③处属各单位成本降低额、降低率计划。④工程质量目标。⑤安全管理目标。⑥劳动生产率及工资总额分配指标。⑦船机完好、利用率分配指标。⑧燃润料节约指标。⑨固定资产折旧、大修费、保修费用分配表。⑩1984年三大节约指标分配表。⑪1984年定额流动资金指标分配表。⑫1984年管理费用计划。⑬1984年“双补”(文化、技术补课)计划。⑭科技进步(包括技术革新三项,施工总结三项),以上目标都有具体的数值分配到各单位执行,科技论文也具体落实到人。

为确保目标的实现,在工作会议上又明确了实现方针目标必须抓好的几项工作:如进一步执行经济责任制,加强技术管理,加强材料管理,加强机械设备管理,继续搞好定员定编,减少非生产人员,压缩临时用工,搞好预决算,控制费用开销,抓好职工素质教育等。处属各单位根据下达的目标任务,进一步分配、量化落实到班组或个人。方针目标管理的开展,对传统企业管理有很大促进。这种管理方式自1984年开始推行以来,逐年根据各年不同的目标要求,一直使用,并不断改进和完善,至今还在执行。

第六节 转轨变型 开拓经营

一、与时俱进,不断更新经营理念

在计划经济年代,生产任务靠上级下达,施工区域由上级划分,施工范围(内容)由上级确定。四处成立后,被划分在长江下游皖江江段承担水工工程施工任务,区域线长,范围单一,加之受内河航运规模的限制,工程项目小而分散,国家基本建设减少时,施工任务严重不足,特别是20世纪70年代后期至80年代初期,因国民经济调整,国家基建战线项目大幅压缩,长江沿线水工任务大幅减少,致使四处施工能力无法发挥,大量人力设备闲置,企业陷入亏损境地。

1984年10月《中共中央关于经济体制改革的决定》及国发〔1984〕67号《关于进一步扩大国营工业企业自主权的暂行规定》给企业转轨变型、竞争发展指明了方向。四处审时度势,于1984年提出了“质量第一,信誉至上,立足苏皖,打入沿海,发挥水工优势,一主多辅,全面提高经济效益”的经营理念,从经营地域和经营品种上确立了扩展求变开拓经营的新思维,并在实践中付诸实施。

二、步入建筑业竞争市场首战告捷

在建筑业开展全行业基本建设体制改革,实行投资包干和投标承包办法,开放建筑市场,鼓励企业竞争这一新形势下,第四工程处抛开依靠行政下达任务的“等靠要”思想,勇立潮头,抓住机遇积极投身市场竞争。1984年8月,通过投标获得了安徽省安庆五里庙码头工程的施工权。

安庆五里庙码头是交通部在长江流域基建系统实行公开招标的第一个项目,参加该项目竞标的还有三航三处、大桥局等单位,第四工程处获得“约标函”后,处领导十分重视,立即以计划定额科、施工技术科为主,船机科、物资科为辅及相关人员组成编标小组,本着“保本薄利”原则计算标价,从精细管理、减少材料运输中转环节、合理组织劳动力入手,努力降低工程成本;根据工程需要合理配置设备,周密安排设备进场时间,以周密的施工方案和质量保证措施取信于业主。编标人员接任务后,加班加点,认真细致地开展工作,力求第一份标书旗开得胜。短短十天,编制出13页精细标书。标书分四大项主要内容:①投标价格和承包内容;②我处的基本情况;③施工方案和保证工程质量的具体措施;④对设计进度的要求。1984年8月9日标书编就并专人送达安庆港务局。开标结果:第四工程处以719万元,比标底低17万元的价格一举中标。

安庆五里庙码头工程的中标,虽然标的价格不高,但意义非凡:它打响交通部港口工程招标投标的第一枪;它显示了第四工程处进入市场角力的综合能力;它开始了经营工作由封闭型向开放型的转变。

安庆五里庙工程招投标工作虽然开启了经营工作的先河,但它只是系统内的起步性尝试。第四工程处决定抓住任何机遇,投身更大范围的竞争。同年9月,第四工程处获悉珠海码头工程招标,便跟踪准备。这是一项外资工程,属于国际公开招标,参加这项工程投标的有13个国家的投标商,四处以国内“仅此一家”的身份第一次参加了这一国际招标活动。购买了标书,并开始编标,编标过程中克服了语言、文字、“三材”和其他想象不到的各项困难,闯过了许多技术难关,编出了标书。开标结果:标价为这项工程的第二标,因为第一标无施工能力,四处相当于第一标。据悉,四处的标书与第一标相差无几,且方案可行。当时,有关人员评价:“这样准确的数据来之不易,是花费了心血的,编标有水平。”可惜,四处没有参加这项工程的施工,这是标书之外的原因,不属于标书本身的问题,从标价上看,四处已经战胜了国外投标商,这一尝试为以后大步跨入竞争市场鼓舞了士气,增添了信心。

三、一主多辅,发展多种经营

为克服长期以来施工品种单一,就业压力渐增的困难,四处在局的支持下,努力发展多种经营:一是主业延伸,1982年首次挺进市政工程,承担芜湖市中江桥工程的施工。中江桥工程经过14个月的施工,被评为“优良工程”;二是成立劳动服务公司,开发多种经营,劳动服务公司成立后,下辖成立了404工程队,主旨是承担小型水工工程和房屋装修任务,同时与宁国县河沥供销社联营成立了“四宁联营贸易购销公司”,贸易公司独立核算,自负盈亏。这些机构的成立和运作,一定程度缓解了工程处的就业压力,开辟了多种经营渠道。

第七节　着力改善职工生活

一、增加职工收入

党的十一届三中全会之后,随着施工生产的发展和经济效益的提高,第四工程处不断改善职工的物质生活水平,逐步增加职工收入。继1977年给最低工资职工调资之后,1978年至1984年连续4次(其中一次是专门针对教师、医师、公安岗位的专业人员)分别给全体职工及中小学教职工、医疗卫生人员、公安干警、部分科技人员调整工资。具体是:

(1)1983年年底,第四工程处遵照交通部《关于一九八三年部属企业调整工资的具体实施方案》及局《有关调资若干问题的补充处理意见》精神,给全处职工增加了一级工资。这次列入调资范围的固定职工,全处共724人(其中14人为1983年1月1日后离退休职工)。调资后全处每月增资额6 116.31元。职工年平均工资约800元。

(2)1984年5月起,为改革分配制度上的“铁饭碗”“大锅饭”,局在二、四工程处和一处一〇三队试行浮动工资。四处863名固定职工上浮一级工资后,因第四工程处在全局范围率先通过企业整顿验收和1984年经济效益好而予以固定。

(3)固定一级后再上浮一级,1984年四处职工年平均工资接近1 000元。

(4)1981年对教师、医师、公安岗位的专业人员调增了一次工资。

除工资增长外,自1979年1月份起,全局恢复奖金制度,实行了“计时超产奖”和“月度综合奖”以及其他的各种奖励,奖金逐渐成为职工收入的主要补充。1979年全局职工平均奖金96元,相当于两个月的标准工资;1984年增加到142.28元,相当于两个半月的标准工资,工资加奖金,职工年收入1984年年底达到1 426.76元,还有部分津贴,第四工程处职工收入居全局中等偏上水平,达到1 500元。

二、安置职工子女就业,解决部分职工两地分居

就业问题是一个社会难题,我国一直实行多就业政策,体现了社会主义制度的优越性。但是进入20世纪70年代末80年代初,一方面下放知青返城,待业子女逐年增加,需要参加工作的人越来越多;另一方面,国民经济建设处于计划经济向市场经济转型状态,基本建设正值调整期,企业生产任务不足,常常是“僧多粥少”,就业压力很大。面对这样双重压力,第四工程处根据国家相关政策,积极与主管局、当地政府(安徽省,芜湖市)联系,主动争取尽可能多地解决本处职工子女就业问题。具体情况是:①1980年上级指示1976年至1977年下放知青要全部招工并分配在全民所有制单位,当时我处8人,而芜湖市交通局安排我处解决13名,加之鸠江区“土地工”15名,当年共36名指标需要解决,到1981年根据政策得以解决。②1982年第四工程处待业青年共47名,当年没有招工指标,为解决职工子女就业,第四工程处增设冰棒厂,以小集体招工性质向政府争取指标,当年解决了32名待业知青,后逐渐将他们转为正式职工。③1983年交通部下达二航局120名招工指标,第四工程处积极争取,局分配给第四工程处65名,占全局一半以上。然而经与芜湖市数次联系,65名名额只准内招32名,其余33名在市内招收,这是地方政策,四处只好接受。至1983年年底,四处待业人数仍有130人左右,面对这样的压力,四处积极组建成立了劳动服务公司,在劳动服务公司内成立404工程队,成立贸易公司,安排90多名职工子女在服务公司就业。

四处加大经营力度，将承揽到的小型任务交给404队施工，并抽调有管理经验的领导干部和施工技术人员参与施工，带领职工子女完成所承担的各项施工任务，基本解决了职工子女就业问题。进入劳动服务公司的待业青年（职工子女），在水工施工各岗位锻炼成长，后通过正常招工指标，基本转为正式职工。④1983年11月29日，交通部正式批复同意：二航局在九江基地现有条件的基础上，成立一所技工学校，学校名称定为“九江航务工程学校”，自1984年起，根据九江航校招生章程，第四工程处每年有15名左右的职工子女入校就读，开辟了职工子女就业的新途径。⑤成立劳动服务公司。1983年，根据《中共中央国务院广开门路、搞活经济、解决城镇就业问题的若干决定》精神，局〔1983〕261号文件批准：四处在原知青队、基建队、“五七”连的基础上组建了劳动服务公司，后改名为综合服务公司，第一任经理于增源（兼），副经理徐锦义、戴志平，支部书记莫春才。

服务公司内设办公室和会计室两个管理部门，下辖两个独立核算的单位：一是404工程队，主要经营水工建筑和室内装潢业务；二是芜湖市四宁经营开发公司，以批零方式从事商业和小型贸易活动。服务公司成立后，解决了四公司部分职工子女及家属的就业困难，发挥了历史性作用。职工子女就业人数增加，供养人口减少，明显提高了职工生活水平。

航务事业性质流动分散，点多线长，工作场所不固定，因此多数职工夫妻长期分居两地，家庭生活困难，一些夫妻双方都在工地的职工子女入托入学矛盾突出。针对这些实际情况，四处一方面加强基地建设，为能够固定一方的提供住房基本条件；另一方面通过调出、调进、农转非、协助买户口等方式解决职工的两地分居和子女上学问题，尤其是对技术骨干重点照顾，每年都有一定数量的人得到照顾，使这部分人更能安心航务事业。

三、改善住房条件，开展医保管理

为了有利生产，方便职工生活，第四工程处通过争取国家拨款和自筹资金方式，逐年建设和改善职工住房条件。至1984年年底，四处裕溪口基地平房宿舍26栋，芜湖基地1至6号四层三单元宿舍先后竣工。为搞好住房分配工作,处成立分房领导小组,制定分房方案,实行职代会讨论,张榜公布等方法,基本公正、合理地将这些现房分配给职工。对于家在农村的职工,由工会组织普查,工程处建立借款周转金制度,帮助职工解决农村建房修房困难,由于当时钢筋水泥木料等建材都是计划供应,工程处还尽可能地帮助职工解决部分指标和实物,使无房户、拥挤户、困难户得到一些实实在在的照顾,对稳定职工队伍起到一定作用。

职工卫生保健方面一直受到重视,处、队两级都有医疗机构,有健全的管理制度,如《医疗卫生工作制度》《卫生工作制度》《门诊医疗制度》《医疗保健制度》等。第四工程处两级医务室贯彻“有病看病,无病防病,预防为主”的医疗工作方针,在全处范围内积极开展医疗卫生工作,裕溪口医务室设有病床,可做简单手术,在全局范围内医疗水平是领先的,其中有一个高级医生在这里记述一下:

董重威,浙江萧山人,1949年元月参加革命工作,先后在中国人民解放军第一军医大学、天津市新港工程局医院等单位工作。1954年来二航局,并一直在裕溪口基地开展医疗卫生工作。工作期间,他坚持和发扬人道主义精神,对技术精益求精,尽管设备简陋,他以精湛的医术和高度职业责任感,多次成功地救治了危重伤病职工、职工家属和驻地周围农村社员。一天深夜,职工徐某小孩高烧不退,已经休克,又与芜湖市区隔江相望,没有轮渡过江抢救,董大夫开启冰箱,土洋结合,经几小时抢救,小孩奇迹生还,还有当地农民重病经他抢救恢复健康的很多案例,周围群众称其“神医”。董大夫由于勤勤恳恳,任劳任怨,导致积劳成疾,1979年11月2日不幸逝世,终年64岁。

第八节 建设社会主义精神文明

党的十一届三中全会以来,随着拨乱反正和全面改革的展开,企业物质文明逐渐进入稳定发展的轨道。根据党的“两个文明一起抓”的精神和局相关工作的安排,四处党委在抓生产的同时,开展一系列活动,狠抓精神文明建设,取得两个文明建设同步发展的好成绩。

一、贯彻《准则》，切实整顿党风

1980年2月，中共中央十一届五中全会讨论通过的《关于党内政治生活的若干准则》是对党章的必要补充，是保障党的政治生活正常的重要法规，四处根据局《关于贯彻学习〈准则〉的安排》切实开展整顿党风工作：

首先抓好党委的思想作风建设，维护党委的团结。做到大事必须经过集体讨论，形成决议，分工去办；每季召开一次党委民主生活会，有问题及时交心通气；每半年进行一次思想整风，互相帮助开展批评与自我批评；各党支部结合上党课教育党员进一步解放思想，不纠缠旧账。

其次是加强党的基层组织建设，充分发挥党组织的战斗堡垒作用。健全“三会一课”制度，认真实行民主集中制，教育党员树立党的利益高于一切的思想，严格执行党的组织原则和纪律，按党章规定选举党支部领导班子。

最后是加强党员培训工作。1979年年底全处党员共217名，占职工总数的四分之一。“文革”之后入党的有96名，这部分党员没有经受过党内政治生活的严格锻炼和党的基本知识系统教育，因而要开展系统培训，按照党章党纲、党规党纪、《准则》要求进行教育。对一些思想僵化半僵化的同志，帮助他们端正思想路线，团结他们在正确路线下一道工作；对坚持搞派性斗争、闹无政府主义、破坏“三个秩序”、干扰“四化”建设的人员，采取必要措施，不让其给党造成不良影响。

二、开展“五讲四美三热爱”活动

1981年2月，中宣部、全国总工会、团中央等9部委联合发出了《关于开展“五讲四美三热爱”活动的倡议》，四处全体干部职工积极响应。处成立了“五讲四美三热爱”活动委员会，各队（厂、站）成立了“五讲四美三热爱”活动小组，从处到队把这一活动作为社会主义精神文明建设的重要内容来抓，积极组织职工学习讨论，要求做到“讲文明，讲礼貌，讲卫生，讲秩序，讲道德”，并以“心灵美，语言美，行为美，环境美”为行为准则，“热爱祖国，热爱党，热爱社会主义”，并制定“五讲四美三热爱”活动规则，建立《青年职工守则》及《好人好事登记簿》，成立学雷锋、学张海迪、学朱伯儒小组，以推动“五、四、三”活动的开展。在“五、四、三”活动初步取得成效的基础上，处党委又及时根据上级指示，结合企业整顿，开展以治理“脏乱差”为内容的第一个“全民文明礼貌月”活动,1983年又开展了以“三优一学”(优质服务、优良秩序、优美环境、学雷锋、树新风)为内容的第二个“文明礼貌月”活动,使“五、四、三”活动逐步形成制度,贯穿精神文明建设全过程。

三、开展“振兴中华”读书活动

1982年年初,团中央发出“关于在团员、青年中开展振兴中华读书活动”的号召后,四处工会、团委、宣传科等部门迅速行动,积极组织广大职工参与“振兴中华读书活动”,处成立了“振兴中华读书活动”领导小组,领导小组由陈升富、张凤、于增源、詹克强、王丕清、高成礼、吴年华、王东明、张帆等9人组成。在领导小组的领导下,读书活动在全处全面掀起,共成立了23个读书小组,有300多人参加,这些小组根据自身特点,采取了自己学、集中学、辅导学等多种形式的学习。各学习小组向处递交了25篇书面心得,有些心得参加了芜湖市“振兴中华”读书活动竞赛,其中获一等奖的有2人,获二等奖的有3人。在活动中,预制厂青年还举办了“闪光的青春”赛诗会,共有30人参加比赛。处拥有两个图书室,藏书两千八百余册,设专人管理,积极配合了读书活动的深入广泛开展。

四、开展社会主义劳动竞赛和立功创模活动

1979年,中华全国总工会做出了关于开展为“四化”立功竞赛活动的决议,得到了全处职工的积极响应和热情参与,一场既轰轰烈烈又扎扎实实的劳动竞赛活动从此在全处深入开展起来。1980年11月,局工会制定了《关于为“四化”立功竞赛活动的实施办法》。1983年6月局行政和工会联合发出了《关于开展社会主义劳动竞赛和为四化立功竞赛活动办法》,根据局行政和工会的安排,处工会牵头研究和制定了《第四工程处开展为“四化”立功竞赛活动实施办法》,并由职代会讨论通过下发执行,处还发出了《倡议书》,以完成施工生产任务为中心,以提高经济效益为重点,以加强两个文明建设为目标,开展形式多样的竞赛立功活动。1979年至1984年,每年都涌现出一定比例的先进生产(工作)者,每年都有记功的先进个人和集体。1984年局首次开展“文明杯”“质量杯”“安全杯”“节能杯”四杯竞赛,我处一举夺得“文明杯”“质量杯”两项奖杯,极大地激发了广大职工“创优”“立功”热情,增强了

集体荣誉感。

五、建立思想政治工作制度，扎实开展思想政治工作

加强思想政治工作是建设社会主义精神文明和物质文明的基本保证。加强和改进思想政治工作，对提高职工素质，培育“四有”职工队伍，保证各项经济技术指标的完成，有着重要意义。四处党委这一阶段主要以强调和突出企业的思想政治工作入手开展各项工作：一是健全机构，及时改选党的基层组织和调整充实政工队伍，保证处、队两级政工系统人员配置到位、机构健全、设置合理。二是采取内训外培等方法，不断提高政工人员素质。组织政工人员学习马列主义基本理论，学习各时期思想政治工作的基本原则和方法，不断提高政工干部政治理论水平和业务水平。三是认真贯彻执行局制定的各项管理制度，如思想分析会制度、中心组学习制度、支部工作条例、党委工作条例、干部管理办法、后进职工思想教育办法等。四是根据历年不同的工作重点，制定切实可行的工作计划，如“1983年思想政治工作计划”“1984年思想政治工作方针目标”等，使思想政治工作进一步制度化、正规化、科学化。

第四章　企业升级　稳步发展

（1985—1991）

1984年10月，中共中央十二届四中全会通过了《中共中央关于经济体制改革的决定》，全国经济体制改革的重点由农村转到城市，并逐步形成了多层次全方位的开放格局，为企业深化改革和发展提供了良好的机遇。

四公司在1983年完成企业全面整顿的基础上，坚持深化企业改革，转换经营机制，不断开拓进取，提高经济效益，全方位的改革逐渐拉开。其中，1984年在经营体制上推行内部承包经营责任制和“百元产值工资含量系数包干”办法；1985年在领导体制上，实行经理（队、厂长）负责制，落实《三个条例》；1987年在施工管理体制上推行“鲁布格”管理经验，按“项目法”组织施工等，企业主要管理体制改革逐一实施。

1988年年初，二航局提炼出“争科技领先，创管理一流”的企业精神；同年，交通部开展“抓管理、上等级、全面提高企业素质”的企业升级活动；1990年开展“企业管理年”活动；1991年开展“质量、品种、效益年”活动。四公司以企业精神为指导，以各种活动为载体，进一步从夯实基础管理，细化层层承包，开展目标管理，改革用人制度和分配制度，制定岗位工作标准，加强人才开发和培养，开展多种经营，深入转轨变型等方面全面深化改革，使企业综合实力逐年提高，产值连年上升，利润持续增长，企业日渐壮大。

1985年至1991年，公司先后被芜湖市政府命名为“文明单位”“卫生红旗单位”“先进企业”“最佳企业”和“先进单位”等称号。在二航局开展的“四杯”竞赛中，四次荣获“文明杯”，三次荣获“质量杯”，三次荣获“安全杯”。从

1986年起，连续4年被局授予“文明单位”。1989年通过企业诊断验收，达到“交通行业国家二级企业”标准，同年经国务院建设部批准为“国家一级工程总承包企业”。在这七年中，四公司的发展变化十分显著。

第一节　企业领导体制改革与机构演变

一、实行经理负责制

1985年1月，二航局被列为武汉市推行企业领导体制改革的试点单位。1985年4月8日，二航局正式宣布实行局长负责制，并确定局属各单位均推行经理、所长、校长、队长、主任负责制。

1985年5月8日，四公司结合年度工作会议一并召开了经理就职大会，会上肖志学局长宣布四公司实行经理负责制，委任陈春田为第一任经理。陈春田在大会上作了《振奋革命精神，开拓未来事业》的就职报告，报告提出了任期内总的奋斗目标及实现目标的主要措施。

1986年9月，中央正式颁发了厂长、党委、职代会《三个条例》和《补充通知》，进一步明确厂长是企业的法人代表，对企业全面负责，处中心地位，起中心作用。1988年2月，交通部《关于第二航务工程局局长任期目标责任书》的批复，明确二航局局长任期由1987年至1990年。四公司遵照国家、部、局的各时段不同的要求，切实推行经理（队、厂、站长）负责制，公司经理任期与局同步。

实行经理负责制的同时，健全“一长三师”的管理结构，委聘了“三总师”。四公司“三总师”的具体变化情况是：1985年2月二航组〔1985〕92号文件聘任陈光福为总工程师，同年10月陈光福调局任局副总工程师；1986年11月，二航组〔1986〕614号文件聘任刘成为总工程师，聘任张凤为总经济师；1991年4月聘任顾志香继任总经济师；1985年2月至1998年4月，刘寿彭一直被聘任为公司总会计师；1998年4月余大毛接任总会计师职务。

推行经理负责制以来，陈春田以硬朗、稳健、务实的作风，带领“一班人”依据《中华人民共和国企业法》规定，开展各项工作：首先是制定和完善公司的《三个条例》,并按《三个条例》理顺领导关系,领导班子中没有因为“中心”“核心”而三心二意,而是同心协力,以企业生存发展为己任,以企业改革需要而决策处理问题;二是建立健全生产指挥系统、计划经营系统和人事后勤系统等“三个系统”,配齐总工程师、总经济师、总会计师等“三总师”,并制定相应的工作职责,形成“一长三师”、各负其责、齐抓共管的领导格局;三是调整增设必要的管理部门,充实中层管理力量,制定岗位责任制,夯实基础管理,提高办事效率,形成“智力密集型”的管理团队;四是根据需要适时成立和解体生产组织,强力推行目标管理,推行队、厂长任期负责制,对照逐年质量、安全、节能降耗、经济效益、技术进步、资产增值、企业现代化建设和精神文明建设的内容,提出不同的奋斗目标,落实经济责任制,使公司队、厂两级领导在明确的责、权、利机制内,开拓性工作,创造性发展,取得显著成效。

1991年2月23日,第一任期到期,陈春田向局提交述职报告,报告显示:

1987年至1990年:完成产值1.16亿元,为目标的15.1%,年均递增27.9%;实现利润674.46万元,为计划目标的26.3%,年均递增19.39%;全员劳动生产率1990年年底每人每年达到24 930元,年均递增45.6%;人均创利1990年达1 650.34元,年均增长27.9%;资金利税率1990年年底为10.62%,年均增长1.34%;单位工程优良品率四年平均达91.38%,分项工程优良品率达88.42%,分别比目标高出6.38%和3.43%;消灭了重大伤亡、船舶、交通、治安、火灾事故。

1991年2月23日至3月2日,局第二审计组对陈春田1987年至1990年任期终结经济责任进行了就地审计,审计评议指出:以陈春田同志为法人代表的领导班子,带领全体职工在上级主管部门和公司党委的领导下,以“争科技领先,创管理一流”的企业精神为动力,认真贯彻党的路线方针、政策和改革开放搞活的方针,以“立足苏皖,打入沿海”的经营思想,群策群力,积极进取,克服各方面困难,不断开拓市场,实行全方位出击,广揽业务,连续四年超额完成局下达的指标产值、利润,上缴利税逐年增长,企业有长远打算,生产规模不断扩大,企业后劲不断加强,国家财产物资安全完整,能够正确处理“三者关系”,职工收入和福利待遇逐年提高,两个文明建设成绩显著,企业生产经营、各项管理均上新台阶……

实践证明，实行经理负责制，是社会化大生产的需要，是企业改革发展的需要，是一项有生命力的领导制度。经过上级审计，经理述职，职代会审议等程序后，局于1991年年初决定，陈春田继续担任第四工程公司经理。

二、隶属关系调整，工程队易名，科室职能变更

（一）隶属关系调整

1988年，交通部为适应改革的要求，根据国家机构编制委员会批准的“三定方案”，调整了现有企事业单位的管理体制，为充分发挥水运交通在综合运输体制中的作用，决定组建“中国港湾建设总公司”，将二航局和其他航务工程局，3个航道局，4个勘察设计院，2个港机厂，1个港标厂以及原中国港湾工程公司划入中国港湾建设总公司。四公司自1989年开始，管理体制已经隶属于“中国港湾建设总公司”，但实际上，公司由“交通部第二航务工程局第四工程公司”更名为“中港第二航务工程局第四工程公司”是在1999年6月21日。

1986年4月5日，芜湖市委组织部组字〔1986〕3号文件通知：“为有利于技术交流及协作，更好地为‘四化’建设服务，同意二航四公司党的关系由原来的交通局党委管理划归芜湖市建委党委管理。”

（二）工程队改名及固定建制单位组建

（1）1990年1月，二航劳资〔1990〕8号文件“关于各公司原所属工程队改名为施工处的通知”，将401队改名为401施工处，402队改名为402施工处，403队改名为403施工处。

（2）试行推广鲁布格施工管理经验后。1988年4月，航四办发〔1988〕23号文件发文成立了公司首个项目部“二航四公司六安九里沟船闸工程项目经理部”。陈文杰为项目部经理，冯昌虎为副经理，唐建军为技术主管。同年9月增补刘少南为副经理，同年10月增补光飞为副经理。1989年3月增补周为民为副经理。1989年12月8日，九里沟船闸工程顺利完工后，又承担了芜湖粮食专用码头的施工任务，公司将“六安九里沟船闸工程项目部”整体更名，成立了“交通部二航局四公司405施工处”。

（3）1986年年底，公司有一部分老旧汽车将要报废，为挖掘发挥这批设

备的残值,1987年4月15日成立了修造厂厂属机械施工队,刘少南任队长。1988年9月,随着生产的发展,经公司党政联席研究,将厂属机械施工队划归公司直属,刘少南继任队长。1991年2月机械队更名为"交通部二航局四公司机械化施工处",刘少南任主任,靳永升任副主任。

(4)1988年9月,针对公司多年来机械设备管、用、养、修严重脱节,大型设备不断增加,设备租赁尚未形成规范,公司党政联席会研究决定,成立"交通部二航局四公司设备站(正科)",聘任聂钟苏为第一任站长。

(三)科室职能变更、增设

(1)1984年6月,从施工计划科中分列出计划定额科,吴庆雪任科长,李可英任副科长。1985年4月更名为计划经营科,吴庆雪任科长,李可英、陆玉海任副科长,李水正1991年12月任副科长。

(2)1985年4月,增设基建办公室,徐锦义任主任,李章良任副主任,负责公司的基建工作。1987年,戴金鸿任基建办主任。

(3)1985年5月,公司决定恢复成立船机科。

(4)1985年10月设立档案室,归口办公室,集中全公司文档、技档、财档统一管理。

(5)1986年4月明确公司卫生所为副科级单位,燕明树为所长,1988年9月温维绎为所长。

(6)1987年7月二航人〔1987〕425号文件批准同意成立审计科,范翠芳为副科长。

(7)1987年11月二航人〔1987〕608号文件同意成立"四公司计量试验所"(正科级),饶崇安任所长。

(8)1989年9月,航四组发〔1989〕162号文件成立监察科,陈华虎任专职监察员(正科级)。

(9)1991年12月,设立质量技术科,雷树先任科长。

三、发挥党组织的政治核心作用

企业的管理体制从"党委领导下的处长负责制"到"经理负责制"是一项重大的转折。企业党组织也必须从计划经济体制下的"一元化"领导转变到

“发挥党组织的政治核心作用,保证监督作用”上来。

为确保经理负责制的贯彻执行,维护经理的法人地位,公司党委认真组织各级党员、干部,贯彻党的十一届三中全会以来的方针政策。学习邓小平关于建设中国特色社会主义理论以及“一个中心、两个基本点”(即以经济建设为中心,坚持四项基本原则,坚持改革开放)的基本路线,进一步定制和完善了《经理工作条例》《党委工作条例》《职代会工作条例》;研究和制定了经理办公会制度,党委会议制度和党政联席会议制度等“三个会议”制度;制定了生产经营、干部任免、奖金发放等重大问题的决策程序。公司党委既坚持党要管党、党管干部的原则,加强党的思想作风建设,搞好基层班子的选配,同时,还积极参与企业重大问题的决策,保证党的方针政策及国家的法律法规的贯彻执行,维护职工的合法权益。在推动公司两个文明建设发展中真正起“核心”作用。

(一)加强党的自身建设

实行经理负责制以来,公司两级党组织注重加强自身建设。一是抓好中心组学习,不仅学习党的基本理论,基本路线,还组织干部学习马克思主义哲学、政治经济学、科学社会主义理论;二是定期开好民主生活会,认真总结经验教训,积极开展批评和自我批评,不断改进领导方法和工作作风;三是建立党务工作制度,包括党委会制度、中心组学习制度、党员培训教育制度、“三会一课”制度、党员民主生活会制度、党务工作年度目标管理方案、干部谈话制度等;四是坚持党要管党,从严治党的方针,各级领导干部要以身作则,从严要求,不以权谋私,不乱用职权,自觉抵制不正之风;五是在党员干部中及时开展党性、党风、党纪教育,理论道德教育和法制观念教育,提高党员干部的政治素质;六是狠抓党风责任制的贯彻执行和检查落实,制定公司关于党同职工群众联系的意见,以及公司党政干部保持廉政的规定,促进党风和廉政建设的好转。

(二)全面整党,提高党员队伍素质。

中共中央十二届三中全会通过的《关于整党的决定》是中国共产党在新的历史时期,为夺取新的胜利而采取的重大步骤,是实现党的总目标、总任务的一项具体保证。根据中央、省、市以及局党委的统一部署，四公司整党工作从1984年12月开始，是芜湖市第二批第一期整党的企业单位，在市交通局党委和局整党联络组的领导和帮助下，历时八个月，按照中央整党的要求，胜利完成了整党任务。全公司参加整党的共197名党员，其中一名因参与赌博而缓期一年登记，其余196名党员都按期进行了登记；在核查"三种人"的工作中，坚决执行中央的有关政策规定，坚持既彻底查清，又不扩大化的方针，对需要查清的问题，通过内查外调，广泛听取意见，坚持实事求是原则，对有关问题作了结论性处理。通过整党，党的威信有了明显提高，不正之风基本得到纠正，党风进一步好转，同时深入开展"党员责任区活动"，发挥党员的模范带头作用。做好发展工作，公司1984年吸收10名积极分子为中共预备党员。

在整党、提高党员干部素质的基础上，根据工作需要，逐步改革干部管理制度，大胆启用一批懂技术、善管理的中青年干部，加强了领导班子的"四化"建设，实行干部聘任制，废除干部终身制。实行第一任经理负责制的1985年，公司级领导班子6人，平均年龄45.7岁，大专以上文化达83.4%。队、厂级领导班子共19人，平均年龄37.7岁，大专以上文化程度达52.6%。

(三)召开党代会

1986年元月27日至29日，中共第二航务工程局第四工程公司第二次代表大会在芜湖召开，出席会议的正式代表共66名(代表全公司党员207名)，经过选举并报请芜湖市交通局党委批复同意：陈升富、丁公义、陈春田、张凤、黄观钿、高成礼、汪德旺七同志组成第二届党委会，陈升富同志任党委书记，丁公义同志任党委副书记；同意黄观钿、何少祥、汪德旺、耿星义、盛志超五同志为纪委委员，黄观钿同志任纪委书记。

1989年5月23日至24日，中共第二航务工程局第四工程公司第三次代表大会在芜湖召开，出席会议的正式代表67名(代表全公司党员210名)，经过选举并报请芜湖市建委党委批复：同意中共交通部第二航务局第四工程公司第三届委员会由陈升富、丁公义、陈春田、张凤、黄观钿、汪德旺六同志组成，陈升富同志任党委书记，丁公义同志任党委副书记；同意第三届纪律委员会由黄观钿、刘寿彭、何少祥、耿星义、张帆五同志组成，黄观钿任纪委书记。1990年2月9日芜湖市建委建组字〔1990〕54号文件批复,同意增补王守政同志为公司第三届党委员会委员。

(四)召开团代会

1986年5月13日至14日,共青团交通部二航局四公司第二次代表大会在芜湖市召开,出席此次会议的正式代表共43人(代表全公司397名青年和160名团员),经选举并经芜湖市交通局团委批准:同意由崔胜国、于亚萍、曲平、吕召健、李进、吴代柱、陈立义、张淑芬、音北等九同志组成共青团二航四公司第二届委员会,崔胜国同志任团委副书记。

1988年8月18日至19日,共青团交通部二航局四公司第三次代表大会在芜湖召开,出席此次会议的代表共46人(代表公司184名团员),经会议选举并经芜湖市建委团委批复:同意由周文彬、李海江、吕召健、汪小军、邱阳、孙星、杜鸣、陈庆伟、虞锁敏等九人组成公司第三届团委会,周文彬同志任团委副书记。

1991年9月17日至18日,共青团交通部二航局四公司第四次代表大会在芜湖市召开,出席会议的代表共41名,经会议选举并经芜湖市建委团委〔1991〕544号文件批复:同意四公司第四届团委由周文彬、杜鸣、朱守祥、陈庆伟、邱阳、袁钢等六人组成,周文彬任团委书记。

四、加强职工民主管理

1986年9月15日,中共中央国务院颁布了《全民所有制工业企业职工代表大会条例》,公司结合过去的做法及企业发展的现状,不断探索职代会的工作重点和代表结构,出现了两个转变:一是职代会的工作重点,由过去侧重职工生活福利向审议企业重大经营管理决策转变;二是代表的群众结构,由过去一线生产工人为主,向工人、技术人员、管理干部并重的结构转变。同时,处理好四个关系:一是把职代会工作放在工会工作的突出位置,并履行职代会工作机构的工作职能,处理好职代会与工会工作的关系;二是处理好职代会民主管理与经理对生产经营全面负责的关系,做到“主人”支持“法人”,“法人”依靠“主人”,共同努力把企业生产经营搞好;三是处理好提高职工代表素质与推进民主管理的关系,不断提高职工代表参政议政的能力;四是处理好监督与配合的关系，自觉接受党委的思想政治领导，积极争取行政对职代会的支持。

(一)制定职代会工作条例

1985年实行经理负责制后，企业的领导体制发生了变化，为适应这一变化，进一步理顺职工民主管理与党、政、工之间的关系，在1985年召开的四届一次职工会员大会上修订了《二航四公司职工代表大会条例》，明确规定职工代表大会是全公司职工群众参与企业民主管理的有效形式，坚持每年召开一次职代会，与每年年初的公司工作会议同步召开，对公司改革发展大计、生产经营规划、年度方针目标等重大事项进行审议，行使建议权；对职工收入分配、劳动保护及安全措施，重要规章制度的建立，改革方案的制定以及业务招待费开支等行使审议通过权；对职工福利基金、奖励基金以及住房分配等行使审议决定权；对企业中层以上干部行使民主评议权和监督权；对职工代表提案行使督办权。工会是职代会的常设机构，闭会期间认真履行职代会各项职权，突出维护职能，不断开拓民主监督、民主参与、民主管理渠道，保障职工的主人翁地位和民主权利。

(二)召开职代会

1985年10月8日至11日，四公司四届一次职代会在芜湖召开，出席会议的正式代表96名，特邀列席代表38名，会议听取了公司经理陈春田所作的《加强职工民主管理，推进经济体制改革》的行政工作报告，听取了工会主席王守政同志所作的《振奋时代精神，为开创工会工作新局面而奋斗》的工会工作报告，审议了《二航局四公司经理工作条例》《二航局四公司职工代表大会条例》，审议通过了《职工家属宿舍分配调整管理办法》，选举产生了第四届工会委员会，报经上级批准，王守政同志任工会主席，孙茂祝、陈华虎两同志任副主席。1986年12月26日至27日召开了第四届第二次职工会员代表大会。

1988年6月8日至10日，公司五届一次职代会在芜湖召开。出席会议的正式代表106人，特邀列席代表15人，会议听取了陈春田经理所作的《发扬主人翁精神，争科技领先，创管理一流》行政工作报告。王守政主席所作的

《以主人翁精神投身改革，为航务事业再谱新篇章》的工会工作报告，选举产生了第五届工会委员会，委员会由13人组成，报经市建委批准，王守政同志任工会主席，孙茂祝、陈华虎为副主席。

1991年6月11日，公司第六届职工、会员代表大会在芜湖召开。116名正式代表及14名列席、特邀代表出席了会议，会议听取并审议了陈春田所作的《深化民主管理，增强企业活力，提高经济效益》行政工作报告，听取并审议了王守政主席所作的《弘扬主人翁精神，发挥主力军作用，为实现“八五”计划而奋斗》工会工作报告，审议通过了《公司“八五”计划》《公司职工劳动（工作）规则》，选举产生了公司第六届工会委员会，报经市建委批准，张帆同志任工会主席，孙茂祝同志任工会副主席。

（三）成立企管会

1988年7月22日，根据《中华人民共和国全民所有制工业企业法》第四十七条的规定，成立了“二航四公司企业管理委员会”，由陈春田、陈升富、张凤、刘成、刘寿彭、王守政、张帆、崔胜国、于亚保等九人组成。经过选举参加公司企管会的职工代表3人，其中工人代表于亚保，管理干部代表张帆、崔胜国。由于健全了职代会制度，增设了“企管会”，职工代表参与企业决策，企业民主管理的内容和范围相应扩大，保证了新的领导体制的顺利运行。

第二节　面向建筑市场　拓宽施工领域

一、传统水工工程

（一）芜湖港朱家桥外贸码头

朱家桥外贸码头（图4-2-1）地处长江右岸，离芜湖市区7千米，离合肥市100余千米。省属外运仓库即坐落在港区后方。工程由交通部第二航务工程勘察设计院设计，由二航局第四工程公司所属401工程队、预制厂、船机队、修造厂共同参加施工（负责人刘尚仁、黄澄源、吴天寿）。参与分包的单位有芜湖市第一、三建筑工程公司。该工程1986年9月17日正式开工，1990

年10月31日全部竣工(1990年6月进行了中间验收)。承包方式,经双方商定,按所批概算中建安工程第一部分费用和施工辅助费降低系数,实行议标包干,工程竣工价格为3 001.35万元。

图4-2-1　朱家桥外贸码头

朱家桥外贸码头工程包括:新建3座5 000吨级海轮泊位、一座工作船码头,以及堆场、道路、防汛墙、护坡、仓库、围墙和相应的附属设施、钢构件的制造与安装,共计单位工程18项,分部工程54项。3个5 000吨级泊位全长402米,系顺岸直立式高桩码头,设计年吞吐量90万吨。前方门机栈桥全长402米,宽16米,排距10米,由41个排架组成。上部为梁板结构,靠船结构采用固定式靠船钢立柱及3层水平钢系靠船梁的结构型式。后方平台长402米,宽14.5米,排距7.5米,由35个排架组成,上部结构为钢筋混凝土框架及空心大板。引桥共6座,分别长118.83米至132米不等,宽9米,下部为钢筋混凝土方桩承台,上部为T型梁。

工作船码头系设有升降架及双跨活动钢引桥的浮码头,以预应力钢筋混凝土空心方桩为基础,上部结构为现浇钢筋混凝土承台及门架,后方以混凝土桥台与堤连接。水工部分共沉钢管桩172根,预应力钢筋混凝土方桩326根,钻孔灌注桩48根。

堆场(含道路)面积2.79万平方米,防汛墙498.8米,护坡250米,仓库

1.05万平方米(跨度24米,连续3跨共72米,长144.1米),其他建筑候工楼、车棚等共0.21万平方米,围墙230米。

工程竣工后,质量监督中心站初验认为:单位工程和大型设备安装共54项,优良48项,合格6项,优良率为88.9%,工程质量总评为优良。

1990年11月25日,工程经交通部验收委员会正式验收,同意初验报告中认定的"设计合理,交工验收资料齐全,各项试验资料符合规范设计要求,质量优良"的评价,随后被评为交通部优质工程。

(二)广州港新沙港区一期工程的设计与施工

广州港新沙港区与番禺市莲花山隔江相望,位于珠江与东江麻涌河的汇集口南侧,东莞市境内,距广州市区40千米,距黄埔老港区15千米。

新沙港区1号至5号泊位码头工程,是我国"七五"计划期间,利用世界银行贷款兴建的国家重点项目。工程设计由交通部第四航务工程勘察设计院主办。1988年由广州港务局(业主)委托中国技术进出口总公司国际招标公司按ICB模式进行国际招标。参加投标的有12个国家的36家建筑企业。二航局与原西德旭埔林公司组成的"长旭联合体"以"格形钢板桩结构"的方案中标。

1988年7月25日,广州港务局与"长旭联合体"签订了新沙水工工程项目国际合同,合同总价为人民币12 270万元,其中56.718%为外汇(美元),工期26个月。竣工价值10 842.49万元。

1988年10月9日正式开工,1990年12月9日提交竣工报告,1991年1月22日由广州港务局进行内部初验,1991年2月8日举行竣工验收典礼。

广州港务局组建黄埔建港指挥部,聘请丹麦金硕太平洋公司为技术顾问,对新沙工程按《土木建设国际合同条件》(*FIDIC*)进行合同管理。金硕太平洋公司先后派出梅菲达、罗杰斯、莫里森为驻地总工程师,对施工全过程进行技术监理。广州市政府和广州市交委领导,经常深入现场,对工程进展出现的问题,给予及时协调。交通部、建设部的领导也曾数次亲临工地指导工作。

二航局为了实施首次在国内承担的按"*FIDIC*"进行的工程项目,以设计、科研、施工一体化的模式,同时借鉴鲁布革工程管理经验,提出了"国内工程,国际打法",于1988年7月成立了"联合体广州新沙工程项目经理部",先后由符荣辉、胡永桢任总经理,德方代表毕克曼任副总经理,刘挽黄任副总经理兼总调度,陈光福任总工程师,帅梅生、周开国任副总经理,项目部顾问王振远,德方专家戈特,设计代表龙健若。在施工的高峰和关键时期,局长肖志学数次蹲点现场,进行施工协调并做出了重要决策。项目经理部设办公室、工程部、经营部,其组成人员以局总部派出为主,并从所属各公司抽调了部分技术干部。项目经理部下设3个项目部:即一公司新沙项目部负责驳船、港作船码头及主码头上部结构的施工(经理王革新、杨琮,技术负责人易绍兴、陈汉荣);四公司新沙项目部负责主体码头、基槽和格体内回填与震冲、格形钢板桩施工(经理丁公义、徐锦义,技术负责人陈斌);广州航道局一公司新沙项目部承担挖泥与吹填工程的施工(经理阎国华、泮朝阳,技术负责人周进铭)。此外,二航局船机公司和第二工程公司(204施工处负责南端护岸施工)均以小分队的形式参与配合施工。在工程施工的全过程中,对劳务实行动态管理,各项目部根据施工需要调遣人员。工程施工高峰期,最高安排1 000人(固定工500多名,临时工400多名)。

新沙港区陆域面积70多万平方米,兴建5个3.5万吨级泊位(1号煤码头、2号矿石码头、3号通用码头、4号散货码头、5号杂货码头),码头为钢板桩格形结构,有43个直径21米的格形钢板桩主格体,42个副格体,岸线长1 030米。驳船码头和港作码头为单锚钢板桩岸壁,岸线长655米。工程包括施打直腹式钢板桩7 692根,U型钢板桩1 080根,钢筋混凝土方桩180根,铺设门机轨道2 752米,浇筑钢筋混凝土20 176立方米,陆域吹填面积68.4万平方米,填方量475万立方米,人工抛填砂94.308万立方米,港池基槽与航道挖泥为463万立方米,码头护岸600米。

工程所用钢板桩全由法国进口,钢围囹与吊具由原西德旭埔林公司设计,委托广州文冲船厂和广州市港机厂加工,钢筋混凝土方桩则是在项目经理部技术指导下,委托广东公路局顺德预制场预制后运到现场。图4-2-2为钢围囹整体吊装。

工程施工中的混凝土供应,设计了一座集中供应站,砂石水泥和水均自动计量调控,集中在操作台上作业。为了适应高温季节,搭设了1 600平方米的砂石料棚，以保持含水量和温度相对稳定，配置搅拌运输车、混凝土泵车进行混凝土浇筑。U型钢板桩在陆上将3根桩拼插一组，然后采用导架法进行成组施打。格形钢板桩，将原设计中的水上单根插打施工工艺改为"陆上拼插，水上整体吊运安放，逐根（组）施打"的施工工艺，不仅确保了质量、安全，而且大大加快了施工进度。

图4-2-2　钢围囹整体吊装

主码头"B=1 722米～2 070米"一段基槽开挖底标高为-23.5米，是当时国内码头工程中最大的开挖深度。如何保证开挖与回填砂过程中避免回淤，经过反复论证，采取有效措施，制定了"分段开挖，分层抛填，最大限度地缩短最后一层基槽和分层抛填的暴露时间"的施工方案，取得了良好效果。

1991年2月28日的正式竣工验收鉴定确认："本工程的设计质量是好的。施工质量符合技术规格书要求，一致认为质量良好。建设速度是快的，尽管前期工程耽误了六个多月，经过业主、监理工程师、总包、分包单位的共同努力，仍在合同工期内完成任务。工程中取得了以下五大成果：格形钢板桩码头岸壁设计；格体整体吊装、单根（组）施打；深水回填砂震冲加固；-23.50米超深基槽的开挖与回填砂的防淤；'菲迪克'管理在中国港口工程中的成功应用。"

新沙港1至5号泊位,是我国第一座格形钢板桩码头,被写入《新中国第一》一书中。在施工的全过程中,形成了一套完整的质量管理体系和科学的管理方法,因此得到了来现场参观的国内同行的赞赏,得到了世界银行来华视察代表的好评。担任驻地的监理总工程师认为:“质量优良,建设速度惊人。”自此以后,二航局又在同类结构型式的盐田港工程招标中顺利中标。

1990年9月,《人民日报》《工人日报》《经济日报》《中国建设报》《中国交通报》《长江开发报》《长江日报》《中国河运报》以及中央、湖北、武汉、广东、广州电视台等组成新闻采访团,对新沙港建设工程进行了现场采访,并发表了一系列报道,对工程的新颖设计、优良质量、快速进度和二航建港工人开拓进取的精神、顽强拼搏的斗志给予了赞扬。

(三)沙溪航运枢纽官蟹船闸工程

福建官蟹船闸,位于高沙镇下游16.1千米,是一座有300吨级的船闸,一座气孔泄水闸机上下游引航道,左右副坝,另有四座闸门控制机房和一座变电所组成的航运枢纽工程,其中船闸上下闸首均为钢筋混凝土整体式结构,空箱式边墩,平面尺寸为19米×24.5米(长×宽);闸室长135米,宽12米,引领航道主导航墙147.04米,停泊段长81米,引航道总长226.77米,宽33米;泄水闸共七孔,每孔净宽12米,总长101.4米,为分离式结构;副坝右岸长53米,左岸长16米,为现浇混凝土结构。该工程总土方量15 444立方米,总石方量433 427立方米,总砼53 428立方米。浆砌石8 233立方米,钢筋1 203吨,金属结构824吨,启闭机机械安装13套,帷幕灌浆782米。

该工程1994年9月28日开工,1996年12月建成竣工,施工产值4 479万元人民币,参加该工程施工的主要人员有刘少南、徐锦义、虞锁敏、吴年华。

二、向市政、大桥领域延伸:安徽六安九里沟船闸的施工

六安九里沟船闸位于安徽省六安市西北5千米处的九里沟乡,在淠东进水闸及电站东侧。其上游引航道连接淠河总干渠,下游引航道通淠东总干渠。

早在1958年兴建淠史杭灌区综合利用工程时，就规划建九里沟船闸，由于种种原因，一直未能实现。为了使皖西老区尽快脱贫致富，1985年7月，六安行署再次报请兴建六安九里沟船闸。1986年，安徽省计委批准了淠淮航道工程初步设计。1987年，六安行署将九里沟船闸工程交由六安市人民政府组织实施。同年12月10日，二航局第四工程公司中标。随即于12月19日六安市淠淮工程领导小组与二航局第四工程公司正式签订了《九里沟船闸施工承包合同》。船闸工程由安徽省港航勘测设计院设计，二航局第四工程公司组建“九里沟船闸施工处”负责施工（负责人陈文杰、冯昌虎、光飞、唐建军）。1988年1月破土动工，1990年6月29日竣工通水，7月1日举行试航典礼，1991年1月正式验收，竣工价值850万元。

船闸工程为100吨级双线船闸（3首2室），年通过能力计算为190万吨。由上游引航道368米，闸主体长253米，上下闸室各长100米、宽13米。上闸室最高通航水位50.59米（黄海基面），下闸室最低通航水位37.12米，最大水级13.47米。下游引航道512米。上中下闸首为钢筋混凝土坞式。船闸采用反对称布置，简易长廊道短支管侧面分散输水系统，辅以闸室底部两侧明沟。船闸共6扇钢结构人字闸门，6扇钢结构平板式提升阀门，6扇钢结构迭梁检修门。闸阀门采用液压启闭机控制，电器集中控制系统设置在中闸首17米高的中央控制室内，其余闸首边墩上均设控制机房一座。上闸首设公路桥一座，桥面采用空心大板结构。

工程量共计：开挖土方29.14万立方米，回填土方17.13万立方米，爆破石方2.7万立方米，浆砌块石1.05万平方米，混凝土1.55万立方米，还有570吨的钢构件加工与安装。

六安船闸工程虽然规模不大，但它属于安徽省开发贫困老区的一项通航工程，政治经济意义大，因此，备受上级领导的重视。在施工过程中，国家计委、安徽省政府和交通部的领导以及安徽省有关委、厅的负责人和行署专员等，先后多次到现场视察。建设期间，《安徽日报》《安徽画报》《交通报》《皖西报》《航道杂志》等新闻单位，均作过专版专题报道。

二航局承建船闸工程尚属首次。通过工程的施工，培养了人才，积累了经验，为今后承建同类工程创造了条件。

三、参与国外工程劳务承包

(一)科威特维修中心技术劳务承包

科威特维修中心,系科威特水电部直属的大型机电维修厂。建筑物属工业厂房建筑,占地面积为0.61平方千米,建筑面积为41 400平方米,主要建筑项目共50余项。厂区由生产区、行政管理区、汽车维修区3部分组成,现浇混凝土总数为26 000余立方米,工程总价为29万第纳尔(折合991 800美元),第二合同计墙体4万余平方米,粉刷0.5万平方米,工程造价7.5万第纳尔(折合256 500美元)。

1982年10月13日,中国港湾工程公司与科威特海湾联合承包公司签订了《科威特维修中心现浇混凝土分包协议书》。1983年3月16日,中港驻科威特办事处与海湾联合公司又以增加维修中心厂房墙体项目签订了“第二合同”,一并由二航局组成的项目组实施技术劳务承包。

科威特维修中心的业主是科威特水电部,科威特海湾联合承包公司总包,工程全部由英国“P-P-P”设计公司设计。

二航局科威特维修中心项目组第一批人员于1982年12月18日抵达科威特,12月20日正式开工,先后分9批陆续调遣进场,至1985年2月4日全部竣工。1984年7月14日第一批队伍回国,分五批撤返,历时两年零一个半月。

维修中心项目组的施工队伍共113人,派出人员以二航局第一工程处为主。四公司有近20多人参加技术劳动承包工作。由于这是二航局初次直接对外的技术劳务承包,具有一定风险,因而在干部和工人的派遣上力求精干。项目部共计干部10人(其中工程技术干部5人、行政管理干部2人、翻译3人),工人103人,先后由郭巨武、周象贤任项目经理,周百勇任副经理,黄显一任行政负责人。

维修中心第一、二合同,共完成工作量的劳务收入计1 371 901.24美元,其成本降低率第一合同为36.9%,第二合同为25%,在施工过程中,创人均月劳务收入837美元的好成绩。以25个月的工期,高峰人数亦仅113人,创汇金额为556 200美元,上缴纯利润计531 658.45美元,经济效益是显著的。

维修中心项目组，在施工中特别加强管理，注重质量，所浇混凝土内实外光，平整如镜，棱角分明，立柱垂直度在2毫米至3毫米，轴线偏斜在5毫米以内，均达到或超过验收规范。业主总工程师弗朗西斯于1983年11月10日，自行邀请在科威特其他项目工作的英籍工程师12人，对现场进行参观，众口称赞。海湾总包公司，又因施工质量优良而相继增加了货场地坪、墙体、涵洞等其他工程项目。科威特阿米瑞、阿萨德、杰尔奋等公司决定就另外两批房建工程与中港公司签订施工合同，从而实现了为中港公司开拓业务的目的，赢得了良好的信誉。

维修中心项目组在竣工回国时，向各主管上级及时提交了汇报性的"工作总结""技术总结""财务决算"以及各种统计数据与工程照片，资料齐全完整。维修中心项目组的特点是管理干部的配备压缩到最少，单项工程多达50项，现场仅有工程技术人员4人，全部行政事务和各项专业管理工作仅配干部2人。项目组实行全员超工时劳动，不计节假日，不计高温作业，在施工中坚持灵活调度、指挥，实行打破工种界线的混合作业，全体职工发扬爱国主义精神，决心打志气仗，要为二航局第一个国外技术分包工程创造出好的成绩，因而提高了工效，降低了成本，获得了效益。职工队伍素质良好，管理严格，在国外两年多的时间，从未发生过任何涉外违纪事件，受到中国驻科大使馆的称赞。1985年6月，在江苏省常州市召开的全国对外承包工程和劳务合作经验交流会上，中港公司以维修中心项目向与会的56家公司和中央有关部的代表介绍了情况，同年7月15日的《经济参考》亦作了有关的报道。1989年12月22日，《武汉晚报》以《泪痕兼笑影，铁手战天涯——记中东劳务市场上的二航人》为题作了连续报道。

（二）科威特南部电站分包工程

科威特阿兹佐尔南部电站（简称南部电站），为装机容量240万千瓦的火力发电站。

工程总建筑面积16.6万余平方米，占地约240公顷，主要建筑物有透平机房（5层钢结构，长388米，宽64米，高36.4米）、开关楼（5层钢筋混凝土结构总楼层面积19 000平方米）、进水口（即水泵房）、出水口等。电站工程规模大，承包商多，除主要承担土建工程的日本清水建设株式会社外，还有日本的三菱公司、东芝公司，英国的台尔曼公司和韩国的公司及科威特当地的承包公司。

南部电站业主是科威特水电部，由美国波士顿梅茵公司设计。中国港湾工程公司与日本清水建设株式会社，于1983年6月17日签订了科威特南部电站项目，即以模板、钢筋和混凝土工程为内容的《关于分包合同的协议》(简称《一分包合同》)。同年9月2日双方又签订了以砌体工程、装修工程及钢结构安装等为主要内容的《关于分包合同的协议》(简称《二分包合同》)。另外还签订了一项以向清水公司提供司机、厨师、非熟练工的《劳务合同》。

中国港湾工程公司指定二航局配备干部，负责组成“科威特南部电站项目总部”，统一对外。总部下设3个分部，第一分部由中国土木建筑总公司所属的西安分公司的队伍组成，计274人，赵伯文任经理。第三分部由天津市建工局的队伍组成，计440人，郭景山任经理。总部内设技术、计划、财务、人事、营地管理等部门(部门负责人：张士德、徐寅生、兰运高、柴慈州、吴新汉)，负责对外进行业务联系，协调各分部内部关系，并指导管理各分部的施工进度、质量、安全等工作。各分部的财务和人事权相对独立，自负盈亏。

项目总部共调配1 044人。先后由胡延昇、郑师章、郭巨武任代表，赵伯文、郭景山任副代表，总会计师易庆华。1985年1月，中港公司派出王振远以中港公司董事身份(对内为总部政委)加强对南部电站总部的领导工作。

南部电站项目总部3个分部中的第二分部由二航局从局机关，设计院，一、二、三、四工程处，船机处，科研所等直属单位抽调人员组成，计330人(包括中港4人)，由董长海任经理，张大鸿任副经理(工程技术人员有李云磷、罗开金、周开国、薛本桢、彭志贤、姚平、杨庆宗等)。第一批先遣人员于1983年9月到达科威特工地现场，同年10月26日正式开工，1987年元月19日完成履约，结束分包。余下零星项目改为劳务，至1987年6月完工，历时近4年。

二分部实施《一分包合同》中的进水口(长190米、宽55米、深16米、94个闸门、24个进水间、40间泵室的钢筋混凝土结构)、出水口(长90米、宽50米、深11米的钢筋混凝土结构)、预制桩(2.1万根，计23.4万延米)、油箱基础、电缆坑道、封闭埝、桩帽梁等工程。承担如此技术复杂,质量精度要求严格,规模巨大的工程,在国内外均为首次。

南部电站的二分部,实际完成分包工作量和劳务收入共计4 237 586.75美元,创汇859 200美元,净利润为408 291.48美元,取得了较好的经济效益。

南部电站工程项目,是二航局第二个国外技术劳务分包项目,规模大,技术复杂,投入人数较多,工期较长,且能很快地适应严格的国外施工技术要求,管理严,工效高,同时能与现场的外籍人员融洽合作,工程质量和进度受到总包、业主与设计公司的一致好评。其中钢筋混凝土预制桩被监理誉为“质量信得过”的项目。

南部电站工程项目,由于原签订的合同中存在着一些缺口,各单项工程量与实际工程量相比有较多的超差,加以在翻译文字上出现的个别错误,曾引起理解和执行上的困难,从而导致相互间索赔与反索赔的争论,故在整个履约期间,中港公司与日本清水公司,先后在东京和北京举行了5次高级会谈,在双方相互让步和妥协情况下,一揽子加以解决。

第三节　技术创新

一、格形钢板桩整体吊装

广州新沙港区一期工程的主码头,系采用顺岸式格形钢板桩结构,共5个3.5万吨级泊位,码头岸壁长1 029.9米,墙体由43个圆形的直径为21米的主格体和相应的连接弧(副格体)组成。每个主格体包括52根R500J12.7L18700毫米的直腹型钢板桩和80根R500J9.5 L15700毫米的直腹型钢板桩。海陆侧连接弧分别为24根R500J9.5L18700与R500J9.5L13700毫米直腹型钢板桩组成。主副杆体之间,采用“Y”型连接桩连接。

格体透空钢架结的钢围囹,是成型的模具和施工操作平台,其设计外径20.76米,钢架高4.7米,钢架上下各设一寻向环,4根支承腿。支腿与钢围囹的联系采用100吨油压千斤顶改装的液压抱箍和螺栓吊挂两套装置。钢围囹及支腿总质量为114吨。

钢板桩选用法国“ISPC”公司的产品,钢板桩的拼插,由两侧连接桩开始,向中间合拢。由于钢板桩本身的宽度与锁口间隙的误差,将影响格体的设计周长,因此,首先要精确地测出"Y"桩的控制点,然后再放出132根桩的中线,及时根据不同情况进行桩位调整,以保证闭合。

由格形结构形成码头岸壁,在我国尚属首次。它是依靠打下平板型钢桩构成空格,内部填充砂土而成,利用自重和内部填充材料的抗剪强度以及板桩锁口的摩阻力等抵抗背后的土压力等外力。格形钢板桩的施工,原施工组织设计采用水上插打,但在潮汐和波浪的影响下,闭合难度太大,施工周期较长,同时还带来诸多不安全因素。经过现场施工人员的反复探讨与研究,在尽量既能缩短水上作业时间,又能提高工效的思想指导下,最后决定采取"陆上拼插,水上吊运;整体安放;单根(组)施打"的施工工艺,实践证明是成功的。

具体的工艺流程是:①陆上拼插,基床成形;②浮吊吊运至现场;③定位,施沉围囹支腿,固定围囹;④下沉格体,浮吊解钩;⑤震动沉桩;⑥格体的第一次填砂;⑦浮吊吊起围囹并运回陆上基座拼装下一格体;⑧格体内填砂,震冲密实,直至标高。

主格体的整体吊运是由广州救捞局"南洋号"500吨浮吊进行的。浮吊主钩为2×250吨,由于格体钢板桩加围囹及平衡块的质量已近290吨。为此,制作了外径3米的上吊具,直接与浮吊两个主钩滑车相连,在吊具的下面,设计4个吊围囹的吊耳,及16个连接下吊具的吊耳,避免了诸多大直径钢丝绳重叠于钩头而致受力不均匀的情况。下吊具是与格体直径相应的钢架下有用于起吊132根格体钢板桩的吊耳,上端又有16个与上吊具连接的吊耳,以使格体钢板桩在起吊、浮运期间受力状态良好,防止整体变形。为了保证格体的几何尺寸和起吊的平衡,在拼装成形的格体上又加设了"距离块"和"平衡块",避免因水流潮汐等引起的格体倾斜、扭曲,保证桩位的相互稳定。

两艘打桩船是利用两艘各有一台50吨至55吨吊车的400吨方驳组合而成,上面分别配有发电机组和绞锚移船的卷扬机,一台D2-30型震动打拔桩锤,单、双夹头各一套。沉桩时,两条打桩船分别于江岸两侧对称沉桩,因而更提高了速度,保证了质量和安全。

新沙港区第一期工程，主码头格形钢板桩(图4-3-1)的“陆上拼插，水上吊运，整体安放，单根(组)施打”的施工中，格体闭合率100%，没有报废一根桩，没有一根异型桩偏位超过允许值。交工后，由科研所在现场观察一年的各种数据表明，均在规范与设计要求的范围之内。最高月沉桩进度达10个主格体，施工质量、速度、安全均得到“金硕太平洋有限公司”的监理工程师和国内专家学者的一致好评。此项施工技术成果，不仅提高了企业的声誉和技术素质，而且为今后在我国港口、码头、船坞、防波堤及围堰等方面的应用开创了广阔的前景。

图4-3-1　格形钢板桩

二、大面积深水回填砂震冲密实

大面积深水回填砂的震冲密实是二航局四公司在新沙港施工中的又一技术突破。港区一期工程的5个泊位，根据港池区的地质条件，设计采用基槽开挖，回填中粗砂，水下水冲法振动加固的方法对地基进行处理。

震冲法加固各种松软地基，过去多为在陆地上进行地基处理，而新沙工程基槽震冲加固是在标高-12.5米开始，即砂面设计标高加上潮位，计水下13米至16米处开始加固，基槽总长1 107.5米，分4种不同的断面开挖、回填和加固。

其震冲面积共达7万平方米，震冲量40万立方米，震冲厚度4.5米至11米。震冲加固高程-23.5米至-12.5米，震冲区距岸边600米，并且受不规则半日潮影响，潮水流速0.6米/秒至0.8米/秒。如此大面积的深水基槽地基加固，施工条件之复杂，当时在国内尚未见工程实例的报道。

为了保证质量,使震后地基满足设计要求,首先要进行试验性的典型施工。1989年6月16日至8月21日,施工处进行了两个试验区的震冲,从摸索研究中,不断改进,逐步完善了工艺,加快了进度,然后再正式展开震冲。施工方法采用在400吨方驳(船型40米×10米)的一侧安设钢支架,并排悬挂8台ZCQ-30型震冲器施振。

该工程从1989年8月23日正式展开大面积深水振冲,至1990年8月21日结束,历时一年。加固效果显著,震后相对密度全部大于65%,在标高-22.0米以上,相对密度均大于70%,完全符合设计要求。施工进度,日最大加密立方量为4 000余立方米,同时,严格把住质量关,标准贯入试验等检测项目的试验多达2 000余次。

当现场基本突破深水大面积震冲的加密高难度施工技术时,为了进一步全面而深层次地论证这项技术成果,1990年3月,新沙项目经理部举办了“新沙工程回填砂深水震动加固技术征询会”,邀请了中科院力学所、武汉水利电力学院、水电部水电勘察设计院和交通部有关部门及广东、深圳等地25个有关科研、设计、施工单位和高等学院的学者、专家共40余人,进行了技术征询,听取了意见,也受到与会者的一致首肯。施工设备的改装过程,得到了北京水电勘察设计院震冲公司经理、高级工程师康景俊的指导与帮助。

新沙港一期工程基槽大面积回填砂深水震冲加密施工所采用的震冲器群工艺,属经济、合理、优质、高速的施工方法,在港口建设及工业民用建筑的水下地基加固上,具有应用推广的价值,因而得到了业主和中外专家的好评,竣工验收时,亦作为一项技术成果的突破,予以认定。

第四节　大型施工设备的充实与更新

1985年至1991年,为适应市场经济发展的需要,在二航局的领导下,四公司生产能力稳步提高,企业规模逐步壮大。这几年里,公司逐步添置了混凝土搅拌车、混凝土运输车、推土机、挖土机、红岩自卸车等设备;同时因新沙工程添置了振动锥,因深圳盐田工程增添了混凝土搅拌站、经纬仪、水准仪等等;还不断增加了港口、桥梁等大型混凝土设备。同时,根据当时基础设施建设日渐快速发展的机遇，公司增加了土方施工机械，具有一定土方施工的能力。至1991年年底，公司固定资产原值达到3 419.59万元，其中船机固定资产原值达到2 192.07万元。

从裕溪口建港开始算起，公司职工风雨兼程，从事祖国港口建设及各项建设任务，在完成各项任务的过程中，走过了艰难的历程：从20世纪50年代肩挑人抬，到60年代自制小车的推运，洒过无数的汗水，付出了繁重的体力劳动；70年代自卸翻斗汽车和各类船机设备的增加，使施工机械化水平有一定提高；80年代起则开始向自动混凝土拌和站、混凝运输车、混凝土泵车系列化的自动化施工发展。职工的劳动强度由重到轻，工效由低到高。公司的施工装备水平，经过几代人几十年的艰苦奋斗，逐步得到提高和发展。

第五节　转换经营机制　提高管理水平

一、推行内部承包经营责任制，实行“百元产值工资含量系数包干”

1984年年初，交通部在西安举行了“百元产值工资含量系数包干”（简称“百含”）座谈会。会后，二航局首次在二、四公司和武钢8、9号码头施工中试点《百元产值工资含量系数包干办法》，1985年在全局范围内全面推行。四公司于1984年8月开始试行，1985年全面推行了该项工作。

《百元产值工资含量系数包干办法》是改革施工企业分配制度的一项具体措施，它是由国家根据工程特点，参照原工资水平，考虑工资增长的新因素，对施工企业每完成百元产值（工作量）所含工资的比重核定一个系数，对企业实行包干，使企业有权在包干的范围内支配工资总额，确定支付形式，制定奖励办法，执行工资浮动。它改变了以往按“人头”控制奖金的办法，使职工利益同国家、企业“三者”的利益结合起来。

在推行“百含”过程中，四公司针对执行中反映出的问题不断修订和完善这一办法。如在1985年推行“百含”一年之后，1986年公司制定了《一九八六年百元产值工资含量包干实施办法》。一是根据不同工程的结构型式，确定不同的系数,如预制构件的预制为10.5%,桩基码头为9.4%,堆场道路为8.7%,房屋建筑为11%,钢引桥安装为7.5%,机械土方为4.5%,船机修理为14.5%,构件水运为17%;二是确定计算范围,即对工作量计算细化,如工程队的产值不包括预制场构件的产值,预制场构件的产值不包括船舶装运的产值;三是确定包干工资的计算范围,确定应包括的范围和不应包括的范围;四是产值含量工资与各项经济技术指标相挂钩,如达不到产值指标的扣减0.5%~2%,达不到利润、质量、安全等指标的,都要扣减一定比例的系数,精神文明建设不达标也都对应不同的扣减系数。

1987年,公司对"百含"产值工资含量的计核进一步细化,针对工程难易程度的不同列出不同的成本要求,增加"三大材"节约考核指标。结算方法上采取按月预结、季度考核结清的原则,除利润、材料消耗等按季考核、年终总结外,产值包干工资不进行年度全面结清;利润工资含量系数为成本降低额的20%;"三大材"节约工资含量为节约额的20%;自行联系的零星工程在同类工程结构的基础上增加包干系数1%。这些内容的补充,使"百含"核算办法进一步完善。

1988年,国家计委、财政部、建设银行出台《关于改革国营施工企业经营机制的若干规定》。1989年,国务院出台《全民所有制工业企业承包经营责任制暂行条例》,为基层企业进行必要的层层承包提供了可靠依据。公司本着重奖重罚、奖罚对等的原则,每年利用工作会议分解和下达年度方针目标,与工程队签订经营承包合同。工程队根据工程情况,划小承包范围开展班组、"小分队"的承包,出现了多形式多层次的承包局面,调动了职工的生产积极性,促使公司产值、利润出现不断上升的好势头。

1991年,根据交通部要求,百元产值工资含量实行"复合挂钩",即产值按系数的80%,利润按系数的20%计提,使"百含"办法出效率、出效益的功能全面发挥。"百含"管理办法实施的十几年里,对公司内部管理能力的提高起到一定的作用,但尽管如此,"百含"办法也带来一些负面影响,如产生"以包代管""一包就灵"的片面认识等。

二、推广鲁布格工程管理经验，实行项目法施工

鲁布格是位于云南省罗平县和贵州省兴义县交界处的一个地名。1981年6月，因国家正式批准在这里建一水电站，人们才开始认识了鲁布格。

1982年9月，国家对该水电工程8 800米主体引水系统工程实行国际招标，日本大成公司只派1名所长和30多名现场管理人员组成项目管理层，实施项目管理，并以水电十四局为依托，实行劳务作业，比计划工期提前5个月完工，创造了我国水电站施工史上的一个奇迹。1986年年底，中央一主要领导到鲁布格工地视察，肯定了“鲁布格工程管理经验”。1987年，全国召开施工工作会议，学习和推广鲁布格工程管理经验。试行项目法施工的热潮开始兴起，并逐步成为施工企业施工管理体制改革的方向。

1987年7月22日，二航局向交通部提出了《关于学习鲁布格工程管理经验，深化企业经营机制改革的报告》；同年8月24日又呈报了《学习鲁布格工程管理经验，深化施工体制改革试点方案》。后经交通部推荐，1987年10月28日，国家计委、体改委、劳动人事部、中国人民建设银行、国家工商行政管理局(即“五部委”)联合下发了《关于批准第一批推广鲁布格工程管理经验试点企业有关问题的通知》，二航局被列入全国18家试点企业行列，也是交通部唯一一家全国试点的施工企业。试点中，二航局以项目法为突破口，要求全局从1988年1月1日起，凡由二航局所属公司承包施工项目一律组建项目经理部，实行项目法施工。

1988年2月21日，四公司组建了第一个项目经理部：交通部二航局四公司六安九里沟船闸工程项目经理部。陈文杰任项目经理，冯昌虎任副经理，唐建军任技术主管。后根据需要陆续增补了光飞、刘少南、周为民三位副经理，增补光飞为支部书记。

该项目部是四公司实行项目法施工以来组建的第一个项目部。组建的宗旨是：人员精干，一专多能；机械设备优化，一机多用；签订承包合同。明确利润底数；边试点，边总结，逐渐探索出符合航务建筑行业发展的施工管理经验，培养和造就过硬的施工队伍。该项目1988年1月破土动工，1990年6月29日竣工通水，7月1日举行试航仪式。1991年1月正式通过验收，竣工

价值850万。工程竣工后,项目部随之解散。通过该项目的试点,公司取得了一些初步经验,为日后全面推广项目法施工打下了基础。

三、开展专业技术职务评聘

党的十一届三中全会后,国家对落实知识分子政策,发挥科技人员作用极为重视。1979年,二航局在党的政策指导下,组织专门班子,为知识分子平反"冤、假、错"案。1980年,根据上级有关技术业务职务整改评定的规定,二航局成立了工程技术干部评定职称委员会,下设水工、机电、技术管理、土建、勘察、财会、医务、经济等专业考核组,为够条件的知识分子整改评定了专业技术职务。

1987年,根据交通部下达的《关于1987年部属单位职称改革安排的通知》,二航局正式着手职称改革的准备工作。首先是重新成立了领导小组,并组建办公室,同时成立了由17人组成的专业技术职务评审委员会,下设水工、土建、船机电、工程技术管理、翻译、会计审计、经济(劳动人事经济、物资经济)、档案图书资料、教育、卫生技术、公安及消防等12个专业组,对全局专业技术干部状况进行全面调查摸底,并联系实际,制定了《实施意见》《工作规范》《有关具体问题的规定》以及13个系列(含政工系列)的实施细则等文件。

在充分做好准备工作的基础上,1988年1月,全局召开了全局职称改革工作会议,全面开展了职称改革工作。四公司按局的统一安排,以航四办〔1988〕35号文件成立了水工、土建、船机电等专业评审组,以航四办〔1988〕142号文件成立了工人技师评审委员会,经过8个月的努力,完成了申报、考核、考试、评审报批、聘任等工作。

1989年,二航局根据交通部转发人事部《关于对专业技术职务评审聘任工作进行复查的通知》精神,对职称改革进行了自查。1990年,交通部对二航局发出《关于职称改革复查工作的批复》,确认二航局正式验收合格,此前,四公司亦通过了局内检查并合格。

截至1989年,公司共有专业技术干部194人,计7个系列,其中、有正高级工程师1人,副高级11人,中级职称45人,助理级79人,员级58人。

表4-5-1为1989年二航局四公司专业技术职务岗位情况。

1991年以后,职称评聘工作由大量集中方式转为经常化正常轨道。

表4-5-1　1989年二航局四公司专业技术职务岗位情况表

序号	职务系列	专业技术					
		小计	正高	副高	中级	助理级	员级
1	工程技术	117	1	10	29	47	24
2	会计	16		1	3	3	9
3	经济	34			6	14	14
4	卫生技术	21			4	10	7
5	档案	3			1	2	
6	统计	7				3	4
7	教师	2			2		

四、推行"工法"制度,开展企业标准化工作

(一)推行"工法"制度

工法是以工程为对象,以工艺为核心,运用系统工程原理,把先进技术和现代管理结合起来,经过工程实践而形成的新颖、先进的综合配套的适用体系。工法的内容一般包括工法特点、适用范围、施工程序、操作要点、机具设备、劳动组织、质量标准、安全措施、技术经济指标及经济效益分析、工程实例等10个方面。推行工法制度的优劣,是施工企业技术进步程度、技术与管理素质、施工能力的重要标志。

1989年,建设部《关于在推广鲁布革工程管理经验试点企业试行工法制度有关事宜的通知》和《关于施工企业实行工法制度的暂行规定》下达后,二航局将工法制度的推行列入企业资质转换的内容中,并于1989年4月正式颁发了《交通部第二航务工程局推行工法制度的实施细则》,组织技术人员进行学习,明确推行工法的意义和作用、工法的含义与内容、工法的分级与确认以及工法的管理。开始组织工法的编制,订有长远规划和年度计划,规定了编写指标,要求按期实施,同时每年提取一定比例的税后留利,用于工法的开发、编写、引进、购置和储备,规定专款专支,在资金上作了保障,使工

法的编制工作得以持续进行。四公司结合当时六安九里沟船闸施工和广州新沙工程,开展了此项工作,且在日后的施工中不断推进此项工作,取得了大量成果,仅2009年至2013年就有33项工法成果获奖。

(二)企业标准化工作

企业标准化工作是企业管理六大基础工作之一,是衡量企业素质的重要依据。所谓标准化,是指在经济、技术、科学及管理等实践活动中,对重复性事物和概念,通过制定、发布和实施标准达到统一,以获得最佳秩序和最佳效益。标准体系,则是指在一定范围内的标准,按其内在联系所形成的体现科学性、完备性、系统性和预见性的有机整体。

二航局自1986年起,开展了标准化的工作,加强领导,明确归口管理部门,使企业在管理有序、评价定量的轨道上运行。1988年12月21日,正式颁发了《二航局标准化工作暂行办法》,标准主要分技术标准、管理标准和工作标准三大类。

技术标准,以物为主要对象,针对技术问题而制定了9个方面的标准(基础标准、产品标准和工程标准、方法标准、零部件标准和预制件标准、材料标准和外购件标准、工艺标准、装备标准、安全标准、环保标准)。

管理标准,以事为主要对象,针对组织、协调、计划、监督等管理问题而制定了7个方面的标准(法规性标准、组织标准、分工标准、程序标准、劳务标准、信息处理标准、考核标准、奖惩标准)。

工作标准,以人为主要对象,针对部门工作岗位或各类人员的工作质量问题而制定了8个方面的标准(部门工作标准、通用工作标准、专项工作标准、中层以上干部工作标准、一般干部工作标准、生产工人工作标准、辅助人员工作标准等)。1989年4月,四公司李水泉参加了安徽省贯彻标准化培训班,结合企业升级活动,修订出四公司《岗位工作标准》《部门工作标准》,在实践中试运行,取得了一定成效。

五、加强横向联合

1985年6月,四公司与南京水利科学研究院材料结构所本着互助互利的原则,促进双方在经济技术、科研等方面合作发展的愿望,决定建立长期协作关系,签订了“长期合作协定”。

1987年,与十七冶一公司签订了横向联合“意向书”。

第六节 开展企业升级活动 晋升国家二级企业

1986年7月,国务院下发了《关于加强工业企业若干问题的决定》,提出第七个五年计划期间要有计划、有步骤地开展“抓管理,上等级,全面提高企业素质”的企业升级活动。同年,《交通行业国家企业评审细则》颁布实行。四公司于1987年正式开展了争取晋升二级企业的升级活动,成立了以经理为首的领导班子。编制了《企业升级工作方针目标》《企业升级改进对策表》等文件,并本着“与生产发展相结合,与改革工作相结合,与推广鲁布革经验试点相结合”的原则开展此项活动。

一、推行全面质量管理,促进企业管理现代化

首先是从全面质量管理意识入手,建立了以经理为首,由总工室、体改办、施工科等部门组成的TQC推进机构。根据当时施工工程分布情况分五个片区组织职工收看TQC基本知识电视讲座,基层单位16小时受教育面达到78%,机关48小时受教育面达90%,还组织32名职工参加全国质量管理基本知识统考。制定了“TQC规划”,将全面质量管理推广应用到生产、经营、管理、安全、设备、物耗、劳动纪律、党风党纪等各方面,力求在深度和广度上走向“全员、全企业、全过程”。

工程质量、预制、现浇混凝土质量及分部分项工程质量是质量管理的主要矛盾方面。公司狠抓质量管理网络的健全和调整工作,日常质量坚持自检、互检、专检相结合;严格履行管理中的“事前控制,事中把关、事后检查”制度;每年定期开展QC活动,定期发布QC成果。1984年至1991年,403队挡土墙QC小组和401队朱家桥外贸码头现浇砼小组先后获部优QC小组称号;五里庙码头工程获部优质工程奖;芜湖中江桥工程、镇江大港3-4#泊位、裕溪口储木场等工程获局优质工程称号。

二、大力抓好安全生产工作

在“安全第一,预防为主”安全工作方针指导下,公司成立了以经理为首的“安全委员会”“防火委员会”“劳动保护监督检查委员会”“女工委员会”等安全生产领导机构。各基层也都成立了相应的安全管理组织,补充修订了必要的规章制度,坚持开展多种形式的安全检查,狠抓安全知识的宣传教育,落实各项“竞赛”活动,限期整改了安全隐患。公司安监科1987年受二航局嘉奖一次,1985年、1987年、1988年三次捧回“安全杯”。

根据国家标准,公司主动与芜湖市劳动局等单位联系,对特殊工种进行培训考试,坚持特殊工种持证上岗。1989年,公司共有特殊工种人员186人,其中持证上岗的电工24人,锅炉工2人,起重机械工12人,金属焊接工44人,汽车驾驶员48人,机动船舶驾驶31人,共161人持证,持证率达到86.6%。

三、夯基础,加强基础管理

一是结合各时期不同情况,及时建立、健全、修订必要的规章制度。;二是开展了标准化工作。三是随着承包制的推行,开展依据充分的定额工作。为丰富定额资料,对有关缺项定额和特殊定额进行了搜集,搜集的主要定额资料有:安庆五里庙水上安装钢立柱定额、芜湖汽车轮渡水下安装纵横梁定额、水下安装桩帽定额、钢管桩御船定额、铜陵港8号码头空心板装船定额等。其中有些定额被兄弟单位采用。四是计量工作。公司按照《交通企业计量工作定级、升级办法(试行)》的要求,1986年成立了“计量试验所”,对原有计量器具进行了检验和送验,添置了必要的计量器具,制定了计量工作的各项管理制度及计量升级规划。1987年在市、局计量工作检查评定中被评为“三级计量单位”。五是信息化工作。信息化工作贯穿在各项业务管理中,四公司各业务部门都十分重视信息的收集、反馈和分析。如对工程信息的跟踪,采取“初步设计阶段”“施工图设计阶段”“施工图已出”等概念进行分类,进行必要的现场调查和跟踪;公司有关部门坚持以《施工简报》《安全简报》《公安简报》《团讯》《节能与技术》等刊物沟通各方面信息。1985年,公司购买了第一台复印机，1986年至1988年，先后购进了微机、“四通”打字机、“翰林”发报机、菲力普50门程控电话交换机等设备，并在实践中得到较好运用，提高了信息化水平和办公效率。六是职工培训教育工作。1982年至1984年，公司进行了职工“双补”工作，其中文化补课合格180人，合格率达到97.3％，占补课对象的88.7％，超额完成了局80％的规定。1985年至1990年，开展了岗位、职务培训工作，坚持“三个为主”的方法，即以加强岗位职务培训为主，以在职短期培训为主，学历培训以业余自学为主的原则，采取“短期派出”“现场办学”等形式。根据统计，1985年至1990年有100多人参加了31个专业的市及市外培训，11次共56人参加局办培训班，31次共673人参加公司自办培训班。结合局“金鸥奖”开展了电焊工、钢筋工培训，并进行了理论与实际操作考试。1982年至1991年，参加外培的共53人，其中大专学历40人，涉及17个专业，中专学历13人，涉及5个专业。这些培训使职工文化和专业知识得到提高。七是班组建设，公司注重固定式大班组的基础工作，转发了《班组管理条例》，加强了班组组织建设、思想建设和业务建设，注意班组长的选配，并通过工会、团组织发挥班组民主管理职能，同时在新的经营承包形式下，注重人员的优化组合，注重班组的经费核算，班组建设在这段时间得到加强。

四、强化各项专业管理

（一）财务管理

在认真贯彻《中华人民共和国会计法》的同时，坚持开展财务报表评比，促使财务人员的业务水平和财务核算报表质量逐年提高。多数财务人员不仅精于事后算账分析，而且学会了事前预测分析控制。公司坚持对各基层、各项目部逐个进行量、本、利分析，制定了《四公司成本管理责任制》。为搞好资金筹措、结算和运用，提高资金使用率，财务部经常奔赴建设单位落实款项，使工程成本处于良好状态。

（二）计划管理

实行方针目标管理后，计划管理更加清晰明确。公司按年、季下达生产计划,基层单位逐月编制计划。执行中强调计划的严肃性,利用调度会等方式做好计划的执行和监控,同时定期进行经济活动分析。公司严格执行《中华人民共和国统计法》,建立健全各种统计制度。在1988年全局统计工作评比中,四公司统计工作获总分第一名。

(三)物资能源管理

物资部门狠抓物资计划、采购、使用等主要环节。本着计划的准确性、及时性原则,加强信息管理,了解市场行情,对常用主材,通过分析、比较后,保证一定的库存。1984年,城市经济体制改革处于起步阶段,计划经济与商品经济互相交叉,加之建筑项目发展快,而材料市场跟不上,常常出现接了工程而材料不能落实的现象。据此情况,公司于1986年投资30万元与马钢签订了《钢材集资合同》,合同约定:自1984年起至1993年的10年时间内,马钢确保公司部分钢材的供应,这在当时历史条件下,为公司承接工程,完成施工任务起到了关键作用。内部管理上推行了限额领取材料制度,设立材料节约奖。根据现场情况,适时召开物资管理现场会,促进物资合理调剂和节约使用。1987年至1989年共节约钢材299吨,木材516立方米,水泥1 139吨。

公司成立了两级节能机构,有较完整的能耗定额和考核制度,能运用QC方法指导节能工作,向所属各单位普遍推荐使用节煤喇叭炉,在汽车上安装节油装置。1985年至1989年共节约柴油85吨,汽油27吨,煤44吨,电0.5万度,折合标煤158吨。

(四)设备管理

认真贯彻国务院《全民所有制工业交通企业设备管理条例》和交通部《全民所有制交通企业设备管理办法》。对公司设备进行统一管理,在合理配置、择优选购、科学维修、适时更新、合理租赁等方面管好、用活设备。推行使用了《机械设备运转日志》,将设备管理纳入劳动竞赛范围,统一检查,统一评比,统一奖惩,有力地提高了设备的完好率、利用率。

(五)“三档管理”

自1973年起,公司文档机构开始设立。1985年科技档案、1987年财务档案合并由档案室统一管理。档案室成立虽晚，但成立后配备了专职档案干部（一名馆员，两名档案员），配备了87平方米的库房和相应的设备设施，建立了各项管理制度。积极开发利用档案，妥善归集和整理档案。1987年交通部颁发《交通企业档案升级试行办法》后，公司对照其标准，进一步加强了“三档”管理。1990年11月，交通部组成专家评审组对四公司档案管理工作进行了评审，四公司达到企业档案国家二级水平。交通部〔1990〕交办字717号文件批复二航局四公司为“国家二级档案管理企业”。当时全局只有二、四公司达到这一标准。

五、晋升国家二级企业

继1983年企业“五项整顿”验收合格后，1986年至1989年，公司根据国务院《关于加强工业企业管理若干问题的决定》和二航局的统一安排，围绕“建文明单位，创二级企业”的总目标开展企业升级活动，企业的综合素质明显提高。1988年11月，中国交通企业管理协会咨询诊断组对公司各项工作进行了诊断，对公司提出了19条整改意见。公司针对中交企协提出的意见，针对性地拟发了《企业升级改进对策表》等文件，并进行逐条整改。1989年4月，经交通部国家二级企业评审组评定：1988年年底，四公司十项考核指标已达到国家二级标准。表4-6-1为四公司1988年十项指标与国家二级企业指标水平对比情况。

表4-6-1　四公司1988年十项指标与国家二级企业指标水平对比表

指标名称		指标水平	
		国家二级指标水平	公司1988年实际水平
重大安全责任事故（案次）		0	0
千人死亡率		0.10‰	0
单位工程竣工优良率		85%	85.7%
原材料节约率	钢　材	2.00%	2.70%
	木　材	4.00%	4.03%
	水　泥	3.00%	3.10%
人均实现利税（元/人）		650	1 173
全员劳动生产力（元/人）		10 000	16 835
资金利税率		4.00%	5.83%
合同工期履约率		100%	100%

1991年7月10日,经交通部企业管理指导协会审定,由交通部批准,四公司达到国家二级企业标准,成为部属一级施工企业,国家二级企业,全国交通系统双文明单位,安徽省先进建筑企业,“AAA”级信用单位。1993年至1994年度省级重合同守信用企业。1995年安徽省建筑企业排行榜中名列第9位。

第七节　职工生活福利明显改善

一、职工收入增长

1985年至1991年,由于“百元产值工资含量系数包干”的推行及国家正常工资升级制度的落实,公司职工工资增加较快:

(1)1985年因为1984年建安工作量创历史同期最好水平,877人参加了一次浮动升级。

(2)1986年执行交通部《关于企业工资制度改革的实施方案》,全民所有制职工和集体所有制职工先后都进行了工资整改。公司参加这次套改的共861人(不含5名公安人员),每月增资12 797.57元。同年,根据国家规定的地区差异工资水平,公司地区属性由四类调至六类标准,每月每人增加5元左右的收入。

(3)1987年,贯彻《适当解决国有企业工资问题》文件精神,人均月增资1.8元。由于连续三年超额完成合同总产值指标,1987年年底,将原浮动工资予以固定后再浮动一级。这次参加上浮一级的全公司1 014人,每月总增资12 383元。

(4)1990年又因连续三年达到合同规定的重奖线,将上浮的一级工资予以固定并再上浮一级。享受固定的职工达到1 007人,每月总增资13 244元。

(5)1990年交通部人劳司批准35%的正常升级面,结合1987、1988、1989年三年的3%晋级指标,折成一个序号(半级)。全公司又有903人的工资晋升一个序号,每月总增资5 622元。

另外，1986年按照交通部《关于交通部直属航运企业各类船员套改工资暂行标准表的通知》，为106名船员工资进行了套改。1986年根据《公安干警工资制度改革方案》对5名公安人员工资进行了改革；还对生产经营中出现的劳模标兵、技术能手进行了嘉奖晋级；对执行承包合同，完成合同规定目标的各类人员进行奖励和晋升工资。据统计，1985年至1991年，全公司职工工资平均上升了五级左右。

津贴方面，1984年起，二航局开始试行《关于试行职务津贴暂行办法》和《关于试行技术人员津贴暂行办法》。1987年执行《关于国营企业干部实行职务工资补贴的通知》。1990年又按《第二航务工程局行政管理工程技术人员工资标准》所列行政职务人员的等级线并入奖金范畴，然后乘以不同系数的方式，摸索按责任大小、技术高低予以不同津贴的办法，并开始局部运行。这些津贴办法的执行，提高了相关人员的收入水平。

随着物价的逐步开放，市场体制日渐形成，根据部、局的规定，先后对船员、潜水员伙食标准进行了三次调整；对正式职工的流动津贴、洗理费、物价补助等进行了调整；对离退休的职工亦根据规定提高了待遇。

在工资体制改革中，曾因施工任务不饱满而出现“待工”现象，部分职工工资因“待工”受到一定影响。

二、职工住房和医疗条件进一步改善

随着公司生产的不断发展，企业经济效益逐年增长，职工住宅建设的投入也连续性逐年加大。除各年度国家投资外，公司根据自有资金情况，在二航局的统一安排下对职工住房进行新建或扩建，使职工住房条件逐步改善。据统计，至1991年年底，四公司职工住宅面积达31 596平方米，共486户分配到住房，户均使用面积45.51平方米，在全局居中上水平。

1977年7月，公司制定了《本处职工家属住宅管理分配暂行管理办法》。1986年重新修订了《二航四公司房屋管理办法》。依据这些办法，公司于1982年对芜湖基地1#至7#家属宿舍，1986年对芜湖基地8#、9#宿舍进行了分配和调整。芜湖基地216套、裕溪口基地270套住房都按当时规定的条件,分配给相应符合条件的职工。对职工子女多、职工中的知识分子、计划生育表现好的家庭,在面积、楼层等方面予以照顾,未出现因分房而造成的不良现象。

对家住农村职工的住房问题,公司一直十分重视,1976年起,公司抽出2万元资金,专款用于职工借贷,解决家住农村职工的建房、修房困难。1986年该款项增加到3万元。针对职工将借款挪作他用、长期拖欠、重复借款等问题,公司拟定了《家住农村职工修房建房贷款管理办法》予以克服和制止。据统计,1991年年底,共有200多名家住农村的职工借用了周转金,修建、改造了住房。

由于二航局流动分散的施工特点,一些项目往往远离城镇,对职工保健和治病及工伤应急处理造成困难。在20世纪90年代前,各工地均配备1至2名医务人员,配备一定数量的保健用品、药品。四公司还分别在裕溪口、芜湖两地设有医务所,配有4名主治医师、4名医师、1名化验师。两地医务所占房面积约200平方米,设有7张病床,有心电图机等设备,且能做小型手术。

三、重视职工子女教育

1985年6月,为解决职工子女上学难的问题,公司破例与芜湖一中签订了《芜湖一中、二航四公司开展文明单位互帮活动协议书》。协议规定:每年小学升初中分数线低于市重点录取线20分的,可以录取;初中升高中,分数线低于市重点线20分的,可以借读;高考未录取,低于省本科档100分的可插班复读。这样,公司职工子女中每年有15名初、高中生进一中就读。后又根据情况,公司与师大附中、第二十九中学等学校签订了类似的协议,确保每年15名左右的学生进入学习环境较好的重点中学学习,对职工子女学习成绩、综合素质的提高起到一定的作用。

第八节　社会主义精神文明建设

1986年9月《中共中央关于社会主义精神文明建设指导方针的决议》,是新的历史时期加强我国社会主义精神文明建设的纲领性文件。四公司在二航局、芜湖市建委等领导下，有组织、有领导、有规划、有布置地有序开展此项活动。

一、提炼企业精神

20世纪80年代以来，以企业精神为核心的企业文化建设开始，国内一些知名企业的企业精神相继见诸报端，引起了企业界的关注。1987年7月，二航局召开了五届职代会暨第十次工会会员代表大会。时任交通部副部长的黄镇东到会讲话，特别强调了企业精神的重要性。自此，企业精神的提炼开始提到局党委、四公司党委工作的议事日程。在"二航企业精神"征集活动中，四公司宣传科、党政办等部门发动职工提出了多条意见上报二航局。1988年2月6日，二航局召开党政联席会议，再次对企业精神进行了研究讨论。在充分听取与会领导的意见后，最后确定"争科技领先，创管理一流"为二航局企业精神，并在《长江筑港报》上正式予以发布，引起全局职工的共鸣。企业精神的确立为二航局企业文化建设、精神文明建设奠定了基础。

二、制定长远计划和年度目标

1985年10月11日，公司召开第四届第一次职工、会员代表大会。会议通过了《二航四公司一九八六至一九九〇年发展计划》(即公司"七五"计划)，其中第七条为"精神文明建设五年计划"，提出：两个文明一起抓，两项任务一起下，两幅担子一起挑，两个成果一起要。1991年6月11日，在公司召开的第六届职工会员代表大会上，讨论通过了《二航四公司一九九一年至一九九五年施工经营及企业素质发展计划》(即公司"八五计划")。其中第二部分第四条为"关于精神文明建设和综合治理"，对公司社会主义精神文明建设提出了更高要求。

在长远计划的基础上，自1986年起，将精神文明建设纳入年度方针目标管理，运用全面质量管理中PDCA循环原理。实行适度量化考核，将其具体建设内容落实到单位、部门、岗位，并建立思想政治工作信息月报制度，促使精神文明建设稳步扎实运行。

三、齐抓共管,创建文明单位

四公司在创建文明单位的过程中,以省市文明单位验收细则为依据,结合自身实际,提出的奋斗目标是:精神文明出成果,企业管理上等级,工程质量创国优,经济效益迈大步,职工收入有增长。提出的经营方针是:质量第一,信誉至上。在这一总体目标和方针的基础上,公司每年确立不同的主题,开展创建活动。1985年开展“整顿建家”活动;1986年开展“文明流动红旗竞赛”活动以及“三基”教育、普法教育;1987年开展“坚持四项基本原则,反对资产阶级自由化,培养‘四有’职工队伍”活动;1988年开展“建文明单位,创二级企业”活动;1989年贯彻党的十三届三中全会精神,将企业政治思想工作纳入行政序列,利用行政、经济、教育等多种方式提高职工的思想政治素质,提高企业的凝聚力;1990年着力“四个稳定”(政治、经济、社会、人心),进一步提高队伍整体素质;1991年开展“两学一树”(学雷锋、学严力宾、树新风)活动。通过这些活动,一支“三过硬”的职工队伍逐渐形成(思想过硬,树立共同理想,立志振兴中华;技术过硬,一专多能,培训达标;作风过硬,调得动,上得去,打得响)。一个实力雄厚的企业迅速成长:公司连续三年被芜湖市政府授予先进单位、先进企业和最佳企业称号;1990年又分别被芜湖市建委和二航局授予先进单位称号;在二航局开展的“四杯”竞赛中,五次获得“文明杯”,连续三年被二航局评为文明单位,1990年还获得二航局政治思想工作先进单位称号。

在创建文明单位的同时,芜湖市开展了“创建卫生城”“创建文明城市”等活动,作为生产规模较大的驻芜建筑单位,公司积极主动地承担了创建任务,担当社会责任,做了不少工作。

(一)参加市区“菊花节”布展

自1986年起,公司每年都参加了芜湖市文明办、绿化委员会举办的“菊花节”展,分别在镜湖公园、赭山公园等主要道口设置景点。其中,在“金秋港湾”“码头春秋”“长城·路桥”等主题展点,宣传公司业绩,展示公司成就,获得市民的交口称赞,也连续多年获得奖牌、奖杯。参加布展较多的职工有李水泉、张帆、乔林等。

(二)参加“卫生城”创建活动

1990年6月,国务院在全国434个城市开展创建国家卫生城市(简称“卫生城”)活动,芜湖市名列其中。根据芜湖市的统一安排,公司向全体员工家属发出“公开信”,要求他们按创建要求做好工作,先后开展了“五禁养”、“三不放过”、“无灰无网”(蜘蛛网)、“治理脏乱差”、“门前三包”等活动。1990年8月13日,芜湖市文明督察团、市爱卫会、市文明办联合检查团来公司验收,公司获得95分,被评为建委系统创建先进单位,在8月24日的《芜湖日报》上受通报表彰。

(三)创建文明小区

公司自1980年8月逐步迁至芜湖基地后,一方面抓紧住房建设,另一方面不断完善小区绿化,在小区内先后建成灯光球场、假山盆景、迷宫翠园,设置健身器材,使小区环境不断得到优化,在历次小区建设检查评比中都获得好评。

(四)冠名公交车站名

1998年,因芜湖经济开发区落地公司附近,公交线路延伸,公司与公交公司联系后,花5 000元冠名了“二航局”公交车站名。自此,芜湖市公交3路、19路站牌中“二航局”跃然其中,极大地提升了二航局的知名度。

第五章　拓宽领域　起步腾飞

（1992—1996）

1992年至1996年这5年时间，是公司持续发展，起步腾飞的历史阶段，这一时期，以陈春田为经理，陈升富、张帆为书记的公司领导班子，抓住市场稍纵即逝的竞争机遇向路桥施工领域进军，正式开启了由传统水工向路桥施工领域的跨越。其间，公司先后承担了福建泉州刺桐大桥、江苏江阴长江公路大桥、福建琅岐大桥等桥梁品牌工程；挺进广西市场，承担了广西钦防、南友等高速公路项目以及福建官蟹、湖北螺山船闸等标志性工程。1992年公司产值突破1亿元（1.37亿元），1994年突破2亿元（2.12亿元），1995年在安徽省50强建筑企业评比中，名列第9位（《安徽日报》1995年12月14日载），同时获得和保持了“安徽省文明单位”“安徽省先进建筑企业”“芜湖市文明单位”等称号，获得省建行确定的“AAA”企业信用等级，被授予省级“重合同，守信用”单位，公司进入腾飞发展的新阶段。

第一节　组织机构的调整和设置

一、公司总部机构的局部调整

1993年2月，二航组干〔1993〕24号文件批复同意丁公义调任公司副经理；3月，二航党组〔1993〕23号文件任命张帆为公司党委副书记，张先元任工会主席；1995年7月，二航党组〔1995〕190号文件批复同意张帆任党委书记，张玮任党委副书记；二航组干〔1995〕285号文件决定，提任杨志德、许四发为公司副经理。

为充分发挥党政监督的整体效能，提高纪检监察工作质量和效率，公司纪委、监察科合署办公，何少祥任综合办主任，陈华虎任纪检监察科科长。为更好地开展文明单位创建活动，1995年9月公司成立文明创建办公室，陶伟任副主任。

由于职代会产生的代表中部分成员有变动，1992年公司对企业管理委员会成员进行了调整，调整后委员会由陈春田、陈升富、张凤、刘寿彭、刘成、顾志香、张帆、童炜、聂钟苏、章三林、周文彬等十一人组成，其中章三林为工人代表。

二、项目部组建

自1988年试行"项目法"施工体制至1996年，因项目工期等因素，施工处与项目部并存。此阶段成立的项目部主要有：

(1)1994年8月13日，根据福建省沙溪官蟹航运枢纽工程施工管理需要，成立"交通部二航局四公司官蟹工程经理部"，刘少南任经理，吴年华任支部书记，沈普员、王翔为副经理，冯唐新任总工程师；1995年1月，官蟹项目由402施工处接手，项目班子整体更换，徐锦义任经理，胡小林、甄义省任副经理，周为民兼总工程师；1995年3月，虞锁敏接任经理。

(2)1995年4月，二航组干〔1995〕147号文件批复成立"交通部二航局泉州刺桐大桥项目经理部"，许四发任总经理，耿星义任总支书记，庞裕金、王先泳任副经理，贝沆任总工程师，汪文彬、张文任副总工程师。

(3)1995年8月，二航组干〔1995〕335号文件批复成立"交通部二航局江阴长江公路大桥A标项目经理部"，金良任经理，黄澄源任常务副经理，袁长宏、杨志德任副经理，陈光福任总工程师，吴本智、高鹏珠、刘秉京任副总工程师。

(4)1995年8月，二航组干〔1995〕341号文件《关于兴澄钢铁有限公司小船泊位工程项目经理部领导成员调整的通知》中明确：杨志德任经理，崔胜国任常务副经理，周瑜丰任副经理。

(5)1996年5月，航四组干〔1996〕77号文件批复成立"交通部二航局四公司广西钦防高速公路30—31标段工程项目经理部”,朱守祥任项目部经理,胡小林任常务副经理,翟宗刚任副经理。

(6)1996年12月,航四党组〔1996〕31号文件批复组建“交通部二航局四公司螺山船闸工程项目经理部”,虞锁敏任项目部经理,吴年华任党支部书记,周为民、张宗言、章韶东任副经理,周为民兼任总工程师。

三、设立分公司

(1)漳州龙航建筑预制品公司。为了在东南沿海站住脚跟,在华东华南开辟经营基地,1993年年初,公司向二航局申请在漳州成立“漳州实业公司”和“龙航建筑预制品公司”。1993年6月,二航经计〔1993〕235号文件批准“将漳州龙航建筑预制品公司经营管理权由四公司执行”。四公司委派张帆、王立虎、黄晓鸣、刘东尚等同志于7月1日办理交接,后委任王立虎为该公司经理开展工作,1994年3月改任邱成篩同志为经理。

(2)南海分公司。为响应改革开放政策,促进市场经济发展,加快广东沿海区域港口建设,提高公司经济和社会效益,经芜湖市建委批准,1994年2月成立了“交通部二航局四公司南海分公司”,光飞任公司经理。

(3)深圳分公司。盐田港一期工程完工后,深圳的第二轮改革开放热潮方兴未艾,公司瞄准时机,利用盐田港一期工程业绩的影响,于1994年5月成立了“交通部二航局四公司深圳分公司”,徐锦义任经理。

(4)泉州办事处。为扩大建筑市场,拓展经营领域,掌握工程信息,1995年8月,二航劳资〔1995〕339号文件批复成立“交通部二航局泉州办事处”,许四发任主任,苏永村任副主任,张文任总工程师(许四发、张文当时都是四公司员工)。

四、召开党代会、职代会、团代会

(1)公司第四次党员代表大会于1992年5月18日至20日在芜湖召开,出席会议的代表共62名,其中工人代表14名,女代表4名。他们代表全公司221名党员,听取了陈升富同志所作的题为“深化改革、加强党建、发展生产、提高效益,把公司的两个文明建设提高到一个新的水平”的报告,听取了高成礼同志所作的题为“坚持纪检方向，全心全意为两个文明建设服务”的纪委工作报告，选举产生了第四届党委会和纪律检查委员会，并报经上级党委批准。中共交通部二航局四公司第四届委员会由丁公义、张凤、张帆、陈升富、陈春田、耿星义、高成礼等七位同志组成，陈升富任党委书记、丁公义任党委副书记；纪律检查委员会由刘寿彭、孙锡宝、何少祥、耿星义、高成礼等五位同志组成，高成礼任纪委书记。

（2）公司第五次党员代表大会于1996年5月23日至24日在芜湖召开，58名代表出席了会议。他们代表全公司199名党员听取了张帆同志所作的题为“讲政治、抓管理、增效益、求发展，为公司两个文明建设再创辉煌而奋斗”的报告；听取了高成礼同志所作的题为“发扬正气、强化监督，为企业的振兴和发展而努力奋斗”的报告；选举产生了公司第五届党委会和纪律检查委员会，并报经上级党委批准，同意第五届党委会由张帆、张玮、陈春田、黄澄源、高成礼、张先元、刘寿彭等七位同志组成，张帆任党委书记、张玮任党委副书记；纪律检查委员会由高成礼、刘寿彭、孙锡宝、何少祥、陈华虎等五位同志，高成礼任纪委书记。

（3）公司第七届职工代表大会于1994年8月16日至18日在芜湖召开，本次会议正式代表131人，特邀代表12人，列席代表18人。大会听取了陈春田同志所作的题为“加强企业管理，提高经济效益”的行政工作报告和张先元同志所作的题为“坚持两个维护，当好桥梁纽带，为公司不断发展作贡献”的工会工作报告；会议选举产生了新一届工会委员会，报经上级批准，同意由张先元、陈春田、张帆、黄澄源、顾志香、张世伟、冯华杰、崔赐根、章韶东、杨华、倪维华等人组成，张先元任工会主席，1995年增补杨华为工会副主席。

（4）共青团交通部二航局四公司第五次代表大会于1995年5月16日至17日在芜湖召开，52名团员青年代表出席会议。会议听取了邱阳同志所作的题为“坚定信念，加强团建，努力培养造就一代跨世纪人才”的工作报告；会议发出了“双跨”（造就跨世纪意识，成为跨世纪人才），“双争”（争当青年岗位能手，争创青年优质工程）倡议书；会议选举产生了新一届团委会，并报经上级团委批准，由邱阳、何良平、孙新民、杜鸣、洪胜利、李卫东、方成武、李健、解刚等九人组成，邱阳任团委书记。

第二节　完成的主要工程

一、桥梁工程

(一)福建泉州刺桐大桥

刺桐大桥(图5-2-1)是泉州市区刺桐路跨越晋江连接306省道的重要公路桥梁,是当时利用民营资本投资兴建的BOT项目,位于泉州大桥与高速公路线上的沉州大桥之间。大桥全长1 535米,其中,主桥长310米,北引桥长622.5米,南引桥长602.5米,桥面净宽27米,按双向六车道设计,洪水频率设计为300年一遇,通航标准为500吨胖体海轮,净宽60米,净高17米,最高通航水位两年一遇,抗震设计主桥按百年超越概率10%标准设防,引桥按50年超越概率10%标准设防。

图5-2-1　泉州刺桐大桥

主桥上部结构为预应力钢筋混凝土连续钢构,桥孔布置为90米+130米+

90米，主梁采用双桥单箱单室断面，跨中梁高2.5米，墩顶梁高7.2米。

北引桥上部结构为4米×20米现浇整体式连续空心板及3米×6米×30米跨装配式预应力简支梁。南引桥为34孔现浇钢筋混凝土空心板。

下部结构主桥墩身采用薄壁实体墩，引桥采用双柱墩，其基础均为钻孔桩。

该工程通过议标由二航局四公司、五公司承担施工。四公司负责主桥，五公司负责南引桥的施工任务，总合同额1.9亿元，合同工期18个月。

为加强对该工程的领导与协调，二航局成立了刺桐大桥建设领导小组，组长为周百勇，副组长为林鸣。

开工伊始，工程并不具备“三通一平”施工条件，属于边征地、边拆迁、边设计、边施工、边融资的“五边”工程。项目部及时提出了“建一流大桥、育一支队伍、创一批成果、树一种精神”的建桥目标，并从武汉和芜湖两地调集大量船机设备进入工地，开展保安全、保质量、保工期、创效益为中心的“三保一创”竞赛活动，充分发挥四公司和五公司水上施工与机械化施工的优势，优化施工方案，并严格按照各控制节点进行施工。经过540多个日日夜夜的紧张施工，累计浇筑混凝土5.8万立方米，完成了桩基、承台、墩身(立柱)、箱梁、T梁、引桥空心大板等实体性工程的施工任务。

在承台施工中，采用了当时刚刚兴起的钢套箱施工方案。该钢套箱高9米，单箱容积1 500立方米，重120吨，承受8.5米水头压力，采用60吨浮吊分两节吊装。这是继珠海大桥之后，采用钢套箱施工方案在大型桥梁水下基础施工中的又一个成功范例。

1995年10月31日，时任福建省省委书记贾庆林在泉州市市委书记陪同下到刺桐大桥视察。大桥的建成不仅缓解了国道324泉州过境段交通拥堵状况，而且进一步拉动和促进了泉州、晋江两市的经济繁荣与发展。

刺桐大桥于1996年11月18日建成通车。1997年10月，福建省公路管理局受省交通厅委托，组织有关部门对大桥进行了竣工验收。验收委员会评审认为：刺桐大桥桥位选择合理，桥型宏伟壮观、流畅，桥面横断面布置清楚，施工质量好，一致同意交工验收。该桥施工的主要负责人是许四发、贝沉、耿星义。

(二)江苏江阴长江公路大桥

江阴长江公路大桥(图5-2-2)位于江阴市与靖江市之间,是国家2000年计划建成的“两纵两横”公路主骨架同江至三亚国道主干线、北京至上海国道主干线之“咽喉”工程。大桥全长3 071米,主跨1 385米,为当时世界第四、亚洲第二、中国第一大跨径悬索桥,桥面宽33.8米,双向六车道。桥下通航净空50米,可通过5万吨级巴拿马散装货轮。

图5-2-2 江阴长江公路大桥

该桥由交通部公路规划设计院、江苏省交通规划设计院、同济大学建筑设计研究院共同设计,建设方为江苏省长江公路大桥指挥部。

全桥分为A、B、C、D、E五个标段,二航局承建A、B两标段,总承包合同额4.91亿元,施工内容包括南北主塔、南北锚碇及南北引桥,混凝土方量约38万立方米,钢筋用量2.4万吨。

为加强对该项目的组织领导,二航局成立了江阴长江公路大桥建设领导小组,由局长肖志学任组长,副局长符荣辉任副组长,领导、协调与管理该项目。

A标工程包括北塔、北锚碇(图5-2-3)和北引桥27、28、29号三个桥墩以及上部结构连续箱梁的施工,由二航局总承包,四公司负责施工。其中,北锚碇基础沉井由业主指定上海基础公司分包,工程前期筹备工作由二航局副局长金良负责。1995年9月15日开工,1998年3月完工,合同标价为3.36亿元。

图5-2-3　江阴大桥北塔和北锚碇

北塔位于长江北岸堤外江滩上,由桩基、承台、塔座、塔柱四部分组成:

桩基为96根直径2.0米的钻孔灌注桩,平均深度85米,最大深度100.69米,设计要求桩端穿过强中风化层,并嵌入微风化层3.5米。施工中成桩率为100%,经超声波无损检测及随机抽样5根桩钻探取芯试验结果表明,北塔全部桩基达到设计要求,桩身倾斜率小于H/200。

承台由两个38.5米×28.5米×5.0米分离式承台组成,属超大型组合基础,采用双壁钢套箱施工方案,由船安公司现场制作、拼装。

塔座为55.0米×25.0米×5.0米钢筋混凝土结构,将塔柱传下的荷载分散给两个承台并使之共同受力,为减小因不均匀沉降对塔座内力的影响,设计要求在塔座中间设置一道2.0米宽的现浇缝。

塔柱高183.85米,系门式框架结构,从上至下有上、中、下三道横梁。塔柱采用翻模施工技术,一次支立9米、浇筑混凝土6米,内模变截面部分采用钢木组合模板现场拼装,横梁模板采用支撑于支架上面的拱形桁架作为底模进行施工,共浇筑塔柱、横梁混凝土1.9万立方米。在施工中通过调整配合比设计,合理选用粉煤灰掺入量,保证了高塔混凝土的强度和质量。塔柱的垂直度,南北向为H/3543、东北向为H/45981,都优于部颁标准H/3000,达到国内高塔施工领先水平,混凝土强度满足设计规范要求。

北锚碇位于长江北岸大堤内,由沉井基础及锚体组成,是当时世界上最大的深沉井基础,浇筑混凝土8.8万立方米,钢筋用量4 177吨。从第一节钢壳沉井制作,到沉井取土下沉(地面以下58米),曾遇到诸多困难和挫折。在各方支持下,我们依次解决了地面表层承载力、钢壳沉井拼装焊接、排水下沉、不排水下沉以及穿越硬黏土层等一系列重大技术难题,使沉井下沉顺利、就位准确。沉井刃脚中心偏南41毫米、偏下游37毫米,顶部中心偏南81毫米、偏下游88毫米,均小于允许值880毫米;中心扭角0.131度(设计允许值为1度),经观测沉井沉降数据小于设计数值。

北锚体及北塔承台、塔座均属大体积混凝土浇筑,降低水化热、防止混凝土温度裂缝是一项重大难题。施工中通过优化配合比设计、改善施工浇筑工艺、提高温控监测技术、加强混凝土养护措施、合理选择浇筑周期、有效减少混凝土内外温差,从而保证了大体积混凝土浇筑质量,避免了温度裂缝,混凝土强度达到设计要求。

正如建设单位在评估中所描述的:施工中,由于严格执行了项目法人责任制和合同管理制,通过国内公开招标,选择有经验、有能力、有信誉的施工单位,采取两级监理模式,其工期、进度、质量、投资控制较好,A标按合同要求完成任务,投资控制在合同标价之内。

在高塔施工中,由于采用了三维坐标法和方向线法控制劲性骨架轮廓点坐标及高程,测量精准,控制严格,使塔柱垂直度远高于H/3000设计标准,创造了当时高塔施工的奇迹。

在江阴长江公路大桥施工期间,时任交通部部长黄镇东、副部长李居昌先后到大桥工地视察,交通部总工、工程院院士刘济舟亲率22位专家到现场召开技术研讨会，同现场施工技术人员一起，共同研讨有关沉井下沉、高塔施工、大体积混凝土温控方案等技术难题。

江阴长江公路大桥于1999年建成通车。时任中共中央总书记、国家主席江泽民出席了通车典礼，当时二航局局长金良、建桥功臣杨志德受到了江泽民主席的接见。

江阴长江公路大桥先后荣获中国建筑工程鲁班奖和国际尤金·菲戈奖，它的建成通车，不仅积累了一套高塔施工的成功经验，而且极大地提升了二航局在特大型桥梁施工中的能力和水平。该桥施工的主要负责人是金良、黄澄源、杨志德、陈升富、鲁迅涛。

二、水工工程

（一）深圳盐田港一期集装箱码头及堆场工程

盐田港位于深圳市大鹏湾海域西北部盐田地区，东与大、小梅沙毗邻，西接沙头角，南与香港九龙半岛隔海相望，北靠梧桐山。港区海域宽阔，水深浪小，大小船舶可自由进出及锚泊，建港条件得天独厚，是我国少有的天然良港。盐田港一期工程（图5-2-4）建设单位为深圳东鹏实业有限公司，由交通部水运规划设计院设计，二航局四公司施工。

该工程包括3.5万吨级、5万吨级集装箱码头泊位各一个及26万平方米集装箱堆场。3.5万吨级及5万吨级集装箱码头泊位长度为694.595米，包括与二期工程的连接段33.594米、转弯段43.984米，基础为格形钢板桩结构，上部为钢筋混凝土板肋结构，可同时停靠两艘第四代巴拿马型集装箱船舶，年吞吐能力120万吨。施工需完成3.5万吨及5万吨级集装箱码头基槽挖泥49.9万立方米，抛砂及振实60.4万立方米，施打桩5 597根，浇筑混凝土2.01万立方米。

本工程采用格形钢板桩结构，由33个主格仓和32个副格仓组成。主格仓与副格仓通过Y桩连成整体。主格仓圆筒直径为21.65米，由136根B-500毫米直腹钢板桩通过锁口相互连接而成。副格仓由22根钢板桩组成海陆连接弧，弧长6米，半径为2.24米。

这是继广州新沙港之后，将格形钢板桩技术又一次成功应用于码头工程施工的典型。格形钢板桩结构受力比较复杂，当时计算理论尚不成熟。据国外有关资料记载，格体结构水平变位较大，板桩的变形也较大。为确切了解格体结构的变形及板桩的应力，需对格体、板桩进行现场测试，以掌握格形钢板桩结构在施工和使用期间的实测数据资料。

图5-2-4　深圳盐田港一期工程

现场测试工作由二航局科研所负责。测试内容包括：格形钢板桩锁口拉力及拉力分布；格形钢板桩的变形；格形钢板桩在后方抛石回填后，其主格仓桩顶的水平位移和竖向位移及格体内H桩的变形等。

锁口拉力及其分布选用美国Ceokon公司生产的VSM-400型振弦式应变计和GK-401型读数器进行测试，变形选用GK-6500测斜仪系统进行测试，土压力选用GK-4800E振弦式土压力盒和G-401型读数器进行测试，水平位移采用激光测距，垂直位移采用精密度水准仪进行测试。测试结果符合港工技术规范及设计要求。

盐田一期3.5万吨级和5万吨级集装箱码头的施工中，二航局以其高、难、精、新为主要特征的格形钢板桩施工工艺，水下大面积振冲施工工艺以及简便新颖的“多梁系整体移动大模板”等新技术、新工艺，技惊业界，广受好评。码头主体工程基本竣工时，二航局四公司又以其良好信誉于1993年9

月7日与深圳东鹏实业有限公司续签了“盐田港一期工程集装箱堆场施工承包合同”。

盐田港一期工程集装箱堆场系第三代集装箱堆场，总面积近26万平方米，包括重箱、空箱、冷藏箱、特种箱、半挂车、集装箱车停放场以及铁路货运堆场。

该工程于1993年10月10日开工，1994年2月完工，施工期间，二航局四公司投入了搅拌机、搅拌车、自卸汽车、装载机、推土机、振动压路机、挖掘机、吊车等60多台(套)设备，奋战了100多个日日夜夜，圆满完成了26万平方米集装箱堆场的施工任务，创造了当时国内同类工程建设的最快速度。

1994年4月28日，盐田港建设指挥部组织有关专家对工程进行了检查验收，时任国家计委副主任陈国海、交通部副部长李居昌、深圳市市长厉有为出席了验收大会，3.5万吨级和5万吨级集装箱码头和堆场的质量等级均被评定为优良等级。

1994年6月28日，一艘满载着18个标准集装箱的驳轮从盐田港出发，驶向维多利亚港，从而在世人面前揭开了“南方明珠盐田港”那多姿多彩的神秘面纱。该工程施工的主要负责人是张凤、徐锦义、陶铮、董长海、陈斌。

(二)江苏张家港一、二号泊位码头改造工程

张家港一、二号泊位码头改造工程位于张家港河口西侧，离港监工作船码头60米，由浮码头拆除后改建。两个泊位总长370米，码头前沿水深-10米，两个泊位共设六个分段，其中第五段为重件段。

码头宽15米，为高桩梁板结构，横梁现浇，纵向梁系及面板为预制，码头前沿隔跨布置圆筒型橡胶护舷及D300钢护舷，码头面设有12个45吨系船柱，码头下游端设有两根直径600毫米的钢护桩，码头基桩为600毫米×600毫米断面预应力钢筋混凝土方桩，共390根。

码头平台宽15米，为高桩梁板结构，引桥处有边纵梁，其他部分为预制横梁、迭合板。平台梁在裕溪口预制厂预制，水运至现场，平台基桩为600毫米×600毫米断面预应力钢筋混凝土方桩，共219根。

引桥6座，宽8米，长56米，其中五号引桥为重件引桥。引桥桥台基桩为450毫米×450毫米断面非预应力钢筋混凝土方桩，共30根；引桥基桩为500

毫米×500毫米断面预应力钢筋混凝土方桩,共102根。

该码头系原码头拆除后重建,水下障碍物多,桩基施工困难,但由于设计时考虑周到,桩长及布局较为合理,且在拆除前项目部对有可能影响桩基施工的不利情况进行了分析,并制定了相应的沉桩措施,为施工的顺利进行奠定了基础。部分桩位由于受水下障碍物影响,试沉桩七、八次后才能定位,整个码头桩基共913根,桩基优良率超过90%。

该工程预制构件总数为1 733件,其中现场预制1 650件。

为克服项目资金不足的困难,四公司从银行贷款600万元,又从其他工程项目抽调部分资金支援该工程,确保了工程的顺利进行,并按合同工期要求完成了施工任务,工程质量优良。该工程施工的主要负责人是施志勇。

三、公路工程

广西钦防高速公路30、31标段工程。

广西钦州至防城高速公路(图5-2-5),是国家开发和建设西南大通道的交通重点工程,主线长70千米,整个水泥路面分为6个合同段,均为六车道。二航局四公司中标承建30、31两个标段,正线长23.2千米。其中,30标段11.95千米,沿线有中、小型桥7座,涵洞4座。31标段11.25千米,沿线有中、小型桥7座,涵洞1座。水泥混凝土路面全幅宽为2×12.25米,设计路面厚度为24厘米,混凝土抗折设计强度为5兆帕。

这是二航局承建的第一个高速公路混凝土路面工程。在该工程路面混凝土摊铺施工中,混凝土集中拌和,自卸车运输,采用美国RPO-HOFE公司生产的1220MAXI-PAV型滑模摊铺机进行混凝土摊铺。该摊铺机有5根传感器,其中4根为方向传感器,1根为高程传感器。根据工艺需要,摊铺机两侧布置有2根导线,以控制混凝土高程及线型。

混凝土摊铺采用挖掘机均匀布料,液压振捣棒捣实,抹光板粗平混凝土表面。振捣棒布置间距0.6米,工作频率为7 000～9 000 转/分钟。捣固杆将骨料往混凝土面下捣固,形成5毫米厚砂浆层,以利于修面和拉毛。混凝土摊铺速度与拌和站拌和能力相适应,工作速度为0.8～1.2米/分钟,最低为0.4米/分钟。

图5-2-5　钦防高速公路

实践证明，该滑模式摊铺机在钦防高速公路施工中发挥了重要作用，解决了拌合机械与摊铺机械的匹配问题。该摊铺机摊铺速度为0～1.2米/分钟，行驶速度为0～15米/分钟，一般工作速度为0.8～1.2米/分钟。经计算，搅拌站配备了拌和能力为每小时200立方米的拌和装置，既保证了均衡摊铺，避免停顿，又确保了混凝土路面的平整度。该摊铺机系履带行走式，设有自动驾驶和自动压平控制系统，在作业时可一次性完成混凝土路面摊铺、刮平、振捣、捣固、挤压成形，并可完成中间钢筋插入、侧边钢筋插入等工序，是一种较先进的混凝土摊铺机械，在当时的高速公路施工中优势明显。

四、航运枢纽与市政水利工程

螺山船闸、新城船闸是汉江航线的姊妹工程。汉江航线就是将长江的水，通过洪湖螺山船闸，引入螺山干渠，再经西荆河、东荆河及一部分人工河，到达荆门新城船闸，导入汉江。这条人工水运航线全长80千米，投资3亿元，能通行300吨级船舶，可缩短洪湖至荆门近300千米水运航线，为江汉平原新增一条集航运、灌溉、蓄洪于一体的经济通道。

螺山船闸（图5-2-7）是汉江航线的“龙头”工程，位于湖北省洪湖市螺山镇,包括上下闸首、闸室、上下游导航墙、上下游引航道、防洪大堤等12项工程,合同额3 280万元,由二航局四公司承建。1996年11月开工,1999年12月竣工。

图5-2-7　螺山船闸

开工之初,船闸挖泥施工遇到挑战。由于洪湖螺山地区地质条件复杂,其地下水流量较大,且有流沙、暗流等,施工中随时都会出现滑坡等险情。项目部在上闸首底板混凝土施工中,根据底部深坑密集的情况,沿底部铺设多级吸排水管,用几十台大功率的吸泥泵、抽水泵,昼夜不停地作业,经过几个月的挖泥、排水,成功完成了混凝土浇筑任务。

1998年,百年一遇的特大洪水使螺山大堤成为荆江大堤险段之一。汛情就是命令,项目部组织工地上所有人员以及自卸车、推土机、装载机等施工机械投入抗洪抢险。8月19日凌晨,螺山水位突破34.80米大关(有水文记载以来的最高纪录),项目部连夜组织200余人的突击队再上大堤,奋战6个小时,将8 000只装满沙土的编织袋全部加固到大堤上;当天下午3点,水位继续上涨,在位于船闸下闸首左侧的长江大堤堤角,突然出现管涌险情,在江水的巨大压力下,窜出2米多高水桶粗的水柱,出水口周围的泥土迅速软化坍塌,大有破堤之势。接到险情报告,项目部防汛抢险突击队全体人员顾不上休息,在中国人民解放军空降兵的支援下,火速将备足的袋装石料大量抛填下去,堵住水下渗漏口,确保了荆江大堤的安全,受到了洪湖市委、市政府及荆州军分区的表扬。

汛后,项目部迅速组织恢复生产,湖北省汉江办为此还组织新城船闸、鲁店船闸的业主、监理,施工单位的领导、专家组,专程赴螺山船闸观摩、考察。1999年7月26日,时任湖北省省委书记贾志杰、副省长王生铁亲临工地视察,当听到螺山船闸在1998年特大洪水中经历三次洪峰冲击,新建大堤无渗漏、闸门无渗漏时,贾志杰书记连说:"好,好!"对船闸施工质量给予了高度评价。2000年6月8日,该工程通过竣工验收,工程质量优良,工期提前三个月。该工程施工的主要负责人是虞锁敏、吴代柱、周为民。

第三节　实现向路桥施工领域的战略性转移

一、战略性转移的时代背景

苏联解体和东欧剧变后,一场关于意识形态的争论开始出现,一时间针对改革开放政策的质疑从四面八方袭来,"姓资姓社"成为争论焦点。

1992年1月18日至2月21日,邓小平经武昌视察深圳、珠海等地,发表了一系列重要讲话:基本路线要管一百年,动摇不得;判断各方面工作的是非标准,应该要看是否有利于发展社会主义社会的生产力,是否有利于增强社会主义国家的综合国力,是否有利于提高人民的生活水平;社会主义的本质是解放生产力,发展生产力,消灭剥削,消除两极分化,最终达到共同富裕;计划多一点,还是市场多一点,不是社会主义与资本主义的本质区别;改革开放的胆子要大一点,经济发展要快一些,总要力争几年上一个台阶;抓住时机,发展自己,关键是发展经济;发展才是硬道理。这些被称为"南方谈话"。1992年3月26日,长篇通讯《东方风来满眼春——邓小平同志在深圳纪实》在《深圳特区报》刊发,第二天全国各报均在头版头条转发。而通讯的发表之日,正值北京"两会"期间,一时间,解放思想,加快改革开放步伐,成为舆论之共声,“姓资姓社”的争论开始日渐平息。

1992年10月,党的十四大明确提出“建设社会主义市场经济体制”的目标,同时将“建设中国特色社会主义理论”写入党章,确立了建设社会主义市场经济体制方针,催生了我国新一轮改革大潮。

1991年至1995年,是我国国民经济第八个五年计划发展时期。“八五”期间,全国计划新增公路11万千米,使全国公路总里程超过115万千米,高速公路超过2 100千米,并计划形成“两纵”“两横”公路主骨架,交通基础设施的宏伟蓝图给建筑企业带来了历史性机遇。

二、二航局大手笔绘蓝图

在新一轮的改革大潮中,二航局抓住稍纵即逝的历史机遇,在经营领域上提出营造“四大经营板块(北部湾板块、东南沿海板块、长江区板块、国外板块),大步跨出长江,把经营的重点推向沿海,把桥头堡挪向国外”,并把东南海岸线比作“金线”,把漳州、深圳、珠海、广州、海口等城市比作“珍珠”,意欲在这些城市设点布防,形成“金线串珍珠”的经营态势。在经营品种上开拓了市政、地下顶管施工领域,尤其是1991年,二航局以交通部投资兴建黄石长江大桥为契机,进入桥梁施工领域,并在随后的发展中不断进军高速公路施工领域,成功实现了由水工向路桥、市政施工领域的战略转移,吹响了向路桥市场进军的号角。

三、四公司强力开辟新领域

(一)经营区域的扩展

在二航局“四大经营板块”构想下,四公司先后提出了“立足苏皖面向沿海”,“立足长江打入沿海,一主多辅”,“立足长江,打入沿海,兼顾国外”等一系列经营方针,不断加大经营力度,努力占领市场,强力开辟新领域。1996年,四公司进一步提出了“扩大福建市场,重振南方沿海市场,进军广西市场,巩固长江内河”的方针。

长江经营板块对四公司最为有利,一方面,四公司拥有芜湖、裕溪口、镇江三个基地,另一方面,在长江下游经营二十多年,建有几十座水工项目,业绩辉煌。因此,公司提出独占皖江大港口的建设任务,承揽江苏段三分之一以上任务的目标,并付诸实施。

四公司的足迹遍布东南沿海市场。1991年四公司进入深圳,承担盐田港一期集装箱码头及堆场工程,之后又承接了盐田港二期工程、广东南海三山码头工程、福建泉州刺桐大桥、福建泉州丰州大桥、洛阳江大桥、官蟹船闸等项目。

北部湾板块,1996年承建的广西钦防高速公路工程开辟了新的经营领域,也是继大型桥梁之后,真正实现高速公路市场的突破。

(二)经营品种的开发

自1995年起,公司开始跟踪和筛选桥梁工程信息,先后参与江阴长江大桥A标、刺桐大桥、琅歧大桥、丰州大桥等桥梁工程的竞争角逐。1995年,公司冒着巨大风险,垫资2 000万元,得以承包福建泉州市刺桐大桥1.6亿元的经营额。由于进场快、开工快、施工进度快,引起福建地方政府的重视,之后又陆续承接了福州市琅歧大桥、泉州市丰州大桥工程。

1995年,跟踪了一年多的江阴长江大桥A标工程一波三折,情况复杂,然而公司没有放弃,百折不挠,精心编制标书,仔细校核数字,仅投标书文件就达25万字,绘图近100张,表格60余份。在投标答辩过程中三易其稿,两次澄清,最终以总承包的资格获得该项目,中标金额达到3.2亿元。江阴长江大桥A标工程,规模宏大,二航局以四公司为主,组织"七部一室"投入现场施工。开工后连续半年多数职工没有休过假,高效快速地完成了生产生活设施布置、搅拌系统安装、钢平台搭设等任务,受到建设单位好评。从这几座桥开始,几经锻炼,四公司从建桥的生力军演变成全国乃至全世界建桥的主力军,承担了以杭州湾跨海大桥为标志的跨海大桥等世界级品牌工程。

1992年开始,公司先后在芜湖市经济开发区承建了港湾路、广西南宁北环路、镇江开发区道路。1996年中标的广西钦防高速公路,是四公司在公路施工领域的真正突破。

广西钦防高速公路是公司开辟广西市场的第一项工程,使公司在广西市场打开了局面,顺利转产并形成市场效应。公司当年投资600万元购买了摊铺机、搅拌站、发电机等多套大型设备。工程开工后,公司克服了工艺新、机械设备性能不熟悉、施工条件恶劣等各种困难，积极探索，精心组织，迎难而上进入正常节奏后，在21千米长的全路段展开流水作业。日浇筑路面500余米，路面平整悦目，质量雄踞全线榜首，为之后二十多年间不断地在广西承揽工程任务打响了第一炮。

第四节　转换经营机制　落实“二十条”

一、二航局确定转换经营机制“二十条”

1992年7月，国务院颁发了《全民所有制工业企业转换经营机制条例》，同年9月，党中央、国务院下发了《关于认真贯彻执行〈全民所有制工业企业转换经营机制条例〉的通知》。二航局于1992年8月13日至15日，召开全局转换经营机制研讨会，确定了《二航局深化改革转换经营机制的二十条》(后简称“二十条”)，并下发执行。“二十条”主要内容如下：

(1)继续完善和发展经营承包责任制。

(2)公司享有自主经营权。

(3)公司享有产品或设备出租定价权。

(4)公司的工资总额和“百含”系数由局统一核定，但分配方式由公司自行确定，也可实行各种不同的工资形式，除国家规定外，局不再统一规定升级办法。

(5)各公司可根据生产经营需要，本着精简、高效原则，设置相应机构，不受对口限制，但监督机构必须设置并加强；党群机构由各公司(含院、校)党委自主决定设置与定编。

(6)施工现场管理必须加强，行之有效的项目法施工必须完善和提高。

(7)原由二航局收取的各种船机费用全留给公司，自提自用；各公司的修理计划及更新改造由公司自定，但每年提取情况及更新改造计划须报局备案。

(8)二航局划给公司的固定资产，各公司拥有使用权，需处置的应报二航局同意，其增值归局所有；由公司自有资金购置的，公司有权自行处置。

(9)工程中新购置或制造的专用设备及一些低值易损的小型设备,可视情扩大摊销,余下部分再进入固定资产。

(10)关于基建项目,各公司可视生产、生活需要,自定规模、自筹资金、自贷自还、自主兴建。

(11)各公司可根据《全民所有制工业企业转换经营机制条例》及省市相关规定,制订职工内部管理办法,交职代会讨论通过后执行。

(12)对开辟的第三产业,可实行个人或集体抵押承包。

(13)干部人事制度改革,可根据《中华人民共和国所有制工业企业法》和《全民所有制工业企业转换经营机制条例》规定,首先实行干部聘任制,在定员、定编基础上实行双向选择、竞争上岗、定期考核与奖惩制度。

(14)新招收的职工全部实行合同制。

(15)各公司可结合各地的有关规定,制定人才激励机制。

(16)建立优质工程奖励制度。

(17)各公司所在地、市(含省)有搞活大中型企业的具体规定,各公司可参照执行,不一定强求全局统一。

(18)开展国际工程承包是二航局的发展方向,今后凡由中港总公司分配或联系的国外项目,直接由公司投标、经营。

(19)认真执行《中华人民共和国所有制工业企业法》及《全民所有制工业企业转换经营机制条例》,对企业内部有关规定进行清理,凡与《全民所有制工业企业转换经营机制条例》有抵触的应予以修改或废止。

(20)提倡务实精神,停止一切形式主义的检查、评比、升级活动,减少会议,提倡重大问题按程序办理,一般业务工作由责任人独立处理,并承担相应责任。

二、落实“二十条”

二航局提出的“二十条”,符合中央《全民所有制工业企业转换经营机制条例》规定,符合二航局实情,在调动公司作为商品生产者和经营者的积极性,使公司真正成为自主经营、自负盈亏、自我发展、自我约束的经济实体方面,发挥了重要作用。四公司贯彻“二十条”精神,在深化企业改革、转换经营机制中大刀阔斧地开展工作。

(一)完善经营承包责任制

四公司推行企业经营承包责任制是从1985年开始的,至1991年止,这一制度根据推行中反映出的问题及二航局的要求不断得到修改完善。自1992年起,公司为进一步突出经济效益,走质量、品种、效益型道路,对基层单位、项目部经营承包办法进行了较大的改革:一是工资总额同产值、利润复合挂钩比例为6:4;二是含量系数与工程质量挂钩,对被评为市、局以上优质工程的增加0.3%~1.2%的含量系数;三是改变过去分别按计划内利润和超计划利润的不同比例提取含量的办法为统一按同一比例提取。同时,对含量工资核算作了明确规定:一是明确核算部门,如产值由计划经营科、船机科负责,利润由财务科负责,质量系数增加由质量科负责,安全生产由安全监督科会同船机科、公安科负责,等等。二是工程项目跨年度施工时,年终结算为预结算,预结算的含量系数按80%计提,待项目竣工结算后再进行总结算。自1995年起,公司开始推行"年薪制",对经营承包人赋予更明确的奖罚责任。对含量工资的结算、亏损、漏报、瞒报等可能出现的问题都做出明确的规定,与承包人兑现奖励挂钩,促使承包经营健康运行。1985年至1996年的12年间,公司与基层的承包经营走过了试行、推行、改进、完善的历程。实践证明,经营承包责任制不失为符合公司经营机制运行的好方式,有其生命力,且一直在改进中沿用。

(二)探索三项制度改革

20世纪90年代,全国掀起了新一轮改革浪潮,一场以转换企业经营机制为目标,以破"三铁"(即"铁交椅""铁饭碗""铁工资")为突破口的企业改革全面铺开。为使企业逐步发展成为自主经营、自负盈亏、自我发展、自我约束的商品生产者和经营者,公司必须搬走"铁交椅",使干部能上能下;砸烂"铁饭碗",使职工能进能出;废除"铁工资",使职工收入能升能降。这是企业内部干部人事制度、劳动用工制度、工资分配制度的一次历史性变革。

1. 实行干部聘任制、任期制

1991年,四公司依照《交通部第二航务工程局局管干部管理办法》,坚持党管干部原则，坚持“四化”（革命化、年轻化、知识化、专业化）方针，坚持德才兼备的干部选拔原则，开展干部队伍建设工作。

2. 实行岗位技能工资制

自1991年开始，四公司按照《二航局岗位技能工资实施方案》，不断完善职工岗位技能工资制，打破了“铁工资”“大锅饭”现象。

3. 实行全员劳动合同制

实行全员劳动合同制是企业用工制度的一项重大改革，涉及面广，政策性强，必须有领导、有计划、有步骤地进行。在充分酝酿、广泛征求意见的基础上，二航局研究制定配套改革方案，经职代会审议通过后，送上级主管部门审查，报地方劳动部门批准后实施。

劳动合同制实际上是职工与企业在平等自愿、协商一致的基础上，签订劳动合同，明确双方责、权、利，并以法律形式予以规范的劳动用工制度。

劳动合同的内容包括合同期限，工作内容（生产、工作任务及条件），劳动保护，劳动报酬，劳动纪律，劳动合同终止的条件，违反劳动合同的责任，经协商确定的其他内容，等等。

劳动合同的期限分为无固定期限、有固定期限和一定的工作期限三种。

依据劳动部相关文件，结合企业自身情况，二航局规定：凡在册在岗，男性年满45周岁、连续工龄20年及以上的职工，女性年满40周岁、连续工龄15年及以上的职工，获高级职称的科技人员，获国家、部（省）、市级劳动模范及其他光荣称号的人员，公司级（即处职）以上领导干部，大专以上文化程度的人，担任中级职称（含工人技师）3年以上的人，等等，可同企业签订长期合同（10年及以上）；距离退休年龄10年以内的老职工签订无固定期限合同。

四公司按照二航局的统一部署，于1996年6月底前完成了全员劳动合同的签订工作，1996年7月1日起正式实行了全员劳动合同制。

（三）实行职工住房制度改革

住房制度改革作为我国经济体制改革的一项重要内容，是改革传统福利性分房制度，建立符合市场经济规律的住房体制，实现住房商品化、社会化的重要措施。住房制度经历了1978年至1988年十年的探索试行阶段，之后进入全国逐步推开的深化阶段。

芜湖市住房制度的改革是1992年9月正式开始实施的，安徽省政府于1992年9月批准了《芜湖市住房制度改革实施方案》和《芜湖市公有住房出售暂行办法》。芜湖市住房制度改革的主要内容是：分步提租发补贴，推行住房公积金，租住公房买债券，出售公有住房，建立住房基金，多种办法建房，等等。要求“凡在市区内的所有单位，不论隶属关系，都应按市房改方案的规定执行”。

根据芜湖市、二航局有关住房制度改革的实施意见，1994年年初，四公司成立住房制度改革领导小组，制订了《交通部二航四公司新建公房出售方案》，经六届三次职代会审议，通过了《交通部二航四公司职工公房出售实施方案》，以行管科牵头成立专门班子，并派叶新华等人参加芜湖市售房培训班，按相关政策开始售房工作，对芜湖基地、裕溪口基地的职工住房进行出售。截至1994年年底，全公司累计出售住房400多套，回收住房资金200多万元，使沿袭了几十年的福利性分房成为历史，为逐步推行住房商品化迈出了第一步。

(四)启动职工养老统筹

新中国成立后直至20世纪80年代中期，我国养老保险体系一直由单位统筹，并实行现收现付制，养老保险负担在代与代之间转移，即由在职一代负担退休一代养老费用。在此模式下，企业职工的社会保险和福利均列入企业当年的成本开支，实报实销。

20世纪80年代中期，我国开始试点企业养老保险改革，基本思路：一是开展城镇企业职工养老保险费用社会统筹，开始由“企业保险”向社会保险转变；二是实行城镇职工个人缴纳养老保险费用制度，开始了社会保险费用由企业一方负担向多方负担的转变；三是探索实行企业补充和个人储蓄性养老保险，开始了社会保险由单一层次向多层次的转变。根据国务院《国营企业实行劳动合同制暂行规定》，二航局自1986年起对新招收的职工全部实行劳动合同制，并按属地原则参加当地养老保险，个人和企业按所在地劳动保障部门规定的缴费标准缴纳养老保险金。

20世纪90年代初，国家对企业养老保险制度的改革探索取得突破性进展，其主要标志是国务院下发了三个重要文件：一是1991年的《国务院关于企业职工养老保险制度改革的决定》(国发〔1991〕33号),二是1995年的《国务院关于深化企业职工养老保险制度改革的通知》(国发〔1995〕6号),三是1997年的《国务院关于建立统一的企业职工基本养老保险制度的决定》(国发〔1997〕26号)。

根据国发〔1991〕33号文件,交通部制定了《交通部直属企业职工养老保险费用统筹实施细则(实行)》。按照交通部的统一部署,二航局自1994年1月1日起参加交通部职工养老保险行业统筹。1998年,国务院下发《国务院关于实行企业职工基本养老保险省级统筹和行业统筹移交地方管理有关问题的通知》(国发〔1998〕28号)。二航局职工养老保险自1999年1月1日起,由交通部行业统筹移交给地方统筹。考虑到当时的实际情况,经研究决定,全局职工基本养老保险作为一个参保单位整体移交到局总部所在地湖北省,实行地方统筹,统一在湖北省缴费,并享受养老保险待遇。四公司养老统筹工作在国家政策指导下,与二航局同步实现了由行业统筹到地方统筹的转变。

(五)试行医疗制度改革

1993年,国家体改委会同财政部、劳动部、卫生部等有关部门,在大量调研的基础上共同起草了《关于职工医疗改革的试点意见》。

1994年,国务院决定把江苏镇江、江西九江作为进行社会统筹与个人账户相结合的社会医疗保险制度的试点城市,为全国医疗保险制度的改革探索经验,由此揭开医改序幕。

四公司根据国务院、交通部的通知要求,自1995年起,参加了芜湖市的医疗保险,实行了内部医疗统筹,并在此后的改革过程中,按地方医保的相关要求,为全体在职和离退休职工办理了相应的医疗保险。

第五节　加强党的建设　推进文明创建

20世纪90年代以来,四公司在二航局党委、芜湖市建委党委的领导下,认真贯彻《中共中央关于加强党的建设几个重大问题的决定》《中共中央宣传部、国家经贸委关于加强和改进企业思想政治工作的若干意见》以及《中共中央关于社会主义精神文明建设指导方针的决议》等重要文件精神,聚精会神抓党建,一心一意谋发展,坚持“两手抓,两手都要硬”的方针,为企业的起步腾飞提供思想保证、精神动力和智力支持,党建和文明创建活动在这个阶段得到了较快发展。

一、加强党的建设

党的十四大召开后,公司党委认真贯彻落实党的十四大和十四届三中、四中、五中全会精神,按照党中央的要求和部署,组织党员、干部和职工认真学习邓小平建设中国特色社会主义理论,围绕“一个中心,两个基本点”的基本路线,以经济建设为中心,加强党的思想建设、组织建设和作风建设,发挥党组织的政治核心作用、战斗堡垒作用和党员的先锋模范作用,抓好党建促经济、党建促发展工作。

(一)组织建设

1992年至1996年,按照《中国共产党党章》规定,公司分别于1992年5月和1996年5月召开了公司第四届、第五届党代会,选举产生了两届党委、纪委领导班子。张帆、张玮、张先元等年轻同志先后进入公司党委领导班子,同时,公司加强基层领导班子的换届选举工作。根据二航局党委的指示精神,四公司党委一直重视基层党组织的建设,大的工程项目设有党总支部,处(厂、站)一级都组建了党支部。同时,根据党组织建设的要求,适时对所属党总支、支部进行改选或换届选举,确保两级党组织机构健全完整。1993年,政工系列职称开始评聘,公司聘任高级政工师1人,中级政工师8人,初级政工师25人。

(二)思想建设

按照党的十四届四中全会通过的《中共中央关于加强党的建设的几个重大问题的决定》,公司在200多名党员中开展了不同主题内容的思想建设活动,包括:1992年开展的“忆传统,做贡献,做新时期合格党员”和“学特色理论,做深化改革和促进企业发展带头人”活动;1993年试行的“党员责任区”“党员责任工程”“一学双推”(学特色理论、推进企业管理、推动企业发展)制度;1994年举办的“在党旗下前进”演讲比赛和开展“党在我心中”征文活动;1995年提出的以构筑“三力工程”(扩大影响力、增强凝聚力、提高战斗力)为主要内容的党支部“达标创优”活动,同时根据中共中央发布的《爱国主义实施纲要》在全体职工中广泛开展爱国主义教育活动,使党员干部和广大职工民族自尊心普遍增强,自信心大大提高。

四公司自1991年进入深圳特区施工后,在福建、广东、广西等地区不断承接工程,施工人员大量分布在沿海地区,加强在沿海、特区施工职工的思想教育是这一时段思想政治工作的重点。公司参加了全局“特区职工思想教育研讨会”,要求职工自觉抵制拜金主义、享乐主义、极端个人主义等腐朽思想的侵蚀,党员、干部时刻起模范带头作用。这些思想教育活动,促进了公司职工队伍的健康发展。在1993年“七一”评比中,公司涌现出市、局级先进党员14名,公司级先进党员24名;公司党委被芜湖市委授予“先进党组织”称号,被二航局授予“思想政治工作先进单位”称号。

(三)作风建设

领导干部和领导机关的优良工作作风是取得工作成果的关键,公司要求各级领导干部要始终坚持深入基层,开展调查研究,掌握第一手材料,及时解决群众关心的“热点”问题;狠抓落实,把督办工作搞起来,报告制度坚持下来,要坚持实事求是,一切从实际出发,力戒形式主义;坚持走群众路线,加强同群众的联系,尊重群众意愿,关心群众疾苦。重大改革制度出台后,公司充分考虑群众承受能力,坚持勤俭办企业,反对铺张浪费、贪图安逸等不良作风,树立公仆意识,公司领导坚持深入现场,大项目开工后,进入项目蹲点,有的长达几个月,帮助基层协调事务,加快工程进度;1993年,因公司施工项目有30多项,一些基层的专职书记亲自负责一到两项工程,做到党政同心协力,党政领导同频共振。

(四)廉政建设

在加强党的思想建设、组织建设、作风建设的同时,公司党委认真贯彻二航局党委纪委及中纪委各次会议精神,加强党风廉政建设,强调纪委和行政监察部门“保护、罚处、监督、教育”四项职能的全面履行。自1994年起,公司纪委与监察科合署办公,先后制定了《加强工程主要材料管理的规定》《加强建安工程总、分包管理的规定》《关于购买、使用小轿车管理的规定》《加强业务招待费管理的规定》和《纪检监察部门参加重大事故调查处理的暂行办法》。这些规定、办法的出台,使纪委、监察机构成为企业党风廉政建设的卫士,为企业的改革发展保驾护航。1996年,根据交通部党组织《关于做好领导干部廉洁自律自查自纠工作的通知》,公司对涉及领导干部违规乘坐小汽车,违规住房、建房、购房,违规超标装修住房等方面存在的以权谋私问题进行了自查自纠。检查发现,公司不存在这些问题。1996年,针对管理有所松弛、效益滑坡、生产性支出较大的情况,公司做出《关于号召全体职工振奋精神、艰苦奋斗、强化管理、提高效益的决定》,较好地扭转和控制了乱发奖金、超标开支等不正常现象。业务招待费本着“热情、从简、必需”的原则,实行通报制度,1996年业务招待费比上年下降32%。

二、强化思想政治工作

为进一步贯彻江泽民同志“七一”讲话精神,切实提高广大党员的理论水平和政治敏锐性,1991年年底,公司党委决定成立“二航局四公司业余党校”。丁公义任校长,高成礼任副校长,汪德旺、王丕清、张帆、耿星义、张玮、何少祥任兼职教员,办公室设在宣传科,张玮任主任。业余党校的主要任务是组织党员、干部学习马列主义、毛泽东思想,主要负担科级以下党员干部、党员骨干的培训工作。培训的主要内容有:党的基础理论、基本路线、基本知识教育,党性党风党纪教育、党的优良传统教育,党史、党建教育,时事、政策教育,等等。

“三三四二一”思想政治工作系列工作法,是二航局从20世纪80年代到90年代中期近10年时间,在对企业思想政治工作进行研究、探索的基础上总结出来的一项新成果。具体内容是:在企业思想政治工作中,要建立并形成组织领导、骨干队伍、方针目标“三个体系”,实行服务与参与相结合、宏观与微观相结合、灌输与其他多种方式相结合“三个结合”,采取培养教育、精神激励、物质奖励、行政管理等“四种教育手段”,抓住钢班子、铁队伍“两个重点”,开展思想政治工作研究活动即“一个活动”,开创了企业思想政治工作的新局面。

从1992年起，公司每年都召开一次“职工思想政治教育研讨会”（简称“教研会”）。1992年，“政研会”于10月20日召开，各党支部书记、分工会主席及党群口干部34人参加了会议，共发表14篇论文。论文以邓小平同志“南方谈话”和中央政治局全体会议精神为指针，联系企业实际，总结交流党建、思想政治工作如何适应形势的新认知、新思想、新方法和新经验。1993年，公司首次推出《思想政治工作方针目标管理方案》。1994年，在二航局主办的沿海开发城市职工思想政治工作研讨会上，张玮撰写的论文荣获二等奖。

三、开展文明创建活动

自党的十一届三中全会以来，公司一直坚持“两手抓，两手都要硬”的方针，在抓物质文明建设的同时，努力抓好精神文明建设及文明创建活动，取得了“两个文明”建设双丰收。

1992年，公司积极参加芜湖市文明城市、卫生城市创建活动，落实三级综合治理责任制，签订治安责任书83份；开展反盗窃专项活动，开展“二五”普法教育活动，保持了市级文明单位称号，获得了芜湖市“绿化先进单位”“计划生育先进单位”等荣誉称号。1993年，公司将“三建”（创建、共建、联建）和“三赛”（劳动竞赛、知识竞赛、技术比赛）相结合，与芜湖市边防站等单位结成对子，开展互访互学、警民共建等活动。1994年，在创建活动中，公司荣获芜湖市“卫生标兵单位”和“门前三包最佳单位”称号，年底获得“省级文明单位”及交通部“双文明建设先进单位”称号。1995年，公司广泛开展了“送温暖、献爱心”活动，参加芜湖市建委组织的农村扶贫工作救助活动，捐款1万元。由团委牵头，职工捐款7 000余元，资助九江航校钱诚同学，并对市儿童福利院进行了慰问。1996年，公司坚持“重在建设，贵在坚持”的创建方针，弘扬“黄山松”精神，抓住“三个起来”不放，坚持城市管理“八不要”，从自己做起，从身边做起，制定了《二航四公司文明住房公约》，启动了“三五”普法教育，制订了社会综合治理、保持企业稳定的目标和规划，公司与基层治安第一责任人签订责任合同，坚持“打防结合，以防为主”原则，各施工处、裕溪口片区都配备联防队员,对重点部位设置防盗装置,使公司创建工作始终处在市、区单位前列,较好地发挥了省级文明单位的辐射效应。

四、加强民主管理,发挥群团组织桥梁纽带作用

1992年至1996年,公司工会认真贯彻执行“一个中心、两个基本点”的基本路线,落实《中华人民共和国全民所有制企业法》《中华人民共和国劳动法》,履行《中华人民共和国工会法》,在党委领导下,在行政部门支持下,加强民主管理,做了大量的工作。

(一)落实以职工代表为基本形式的民主管理制度

1992年至1996年,公司工会分别于1991年和1994年进行了两次换届,召开了五次职工会员代表大会,审议行政工作报告、工会报告,并先后审议通过了《民主评议干部暂行办法》《职工福利基金收支情况及开支计划的报告》《二航四公司“九五”计划纲要和2010年目标构想》《职工购买公有旧住房实施方案》等重要文件,同时在建立内部劳务市场、职工住房改革、集体合同签订等关系职工切身利益的重大问题上做到了源头参与。每次职代会均征集提案,并在下次职代会上对提案落实情况作出说明。职工住房分配、出售,正常工资升级,民主评议干部等方面的提案对改进公司的管理制度,保持公司快速发展,稳定职工队伍等起了积极作用。

(二)以生产经营为中心,组织和发动职工开展劳动竞赛技能比武活动

1992年,按照中国海员工会的部署和二航局总工会的要求,四公司开展了以“三保”(保工期、保安全、保质量),“五好”(生产组织好、科技创新好、成本控制好、经济效益好、文明生产好)为内容的劳动竞赛活动,经过公司劳动竞赛委员会评定:授予403施工处“双佳单位”称号,401施工处电焊组和公司财务科等33个班组(科室)为先进班组和文明科室,评出先进生产(工作)者192人,优秀后勤先进工作者16人,后勤先进集体3个,优秀通讯员5人,优秀民兵16人,五好设备31台(艘)。四公司被二航局评为先进单位和文明单位,403施工处被二航局评为先进集体,打桩船二号被评为局级先进班组。

1993年年终评比中,403施工处获文明流动红旗单位,403施工处、预制厂、405施工处、402施工处、401施工处、船舶施工处、设备站、机关和综合服务公司等单位均获文明单位称号,四公司被二航局评为文明单位。

1994年,根据二航局"企业实力金榜赛"和"海星奖"竞赛内容,四公司继续开展"双文明"流动红旗竞赛活动。年终评比时,庞裕金等39人被评为"先进个人",405施工处被二航局评为"海星奖"先进集体,401施工处起重组获二航局"信得过班组"称号,汪文彬获二航局优秀科技干部称号,杨志德获二航局优秀管理干部称号,张三林获二航局技术能手称号,预制厂华西小分队、设备站修理组、航工桩2号、航工407轮受到二航局表彰。

1995年,公司围绕生产经营继续开展"企业实力金榜赛"、"三保一创五好"重点工程赛、争创安全生产优秀班组、优秀船舶赛、优秀工程、五好设备等评比活动,同时开展"敬业爱岗"技能比武活动,四公司在全局组织的五项技术比赛中获得了好成绩。

1996年,公司完成了"长江双增双节优胜杯"竞赛各项指标,有4人受到海员总工会表彰。

持续不断的劳动竞赛活动,对公司生产的发展、效益的提高、职工素质的增强起到了十分重要的作用。

(三)切实开展"送温暖"活动,坚持为职工群众排忧解难

工会是"职工之家",切实给职工"送温暖""办实事"是增强企业凝聚力的重要途径,也是工会履行维护职工权益职能的体现。

1992年至1996年,公司共组织5批次160名先进职工和离退休老同志赴承德、庐山、黄山、太湖等地疗养,共慰问看望因工伤及生病住院职工310余人次,对生活困难的280名次职工发放困难补助费共13万元,协助职工子女上学、转学120多次,处理职工来信、来访200多次。1993年,公司为芜湖市区、裕溪口、镇江三地增设卫星电视天线,耗资8万元;1996年,工会拿出12.04万元为全公司1 204名职工办理了互助保险。工会还担负离退休职工、原五七连家属、职工遗属计399人的退休金、生活费的发放工作及医药费报销工作,为使这部分人能安居乐业,老有所养,病有所医,基本上做到了芜湖市区、裕溪口两地退休金、生活费按月按时发放,外地或家住农村的职工

按时邮寄,每年春节发给一定的慰问费。另外,工会还不断改善老年活动室的条件,丰富退休老职工的晚年生活。1996年年底,公司工会充分发挥女工委员会的作用,向女职工发出慰问信,号召女职工发扬“四有”精神,在市场经济大潮中建功立业;组织女职工开展献爱心活动,曾向芜湖市总工会扶贫基金会捐款3 000元。

五、开展争当“青年岗位能手”,争创“青年文明号”活动

争当“青年岗位能手”,争创“青年文明号”活动(简称“双争”),是共青团中央为贯彻落实共青团第十三届二中全会通过的《在建立社会主义市场经济体制中我国青年工作战略发展规划》精神,意在培养和造就一支跨世纪人才队伍而发起和组织的。在开展“双争”活动的同时,“十佳青年”评选活动同步开展。围绕团中央的这一战略规划,公司团委结合自身实际,开展了各项活动:1992年,开展了“争创先进团支部”活动,围绕建团70周年及纪念“五四”73周年开展了“树团风、振团威,为团旗增光添彩”活动,同时开展“青年工程”“岗位创优”活动,405施工处组建的29人“青年突击队”在大港江北工作船码头施工中成绩突出,受到团市委的表彰。1993年,在“岗位创优”活动中,各团支部鼓励广大团员青年“敢闯、敢试、敢冒险”,为生产发展、技术进步做出了积极的贡献。1995年,团委围绕经济建设这个中心,结合跨世纪青年人才工程,开展了“青年文明号”“青年岗位能手”活动,同时开展“五小”成果、“技能比武”、“团员推优”活动;当年被推荐的15名团员青年中,有8人被列为入党积极分子,有3人被吸收入党,孙新明同志被二航局团委授予“十佳青年”称号,被芜湖市团委授予“优秀青年”称号;四公司团委被芜湖市建委团委授予“先进团组织”光荣称号。1996年,在争创“青年文明号”活动中,江阴长江公路大桥A标和船舶施工处靠船码头两项工程被市建委团委授予“青年文明号”称号,公司39名团员青年分别获得“青年岗位能手”和“青年岗位能手标兵”光荣称号。

第六章　改革攻坚　锐意进取
（1997—2001）

1997年至2001年，公司先后以陈春田、许四发、刘先鹏为经理，以顾志香为书记的领导集体，以十五大精神为指导，以中国港湾建设集团试点为契机，以撤销施工处为改革突破口，以建立现代企业制度为目标，不断加快改革步伐，切实加强党建和精神文明建设，规范企业管理行为，生产经营额持续增长，品牌效应日渐显现，创造了一批规模大、质量好、技术含量高的优质工程，连获两项“鲁班奖”，一项市政工程“金杯奖”。公司还率先通过ISO9002质量体系认证，产值年年攀升：1999年突破3亿元，2000年突破4亿元；利润不断上涨，2001年突破1 000万元；连续5年保持“省级文明单位”“全国交通系统两个文明先进单位”“重合同、守信用企业”等称号。这五年是公司深化改革、锐意进取的重要时段。

第一节　企业改革向纵深推进

一、深化改革的时代背景

1997年9月，党的十五大胜利召开，会议明确指出：“要加快推进国有企业改革。”国企改革被提上了重要议程，交通部对下属企业实施政企分开。1997年年底，中国港湾建设（集团）总公司挂牌成立，并经国务院批准进入国家120家试点企业集团行列。1998年，国际金融市场持续动荡，亚洲金融危机蔓延并持续加剧，外商对中国的投资大幅下降，国内经济不景气，全国三分之二的国有企业包袱沉重,机制不灵活,效率低下。针对国企严重亏损状况,1998年至2000年,国家开始对国企实施三年脱困攻坚计划,通过债转股、技改贴息、政策性关闭破产等一系列政策措施,减轻企业负担,推动国企优胜劣汰,促使国企整体扭亏为盈。1999年9月,党的十五届四中全会通过的《中共中央关于国有企业改革和发展若干重大问题的决定》进一步作出部署,国企改革进入快车道。2001年,中国加入WTO,预示着境外建筑业将会进入中国市场,他们有强大的资金、技术、网络优势,国内相关企业面临内忧外患,因此深化改革迫在眉睫。

2000年,党的十五届四中全会后,二航局根据国家经贸委《国有大中型企业建立现代企业制度和加强管理的基本规范(试行)》和《中港集团试点方案》精神,于2000年11月28日正式向中港(集团)总公司呈报《二航局建立现代企业制度实施方案》。该方案系统分析了二航局的市场竞争实力、内部资源条件等情况,提出了二航局改制总目标,即力争用十年时间,把二航局建设成为具有国内一流、国际先进水平的企业;确定了二航局经济发展,制度创新,企业管理的具体工作目标;阐明了二航局改制战略及十年三大步的实施步骤和具体改制方案;形成了组建二航局有限责任公司的流程及工作计划。2000年12月7日,中港(集团)总公司批准了这一方案。

根据二航局的部署,结合公司的实际,四公司以施工体制改革为突破口,撤销施工处,组建内部"五大市场",促成"两层分离",加强"大本营"功能建设,落实项目成本控制办法,完成减员增效目标,导入新的质量管理体系,实行财会主管委派制,加快信息化建设步伐,在深化改革、建立现代化企业制度上迈出了坚实的步伐。

二、完善"大本营"功能建设

(一)加强公司领导班子建设

在1997年至2001年的五年中,二航局十分关心四公司领导班子的建设,不断调整充实一批具有开拓创新精神的干部进入公司领导班子。1997年11月28日,许四发任公司党委书记。1998年1月,刘先鹏任公司副经理(1999年至2001年兼任总经济师),同年4月,提王年福为公司副经理,余大毛为总会计师。1998年7月，许四发兼任经理，吴本智任总工程师。2000年1月，施志勇任公司副经理。2000年4月，刘先鹏任公司经理。2000年1月，张玮（兼）任纪委书记。2001年1月，胡大明任总经济师。2000年，在二航局“海星奖”评选中，四公司荣获“五好领导班子”光荣称号。

（二）“大本营”功能不断完善

1997年至2001年，公司总部“大本营”功能建设经过两次大的调整。第一次是1998年8月24日，航四办发〔1998〕213号文件决定撤销经营计划科，同时成立经营科、经营一科，经营科主要负责对外经营，经营一科主要负责项目部成本控制；撤销组织干部科，分别成立人事劳动科、组织科；撤销物资供应科、船机科、调度室，成立设备物资科；撤销基建办公室，职能并入工程科；撤销质量技术科，成立质量管理科；撤销教育科，职能并入人事劳动科；成立多种经营办公室。经过撤、并后，机关科室由原来的22个调整为18个：党政办公室、工程科、经营科、经营一科、设备物资科、质量管理科、安全监督科、财务科、审计科、人事劳动科、公安科、多种经营办公室、组织科、宣传科、武装部、团委、纪委办公室监察科（合署）和工会办公室。

第二次是2001年8月，为深化“三项制度改革”，充分体现干部能上能下，员工能出能进，收入能高能低，公司对机关所有人员进行定员、定编，在全公司范围内开展全员竞争上岗，实行薪点工资制。通过竞争，4名普通员工从基层单位进入“总部”，并走上中层领导岗位，5名中层干部成了普通员工，10名员工进入劳务市场待岗。

（三）隶属单位求新求变

（1）1999年1月，航公〔1999〕1号文件将原“交通部二航四公司公安科”更名为“武汉航务公安处第四分处”。

（2）为适应市场经济需要，1999年3月，公司决定将原“二航局四公司计量试验所”更名为“二航四公司试验检测中心”。

（3）针对综合服务公司经营业务逐年萎缩、亏损日益加重的实际情况，2001年，公司决定对其实施休业关闭。根据服务公司职工大会的意见，报芜湖市劳动局批准，对49名集体职工实行工龄买断。由于程序合法，方案稳妥,补偿金到位,加上芜湖市社保局的大力支持,改制工作顺利完成。

(4)1998年,成立“江铃汽车销售及配件销售维修站”。

三、撤销施工处

公司所辖施工处,由工地、工程队演化而来,是历史性产物。随着建筑行业的发展,施工处体制暴露出越来越多的弊端,其权力过大、机构臃肿、员工固化、资金沉淀等问题严重制约了公司的发展,与现代企业管理制度相抵触。为理顺施工管理体制,全面推行项目法施工管理,公司自1997年9月至1999年7月,撤销了全部施工处。1997年9月17日,航四办发〔1997〕137号文件决定:撤销“交通部二航局四公司402施工处”。1998年7月24日,航四办发〔1998〕175号文件决定:撤销“交通部二航局四公司机械化施工处”。1998年8月24日,公司对裕溪口片区生产单位进行重组,撤销了“交通部二航局四公司船舶施工处”“交通部二航局四公司构件预制厂”“交通部二航局四公司裕溪口办事处”等三个单位,合并成立“交通部二航局四公司裕溪口分公司”。1999年1月,撤销了“交通部二航局四公司401施工处”“交通部二航局四公司405施工处”。1999年6月20日,撤销了“交通部二航局四公司403施工处”,至此,施工处全部撤销。施工处的撤销,使公司、施工处、项目部三级架构变成公司、项目部二级架构,简化了管理层次,减少了资金沉淀,提高了管理效率和经济效益,为全面推行项目法施工打下了坚实的基础。

1999年7月19日,根据二航人劳〔1999〕209号文件《关于局属单位名称变更的通知》精神,四公司正式更名为“中港第二航务工程局第四工程公司”。同日,公司办发〔1999〕158号文件规定:①将公司所属12个固定建制单位名称中的“交通部”更换为“中港”。②公司所属项目部凡冠以“交通部”字样的一律更改为“中港”字样;同时强调,今后凡未报经公司批准不得在新成立的单位名称前冠以“中港第二航务工程局第四工程公司”字样,一经发现将追究法律责任。

四、建立内部“五大市场”

在撤销施工处、组建项目部、按项目法组织施工的过程中,与之配套的各生产要素的优化配置尤为紧迫。1997年开始，先后组建成立了物业公司、劳务公司、设备租赁站、物资公司、资金结算中心等机构，并在此基础上逐步形成了公司的生活、劳动力、设备租赁、物资等内部市场，为项目部主要生产要素提供支持和服务。

(一)人才、劳务市场

1997年9月26日，航四办发〔1997〕136号文件决定，成立“交通部二航局四公司劳务公司”，并确定了劳务公司的主要职能：管理撤销施工处后下岗、待岗、富余的操作人员、作业人员及部分管理人员；向项目部提供合格的专业人员及劳务人员；在工程衔接过程中吸收待岗人员，接纳下岗分流的富余人员；对被接纳人员进行培训，职业技术开发，对外输出劳务，其中劳务公司与项目部是供求关系，与公司劳资部门是调配协调关系。

劳务公司成立后，首先，配合公司对现有项目部外来劳务队伍进行清理，开展“清岗腾岗”工作，为接纳、分流劳动力作准备。资料显示，1998年劳务公司吸纳待岗人员195人，转岗25人，分流28人。其次，按“两层分离”的思路建立专业队伍，其中1999年成立了张拉、钢筋两个专业队伍，这两个专业队在之后的几年里一直承接小型工程任务。张拉作业队除承担内部工程的分包之外，还面向社会承接工程，较好地解决了部分职工就业、上岗难等问题。最后，成立了劳动手套加工厂，安排部分职工为项目部加工劳动手套，缓解了部分就业压力。

(二)设备租赁市场

为防止设备重复购置，有效整合资源，公司在原设备站的基础上，增加设备租赁功能。公司按设备A、B、C分类法，根据“抓住关键设备，兼顾其他”的原则，将老化设备、旧模板等集中后交设备站修理、管理。管理服务的原则是“先内后外”，即先要满足内部项目部的需要。项目部同样坚持“先内后外”的原则，设备租赁市场有的，不允许到外单位租用或购买，目的是尽量促进现有设备运转，克服短期行为，确保提足上交设备大修及经保费，使资产保值增值。设备租赁站对项目部实行有偿服务，以合同的形式形成经济关系。2000年，四公司设备原值的84%进入设备租赁市场，而且形成了一系列与二航局相关规定吻合又切合公司实际的管理办法。公司设备租赁市场的运作模式,在全局作为典型推广,1999年获"全国施工企业设备管理先进单位"称号。

(三)物资市场

20世纪90年代初,二航局就开始尝试建立物资市场,但一直步履维艰,直到1999年,才开始在局内部部分项目部上推行和发展。根据二航局的要求,1998年12月25日,航四办发〔1998〕310号文件决定成立物资公司,主要职能是参与项目部材料的采购招标,利用已有的信息资源为项目部提供物资保障。2000年,公司在芜湖长江大桥、芜宣高速、合安高速、三灵高速等项目上开展物资的采供工作,取得较好成效,但真正意义上的物资市场并未形成。

(四)资金市场

1997年至2001年,四公司施工产值和经营产值都快速上升,而资金运用显得极其艰难。以1998年为例,年初公司现金余额2 085万元,年末1 066万元,年内净流出资金1 019万元。当年分析的原因有三条:①经营活动产生的资金流入量减少;②投资生产活动产生的资金流出量大量增加;③筹资活动使现金净支出增加。这些原因是这一时段的普遍现象,加之一些施工处(如机械化施工处、405施工处、401施工处)严重亏损状况显露,一些业主单位严重拖欠工程款,在这样的情况下,四公司于2000年6月成立了资金结算中心,集中管理在芜单位和芜湖周边项目部的资金运转。按二航局的统一部署,在账户管理、结算管理等方面开展更细致的工作:一是对外进行清欠工作,通过专人负责、领导过问、法律保护等方式,加大清欠力度,仅1997年就清回欠款1 400余万元;二是对内清理账户,由结算中心对项目实行用款计划申报制,对内部单位实行划账结算,使资金流入量不断结集和增加;三是以企业良好的信用开展银企合作,根据需要做好信贷工作,确保公司的正常运营。

(五)物业管理市场

1997年8月,航四办发〔1997〕126号文件撤销了行管科,同年10月1日,正式成立了"交通部二航局四公司物业公司",并以内部市场模式挂牌运作。物业公司成立后,对公司的行政资产进行了清理,为项目部调剂必需的办公桌椅、复印机等财产,办起了招待所,实行收费管理。四公司由此正式开启了物业管理市场化的初步探索。

五、试行财务主管委派制

1998年,在二航局年度工作会议上,金良局长提出:要积极建立局、公司两级资金调控中心,推进全局调控;要清理银行账户,严格控制项目部(施工处)账务;要加强项目成本管理,进行全过程控制;要从1998年开始实行项目部(施工处)财务主管由法人委派制,加强财务监管。

1998年5月12日,四公司制定出《二航局四公司主管会计委派制实施细则》(后简称《细则》)。《细则》做出以下明确的规定:主管会计应严格按照《中华人民共和国会计法》和国家有关财经制度的规定,独立、公正、有效地进行财务管理,搞好会计核算,合理协调财务部门与其他职能部门的工作,保证所在单位财务工作科学高效运行。《细则》同时对委派范围、委派方式、委派条件、职责权利、待遇、奖惩等作了明确规定。其中,明确委派的主管会计不得在所委派的单位(项目部)取得任何工资性收入,使委派会计工作相对独立。

1998年7月28日,航四财发〔1998〕178号文件委任了公司所属各单位、项目部第一批主管会计:401施工处吴翼、高港杨湾项目部王先国、荆沙大桥项目部朱宗文、盐田项目部陈跃进、广西南宁机场路项目部乔东方、螺山船闸项目部朱瑞宏、安装分公司储修忠、构件预制厂汤新萍、船舶施工处李秀环。当时对设备站、计量实验所、物业公司、福州公司、劳务公司等会计人员没有委任,要求他们代理公司行使监督职能,奖金水平由公司核定。

委任的主管会计任职期限规定:属项目部的与该项目部施工期一致,属固定建制单位的,每年内由公司考核任命;对在职期间不称职的,根据《细则》规定随时解除其主管资格。主管会计委派制自1998年试行以来,在新成立的项目上全面推行,不断完善,沿用至今。

第二节　完成的主要工程

一、桥梁工程

(一)湖北荆州长江大桥

荆州长江大桥(图6-2-1)位于长江中游湖北荆沙河段,北邻荆州市,南接公安县,是207国道跨越长江的特大型公路桥梁,湖北省重点工程。该桥全长4 177.6米,桥宽24.5米,为当时国内最大跨径的双塔双索面PC斜拉桥。业主为湖北荊沙长江大桥建设开发有限公司,由西安方舟工程咨询监理有限责任公司监理,由二航局、湖北路桥、湖南路桥共同承建。二航局四公司承建的B标、E标工程,总合同额28 093.6万元(其中B标10 690.6万元、E标17 403万元),1998年3月开工,2000年4月竣工。

图6-2-1　荆州长江大桥

B标工程全长1 300米,由北汉南墩32号墩基和PC塔(含22根直径为2.5米、深90.6米钻孔灌筑桩群及承台,25米塔座和150米塔身),三八洲9

个桥墩(86 根直径 2 米、深 64 米钻孔灌筑桩群及上下承台)和下部工程组成。E 标工程全长 1 550 米,由北汊通航孔三跨(200 米+500 米+200 米)预应力砼双索面斜拉桥之南半部分、三八洲桥八跨(100 米+6 米×150 米+100 米)预应力砼连续变截面箱梁上部结构及斜拉索制作安装工程组成。主跨 500 米跨径雷型预应力砼主梁堪称当时亚洲同类型桥梁跨度之最、世界第二;主梁为 C60 砼,线型控制要求高,索力调整难度大;三八洲桥八跨预应力砼连续箱梁总长 1 100 米,属当时国内最长的连续梁桥,施工阶段梁体悬臂长、合龙次数多、体系转换频繁,这些对施工技术、施工工艺提出了相当高的要求。两个施工段均位于长江北汊通航水道和三八洲滩上,施工受水情和通航影响很大。

1998 年,项目部刚进场不久就经受了百年不遇的特大洪水考验。为确保按 20 年一遇的洪水进行设计的钻孔平台不被洪水冲垮,项目部组织抢险抗洪,在危急时刻抛下两个 30 吨的拉锚将平台牢牢拉住;当平台底部冲刷严重时,又抛填了近 4 万只沙袋,确保了安全渡汛。

大桥建成后,业主给予高度评价,工程质量评定为优良,该工程施工的主要负责人为杨志德、贝沅、胡冬勇、章雪明。

(二)江苏润扬长江公路大桥

江苏润扬长江公路大桥是我国桥梁建设中规模最大、建设标准最高、技术最为复杂、科技含量最高的现代化特大型桥梁之一,是国家重点建设工程,北起扬州南绕城公路,南接 312 国道并延伸至沪宁高速公路,全长 35.66 千米,主体工程由北汊斜拉桥、主航道悬索桥两种桥型组成,主跨 1 490 米,为当时同类桥梁国内第一、世界第三。时任国家主席江泽民出席了开工典礼,并题写桥名。

该桥业主为江苏长江公路大桥建设指挥部,由江苏省交通规划设计院设计,大桥工程监理公司监理,二航局与二公局承建施工。二航局承建该桥 C1 标、D2 标、E1 标、E2 标四个标段,总合同额 45 968 万元。其中,C1 标、D2 标由四公司为主施工,E1 标、E2 标为二航局二公司为主施工。为加强技术指导,二航局成立了润扬大桥工程技术专家组,由 12 名高级工程师组成,左明福任组长,许四发任副组长。

北汉C1标为双塔双索面钢箱梁斜拉桥(图6-2-2),北起扬州瓜洲镇,南至镇江世业洲,长756.8米,通航净空18米,采用六车道高速公路标准,桥面净宽32.5米,车速设计为100千米/小时。由北过渡墩、北塔、南塔、南过渡墩组成;索塔呈花瓶状,采用群桩基础,每个主墩布置24根钻孔灌筑桩,桩径2.5米,其中北塔桩长86.0米,南塔桩长93.5米。承台为实体普通钢筋混凝土矩形结构,采用双壁带底钢套箱施工。北塔(13号墩)高143.06米,南塔(14号墩)高146.888米。该标段由二航局四公司承建,2001年1月10日签约,合同工期38个月。

图6-2-2　江苏润扬长江公路大桥C1标北汊斜拉桥

D2标C业互通闸道工程起点位于斜拉桥终点,采用单喇叭A形加环形回转方案,由A、B、C、D、E五个匝道组成,全长3 710.985米,其中道路工程524米,路基土石方填筑6万余方,桥梁工程2 529米。基础钻孔桩253根,实体砼承沿及高度5米至38米的短型或方型砼墩身各68座。支架现浇30~50米跨经的预应力砼连续箱梁74跨。该工程主要技术指标:桥梁等级为高速公路标准;匝道双向行车道宽15.5米,单向行车道宽8.5米至8.75米;荷载标准为汽车—超20,挂车—120级,设计行车时速主桥为100千米,匝道桥35千米。

该工程于2002年7月开工,2004年9月竣工。2006年11月,润扬长江公路大桥荣获全国第六届中国土木工程詹天佑奖。该工程施工的主要负责人为杨志德、吴本智、秦体达、尤田、张帆。

二、水工工程

深圳盐田二期工程。二航局在完成南海明珠——盐田港一期码头与堆场工程之后,继续承建盐田港二期堆场工程。盐田港二期堆场工程由李嘉诚投资的盐田国际集装箱码头有限公司(YICT)建设和管理,执行英国B.S规范和中国香港C.S施工标准,由二航局四公司承建,合同额26 575万元,包括道路、堆场、房屋建筑及公用设施,顺岸方向长度为950米,纵深长585米,占地约59万平方米。主要工程量为:土石方挖填60万方,强夯23.5万平方米,级配碎石10万方,铺设土工布50万平方米,砼车道铺面29 546平方米,钢筋砼RTG跑道24 756平方米,连锁块铺面47.86万平方米,等等。该工程1997年9月开工,2000年5月完工。图6-2-3为盐田港二期码头。

图6-2-3 盐田港二期码头

为确保高强连锁块预制和铺砌质量,经二航局批准,项目部专门购置了由德国玛莎公司生产的RELORD250A自动化生产线,用50套专用模具分两班作业,使连锁块预制产量达到每8小时480平方米。连锁块用小型叉车倒运至养护场,保湿48小时;然后用1.4米×1.15米标准托板、德国OPTIMAS公司提供的专用夹具按5层200块为一码进行打包,转送至存放场潮湿养护一周后,再运至铺砌现场。铺砌前严格按程序做好水泥碎石稳定层施工,达到一定强度后铺设土工布,采用轮胎压路机滚压土工布,使其与黏接层充分黏合;连锁块铺砌按11.25米×11.25米布设控制网点,采用OPTIMAS公司生产的连锁块铺砌机进行铺砌;然后用砂进行灌缝,用12吨振动压路机均匀碾压10遍,确保连锁块与砂垫层的相对密实度(图6-2-4)。

图6-2-4　盐田港二期堆场连锁块铺砌

2000年6月30日,国家计委组织有关部门成立国家验收委员会,对盐田港二期工程进行竣工验收。验收委员会认为,该工程能够满足第五代集装箱运输船舶装卸要求，工程质量总评为优良。2001年1月，该工程荣获中国建筑工程鲁班奖。该工程施工的主要负责人为吴代柱、刘先鹏、陶铮。

三、高速公路工程

（一）广西南宁机场高速公路C标段

广西南宁机场高速公路（图6-2-5），长27千米，宽42.5米，双向六车道，中间隔离绿化带宽10.5米，是南宁最宽的市内高速公路，有“广西第一路”之称。二航局四公司承建的路基No.7标，长3千米，路面No.C标段，长10.2千米，主要包括路基土石方和混凝土路面等。合同额分别为2 600万元和4 963.55万元，1998年12月开工，2000年7月竣工。

图6-2-5　广西南宁机场高速公路

四公司项目部精心组织，奋力拼搏，仅用125天（比合同工期提前5天）

就完成路面主体工程施工任务,完成混凝土路面31万平方米、二灰碎石基层33万平方米和土方量11万平方米,被广西媒体誉为“筑路铁军”。该工程竣工验收质量评分为93.7分,为优良工程。2001年6月,No.C标路面工程被中港总公司授予优质工程奖。该工程还获得了中国市政工程金杯奖。

该工程产生了良好的辐射效应,2000年,四公司又中标广西水南公路二标工程。广西水任至南宁公路工程是广西第一个世界银行贷款的公路建设项目,是国家重点支持建设的“两纵两横”国道主干线重庆至湛江公路的重要组成部分,为山岭重丘二级公路,全长28.131千米,路基宽15米,合同额2.285亿元,是当时二航局承接的最大公路工程项目。从1996年进驻广西至2000年,二航局四公司先后在广西承建了8个公路工程项目标段,总里程达120千米。该工程施工的主要负责人为朱守祥、汪俊杰、於权清。

(二)安徽徽杭高速公路

徽杭高速公路屯溪至昱岭关新建公路工程,是连接黄山和杭州的黄金旅游干线。该工程2001年开工建设,2004年10月1日建成通车,极大地改善了皖南山区的交通条件,为活跃地区经济起到了积极而深远的作用。

四公司承建的TY14标段,起止桩号为K48+100—K51+950,总长度为3 850米,路基宽度为24.5米,工程主要包括霞坑大桥、霞井大桥、路基桥涵等工程,合同造价2 860万元。本标段待建公路走向与324省道大致平行,交通、用电及通讯较为方便,项目部设立在歙县霞坑镇。

霞坑大桥位于歙县霞坑镇内,全桥长198.68米,为4跨或5跨一联钢筋混凝土连续梁,全桥共2联,下部结构为14个独立柱和2个双柱式墩,4个U型重力式桥台夸大基础,桥纵向轴线与华源河水流方向成45度角。

霞井大桥为扩大基础、双柱式及独立式下部结构,上部为四跨一联的普通钢筋砼连续板梁结构。全桥宽24.5米,分左右两幅,单幅桥面净宽为11.0米。霞井大桥全长为334米,共四联16跨,标准长20.0米,边跨长19.97米。该桥处于缓和曲线及竖曲线中,设计要求连续梁按一联整体现浇。

霞坑大桥和霞井大桥为全线控制性工程,2002年1月,徽杭高速公路召开“两保一创(保安全,保工期,创优质工程)”动员大会,在当时工期仅剩210多天的情况下,项目部集思广益,大胆创新,经过多次论证、反复计算和比较,最后决定利用附近丰富的水资源,采用水预压替代传统的砂土袋预压的方案,有效节省施工时间90多天。水压法成功的消息传开后,引得其他标段纷纷前来学习,很快在徽杭全线得到推广,有效推进了全线桥梁工程的施工进度,极大地降低了施工成本,为徽杭高速公路加快建设做出了重要贡献。

由于建设资金紧张,项目曾两度停工。该工程由二航局四公司徽杭TY14标项目部施工,工程2001年4月10日开工,2003年6月竣工,施工主要负责人为宋华清、孙华才。

(三)合徐高速公路北段第十四标工程

安徽省朱子围至西泉街道段高速公路属于国家规划的北京至福州国道主干线中的一段,是安徽省以合肥为中心的"十字"主干道南北贯通线中的主要路段(图6-2-6)。第十四合同段位于安徽省淮北市和宿州市境内,起点桩为K223+481.72,终点为K226+274.72,全长2 793米,路基宽度28米,设计行车道时速为120千米。

图6-2-6　合徐高速公路

全线含1座特大桥,8道圆管涵,1道盖板涵,1座分离式立交桥,3处通道等工程。其中,濉河特大桥为本合同段的主体工程,该桥跨宿州市和淮北市,起点桩号为K223+481.72,终点桩号为K224+006.28,大桥全长524.56米,其上部结构为30米长右动先筒支后连续的预应力箱型组合梁,下部结构为双柱式桥墩,块壁式桥台,钻孔灌筑桩基础。

在大桥下部结构施工中,全桥基础均采用钻孔灌注桩,有两个桥墩位于深水中,施工中相应水深4米。根据地质及水文情况,水中桩基采用搭设固定钻孔平台方法进行施工,深水承台采用钢板桩围埝方案,浅水承台采用草袋围埝方案。全桥桥墩均为钢筋砼双柱式桥墩,采用定型钢模一次性现浇方案施工;上部结构为5+6+5跨一联的连续梁,具体方法是先在预制场预制箱梁,其中包括支处侧模板,绑扎钢筋,预埋预应力管道,穿一期预应力钢绞线、支内侧模板,浇砼、善护及达到一期预应力束,再吊袋就位,现浇箱梁端横梁和桥面湿接缝,张拉二期预应力束,最后浇筑护栏及桥面铺袋层砼。

该工程由安徽省交通基本建设工程质量监督站检验和评定,为优良工程。该工程于2001年4月5日正式开工,2002年10月1日完工,造价3 761万元,工程施工主要负责人是王永东、曹海树。

第三节　实施多元化经营战略　抢占建设市场

1997年至2001年,在二航局“竞占两个市场,走向多元经营,依靠科技管理,获取最佳效益”经营战略的指引下,四公司以经营为龙头,实施多元经营,努力竞占市场,获得骄人业绩。

(1)1997年,公司提出的经营方针是:“扩大福建市场,重振南方沿海市场,巩固广西,加强长江内河、内陆经营。”挖掘公司经营潜力,发挥经营网络优势,宣传建筑业绩,加强市场调研和科学决策能力,做好信息收集、商务报价、工程方案等各环节工作。全年共参加投标42项,中标29项,中标率为63%,投标金额为13.75亿元,中标金额为3.99亿元,所获得的大型项目有广西地区的广西南北高速公路南南段工程,广东地区的深圳盐田港二期工程合同四工程,长江中下游地区的安庆港五里庙二期工程、高港杨湾一期工程,等等。

(2)1998年的经营方针是:“路桥为主,多业并存,大小兼顾,发展多经,开拓安徽,发展福建,竞占上海,巩固两广。”全年共参加投标44项,投标总额为29.27亿元,中标2.82亿元,中标项目小、金额少,与东南亚金融危机和特大洪水侵袭有一定关联。

(3)1999年,国家为扩大内需,拉动国民经济增长,继续加大基建投资,为公司经营带来了机遇。公司经营地域进一步扩大,除原有的安徽、湖北、福建、广东、广西、江苏、上海等七省(区、市)外,首次进军河南(三门峡至灵宝公路项目)。全年参加投标、议标40项,投标、议标金额11.5亿元;中标15项,中标金额3.664亿元。

(4)2000年年初,公司在手的几个大项目都接近尾声,工作量严重不足。经过努力,1月至5月共新增合同额1.7亿元,但远远不能满足公司的施工能力;而6月至11月,在长达半年的时间里,投标屡屡受挫,没有新的项目,职工纷纷待岗,经营形势极度严峻。面对残酷现实,四公司没有气馁,而是积极搜集信息,申报预审资质材料,年底终于出现转机,连续中标,获得了3.2亿元经营额。尤其是润扬长江公路大桥C1标的中标,充分体现了公司的报价水平;钦州港水工工程的中标显示了南方板块的经营实力;徽杭及合徐高速公路的中标,真正实现了安徽公路市场的突破。

(5)2001年,公司共参加投标、议标45项,中标17项,中标率37.8%,高于全局32%的平均水平,投标金额近17亿元,中标5.4亿元,尤其是广西水南路和安庆大桥B标工程的中标,给公司的经营工作增加了砝码,也为“十五”经营前景开了一个好头,打下了坚实基础。

1997年至2001年,四公司共投标256项,投标金额74亿元,中标101项,中标金额20.77亿元。承揽合同额超过“八五”的两倍;经营地域从“八五”的七省(区、市)扩展到“九五”后期的十省(区、市);经营品种涉及桥梁、道路、市政、水利、传统水工等。之所以取得如此成绩,除以许四发、刘先鹏为首的领导集体的经营胆识、科学决策以及经营团队的市场意识和辛勤劳动外,有两点值得记述。

一是以杨志德为主的施工团队创造的品牌工程效应,为不断承接桥梁工程发挥重要作用。自1995年进军大型桥梁施工以来,四公司在建桥史上由生力军逐渐成长为主力军,江阴长江公路大桥、荆州长江大桥、润扬长江大桥等一座座品牌工程促成了安庆大桥等工程的相继承接。

二是以朱守祥为主的广西团队以项目为基点,拓展经营的辐射效益。

自1996年进军广西市场后,这支队伍在广西稳扎稳打,树立了良好信誉,进而不断地承接到新的项目。另外,福州分公司、裕溪口分公司、安装分公司都凭借良好的信誉,不断地承揽任务,如裕溪口分公司承接的海螺码头系列项目,安装分公司承接的安庆五里庙码头改造及石化厂系列工程,等等。

第四节　打造管理平台　夯实发展基础

一、以质量体系认证为契机,开展全面质量管理

(一)推进质量体系认证

1997年开始,二航局着手ISO9000质量体系认证的宣传贯彻工作,四公司吴忠和等人参加了二航局质量体系内部审核培训班,并获得内审员资格证,之后,吴忠和又获得外审员资格。1998年年初,四公司成立全面质量管理委员会及贯标领导小组,请船级社左平等同志代培出公司内审员22名,同时,着手《质量手册》的编写工作。1998年9月10日,四公司颁布了《质量手册》第一版。《质量手册》是公司描述质量体系的法规性、纲领性文件,内容覆盖全公司各类工程项目施工中具有共性的质量问题,同年下发运行。

1999年10月,中国船级社质量体系认证公司对四公司进行了质量体系认证,公司通过了ISO9000系列质量体系认证审核。2000年6月,四公司再次接受了中国船级社质量体系认证公司的监督审核,并顺利通过ISO9002系列认证审核。

(二)抓好计量、试验检测工作,夯实质量管理基础

四公司试验检测所原为公司中心实验室,始建于20世纪50年代,当时设在预制厂内,除满足本企业施工一线的要求外,还配合南京水利科学研究院等科研单位进行有关课题试验。1982年,中心实验室由裕溪口迁入芜湖基地,1987年更名为计量试验所,1993年被芜湖市建委定为综合型二级试验单位。1996年通过安徽省技术监督局计量认证,1999年在施工体制改革中更名为“中港第二航务工程局第四工程公司试验检测所”。

试验检测所的主要职责是:①全公司试验、检测人员的业务技术培训、

考核。②试验检测设备的管理。③试验质量的控制。④新技术、新材料、新工艺的推广和应用。⑤全公司计量工作。项目法施工体制实施后，项目部的实验室受项目部和检测所的双重领导，项目部总工领导项目部试验检测工作，检测所定期对项目部进行业务检查、指导，并对试验检测资料进行复核、签章，试验检测工作的程序和方法均按《质量手册》运行。

（三）开展创优活动，提升企业信誉

创优活动是提高质量管理水平的重要手段，1997年至2001年，四公司利用科技、设备、人才优势，在国内十省（区、市）完成了近200项工程施工任务，产生了一大批优质工程和先进工艺。其中，广州新沙、盐田一期工程格形钢板桩基础施工工艺为国内首创，填补了我国港口建设技术空白，获交通部科技进步二等奖；江阴大桥的大直径超长群桩基础为国内第一，获中国建筑工程鲁班奖、中国土木工程詹天佑奖和江苏省“扬子杯”优质工程奖；广西机场路号称“广西第一路”，四公司施工的路段被评为全路段质量最出色的路段，获得国家市政工程金杯奖；荆州大桥桥塔质量在专家评审后，获得极高评价；盐田二期堆场工程获中国建筑工程鲁班奖；等等。

（四）广泛开展QC小组活动，全员质量意识普遍增强

按照国家经贸委等六部委《关于推进企业质量管理小组活动的意见》，公司按照“小、实、活、新”原则，结合施工现场，广泛开展QC小组活动，取得非凡业绩。其中，江阴长江公路大桥A标北塔钢护筒沉放QC小组被评为“全国工程建设优秀质量管理小组”，钦防高速公路30—31标路面砼摊铺QC小组获“一九九七年度中港总公司优秀管理小组”称号，荆沙大桥32号墩索道管定位QC小组获“中港总公司2000年度优秀QC小组”称号。

二、大力推进科技创新

在长期实践中，四公司依照《二航局技术管理条例》《二航局科技经费管理办法》等文件精神，逐项落实科技创新工作。

（一）坚持“科技进步”原则，制定目标任务

1995年泉州刺桐大桥、江阴大桥等桥梁施工，1996年广西钦防高速公路

施工,开启了路桥施工领域的宏图大业,同时,也对施工技术、工艺提出了新的要求。四公司运筹帷幄,瞄准"大土木"市场,学习国际和国内先进技术,着力科技管理体制与技术创新,确定开发与推行先进技术、成套技术,加大科技开发投入力度。

1998年确立科技开发目标:对大型砼箱梁悬拼和挂索、钢箱梁悬拼和挂索、大面积堆场道路砼质量控制和快速施工、大直径钻孔灌筑桩成孔成桩等技术进行突破;对桥梁高塔施工工艺及技术、悬索桥锚体大体积砼施工技术、大型牵索挂篮的设计与施工技术、大型双壁钢围堰的设计与施工技术等进行总结和推广。1999年,四公司依托手头工程,对特大桥有底钢套箱围堰技术继续总结,并取得突破性进展。

(二)召开"千年科技大会"

2000年9月20日至22日,四公司在荆沙大桥项目部召开了"2000年科技交流会"(俗称"千年科技大会")。会议的宗旨是:总结近年来公司在路桥、市政、船闸、水工等领域的创新成果,结合荆州长江大桥施工过程,进一步提高技术干部在路桥施工等领域技术创新的能力。公司共有30多名工程技术人员参加了会议,吴本智、邹振、汪晓燕、王德怀、朱文功、罗仕、胡平健、李俊、张翠玲、徐世和、方顶、胡冬勇、王胜利、唐启、许雄飞、朱训旺、张祥等在会上发表和交流了论文,其中有很多论文被二航局科技论文集收录,还有的论文在《河港工程》上刊出。

(三)科技创新结硕果,创造两项中国企业新纪录

(1)2000年5月建成的盐田港二期合同四工程,道路堆场面积58万平方米,贫砼方量20万方,贫砼层标高误差正负12毫米以内的合格率为100%;58万立方米的道路堆场中有46万立方米为连锁块铺面结构,连锁数量约2 000万块,均创国内施工行业新纪录。

(2)2000年2月28日至2002年4月28日承建的荆州长江大桥E标工程,其北汊通航孔桥为200米+500米+200米双塔双索面PC斜拉桥,主跨500米,在进行C60高强、高程泵送缓凝砼的配合比设计中,采用磨细矿粉掺和料,保证了砼的各项性能,其主跨长度及使用的磨细矿粉材料均属国内首创。

三、落实现场考评制度

1997年，国家建设主管部门逐步推行施工现场综合考评制度，推广上海创建文明工地的经验，并将综合考评结果同企业资质动态管理、投标资格结合起来，把施工现场作为企业与市场的对接点，现场各项管理的优劣直接受到市场的考验。二航局在1996年试行《二航局施工现场管理考评办法》《施工现场管理考核标准》的基础上，1997年正式颁发了《二航局施工现场管理考评办法》。1998年4月10日，二航局下发《关于进一步加强施工现场管理的通知》，提出总方针："抓现场管理，塑企业形象，增经济效益，占建筑市场。"要求承包额一千万元以上的项目100%推行施工现场管理考评，并要求重点工程施工现场考评均要达到二级以上标准。

四公司1997年成立了考评小组，组长为副经理黄澄源，成员为王东明（工程）、李水正（经营）、倪竹（物资）、倪维华（安监）、刘谊全（设备）（之后因工作变动，人员有充实调整），每年两次深入项目现场开展考评活动。2000年8月，为将考评工作融于ISO9002质量体系管理，二航局重新修订下发了《中港第二航务工程局施工现场管理考评办法》（俗称"黄皮书"），作为二航局考评现场管理的企业标准。该考评办法包括191条、1000分，与ISO9002质量体系的19个要素，26个程序文件有机结合，形成动态、循环、闭合的管理过程，成为对项目现场管理的纲领性文件，一直沿用至今。

在推行现场管理的同时，1999年二航局自行研究开发了项目管理软件，建立了"项目—公司—局"计算机管理网络。四公司10名项目经理及相关部门管理人员参加了全局项目管理软件培训班。在现场管理考评的过程中，四公司考评登记率一直保持100%，考评结果均能达到目标要求。

四、吸取血的教训，加大安全管理力度

（一）"4·15"重大事故

1997年4月15日下午4时，402施工处广西钦防高速公路项目部驾驶员驾驶自卸车在接载35人从施工现场返回驻地途中发生车辆侧翻，造成7人死亡、28人受伤、自卸车严重受损的重大恶性事故，直接经济损失74万元。

经查定性为一起违章操作和车辆机械故障而造成的责任事故。二航局于1997年9月9日下文,对11名负有责任的项目部、施工处及四公司相关领导人员及工作人员分别给予行政记大过、行政警告和党内警告等处分。

(二)采取措施,扭转局面

“4月15日”被二航局定为“警示日”,恶性安全事故的出现,对公司产生极大震动。利用这一血的教训,四公司开展了大量的安全生产教育活动:一是立即调增安全领导小组成员,组成两个小组分别对沿海和内地项目进行安全生产彻查;二是1997年5月7日召开全公司安全生产紧急会议,要求各单位、项目部党政主要领导、专职安全员参加会议,重新布置安全管理工作;三是对1996年至1997年上半年的安全事故逐项清理,对清查出的事故按照“三不放过”的原则重新处理。

安全管理是各项管理中的重中之重,公司每年工作会议都会下达目标任务,认真落实交通部、二航局有关安全工作的指示精神,坚持“安全第一,预防为主,科学管理,狠抓落实”的方针。在管理体系、管理思想、推行制度、加强教育、夯实基础、落实措施、持证上岗、消除隐患、认真检查、严肃处理、奖罚分明等环节上抓落实,动真格,同时开展“安全月”活动,加强重点部位预控,加强季节性、突发性灾害的预防,加强分包单位的安全生产管理,严格按“承包合同”考核安全工作。资料显示,1998年至2001年,公司再未出现重大安全事故,一般事故频率均优于预控目标。

五、更新增添设备,强化设备管理

(一)更新增添装备

1996年,广西钦防高速公路30—31标段的中标,是公司首次中标高等级公路工程,也开创了全局高等级公路施工的先河。这一年,公司购置了大型摊铺机等道路施工设备。1998年购置了两台350钻机,因盐田工程需要,又购置第二台摊铺机等机械,一年投资装备额达1 167万元。1999年购置了50立方米搅拌站一套。2000年购置了中联泵一台。2001年因润扬大桥开工购置了250吨米塔吊两台,每小时75立方米搅拌站两套等大型设备。截至

2000年,公司已拥有成套大型混凝土搅拌设备、摊铺设备和泵送设备,拥有悬浇挂篮、爬模、大型起重等设备,固定资产原值由“八五”末期的8 540万元增至“九五”末期的10 991万元,增长28.7%,所增添设备90%以上为路桥施工设备,表明公司正在由水工施工向路桥施工转型。

(二)强化设备管理

由于转产成功,新的设备不断添置,旧的设备需要物尽其用以及维修、报废处理等,设备管理工作量逐渐加大。四公司根据《二航局船舶、机械星级管理实施办法》《二航局船机设备ABC分类管理办法》《二航局新造和购置船机设备管理办法》《二航局船机设备报废管理办法》等文件,加强机械设备管理,不断创新管理方法,提升管理力度。一是根据工程需要,对所需设备进行规划,分年度向二航局申报更新改造计划;二是加大维修保养力度,落实维修计划;三是进行必要的淘汰报废,仅1997年报经二航局审核同意报废的设备就有101台(辆),总原值254万元;四是增强船机司操人员的主人翁意识和责任感,落实星级制管理,落实经济责任制。通过设备管理人员及司操人员的共同努力,四公司的设备管理工作取得良好效果。1999年3月,经二航局和中港总公司推荐、中国建筑业协会建筑机械设备管理分会评审,四公司荣获“全国施工企业设备管理优秀单位”称号。

六、重视人才培养,加强全员培训

人才资源是企业的第一资源,市场的竞争实际是人才的竞争。公司十分注重在施工项目管理中培养锻炼各类人才,把施工现场变成人才的“摇篮”和“孵化器”。

(一)落实“十百千”人才工程

1998年起,按照二航局“十百千”人才工程的要求,建立公司、基层两级人才库,由组织部牵头,落实培养、考核、教育、下派、交流等任务,重视从工作、生产第一线和重点工程中发现和选拔干部,开展项目部、机关部门领导干部竞争上岗试点工作。

1999年正式开展第三、第四层次人才的推荐和选拔工作,公司党政领导、部门负责人评出11名同志作为公司第四层次人才上报二航局,其中4人被二航局确定为第三层次人选。

2000年,经基层单位广泛推荐和组织部门实绩考核,公司党委集体研究确定:胡冬勇、秦体达、宋华清、胡春光、王永东、方项、徐文新、贺涛、张舒心、胡杰林、甄义省、杨曦东、李峰、刘楚华、朱守祥、徐大闩、李明、张世新等18位同志为2000年度后备干部。这些同志在基层锻炼后,大部分走上了领导岗位。

同时,在"双百"工程(即百名优秀项目经理,百名合格党支部书记)中,2000年、2001年四公司分别选送了一批项目经理、书记参加局办培训班,部分同志达到"双百"要求。

(二)积极引进高校毕业生,认真做好职称评定工作

1997年至2001年,四公司共招收大、中专毕业生96人,同时,按专业技术职称评定的相关规定,及时上报各类专业人才的技术职务评聘资料,给符合条件的人员及时评聘相应的技术职务。以工程技术人员为例,1997年年末,公司共有工程技术人员260名,其中高级工程师17名,工程师64名,助工级179名,至2001年年末,工程技术人员285名,其中高级工程师17名,工程师105名,助工级163名,表明企业朝智力密集型方向发展。

(三)注重取证工作,提高持证上岗率

1999年5月,为鼓励广大职工立足本职工作学技术,练技能,二航局下发《关于开展交通行业土建类工人技师评聘工作的通知》。根据通知精神,报经二航局考评委员会考评,湖北省劳动厅核准,四公司高金平等3人取得模板工技师资格,高小弟等2人取得钢筋工技师资格,郑秀裕取得起重工技师资格,严志发等4人取得测量工技师资格。

2000年7月,根据二航局《关于开展交通行业维修电工、电焊工、试验工、起重工、工人技师考评的通知》,报局审批,四公司董青云等35人分别被聘任为起重工、维修电工、电焊工、试验工技师。2001年12月,局印发《二航局高级技师评聘实施细则》。按此规定,报经湖北省劳动和社会保障厅审核,四公司郁永虎获得国家高级技师职业证书。

1999年8月,二航局对全局范围内施工员、预算员、质检员、安全员、材料员等"五大员"持证情况进行复核。四公司及时编发了《二航四公司持证管理实施意见》,并对试验工、测量工、钢筋工、模板工、混凝土工、起重工、电焊工、气焊工、铆工等9个关键工种作业人员进行重点复查,确保人人持证上岗。

至2001年年底,四公司培养出优秀项目经理30人,合格党支部书记10人,优秀科技管理干部105人,国外经营管理人员10人,技师37人,高级技工及领工员179人,选送2名优秀中青年干部参加武汉大学外语强化班培训,选送3名工程技术干部攻读工程管理硕士,选送5名技术干部参加局办项目经理资格学习,选送40名技术干部参加项目经理继续教育,公司全体员工的业务素质和持证率不断提高。

七、进行工资改革

根据《国务院关于建立统一的企业职工基本养老保险制度的决定》(国发〔1997〕26号)和《交通系统企业职工离退休管理试行办法》的精神,从1998年1月1日起,停止企业职工档案工资正常升级制度,由企业结合实际,制定职工工资晋升办法,以完善企业内部分配制度。

自1998年9月1日起,二航局建立起6种内部分配管理办法:

(1)经营者年收入管理办法。①根据中港劳字〔1999〕265号文件规定,局级领导实行年收入管理,由基本收入和风险收入两部分构成。②根据二航财务〔1998〕45号文件规定,公司级领导按国有资产经营承包责任制实行年薪制,由岗位工资和风险收入两部分构成,岗位工资中留存50%作为风险抵押金,由二航局统一发放和管理。

(2)项目部人员工资分配管理办法。根据二航人劳〔1998〕352号文件规定,制定各类项目经理月薪标准,并留存20%作为风险抵押金,待工程竣工结算后,按项目经济责任书规定给予一次性奖励。

(3)经营性公司工资分配管理办法。执行基本工资加月度奖励(参照局机关同类人员标准)的办法,另根据收取的工程项目承揽费的15%核发一次性奖励。

(4)员工岗位技能工资分配管理办法。根据二航人劳〔1999〕145号文件规定,执行技能工资、各种津贴和月度奖励工资的办法。

(5)下岗职工基本生活保障费管理办法。根据二航人劳〔1998〕355号文件规定,与企业再就业中心签订托管协议人员,一年内按技能工资的80%递减至50%加津贴计发生活费,一年后改按下岗待遇,发放基本生活费。

(6)离退休人员工资待遇。根据二航人劳〔1999〕145号文件的规定执行。

二航局规定的以上6种工资改革办法,涵盖了全局范围内工作的全部岗位和人员,四公司按此执行。

第五节　加强党的建设　推进企业文明创建

一、以创建"五好领导班子"为目标,大力加强班子建设

公司党委以创建"五好领导班子"为目标,大力加强班子建设,不断提升班子的领导水平和整体功能,认真抓好两级领导班子的理论学习和培训工作。坚持两级中心组学习制度,坚持及时学习邓小平理论,十五大、十六大和"三个代表"重要思想。开展"三讲"教育,积极参加局办理论培训班,认真按照"集体领导、民主集中、分别酝酿、会议决定"的原则,加强领导班子的民主集中制建设。2000年、2001年,四公司领导班子连续获得二航局"五好领导班子"荣誉称号。

坚持"党管干部"原则,认真贯彻干部队伍"四化"方针和德才兼备原则,对基层领导班子进行不断优化组合,重视年轻人才的培养,使一大批政治强、业务精、懂经营、会管理的年轻干部走上领导岗位,仅1999年至2001年就有60名30岁左右的年轻干部被选拔到基层和中层领导岗位。同时,切实做好后备干部的动态管理工作,建立了科技人才库。

二、强化项目党建,发挥党支部战斗堡垒和党员先锋模范作用

1997年年初,党中央发出《关于进一步加强和改进国有企业党的建设工作的通知》,该通知是新形势下加强企业党建工作的纲领性文件。结合文件精神,四公司制定了《基层党支部工作实施细则》,坚持支部建立在项目上,坚持党建目标和生产经营管理目标同布置、同执行、同检查、同考核的"四同"方针,不断探索党建工作新路子,开展了丰富多彩的活动,改进基层党建

组织的活动内容和活动方式，紧紧围绕生产经营中心，开展了诸如“党员责任区”“党员示范工程”“青年文明号”等多种形式的活动；开展了“争做改革开放的带头人，争做职工群众的贴心人”主题教育活动；开展了“二抓二创四保五带头”（抓参与重大问题决策、抓班子和干部队伍建设，创先进党支部、创文明单位，保质量、保安全、保工期、保成本，带头学习、带头工作、带头团结、带头廉洁、带头守纪）等系列活动。1997年至2001年，计有264名党员受到公司、局以及市建委党委的表彰，2001年起，在重点工程项目上普遍签订了《项目党建责任书》。

三、严格干部队伍管理，提高干部综合素质

一是坚持思想教育常抓不懈，结合企业实际和当时的情况，确定不同的重点和主题，以培训、会议、宣传栏等多种方式抓好干部队伍的思想教育工作。其中，1997年主要以党的十五大精神和企业内部深化改革的各项方案为主题；1998年以“三讲”（讲学习、讲政治、讲正气）和党性党风教育为主题；2000年以“三个代表”为主要内容在各级干部中开展思想教育，使广大党员干部思想政治素质明显提高。

二是坚持用制度严格管理干部。①坚持干部考核制，并逐渐将考核的程序分为考核前准备、考核动员、述职、民主测评等；②坚持干部竞争上岗，1998年和2000年分两次举行了基层、中层干部竞争上岗，不断优化干部队伍结构；③建立干部监督机制，坚持新提任干部的廉政谈话制、廉政档案制，2001年起，开始实施干部任前公示制、“厂务公开”制等；④抓紧培养和选拔优秀人才，按二航局的相关要求完成“十百千”人才工程计划，加强后备干部队伍建设。

四、增强法律意识，严肃查处违法行为

一是继续开展普法教育，增强法律意识。1997年是“三五普法”教育的第一年，公司组织职工参加了“八法知识”的学习与考试。1998年，公司纪委坚持“教育为主，预防为主”的方针，开展常规教育、警示教育等活动，利用成克杰、胡长清等反面教材进行警示教育活动，组织职工观看了《生死抉择》

《一代廉吏于成龙》等影视片。

二是抵制“法轮功”侵害。1999年,针对“法轮功”问题,公司党委对相关人员进行思想教育,促成转化,没有造成恶劣影响。

三是加大监察力度,履行监察职能。公司纪委根据上级有关规定,围绕公司生产经营管理开展效能监察工作。1997年至2001年开展效能监察12项,对福建官蟹航运枢纽、湖北螺山船闸、荆州长江大桥、三灵高速公路、合徐高速公路等项目进行监察、清理,针对发现的问题提出监察建议百余条,克服了经营管理中的一些要难点问题。

四是开展法律事务工作,维护公司利益。公司利用法律解决了福建泉州名流实业股份有限公司欠款1 400多万元的问题,完成了福建莆田物资供应站的经济纠纷案的上诉、结案工作,减少经济损失近百万元;与荆州厦联物资公司的经济纠纷案,在一审败诉的情况下,通过据理力争,促成二审法院的支持调解,减少了经济损失。

五、加强思想政治工作,形成大政工格局

2000年,公司贯彻落实《中共中央关于加强和改进思想政治工作的若干意见》,开展“迎香港、澳门回归”“建国五十周年”“建党八十周年”等系列活动。公司思想政治工作实现“五个转变”,即领导方式由指令性向指导性转变,工作指导思想由被动滞后向主动超前转变,工作方法由集中统一型向灵活多样型转变,工作内容由单一向全面、由虚向实转变,工作作风由漂浮向务实转变,得到了二航局党委的肯定和推广。

在二航局庆五十周年文艺汇演中,四公司三个节目获一个三等奖、两个特别奖,自编的歌颂先进模范人物的快板书获得好评,在《二航百杰》一书中,四公司有十名成员入选。

六、开展形式多样的文明创建活动

1997年,结合芜湖市开展的各项创建活动,进一步深化了“三个起来”“垃圾袋装化”“文明楼院”“五好家庭”等活动。1998年,以芜湖市“创建国家卫生城”为抓手,积极开展“三个延伸”“四个覆盖”等活动,开展综合治理工

作，开展“讲文明树新风”活动，出现了航工403、404轮帮助扑灭江汉8号轮大火事故等好人好事，受到了芜湖市多家新闻单位的报道、表扬。2000年，公司根据二航局《文明创建工作落实细则》和《“五杯”竞赛办法》开展各项工作，收到市、区、建委以及市文明城市督察团的肯定和好评；4月份被安徽省委、省政府授予“第四届省级文明单位”称号，余道胜等3名同志被芜湖市委、市政府授予“芜湖市长江大桥建设功臣”称号。2001年，公司将创建工作纳入目标管理，进一步规范文明创建日常管理和软件管理，在安徽省第五届省级文明单位竞争中脱颖而出，再次通过省级文明单位考评，还首次获得“中港系统创建文明单位先进企业”称号。

1997年至2001年的五年间，公司将创建工作与两个文明建设有机结合，使广大职工思想境界、职业道德、安全质量意识、服务奉献意识不断提高，硕果累累：连续5年保持“省级文明单位”称号，在二航局“五杯”竞赛中，连续三届获“效益杯”，并先后获得安徽省“安康杯”劳动竞赛先进集体，安徽省“经济技术创新先进单位”，湖北省“双创先进单位”等称号，润扬大桥项目部获“安徽省青年文明号”，并作为中港集团推行企业形象识别系统的样板项目。

七、发挥工会桥梁纽带作用

（一）推行企业民主管理

1997年9月，四公司召开了七届四次职工代表大会，会议讨论了工资套改方案，有关劳务市场建立等重大改革事项；民主评议公司高、中层两级领导干部，并针对今后的发展征集26条提案；给签劳动合同的职工增发了10％的风险金，为全体职工申办了互助保险。

1998年9月，四公司召开了第八届职工、会员代表大会。大会审议了《劳务公司管理办法》《四公司医疗费用管理改革方案》《职工集资建房方案》，改选了公司工会委员会，选举企管会职工代表，民主评议公司副处级以上领导干部。

1999年2月，在公司召开的八届二次职代会上，讨论通过了公司党委、行政两个工作报告，签订了资产经营责任书，民主评议了干部。

2000年起正式推行“厂务公开”,公司材料采购招标、工程分包、企业改革等重大事项都公开接受职工监督,小到通讯费、医药费、食堂账务等都要求公开公示,接受职工监督,防止腐败滋生。

2001年,公司机关竞争上岗方案几经讨论,最终方案经职工代表讨论通过。竞岗过程中,工会组成监督小组,确保竞争公平、公正、公开、合理,同时,开启了干部任用公示制。

(二)召开第八届职工会员代表大会

四公司第八届职工会员代表大会于1998年10月26日至28日在芜湖召开,100名正式代表,14名特邀代表,34名列席代表参加了会议。大会听取了党委书记、经理许四发题为“认清形势,振奋精神,为再创公司新的辉煌而努力奋斗”的行政工作报告;听取了工会主席张先元题为“振奋精神,团结拼搏为公司的振兴而努力奋斗”的工会工作报告;审议通过了行政工作报告、工会工作报告等;选举产生了第八届工会委员会,报经上级批准,由张先元、杨华、张翠玲、施志勇、丁爱萍、刘杳华、张树华、查荷生、刘楚华组成,张先元任工会主席,杨华任工会副主席。

(三)大力开展劳动竞赛活动

工会组织紧贴施工生产,围绕重点和难点,选择不同的主题,开展劳动竞赛活动:1997年,在全总海员工会开展的“长江杯”双增双节劳动竞赛中,四公司全面完成了二航局提出的“人均节约1 000元、船舶班组节约10 000元、项目部节约10万元、公司节约100万元”的指标。其中,江阴长江公路大桥项目部试验室通过优化混凝土配合比,节约成本48万元。

1998年至2001年,公司连续开展“文明流动红旗”单位竞赛、“综合实力竞赛”、“三保一创”、“安全生产船舶班组”、“优质工程”、“优质砼”、“五好设备评比”等竞赛活动。这些活动为公司创造了良好的经济效益,激发了职工的主人翁意识和责任感,涌现出了一批先进个人和先进集体:王家喜获芜湖市劳动模范称号,许四发、黄澄源分别荣获芜湖市、安徽省五一劳动奖章。

(四)建家维权,开展“送温暖”活动

四公司1994年就被芜湖市总工会授予“模范职工之家”称号,1995年被

安徽省总工会授予“安徽省模范职工之家”称号。

1997年，公司工会代表职工与公司签订了“集体合同”，规范了新时期职工与企业的劳动关系、劳动安全、卫生条件、劳动报酬、劳动福利、休息休假、企业员工解聘等用工制度。在“集体合同”的基础上，工会协助行政部门与全公司1 257名职工签订了劳动合同，进一步明确了劳动者依法享有的权利和应尽的义务；给签订合同的职工增加10％的风险金，并进一步落实了待岗、下岗职工的最低工资标准和最低生活标准；制定了公司机关五天工作制，基层单位实行弹性工作制的新工时制，进一步明确了劳动者休息、休假的权利。

在集体合同、劳动合同履行过程中，公司加大执法检查力度，对明显违背《中华人民共和国劳动法》的现象，如劳保用品不到位、安全卫生条件差、节假日加班劳动报酬不到位等，督促有关部门整改。待岗、下岗等情况出现后，工会代表职工坚持以下几条原则：①职工是企业的主人原则，不能与外用工、临时工同等对待；②严格优化组合条件，双职工不能同时下岗；③女职工、特殊工种、专业性强的工种不能待岗、下岗；④特殊困难的职工不能待岗、下岗。同时，对已待岗、下岗人员的重新上岗、转岗、培训工作进行监督协助，尽可能保护职工的切实权益。

在“送温暖”过程中，四公司工会围绕生产经营这个中心，多方面开展“送温暖”活动：1997年，工会拿出12.04万元，为公司全体固定职工办理了职工互助补充保险，当年就有5名职工享受了帮扶待遇；建立困难职工档案，对困难职工做到心中有数，有档可查；芜湖长江大桥通车后，每周一、周五派大客车接送在裕溪口分公司上下班的职工和在市区上学的职工子女；坚持每年一度的职工健康检查；高温季节购买防暑降温用品、食品送到工地；坚持每年春节期间发放慰问品；定期组织离退休人员旅游观光，组织职工疗养；为新开工工地安装电视，购买篮球架、乒乓球桌等体育设施。

八、发挥共青团生力军作用

（一）召开第六次团代会

1999年5月18日至19日，四公司第六次团员代表大会在芜湖召开，40名正式代表,5名特邀代表出席了会议。会议听取了团委书记邱阳同志题为“认清形势,抓住机遇、团结带领全公司团员青年满怀信心迈向新世纪”的工作报告;听取了顾志香书记题为“担负时代重任,开拓光辉未来”的讲话;选举产生了新一届团委会,报经市建委团委批准,由李智波、张雪丽、周桥、饶曦、柳皖碧、钱翔、唐艺宁、程林生、谢家文等9人组成,周桥任团委书记。

(二)开展多项教育活动

团委抓住青年特点,大力加强团员青年的思想教育,深入开展“双争”“五小成果”“推优”等活动,加强团的建设,积极参加二航局团委、市建委团委组织开展的各项活动,围绕生产经营开展了卓有成效的工作。

1997年,在建团75周年之际,公司团委举办了“光荣的中国青年团”知识竞赛、“拜师学艺”签字仪式等活动。在“青年文明号”延伸创建中,航工410轮荣获局团委首批颁发的“青年文明号创建”匾牌,团委与安监科在全公司开展了“安全在项目、安全在岗位、安全在心中”签名活动及推优工作。

1998年,公司继续深入开展“双争”和“两学一练”活动,举办了“企业改革之我见”征文活动,开展了“青年基础英语竞赛”活动,积极组织“青年志愿者”服务队参加学雷锋、美化江城、美化公司等活动;参加“一加一”助学活动,资助了2名失学儿童。

2001年,润扬大桥C1标项目部成为扬州市、芜湖市、二航局创建“青年文明号”的共建对象。

第七章　管理升级　持续攀升
（2002—2008）

2002年至2008年，国家进一步调整了国有企业的战略，确定“抓大放小”，将所有关系国计民生的、非国家控制不可的少数关键企业纳入国资委管理，二航局被纳入其中。同时，国家强调“突出主业，剥离辅业”，推进“做大做强，整体上市”。在这一背景下，二航局对内部管理机制进行了重大战略调整，提出“三步走，两个三分天下”的宏伟战略；集中优势资源，推行“总分”模式，获得工程总承包“双特级资质”。

四公司先后以刘先鹏、胡冬勇为经理，以顾志香、张玮为书记的领导集体，努力践行二航局“三步走”发展战略，在管理体系上打造“一体化”平台，导入卓越绩效模式，再造管理体系，成功确立现代企业制度；在经营战略上，践行“大土木”“二航品牌”等经营战略，开拓新的施工领域，成功挺进铁路建设市场；在党建及精神文明建设上，坚持“围绕生产经营抓党建，抓好党建促生产经营”的指导思想及“文化兴企”战略，广泛开展相关活动。7年间，公司参与承建了当时世界最长的跨海大桥——杭州湾跨海大桥，国内最长的连岛大桥——金塘跨海大桥等标志性建筑；7年间经营合同额和完成产值持续攀升，其中2005年施工产值跨上10亿元平台（11.31亿元），2007年跨上20亿元平台（20.78亿元）。公司先后获得全国五一劳动奖状以及全国“安康杯”竞赛优胜集体、全国模范职工之家等称号，谱写出灿烂的新篇章。

第一节　管理架构调整

2002年之前，二航局总部与四公司是“母子关系”，四公司持有独立的法人资质在市场上闯荡，获得了长足的发展。为加快与国际接轨的步伐，国家开始整顿建筑市场，自2001年起，建设部颁发了《建筑业企业资质管理的规定》，要求各建筑企业要按注册资本、净资产、专业技术人员、技术装备和已完成工程业绩，重新申报资质，经审核合格发证后，才能在允许的范围内从事建筑活动。这对施工企业来说是一件非常重大的事情，关系到企业的生存和发展，关系到企业的每一名员工的生存和命运。

在这一背景下，二航局党政领导通过认真讨论，最后确定集中全局优势资源，申报全局统一资质，将众多的子公司整合成有统一品牌、统一资质、统一形象、统一企业文化和企业精神的团队。四公司参与全局资质申报工作，提供了资质申报所必需的全部资料。凭借强大的人力、物力资源和施工实力、良好的建筑业绩，2002年，经建设部批准，二航局获得了公路工程总承包特级、港航工程总承包一级，市政工程总承包一级等高品质资质。2007年，进一步获得港口航道工程施工总承包特级资质，同时具有公路路基、桥梁、路面和特种工程专业承包一级资质。在获得全局统一资质的同时，根据建设部资质就位的有关规定，二航局取消了各全资子公司的法人资格，将子公司变为分公司，原“中港第二航务工程局第四工程公司”于2002年4月更名为“中港第二航务工程局第四工程分公司”。自此，四分公司在“总分”构架下运营至2010年，共8年时间。

2005年，中港集团和路桥集团实现了合并，成立了中国交通建设集团，并于2006年在香港H股市场成功上市。伴随着中交股份改制上市，二航局建立了现代企业制度，改制为有限责任公司。2006年11月9日，“中港第二航务工程局第四工程分公司”更名为“中交第二航务工程局有限公司第四工程分公司”。

一、“总部”领导力量增强

2002年至2008年，是四公司管理体系再造，由传统型向现代型企业过渡的历史性阶段。公司领导力量在这一时期得到了不断的充实，干部队伍的知识化、年轻化趋势日渐明显。2002年2月，秦体达任公司副经理，4月，刘东进任总会计师，5月，吴天寿、朱守祥任经理助理，11月，胡冬勇任公司副经理；2003年3月，胡冬勇任公司经理，6月，朱守祥任副经理；2004年6月，马汉昌任总会计师，8月，李宗平任总工程师、吴天寿任副总经理；2005年3月，汪俊杰任经理助理，8月，宋华清任经理助理；2006年9月，王永东任公司副经理，10月，尤田、王德怀任经理助理；2007年12月，汪俊杰任副经理，宋华清任总经济师；2008年4月，高梁栋任经理助理，6月，张玮任公司党委书记兼副经理，尤田任副经理，程跃辉任经理助理。

二、"总部"机构调整

2004年，公司撤销了劳务公司，将其职能并入人力资源部。2007年，对应二航局"三个中心建设"，对"总部"管理机构进行了调整组建：一是加强资金管理中心建设；二是成立了总工办（技术分中心）；三是撤销了成本核算中心，成立合同管理部，加强交易分中心管理功能建设，将成本核算职能划归合同部管理，同时加强对外劳务分包、工程分包的管理；四是设备物资职能分开，成立单独的物资管理部。

2007年10月，根据发展的需要，四公司成立铁路事业部，第一任部长迟恒安，成立海外事业部，第一任部长王根宝。2008年3月，航四办发〔2008〕63号文件决定：将原部门设置一并取消，重新设立17个部门，即党政办公室、市场开发部（海外部、铁路部）、工程部、总工办（实验检测所）、技术分中心、合同管理部、设备物资部、物流中心、财务部（资金管理中心）、安全监督部、质量管理部、人力资源部（党委组织部）、企业文化部（团委、武装部）、工会办公室、审计监察部、纪委办公室和后勤管理部。

三、固定建制单位更名

根据《中华人民共和国公司法》和二航局有关规定要求，为进一步规范管理，公司决定对所属固定单位名称进行重新规范命名。2003年5月7日，公司办发〔2003〕114号文件将原"中港第二航务工程局第四工程公司裕溪口分公司"更名为"中港第二航务工程局第四工程分公司裕溪口施工处"，原

“中港第二航务工程局第四工程公司安装分公司”更名为“中港第二航务工程局第四分公司安装工程施工处”，原“中港第二航务工程局第四工程公司基础公司”更名为“中港第二航务工程局第四工程分公司基础施工处”，原“中港第二航务工程局第四工程公司劳务公司”更名为“中港第二航务工程局第四工程分公司特种作业施工处”和“再就业服务中心”两块牌子。

四、项目部的组建

2002年至2008年，施工管理体制已完全过渡到按项目法组织施工的管理模式，每项工程上马都组建成立项目部，大型项目由二航局直接组建成立，项目部领导成员的职级已经淡化，项目部班子成员的具体情况请参阅附录。参阅时注意：①正职含项目经理、常务副经理、党总支(支部)书记，其他均列入副职；②项目部领导成员主要是成立时文件明确的或中途文件任命的，中途调离或免职变动的亦包含其中。

第二节　“大土木”体系中硕果累累

一、做强桥梁，形成拳头产品

(一)浙江杭州湾跨海大桥

浙江杭州湾跨海大桥(图7-2-1)是“五纵七横”国道主干线中同江三亚沿海大通道跨越杭州湾的便捷通道，全长36千米，大桥北起嘉兴市海盐郑家埭，跨越宽阔的杭州湾海域后止于宁波市慈溪水路湾，按双向六车道高速公路设计，桥宽33米，设计时速100千米，设计使用年限100年，总投资约118亿元(原批准概算)。大桥设南、北两个航道，其中北航道桥为主跨448米的钻石型双塔双索面钢箱梁斜拉桥，通航标准35 000吨；南航道桥为主跨318米的A型单塔双索面钢箱梁斜拉桥，通航标准3 000吨。除南、北航道桥外，其余引桥采用30米至80米不等的预应力混凝土连续箱梁结构。大桥建成通车后，宁波至上海的陆路交通缩短120千米。杭州湾跨海大桥是当时世界在建和已建最长跨海大桥，是当时国内投资规模最大的桥梁工程，也是当时世界唯一一座建设在世界三大强潮海湾之一——杭州湾上面的桥梁工程，无论是工程规模还是建设难度，都备受世人瞩目。

图7-2-1　浙江杭州湾跨海大桥

在杭州湾跨海大桥开工建设中，二航局一举揽得III-A合同、v合同段、观光塔基础以及观光平台靠船码头四个标段，共13.3亿元的合同额，成为杭州湾跨海大桥建设中承接标段最多的单位，也使二航局建桥实现了由“江河时代”向“海洋时代”的历史性跨越。

在大桥建设中，面对世界三大强潮海湾之一的杭州湾，面对前所未有的复杂建设条件和多项世界级技术难题的挑战,二航局凭借自身领先的建桥技术、大型核心设备、现代化先进管理体制征服了暴烈的杭州湾。自2003年11月14日打下第一根钢管桩开始,二航局项目部就走在所有标段的前列,在杭州湾创造了第一个安装钢套箱、第一个浇筑引桥承台、第一个完成引桥优先墩、第一个安装引桥墩身、第一个沉放主桥钢护筒、第一个开始主桥钻孔桩施工、第一个浇筑钻孔桩混凝土、第一个浇筑主墩承台、第一个完成主桥基础施工等9项“第一”,并攻克多项技术难题,刷新多项“中国企业纪录”,在世界第一跨海大桥建设中打响了“二航”品牌,成为杭州湾的“探路人”。

在杭州湾跨海大桥建设中,二航局先后开展了138项专题研究,共有6项专利技术、8项部级工法获批,有8项科技成果获得省部级奖励,所编制的部分技术规范及规程已纳入国家标委会、交通运输部、铁道部及中国土木工程学会等行业的新规范。大桥建设没有发生一起质量等级事故,工程施工未发生一起重伤及以上安全事故,仅用3年零7个月的时间就实现了全桥贯通,比计划提前8个月,于2008年5月1日全线通车。

二航局杭州湾跨海大桥项目部还被授予“全国五一劳动奖状”,项目部副经理李维洲获得了“全国五一劳动奖章”,项目部常务副经理秦体达被评为“全国优秀项目经理”。同时,项目部被浙江省人民政府授予“浙江省立功竞赛先进集体”称号。该工程由二航局四公司施工,施工主要负责人为吴维忠、罗仕贵、秦体达、方成武。

(二)江苏南京长江三桥

江苏南京长江三桥(图7-2-2)是全国公路规划中“五纵七横”国道主干线之一,是上海至成都经南京跨越长江的快速通道,桥梁结构为钢塔钢箱梁双塔双索面与跨连续斜拉桥,总长1 288米,主跨648米,主塔为“钻石型”钢塔,属国内桥梁首创。该桥为国内第一座钢塔斜拉桥,也是世界首座弧线形钢塔斜拉桥,其跨度在同类型桥中居国内第一、世界第三,主塔基础结构尺寸为国内外最大,其建设包含了一系列世界级的技术难题。

图7-2-2　江苏南京长江三桥

二航局承建该桥项目中的A2标和D1标，主要包括：主桥的北主塔、北辅助墩、北过渡墩等基础及下部结构；钢塔柱、钢箱梁安装施工；连接北主桥的北引桥首段。在承建大桥北主塔基础及上构的施工中，项目部不断进行技术创新，取得了大量成果，形成了成套钢塔施工技术，尤其是“特大跨径桥梁钢塔和深水基础设计施工创新技术研究”成果，获得2007年国家科技进步二等奖、中国公路学会2006年科学技术奖特等奖、第七届中国土木工程詹天佑奖，为我国以后的类似桥梁施工提供了宝贵的经验，引领着我国桥梁建设水平实现了新的跨越。南京长江三桥2003年5月28日开工，2005年10月建成通车。

交通运输部副部长冯正霖在大桥通车典礼上盛赞道：南京三桥建成通车，创造了国内同类型特大型桥梁建设高效率的新纪录；工程质量达到国内领先水平、世界一流，代表着国内桥梁建设技术的新高度；工程实现了多项技术创新与突破，开创了桥梁建设的新领域；是交通行业建设中的优良典范。南京长江三桥是我国桥梁建设史上的又一座丰碑。2007年，该桥荣获国际桥梁界的“奥斯卡”奖——“古斯塔夫斯·林德恩斯”奖。该工程由二航局四公司施工，施工主要负责人为杨志德、王永东、李宗平、周瑞祥、詹冬生。

（三）浙江舟山金塘跨海大桥

浙江舟山金塘跨海大桥（图7-2-3）是继杭州湾跨海大桥、东海大桥后，已建成的国内第三座跨海大桥,是舟山大陆连岛工程中规模最大、投资最多的跨海特大桥,也是浙江省"五大百亿"工程的重要组成部分,是连接舟山本岛定海与宁波的重要交通枢纽。它起于定海金塘岛的雄鹅嘴,由东向西跨越灰鳖洋海面,连接在建的西堠门大桥,与规划中的宁波沿海北线高速公路相交,终点止于宁波市绕城高速公路。该桥全长26.54千米,其中跨海大桥长18.27千米。总投资约77亿元。

图7-2-3　浙江舟山金塘跨海大桥

二航局先后承接了该桥S2-3、Ⅲ-A、Ⅳ-C、Ⅲ-B、箱梁出运码头、Ⅲ-E-3等6个主要标段的施工任务,近15亿元的合同额,成为金塘跨海大桥建设中承接标段最多、承接工程难度最大的施工企业。

金塘跨海大桥主通航孔桥是其标志性工程,为5跨连续半漂浮体系钢箱梁斜拉桥,是目前世界上在恶劣的外海环境中建造的最大跨度的斜拉桥,于2005年年底开工,2008年12月通车。全长1 210米,主跨620米,双向四车道,按5万吨级船舶标准设计,净高51米,使用年限100年。该桥是我国第一座按桥梁新规范体系进行设计的跨海特大桥梁,位居世界斜拉桥前十位。主通航孔桥桥位远离海岸线,所处海域水文、地质、气象条件复杂,台风、季风影响频繁,且施工水域横跨主航道,过往船舶较多,施工难度极大。面对困难,二航人毫不畏惧,精心策划,大胆创新,优化方案,坚持理念创新、管理创新和科技创新,实施五大精细化管理,攻坚克难,奋力拼搏,攻下了一个又一个难关,创造了国内、国际多项第一,填补了跨海大桥建设的多项空白。

二航局金塘跨海大桥项目部汲取了国内外桥梁建设的先进经验,依托技术顾问和技术专家,依靠科技创新和管理创新,投入大量的先进设备和仪器,攻坚克难,谱写了建桥新篇章。通过多种方案的比较,二航人首次在海上平台施工中采用80吨龙门吊和900吨米塔吊方案,成功将海上作业转换成陆地模式,有效地解决了风浪、潮水对塔基础施工的影响;在钻孔桩施工中通过对成孔功效进行分析,选取了大功率、大扭矩全回转液压动力头钻机,对钻头进行改造,对施工工艺进行改进,采用海水泥浆技术,直接利用施工水域的海水造浆,大大提高了钻孔桩施工进度和施工质量,确保了124根超长大直径变截面嵌岩钻孔桩根根达到I类桩标准,创造了在海上施工的最大群桩基础。

采用平板驳进行海上拼装大型钢套箱工艺和2台浮吊整体吊装施工工艺,成功将长60.88米,宽38.12米,高9.858米,重达1 600吨的双壁防撞钢套箱一次性精确安装就位,创造了“海上第一吊”;采用大体积混凝土施工温控技术,有效地解决了高配筋、大体积承台施工的温度裂缝难题,确保了工程质量;通过改进塔柱施工液压爬模模板收分形式,将模板收分改在大片模板与倒角模板的交界处,按理论对称切割余量,大大提高了塔柱施工的外观质量;在上塔柱施工中采用了钢锚梁加钢牛腿组合体系的锚固结构,属国际首创,项目部技术人员边施工、边摸索,通过深入研究,积极与业主和设计方探讨和论证,对该新型结构形式索塔钢锚梁形式和安装方式予以调整,将混凝土牛腿结构修改为钢结构,并与钢壁板焊接成整体,使钢锚梁的安装与塔柱混凝土浇筑同步进行,降低了先浇牛腿后安锚梁的施工难度,同时提高了锚梁的安装精度;取消上下节段钢锚梁肇板之间的连接板,修改成对接小牛腿,提高了安装效率;单节锚梁壁板上口之间新设2道水平联系撑,提高了钢锚梁整体吊装的刚度,通过实际操作施工,钢锚梁施工的安装精度控制在5毫米以内,可以同时叠加安装3节钢锚梁,大大加快了钢锚梁的施工进度。边跨和主跨合龙时,通过缜密计算,打破常规,在边跨合龙顶推时,不托空边跨梁段跨中的临时支撑,而是通过在梁段调整过程中充分利用梁段预整体抬值和竖曲线调整值的叠加影响,促使边跨梁段在顶推到位后与合龙梁段平顺对接,实现了合龙段与两侧梁段的轴线完全吻合,高程偏差、焊缝间隔误差均为零。

在金塘跨海大桥的建设中,项目部先后获得“全国‘安康杯’竞赛优胜班组”、浙江省“重点工程建设立功竞赛先进集体”、安徽省“青年文明号”、舟山市“模范集体”等称号,在指挥部组织的劳动立功竞赛活动中,项目部成为唯一一家连续获得“优胜单位”称号的施工单位,荣获指挥部“建桥模范团队”“建桥模范项目部”荣誉称号。该工程由二航局四公司参与建设,施工主要负责人为吴维忠、宋华清、曾平喜、丁俊峰。

(四)安徽马鞍山长江大桥

安徽马鞍山长江大桥(图7-2-4)是安徽省新世纪投资规模最大的桥梁工程,位于安徽省东部,起自巢湖市和县姥桥镇206省道,接马鞍山至合肥高速公路,跨江后进入马鞍山市,终点止于马鞍山市当涂县牛路口,与马鞍山至溧水公路(江苏段)相接,路线全长约36.14千米,其中跨江主体工程长11千米,南岸接线长19.49千米,北岸接线长5.65千米,大桥总投资70.8亿元。

图7-2-4　安徽马鞍山长江大桥

安徽马鞍山长江大桥按全封闭、全立交双向六车道高速公路设计，设计时速为100千米。大桥主桥为三塔两跨悬索桥，双主跨均为1 080米，跨径在世界同类型桥梁中位居第一，实现了三塔两跨悬索桥跨径超千米的重大突破，施工技术难度大，科技含量高。四公司承建的第三合同段主要包括北边塔基础、北边塔塔身及跨堤引桥施工，合同工期23.5个月。工程于2008年12月开工。

马鞍山长江大桥是世界上第一座三塔两跨悬索桥，也是目前国内规模最大、技术含量最高、带动作用最强的长江大桥。马鞍山长江大桥是安徽构建综合交通枢纽的重大项目，也是安徽打开面向长三角快速通道的骨干工程。大桥左汊主桥采用2×1 080米三塔两跨悬索桥，主跨跨度在世界同类桥梁中位居第一，技术难度大，科技含量高；右汊主桥采用2×260米三塔两跨斜拉桥，桥塔为椭圆拱形，该桥型设计新颖，为国内首座拱形塔三塔两跨斜拉桥。

由二航局四公司承建的第三合同段包括左汊主桥北塔和跨堤引桥两个部分。北边塔基础采用54根直径为2.5米钻孔灌筑桩。54根桩基需沉设54根钢护筒。为了安全优质地完成北边塔桩基，项目部不等不靠，在业主供电、红线土地等未能提供的情况下，克服重重困难，在较短时间内抢建驻地设施，搭设钢平台，定制钢护筒。大桥北边塔桩基钢护筒长32米，单根重47吨。为满足20年的防腐要求，项目部采用200微米“国际牌”环氧油漆。为保证钢护筒下沉定位准确与不变形，他们采取双层导向架，选用不同类型、不同等级的振动锤施振，并事先做好了充分准备，采取钢护筒上下口加箍等右撕措施。

马鞍山长江大桥是安徽省境内第四座长江大桥，也是二航局在安徽承建的第三座长江大桥。该桥的承建，对二航局继续稳固长三角桥梁建设市场、巩固二航局国内桥梁建设领跑者的地位，具有极其重要而深远的影响。

该工程施工主要负责人是杨志德、王德怀、唐洪流。

（五）上海长江大桥

上海长江大桥（图7-2-5）有目前世界上最宽的钢箱梁，也是世界上首例公(路)轨(道)共面的桥梁,主桥段共1 430米,主桥桥面由99块钢箱梁节段组成,总重约4万吨,标准钢箱梁节段重390吨,最重的一块达570吨。主梁为扁平闭口流线型钢箱梁,梁体采用分离式双主梁形式,梁高4米、宽20.75米,两主梁间距为10米,钢箱梁总宽51.5米,中间采用横系梁连结。2007年11月28日,主塔封顶,2009年10月通车。

图7-2-5　上海长江大桥

上海长江大桥是上海浦东—长兴岛—崇明岛的越江通道,浦东至长兴岛为越江隧道，长兴岛至崇明岛为上海长江大桥，全长共25.5千米，其中隧道部分8.95千米，大桥部分16.55千米，是当时世界上最长的桥隧工程。为完善沿海交通大通道，改善上海市交通系统结构和布局，作为上海地区高速公路网的一部分，它与跨江隧道连接，使市区与崇明岛的道路运行时间大为缩短，过去需要3小时的路程，现在只需30分钟就可抵达，是为综合开发崇明岛，促进苏北经济发展，进一步增强和发展浦东经济而兴建的一项特大型基础设施工程。

二航局与上海城建集团联合组成的上海长江大桥B5标项目部，承建了上海长江大桥的主桥部分，主桥由南北两座主塔和四个边辅墩组成，其730米的主跨在同类桥梁中位居中国第五、世界第七。大桥主塔为国内首例无横梁弧形独柱塔，桥面钢箱梁是世界上最大跨径的分离式双主梁钢箱梁，钢箱梁与临时支架的锚固技术为国内首创，主塔施工中弧形轨道液压爬模装置是最新的桥梁施工工艺。同时，上海长江大桥还是当时世界上规模最大的公轨共面的钢箱梁斜拉桥。

在施工中，二航人对大桥箱梁预制采用短线匹配法施工，根据目前世界桥梁建设的发展趋势，该施工工艺属前沿技术。相对于挂篮等常规施工工艺而言，它具有施工集中、模块化制作、工厂化作业、批量生产、架设快捷、精确度高等优点。二航局在苏通大桥B2标的箱梁预制时率先采用该工艺，其后经过不断施工实践，技术日臻完善、工艺更加成熟。上海长江大桥B6标箱梁预制采用高性能海工混凝土，与普通混凝土相比，海工混凝土对原材料、配合比的要求更高，生产和施工工艺的技术难度更大。南通预制场的成功实践为二航局海工砼施工积累了新的技术经验。

自2005年9月20日正式开工以来，B5标项目部全体员工发扬了不断拼搏、勇于创新的“建桥铁军”精神，在保证质量安全的前提下，不断加快施工进度，仅用33个月就完成了主桥主体工程施工，比计划工期提前了9个月，于2009年10月31日正式通车。在主桥施工过程中，项目部不断创新，刷新了一批国内施工新纪录，工艺和技术革新的项目数十个，在中国大型桥梁建造史上谱写了崭新的篇章。为表彰B5标为上海长江大桥建设做出的卓越贡献,上海市政府授予项目部“上海市五一劳动奖状”“上海市工人先锋号”“上海市标杆青年突击队”等集体荣誉称号。B5标项目部常务副经理李宗平被授予“上海市五一劳动奖章”,项目部党总支书记喻艳芳被授予“上海市重大工程立功竞赛优秀组织者”称号。该工程由二航局四公司施工,施工主要负责人为杨志德、李宗平、喻艳芳。

(六)山东济南建邦黄河大桥

山东济南建邦黄河大桥(图7-2-6)是济南市境内跨越黄河的第五座大桥,大桥北起黄河北岸天桥区桑梓店镇丁庄村,接308、309国道,向南跨越黄河,止于黄河南岸的新徐庄,接济南市区二环西路,全长5 278米,其中,桥体长2 120米。大桥按双向六车道一级公路标准建设,设计时速为80千米。根据黄河防洪排凌的要求及河道的具体情况,济南建邦黄河大桥主桥采用了中央斜面三塔斜拉结构,主塔是斜拉桥的主构要素,中塔高,边塔矮,形成了“山”字形的造型组合,这也是我国黄河上首座三塔斜拉桥。

图7-2-6 山东济南建邦黄河大桥

济南建邦黄河大桥是济南市跨黄河向北发展的重要基础设施项目,也是山东省重点建设项目,大桥预算总投资为9.38亿元。山东建邦集团被授权以BOT方式投资建设,并获得该桥的特许经营权,该集团将在项目投运25年后将大桥的运营管理权和大桥及所属资产无偿交还济南市政府。大桥于2010年年底建成通车。大桥建成后,有效地打破了济南黄河两岸交通不畅的瓶颈，推进济南北部城区发展。

由于二航局在桥梁建设领域的品牌效应，建邦集团选中其为试桩施工单位，承担为大桥施工取得科学数据的任务。二航局四分公司选派具有施工经验的人员和队伍进场施工，为大桥取得了一系列翔实的数据，赢得了投资方的信赖，其后，二航局中标济南建邦黄河大桥JBS2合同段。该合同段路线全长910米，主要施工范围为跨黄河河道主桥及北岸跨堤引桥90米跨径的上承式混凝土拱桥，合同建设工期17个月，合同造价4.26亿元。

2008年9月14日，济南建邦黄河大桥的第一根钢护筒稳稳地沉放到预定的桩位，标志着整个工程全面开工。该工程施工主要负责人为宋华清、朱文功、孙华才。

（七）广州珠江猎德大桥

广州珠江猎德大桥（图7-2-7）是广州市重点工程，也是广州市标志性景观桥梁工程。大桥钢箱梁由32榀梁段组成，共计6 298吨，划分为A、B、C、D四种梁段，其中A梁段为标准梁段，B梁段为合龙梁段，C梁段为桥塔处无索区梁段，D梁段为钢混结合段及其过渡梁段。猎德大桥项目工程横跨珠江两岸，是广州市新光快速路系统工程中的关键节点工程。大桥为独塔两跨双索面自锚式悬索桥，主桥桥长742米，全桥共设两束主缆，每束主缆由33股127丝直径5.3毫米的镀锌高强钢丝组成。主塔顶部两缆索鞍座中心横向相距4米，主缆两端直接锚于南北锚固跨高强砼梁中，两缆索锚固点中心相距27.1米。主缆为非对称空间布置，主跨跨度为213.8米。吊索采用钢丝绳吊索与高强钢拉杆连接，对称垂挂计32组，每吊索相距12米，边跨跨度为161.8米，设计为双向六车道。该桥主跨跨径处于同类桥型世界前列，当时在同类桥型中排名处于中国第一、世界第二。悬索桥索塔总高128米，塔身外观为两个贝壳状弧形壳体相扣，具有很强的景观效应，而且科技含量高，设计方案在国内处于领先地位，在世界各国桥梁塔中独树一帜。大桥两端分别连接广州市城市主干道，能够实现向南、北延伸和分流的功能，大桥建成后极大地缓解了广州市交通压力。该桥由于结构外形奇特新颖，在世界桥梁塔中具有独创意义，吸引了来自社会各界的关注。

图7-2-7　广州珠江猎德大桥

整个缆索挂索安装施工包括鞍座吊装、猫道安装、主缆安装、索夹及吊索安装、吊索索力调整、缠丝、防腐、检修道安装等内容。2009年8月，大桥主体完工。该工程施工主要负责人为王永东、王胜利、唐启、胡杰林。

(八)福建平潭海峡大桥

福建平潭海峡大桥(图7-2-8)及接线公路工程，起点位于福建省福清市东瀚镇小山东，跨越海坛海峡，经北青屿，终点止于平潭县娘宫。路线总长4 976米，其中桥梁总长3 510米，大桥两侧接线公路1 466米，全线采用二级公路标准建设，设计时速80千米。大桥及接线路基宽17米，双向四车道，桥涵设计荷载采用公路Ⅰ级标准。该桥是福建省平潭岛与大陆连接的第一座跨海大桥，由二航局整体式承建。工程于2008年2月27日开工，2010年11月30日建成通车。该工程主要负责人为秦体达、曾亿忠、李健、倪维华。

图7-2-8　福建平潭海峡大桥

(九)浙江嘉绍大桥

被称为"杭州湾第二通道"的浙江嘉绍大桥(图7-2-9),是世界上最长、最宽的多塔斜拉桥,与36千米长的杭州湾跨海大桥相比,其跨江距离要短许多,大桥桥长只有10.137千米,但桥面更为宽敞,其主桥区的桥面总宽度达到55.6米,全线设计双向八车道,比杭州湾跨海大桥要多2个车道。目前国内外修建的多塔斜拉桥多为三塔形式,嘉绍大桥主桥总长2 680米,主航道桥采用5跨428米的六塔独柱分幅四索面钢箱梁斜拉桥方案,其规模居世界第一,造型极其宏伟。特别值得一提的是,水中区引桥采用3.8米的大直径桩,长度达到110米,使单根桩需灌筑的混凝土量就达1 300立方米,为当时世界上最大规模的单桩基础。有关专家表示,嘉绍大桥所处的尖山河段恰为杭州湾的"喇叭口",是世界第一大涌潮——钱江潮起潮点,潮强流急,气象、水文条件十分复杂,大桥的施工难度、技术要求不亚于杭州湾跨海大桥。建成后,大桥主通航孔可通航3 000吨级集装箱船。

图7-2-9　浙江嘉绍大桥

二航局中标的是该桥嘉兴至绍兴跨江公路通道嘉绍大桥工程第Ⅱ、Ⅲ合同段,中标金额7.958亿元,工期32个月。按照国家批复方案,嘉兴至绍兴跨江公路通道起自嘉兴,接常熟经苏州至嘉兴高速公路,于黄湾跨钱塘江,止于沽渚,接杭甬和上三高速公路,全长69.5千米,总造价139亿元。嘉绍大桥是本项目关键性控制工程,投资达63.5亿元。

嘉绍通道是杭州湾跨海大桥的"有益补充"。该项目建成后,可与沪杭高速公路、乍嘉苏高速公路、杭浦高速公路、杭甬高速公路和上三高速公路等便捷地连接起来,对完善国道、浙江省道网络具有重大意义;同时,将大大缩短杭州湾两岸的时空距离,充分发挥上海龙头辐射作用,推进环杭州湾产业带建设,增强区域竞争力;对长三角经济一体化和产业结构调整升级起到极大的促进作用。该工程施工主要负责人为吴维忠、曾平喜、何承海、丁俊峰、周桥。

二、传统水工市场持续彰显优势

(一)池州港江口港区二期工程

该工程位于池州市经济开发区,是皖西南重要的水陆交通枢纽和物流节点。其二期码头工程为高桩梁板式结构,由两个5 000吨级多功能散货平台和3座引桥组成,工期10个月,建成后码头货运年吞吐量约为240万吨。该项工程由四分公司中标承建,按期交付使用。

(二)张家港宏泰码头

该工程是一个由两个3.5万吨级泊位组成的水工工程,合同工期为11.5个月。该工程为高桩梁板结构,包括1 200米×15米引桥一座,464米码头平台一座,泊位两个,其中,1号泊位253米×30米,2号泊位211米×37米,另有综合用房平台和污水平台各1座,由二航局四分公司中标承建。2007年7月工程开工,按合同工期交付使用。

(三)安徽省安庆长风港区一期工程

该工程位于安庆市迎江区长风乡,为高桩梁板码头,码头部分为2个5 000吨级(水工结构兼顾10 000吨级)泊位,水工建筑物主要由靠船装卸平台、接岸引桥及变电、消防平台组成,码头设计综合通过能力132万吨/年。18号码头工程位于安庆市五里庙港区,在已建二期码头下游,上距安庆长江大桥约1.1千米,与五里庙港区二期工程码头相接,和三期工程码头相隔148米。工程主要建设内容包括长158米、宽28米的码头桩台,长175米、宽12米的引桥,均为高桩梁板结构,由二航局四公司施工。

(四)广西钦州港二期工程

该工程(图7-2-10)位于广西钦州港勒沟作业区,主要建设内容包括1号泊位、2号泊位两个单位工程。码头岸线总长460米,两个泊位均包括基础、墙身结构、上部结构、回填与面层、码头设施五个分部工程。码头结构采用大直径圆筒重力式,前沿水深-12.5米,陆域纵深688米,装卸功能以散杂货为主,同时具备装卸集装箱和重大件的功能,设计年吞吐能力115万吨。

图7-2-10 广西钦州港

该项目建设单位为广西钦州港务局，设计单位为交通部第三航务工程局勘察设计院，施工单位为二航局四公司。该项目2001年3月28日开工，2003年4月28日竣工，水工建筑物合同投资价格为5 792万元。该工程主要负责人为朱守祥、刘东尚。

三、公路市场稳步发展

(一)庐铜高速公路10A标工程

庐江—铜陵高速公路(图7-2-11)地处安徽省中南部，北接合肥—安庆高速公路，南连沿江高速公路，是安徽省“十五”重点建设项目合肥—黄山公路的一部分，是经合肥通往黄山的快捷通道。第十标段起讫桩号为K69+537.85—K72+550。标段全长1.896 1千米，其中ZK69+564—ZK71+460.1为普济圩高架桥左线桥。该工程为全封闭、全立交、平原微丘区高速公路，双向四车道，设计路基宽26米，路面宽22.5米，设计行车时速100千米。

四公司承建了庐铜高速公路10A合同段，该工程于2002年1月23日开工，2005年1月18日建成通车。该工程主要负责人为吴天寿、胡杰林。

图7-2-11 庐江—铜陵高速公路

(二)广西南宁至友谊关高速公路

南友高速公路是中国第一条通向东盟的高速公路,是国道主干线“五纵七横”衡阳至昆明高速公路的重要支线和广西路网主骨架的重要组成部分,也是广西第一条沥青混凝土高速公路。路线起于南宁吴圩附近机场高速公路,经扶绥、崇左、宁明、凭祥,止于中越边界的友谊关,和越南1号公路对接,全长179.2千米。该项目同时利用亚洲开发银行、欧洲投资银行和国内银行贷款建设,概算投资37.14亿元。四分公司承建C7标段,工程于2003年4月28日开工,2005年12月28日建成通车。该工程主要负责人为汪俊杰、胡杰林。

(三)广西南宁(坛洛)至百色高速公路

广西南宁(坛洛)至百色高速公路(图7-2-12)是国家规划建设的“五纵七横”国道主干线衡阳至昆明主干线在广西境内的一段,是云南、贵州等省通往广西沿海港口及粤、港、澳地区的便捷出海通道。主线全长188千米,双向四车道,工程总投资51.5亿元。四公司承建南百高速公路No.8标段,于2005年1月16日开工建设,2007年12月28日建成通车。该工程主要负责人为汪俊杰、罗仕、程跃辉。

图7-2-12　广西南宁(坛洛)至百色高速公路

四、进军铁路,开创历史纪元

(一)哈大铁路客运专线土建工程TJ-3标

哈大铁路客运专线(图7-2-13)是为了缓解我国东北地区铁路最繁忙的南北主干线——哈尔滨至大连的铁路运输紧张状况,实现客货分线运输,形成大能力、快速度的客运通道而修建的,是国家振兴东北老工业基地的一项重大战略举措。它是国务院批准的《中长期铁路网规划》和铁路"十一五"规划的重点项目,是京哈铁路客运专线的重要组成部分。哈大铁路客运专线纵贯东北三省,途经3个省会城市(哈尔滨、长春、沈阳)、1个计划单列市(大连)和6个地级市(营口、鞍山、辽阳、铁岭、四平、松原),线路正线全长904.3千米,为双线电气化铁路,设计时速350千米,投资总额约为923.4亿元,是新中国成立以来东北地区投资规模最大的铁路项目。哈大线是整个东北的交通中轴,建成通车后,从内陆"冰城"哈尔滨到沿海"滨城"大连只需要4个小时左右。

新建哈尔滨至大连客运专线土建工程TJ-3标,由中交集团中标,起讫路线为辽宁四平至哈尔滨。业主为哈大铁路客运专线公司,中标合同金额为2 097 200万元,其中二航局中标合同金额为24.5亿元。工程项目的主要内容包括路基、桥涵、软土地基、预制、安装箱梁、预制、安装无碴轨道板等，工程质量为优良。中交股份有限公司指挥长是孟凤朝，项目总工程师是林鸣；监理单位为天津新亚太工程建设监理有限公司、北京诚业工程建设监理有限公司；设计行车时速350千米；全长345.596千米，区间土石方872.49万立方米；站场土石方699.54万立方米；CFG桩802.65万米；特大桥288 793.1延米(26座)，大中桥3 541.8延米(12座)，涵洞2 833.55横延米(115座)；正线铺轨324.780千米，站线铺轨39.102千米，铺道岔135组，铺道碴156 127立方米。制梁场14个，预制双线简支箱梁8 782孔，无碴轨道板预制场9个，车站6个，重点工程9个，分别是东辽河特大桥、曲家屯特大桥、新开河特大桥、伊通河特大桥、德惠特大桥、第二松花江特大桥、拉林河特大桥、运粮河特大桥、王岗特大桥，合同工期50.5个月。

图7-2-13　哈大铁路客运专线

该土建工程，于2007年10月3日开工，二航局第七项目起讫里程为DK883+226.2—DK885+889.53和DK914+662—DK926+560，线路正线全长14.601千米。包括4段路基，8座涵洞，1座箱形桥，2座特大桥。桥梁基础采用钻孔灌筑桩(摩擦桩)，桥墩结构形式为圆端形。梁部为预制箱梁及现浇连续梁，连续最大跨度为80米。二航局四、五、六分公司共同参与施工。四公司二分部主要负责人为汪俊杰、张先元、程跃辉、毕来发。

(二)宿淮铁路复线SHZH-1标

宿淮铁路是国家铁路网建设中长期规划的重点项目，西起安徽省宿州市，东至江苏省淮安市，全长210千米，安徽省境内113千米，江苏省境内97千米，铁路建设工期约两年半，工程项目概算总额为49.3亿元，由铁道部和安徽、江苏两省合资建设。宿淮铁路沿线在安徽境内设符离集、蒿沟、灵璧、泗县、朱庄、王集、长沟、黑塔8个车站，设计行车时速120千米。铁路建成后，将在皖北与苏北之间形成一条现代化的大能力铁路运输通道，对于实施国家"西煤东运、北煤南运"能源战略，促进两淮能源基地建设，推动皖北、苏北地区振兴，促进区域经济协调发展，都具有十分重要的意义。图7-2-14为苏淮铁路——护坡施工。

图7-2-14　宿淮铁路——护坡施工

由二航局承担施工的宿淮铁路SHZH-1标段工程线路长度为113.03千米，全部在安徽省境内。施工内容包括全线范围内的站前、站后及相关工程，主要工程量包括土石方964万立方米，圬工62万立方米；特大桥5座，共计长9 714.88米；大桥14座；中桥65座；铺轨140.24千米；道岔66组。

该工程于2009年7月29日开工，2014年12月10日建成通车。该工程主要负责人为汪俊杰、徐琨、张帆、李刚。

四、融资项目方兴未艾

(一)湖南株洲四桥(天元大桥)

湖南株洲四桥(图7-2-15)是二航局投资建设的第一个BT项目,该桥是联系株洲市湘江两岸的特大型城市桥梁,西起泰山路与长江南路交点,跨湘江,东至株洲市芦淞区,接建宁大道。大桥全长3 648米,其中主桥长1 265.2米,设计桥型为三塔部分斜拉桥,桥宽28米,双向六车道,总投资4.4亿元。该工程于2005年3月26日开工,2007年6月21日正式开通交付使用。该项目主要负责人为王永东、杨安南。

图7-2-15 湖南株洲四桥

(二)湘江五桥(芦淞大桥)

株洲市湘江五桥(图7-2-16)是城市主干道、特大型城市桥梁,西起株洲市天元区,接庐山路,跨湘江,东至芦淞区,接红港路,其中河西岸引桥高架跨越滨江北路、东平路后与长江北路平交,河东岸引桥高架跨越沿江中路、彩永路后与建设中路,另外,河西岸设有互通式立交桥将大桥与滨江北路相互连接。

图7-2-16　株洲市湘江五桥

全桥总长1 475.8米,其中主桥长330米,桥宽28米,双向六车道,总投资7.02亿元,主桥采用三跨拱梁钢构组合体系,属城市特大型桥梁。该桥建成后,将与天元大桥、芦淞区建设路、天元区长江路形成株洲城市内环道路。该工程于2008年5月18日开工,2010年12月26日建成通车。该项目主要负责人为张宏武、唐洪流、张俊生。

第三节　市场博弈　经营稳步发展

2002年起,二航局建立“总分”管理模式后,全局统一资质运营,经营权集中在局市场开发部,分公司没有自主经营权。面对这一新形势,四公司在二航局“整体运作、片区经营、项目辐射”“大土木”“多元化”等营销战略指导下,充分发挥分公司“桥梁品牌”优势,大力拓展以桥梁为主的核心业务,争取技术含量高、附加值高的特大型桥梁项目;同时,稳固片区优势,巩固了广西片区,重振了广东市场,开拓了浙江市场,站稳了安徽市场,几乎包揽了海螺集团开发的全部水工项目。2002年至2008年的7年间,公司经营保持稳健的发展势头,每年参与经营40~50个大小项目,中标20项左右,共新增合同额150亿元右,在全局经营中起着举足轻重的作用。

一、完善经营体系,形成营销网络

2006年,在现代企业制度架构下,四公司将经营部改为市场开发部,同时设立铁路事业部;2007年又设立了海外事业部,部门管理与市场接轨,与二航局总部职能接轨。依托项目部,抓好片区经营工作,充分利用在建项目人力资源、信息资源和关系优势进行辐射经营,形成项目管理与市场接轨、生产与经营相互支持的态势,巩固了广西片区、浙江片区、上海片区的经营,同时发挥固定建制单位的作用,如裕溪口施工处、安装施工处,将他们纳入营销网络,参与市场经营,使分公司的营销系统更为完整。

在管理模式上,根据"规模化、集约化"思路,每年都确定重点经营项目,并落实到人、片区和项目,公司领导牵头负责、重点项目操作过程都有详细安排,做到有条不紊。每次投标都严格执行投标程序及注意事项,细化到每一个环节,力争不出差错,及时总结,主要领导亲自参与,听汇报,提要求,作指导,部署下一步工作。

二、"桥品牌"主导经营发展

自1995年公司承建泉州刺桐大桥、江阴长江公路大桥A标之后,四公司连续不断地承接了多座跨海、跨江等大桥,"品牌效应"明显,"桥品牌"也一直在公司发挥着主导作用。

2002年中标安庆大桥E标,润扬大桥D2标。2003年中标南京三桥A2、D1标,杭州湾大桥V标,尤其是杭州湾大桥的中标,标志着四分公司桥梁建设从"江河时代"跨入"海洋时代"。2005年,四分公司经营工作获得突破性进展,当年新增合同额达30.24亿元。其中,湘江四桥、上海长江大桥、金塘大桥等3座大桥的合同价达到20.16亿元。2006年,"桥品牌"的效应进一步凸显,当年获得金塘大桥2个标段,上海大桥B6标和广州猎德大桥等桥梁项目。2007年,四分公司的经营额跃升到37.6亿元。其中,中标的平潭海峡大桥成为继杭州湾、金塘大桥之后的第三座跨海大桥,且是一座完整的全桥。四公司打造的“桥品牌”在日后的经营中更是熠熠生辉。

三、“板块”经营成绩显著

在长期的经营中,四分公司适时调整经营思路,使区域战略和产品结构相得益彰,形成以特大型桥梁为主,以水工工程为辅的稳健经营格局,对重点项目、重点区域加大经营力度,逐步形成了独具特色的经营板块:一是以桥为主的江浙板块,二是以路为主的广西板块,三是以水工市政工程为主的广东板块,四是以海螺系列项目为主的安徽板块。这些经营板块能够相对较快地集中人力、财力、设备资源等,能够快捷地与甲方联络,达到较好的经营效果。

四、进军铁路建设市场

2007年,四公司经营品种出现了开创式的突破,在集团和二航局的统一部署下,挺进铁路建设市场,取得了哈大铁路客运专线土建工程TJ-3标运粮河特大桥和道里梁场615片箱梁预制安装任务,合同额达9亿元,成功开启了承建铁路工程的新纪元。

第四节　打造“一体化”平台　再造管理体系

一、打造“一体化”平台

ISO9000质量体系认证是企业进入市场的通行证,自1997年起,四公司就着重抓质量体系认证的宣传和贯彻工作,并着手培养内审员,全面部署这项工作。1999年,四公司率先通过了中国船级社质量认证公司的认证,之后又通过了三次换版。2003年,按照二航局的要求,四公司成立了一体化管理领导小组和“一体化办公室”,对“一体化”工作作详细安排。2003年7月10日至13日,公司组织各部门、项目部负责人及手册编写相关人员47人参加环境管理体系、职业健康安全管理体系内审员培训,提高了大家对质量、环境、职业安全一体化体系的认识、掌握和运用水平。7月30日，完成了四公司《管理分手册》的编写和审核，8月15日全面实施。通过充分酝酿和全面调研，公司凝练了“诚信守法，科学管理，精心施工，顾客满意；以人为本，预防为主；保护环境，追求卓越”的管理方针。2003年12月13日至20日，四公司顺利通过了中国船级社认证公司的监督审核。“一体化”管理体系执行的管理标准等同于国际管理标准，具有如下特点：规定了方针和目标；强调了过程和方法，系统的管理体系，PDCA的运行模式；管理活动更加科学化和规范化。四公司在实践操作中，突出现场考评与项目管理标准相结合，取得了良好效果。

二、导入卓越绩效模式

卓越绩效模式是世界级成功企业公认的提升企业竞争力的有效方法，也是企业在新形势下经营管理的努力方向。一个追求成功的企业，可以从管理体系的建立、运行中取得绩效，并持续提高其业绩，取得成功；一个追求成功的企业，可以采用“模式”提供的评价标准、理念和方法，不断评价自己的管理业绩，进而走向卓越。

2004年，二航局聘请北大纵横管理咨询公司，对二航局进行管理咨询，这标志着二航局正式导入卓越绩效模式。“北大纵横”对二航局进行了全面的管理分析评价，贯彻“以顾客为导向，追求卓越绩效管理”的理念，传导了十一条核心价值观：即追求卓越管理，强化以顾客为导向的经营思路，组织和个人的学习，重视员工和合作伙伴，快速反应和灵活性，关注未来，促进创新管理，基于实事的管理，社会责任与公民义务，关注结果和创造价值，系统的观点。“北大纵横”从领导战略、顾客和市场测量分析改进、人力资源、过程管理等七个方面开展管理诊断，并提出了具体的分析评估报告，对二航局的战略构想、企业文化、组织架构、业务流程、岗位设置、管理权限、信息沟通与报告、绩效考核与薪酬设计、过程管理与分析改进，甚至过程记录和文件归档都进行了评估。目前的管理理念和管理模式，在很大程度上都是这次咨询的结果。2005年，“北大纵横”对二航局进行了第二次咨询，对企业核心价值观、经营观念、企业战略等一系列企业文化和管理理念进行了梳理，较大地提升了企业管理水平。四公司秉承二航局的管理模式,获益匪浅。

三、管理体系再造

在管理体系建立、认证和深度推进中,2007年二航局再次聘请中国船级社等外部专家团队作项目咨询顾问,启动了管理体系再造工程。管理体系再造就是要在进一步厘清企业发展战略的基础上,明晰其管理结构,优化业务流程;重新架构局、公司、项目部三个层面的体系文件,促进管理体系再造,促使信息化、业务模块化和财务管理的有效融合;建立起适合其发展,符合质量、环境、职业安全健康和卓越绩效等管理要求的标准,实现精细化管理需要的企业管理标准和企业管理体系。根据二航局的要求,四公司于2008年编写完成了分公司的《管理手册》《部门工作标准汇编》《作业指导书》等文件,其中,济南建邦大桥编写的《作业指导书》全面具体,被视为范本在其他项目上推广。

第五节 加强施工现场项目管理

项目是企业的"细胞",是形象的窗口,是管理的基础。四公司本着"管理重点抓现场,管理职能下现场,管理水平看现场"的理念,将质量、安全、环境保护"一体化""绩效模式"等管理方针与企业自身形成的考评标准相融合,制订切合实际的方针目标,强化现场管理,取得了明显成效。

一、质量管理成绩斐然

2002年,江阴长江大桥工程喜获国家优质工程鲁班奖,广西南宁机场路工程被评为国家市政金杯示范工程,广州机场高速公路D15-1工程被评为二航局优质工程,安庆大桥、润扬大桥等四个QC小组获二航局优秀QC小组称号。

2003年,江阴长江大桥项目进一步获得中国土木工程詹天佑奖,荆沙大桥B/E标获中港优质工程奖,四公司荣获二航局"质量杯"。

2004年,润扬大桥C1标工程获年度中港优质工程奖,四公司被中国建筑业协会评为"2004年度全国工程建设质量优秀企业"。

2005年是“一体化”管理进入深化运行阶段，四公司根据顾客及相关方对施工项目的要求，进一步严格执行项目施工方案，不断改进和优化施工工艺。2005年，公司在手的各主要项目都取得了好成绩：阜周项目在业主组织的综合评比中获第一名；杭州湾项目在业主组织的第二季度立功竞赛活动中获第二名；广西南北项目在业主组织的质量进度大检查中获第二名；诸永高速公路项目在项目劳动竞赛中获得一面永久性铜牌；广西水南项目在广西基建局进行的履约检查中，工程质量、进度、安全、环境保护、文明生产都达到优良等级。2005年，四公司获国家优质工程奖1项，中港和二航局优质工程各1项，交通行业、中港及二航局优质QC小组7项，二航局“质量杯”。

2006年，公司质量管理成效更为突出，没有发生一起顾客投诉事件，在业主组织的各类评比中都获得好名次：广西南北项目在第二阶段劳动竞赛中获综合评比二等奖和单项及样板工程一等奖；诸永高速公路在一、二季度金华全线十三个标段劳动竞赛中分别获第三、第二名的好成绩；金塘大桥项目在一季度获指挥部综合考核优胜单位称号；杭州湾跨海大桥项目，在历次“劳动竞赛中”均获好名次。在杭州湾建设三周年纪念大会上，大桥指挥部授予项目部一面“攻坚克难，功勋卓越”永久性铜牌；上海B5标工程，顺利通过2006年上海安全体系认证，并获得上海长江隧道全线施工安全和质量两项第一名和上海市“文明工地”“优秀项目部”等荣誉称号。

2007年，公司继续抓好质量体系的有效运行，大力开展创优活动，加强对现场施工质量的管理力度，尤其突出抓好分包管理，对分包工程跟踪检查、考评，实行黑名单制，促使工程质量不断提高。杭州湾跨海大桥项目部获得二航局第一个全国五一劳动奖状；润扬大桥获第六届中国土木工程詹天佑奖；南京长江三桥获“古斯塔夫斯·林德恩斯”国际桥梁大奖，并获第七届中国土木工程詹天佑奖；上海长江隧道B5标超大型钢吊箱封底QC小组获全国建设优秀QC小组二等奖；金塘大桥III-A合同段主塔钻孔桩QC小组和杭州湾跨海大桥湿接头裂缝攻关QC小组被评为中交优秀QC小组，其湿接头裂缝控制技术攻克了一项世界级难题；金塘大桥Ⅳ-C合同段承台外观质量控制QC小组获安徽省优秀QC小组称号；南京长江大桥A2、D1标，广西南友C7标均获二航局优质砼等称号。

2008年,上海长江隧道B5标超大型钢吊箱沉放QC小组获省优秀QC小组称号及中建协优秀QC小组二等奖,金塘大桥Ⅲ-B合同段主塔钢锚梁安装QC小组获中交协优秀QC小组称号,株洲湘江四桥获得湖南省优质工程奖。

二、警钟长鸣,加强安全管控

公司贯彻《中华人民共和国安全生产法》,将相关的法律、法规及利益相关方的主要要求,直接转化到施工管理中,严格按"一体化"要求宣传贯彻安全职业健康理念,落实安全生产责任制,签订安全责任书,建立层层递进的管理网络,推广安全风险金抵押制度,促进"人人抓安全,安全奖人人"的全员参与局面的形成。公司加强对重点部位、重点场所、关键季节的安全控制,加强对分包单位队伍和劳务人员的管理,加强全员的安全意识教育和在职人员的培训、取证工作。2005年,四公司有48人取得安徽省建设厅颁发的"三类人员安全合格证书",20人取得交通部公路水运"三类人员安全合格证书",10人取得注册安全工程师证书,各项目均按规定要求配备相应职数的安全管理人员。2002年至2008年,四公司基本达到各年度安全控制指标,实现了环境零投诉。

三、加大设备投入,提高装备水平

随着生产的发展,公司装备水平不断提高。2003年,杭州湾跨海大桥项目上马,公司投资2 700万元,委托杭州东风船厂建造了一艘160立方米每小时的混凝土搅拌船;为南京长江三桥购置两台混凝土搅拌站,设计制造了两套MSS移动模架,购买了一批GPS全站仪等高端设备:全年投资4 407万元。2005年,从二公司调进的"航工砼1601"搅拌船,价值2 835万元;从二航局调进美国产360吨振动锤两台,价值794万元;从沈阳建筑机械厂购置三台900吨米塔吊,每台价值843万元,一台用于上海桥隧工程,两台用于金塘大桥工程;还新进其他机械和专用设备16台,金额达436万元:全年主要设备投入5 000多万元。

在设备选型采购工作中,严格按《二航局设备采购管理办法》及设备管理程序要求,保证采购工作的透明度。

2003年,公司还针对部分职工个人集资购置设备的租赁使用,制定了《关于职工自购设备使用的暂行规定》,对这部分设备加强管理。

第六节　深化改革　加强职工队伍建设

一、推进员工竞争上岗,落实减员增效

2002年开始,公司进一步加强了对员工考核的力度。首先,对机关员工进行定员定岗,从基层抽调人员组成考核组,采取考核组考核、领导打分、职工评议相结合的形式,对机关全体员工进行考核打分,结合考核评选出"十佳科长""十佳员工""末位淘汰"名单。其次,将机关竞岗的模式向固定建制单位推广,对裕溪口分公司、设备站、安装分公司等单位职能部门和后勤岗位人员实行竞争上岗,同时全部执行新的岗位起点工资制。最后,进一步明确项目经营者和生产者的责任,完善约束机制和鼓励机制和对因工作不力导致项目亏损的主要责任人原则上三年不予任用,营造工作靠能力、上岗靠业绩的氛围。

减员增效是当时国有企业改革的重要内容之一,按照国家有关政策和二航局有关规定,公司出台了《解除劳动合同的暂行规定》。据此规定,2002年至2008年,通过解除合同、办理内退、分离人员、调出调进等变动,2008年年底,全公司在岗固定职工为923人。

二、推进"两层分离",整合作业队

(一)组建"芜湖大地工程有限责任公司"

2002年9月,根据《中港二航局关于加强劳务作业公司(专业公司)组建工作意见》(二航人劳〔2000〕283号)文件精神,结合公司的实际情况,本着积极主动、稳步推进的原则和大胆探索、勇于实践的精神,经公司党政联席会议研究,决定加快"主辅分离"步伐,把组建综合作业公司作为公司改革的又一突破口,提上议事日程。

为确保该项工作的顺利进行,公司在策划阶段做了如下工作:一是成立

了公司改革领导小组领导下的“改制办公室”，专门负责组建综合作业公司的各项业务；二是做好改制宣传工作；三是搞好调查研究，吃透中央、地方关于国企改革的各项政策精神；四是采取自愿报名和公司考察相结合的原则，确定牵头人；五是草拟《组建综合作业公司实施方案》和《综合作业公司章程》等相关文件。

2002年10月，公司就《组建综合作业公司实施方案》《核心层人员定位标准》《组建综合作业公司章程》张贴并传真至各单位、项目部，广泛征求意见。11月7日，工会组织召开职工和代表组组长联席扩大会，会议就综合作业公司发展前景、公司扶持力度、人员进入标准等问题进行了热烈讨论。经反复磋商，解惑答疑，补充完善，最后原则上通过了三个文本，同时报二航局审批。

方案确立后，公司迅速成立组建综合作业公司筹备处，着手进行员工报名、身份置换、资金补偿、设备评估与置换、新公司证照申领、各项规章制度制定等多项具体事务。

员工报名本着自愿原则，由于宣传到位，大家很积极主动，总报名人数达62人，其中有技术干部15人。2002年12月23日上午，公司召开组建综合作业公司动员大会，下午，由综合作业公司（即芜湖大地工程有限责任公司）牵头人与报名员工进行答疑见面会。通过面对面交流答疑，进一步消除了大家的顾虑，会上部分人员与大地公司签订了承诺书，最后经公司审定，首批有30人正式进入大地公司，在随后的几个月里，筹备处为这30人办理了身份置换手续，落实了补偿金。

2003年5月23日，芜湖大地工程有限责任公司在芜湖市工商局注册登记，6月6日正式揭牌成立。

（二）成立“鑫瑞工程股份有限公司”

2007年5月，按照上述同样的方式和程序，组建成立了“鑫瑞工程股份有限公司”。

第七节　创新财务管理　提升经济效益

“企业管理以财务管理为中心，财务管理以资金管理为核心”是公司上卞牢固树立的管埋理念，自2002年公司与二航局形成“总分”关系后，四公司财务管理关系更为“垂直、统一、高效”。财务制度、运营方式更加完善，财务工作由核算型向管理型转变的步伐不断加快。

一、财务组织结构明晰，人员管理垂直

分公司、项目部（固定单位）两级财务组织根据需要，适时配备和调整，保证财务组织机构健全，人员配备到位，财务职能分工明确，日常工作运转有序。2006年之前，四公司配备总会计师、各项目部都配备主办会计；自2006年，起为进一步加强对全分公司现金流的管理和财务监督，分公司实行财务总监委派制，各主要项目部也都配备财务总监，同时加强对主办管理人员的垂直管理。自2003年起，公司实行重点工程项目财务会计主管述职；自2004年起，与财务主管签订“委派责任书”，加强对项目主管的管理，使其在资金管理、成本控制方面更好地发挥积极作用。

二、全面推进预算管理

预算管理的目的在于，通过预算变事后管理为过程管理和事前控制。自2002年起，公司着手成本费用的预算管理，当年即成立了预算委员会。编制了《主要财务指标预算表》《财务失败预警预算表》《工程项目利润预算表》《固定资产采购预算表》《银行借款增减及利息预算表》《主要工程现金流预算表》及四分公司本部会议费、差旅费、电话费、招待费、工资费等详细预算方案，下达各项目、部门执行。2005年，公司着力推行了以现金流预算为核心的财务预算管理。2006年，公司进一步建立起以现金流量预算为核心的全面预算管理制度。2008年，为高效推进全面预算管理的运作和考核，公司加入了二航局财务部、信息中心、浪潮公司的预算管理信息系统。

三、发挥资金管理中心作用

自内部资金市场运营以来，公司一直遵循“边运作、边改进”的原则，在组织机构、人员变动、制度完善以及具体运作上不断改进和加强。2004年，全年各项目累计存入资金管理中心的资金达到75%。资金集中后，公司决策层根据需要利用资金规模优势，加速资金的周转，提高资金利用率，向暂时困难的项目注入资金2 629万元，2006年达4 293万元，资金流量加大，速

度加快,成效显著。

在资金管理中,四公司对应收款的清欠工作十分重视,不断加大清欠力度,必要时,通过法律手段催收应得款项。其中,2002年回收1 900余万元,圆满解决了名流公司的全部欠款;果断地以580万元的价格转让了张家港建材公司的股权;2004年收回3 587万元;2005年收回4 000万元,丰州大桥工程历时10年的资金谈判取得突破;2006年收回3 118万元;2007年收回4 196万元。在清欠的同时,注意发挥闲置资产效益。2003年收回张家港宿舍余款80万元,将老办公楼和张家港厂房出租,回收租金105.8万元。

四、推进"龙成项目",助力集团整体上市

2005年年初,中港集团总公司开展了上市工程"同舟项目",四公司积极参与该项目必需材料的整理及申报工作。但2005年中期,国务院、国资委选择中港集团与中国路桥集团合并重组,成立了"中国交通建设(集团)公司","同舟项目"就此停止。2006年3月,中国交通建设集团重新启动了"龙成项目"。根据中交集团、二航局的部署,四公司相关部门组成了专门班子,加班加点,急事快办,确保了"龙成项目"各种资料的及时上报,将四分公司全部资产纳入集团改制上市范围,助力完成了集团整体上市任务。

五、开展"管理效益年"活动

2007年,中交股份公司决定在全集团范围内开展"管理效益年"活动,四四公司对此高度重视。按《中交股份公司"管理效益年"活动实施方案》的要求,公司结合本单位实际,由财务部牵头,成立活动领导小组,扎实开展该项活动:①推进全面预算管理,完善预算考核体系,规范预算管理的刚性约束。②加大清欠力度,降低财务风险,将钦州港、海螺工程列为清欠重点,全年共清欠4 196万元 ,有效缓解了公司资金压力。③加强税收知识的学习和宣传贯彻,合理进行税收筹划,利用国家税收优惠政策加大了科技项目的立项,新增了金塘、猎德等项目科技立项资金2 300多万元。全年科技开发费免抵所得税379万元。利用哈大铁路的设备投资,获准高速铁路建设改造项目固定设备1 559万元所得税的减免。同时,首次申请获得了地方政府所得税返回奖励政策,减少了现金流出,增加了企业资金积累。④进一步加强内控机制建设,通过内部控制专项效能监察,完成了8项审计监察项目。⑤

源头参与设备采购、劳务及工程分包招标等重大事项，有效遏制了不正当竞争行为，杜绝了合同纠纷，防范了法律风险，堵塞了内部管理可能出现的漏洞，提升了盈利空间。通过“管理效益年”活动的开展，四分公司新签合同额和施工总产值跨上了“双二十亿”平台，全年实现利润创历史新高，捧回二航局“效益杯”。

六、参与财务信息化管理平台运行

从2001年开始，四公司在二航局的统一部署下，参与财务信息化管理平台的开发和运行。2001年年底，四公司总部推行FORESYSTEM财务软件，为日后脱离手工记账打基础；2003年，利用用友ERP-U8管理软件开始建立财务管理平台；2004年，初步建立起财务核算信息化网络，利用“久其”财务报表软件编制系统，开始财务报表的信息化编制工作；自2008年起，逐步开始对财务管理各项工作进行信息化开发，完成财务人员信息管理系统上线运行，开始使用财务与合同联动支付系统；2009年，二航局聘请浪潮公司全面开发和整合公司业务系统，这次整合以现金流预算管理为主线，以财务管理为终端，突出营销、合同、分包、设备物资、人力资源、财务管理等主要价值创造过程的整合，整个业务流程最终整合接口到财务系统，是一次更加全面的信息化建设，使财务管理更加规范、透明和高效。

第八节　加强企业党建与精神文明建设

进入21世纪之后，四公司党委认真贯彻中共中央有关精神，紧紧围绕企业生产经营和改革发展的中心，与时俱进，开拓创新，求真务实，不断加强党的建设和企业精神文明建设，为四公司持续、快速、健康发展提供重要政治保障。

一、围绕中心开展党建工作

(1)促进领导班子决策能力、执行能力和学习能力的提高。对照企业发展的现实需要和未来要求，领导班子深刻认识到“能力”的危机感和充电的迫切性，不断地确立主题，打造学习型企业，先后以“三个代表”、科学发展观、十六届四中全会《中共中央关于完善社会主义市场经济制若干问题的决定》等为主要内容开展理论学习，同时，紧紧结合企业实际，提高学习的针对性和实用性，将企业发展的重大课题列为学习和思考的命题。通过学习，两级领导班子的“五力”(凝聚力、控制力、沟通力、培育力、创新力)不断加强。

(2)加强项目党建工作。项目党建是二航局党建工作的一个创新。2006年，二航局党委印发了《项目党组织工作考评办法》，提出了“七三”考核标准，既是考核标准，也是项目党组织开展工作的指导意见。各项目党组织广泛开展“党员先锋岗”“党员示范工程”等活动，树立了项目党建求实创新的良好形象。

(3)加强干部队伍和人才队伍建设。一是根据企业发展的需要不断引进大学毕业生，并通过各种学习和培训，提高他们的理论知识水平和业务水平，不间断地组织他们参与各类培训，如党支部书记培训、项目经理培训、劳动合同法培训、铁路信用评价培训等。二是坚持干部年度考核制度，建立干部业绩档案，根据干部业绩，确定后备干部，保证干部队伍建设健康发展。

二、开展党员先进性教育活动

党员先进性教育是全党统一开展的一项重大活动，四公司被安排在安徽省芜湖市第二批次进行。根据芜湖市委、市建委党委安排，2005年7月19日，四公司召开党员先进性教育动员大会，宣告活动正式开始。全公司参加该项活动的共18个党(总支)支部，256名党员。其间，公司党委先后下发了《二航局四公司开展党员先进性教育实施方案》《二航局四公司开展党员先进性教育指导意见》《分析评议阶段工作要求》《整改提高阶段工作要求》等指导性文件，每次转段前，都认真召开转段动员大会。在活动中，坚持强化“五个到位”(思想认识到位、宣传发动到位、组织学习到位、把握关键到位、整改措施到位)、“四个贯穿始终”(坚持把学习教育贯穿始终、把加强领导贯彻始终、把督导检查贯穿始终、把高标准严要求贯穿始终)，发挥“三个作用”(领导班子的表率作用、政治工作的疏导作用、制度建设的保证作用)。通过活动的开展，党员素质明显提高，党群关系明显加强。活动于2005年11月底圆满结束，得到芜湖市委巡视组、市建委督导组、二航局党委的高度赞誉，并作为芜湖先进性教育活动典型单位，在芜湖市电视台、《芜湖市日报》等媒体上进行了宣传报道。

三、加强党风廉政建设，构建惩防腐败体系

四分公司纪委围绕构建与企业发展相适应的教育、制度、监督并重的惩防体系，推行和完善“六廉”工作思路，积极探索建立健全惩防体系，促进党风廉政建设的发展。一是按照权利与责任对等的原则，以“责任状”为载体，全面落实党风廉政建设责任制：公司与基层单位、基层单位与职能部门签订党风廉政责任状，公司与分包单位签订廉政协议书，构建纵横责任网络。二是开展不同的主题活动，抓教育，营造廉洁文化氛围。如每年开展党风廉政“宣传月”活动，两个“纲要”知识竞赛活动，“构建惩防腐败体系”征文活动，廉政谈心活动等；坚持政策理论，正反面典型案例，党纪政纪条规，法律法规和道德规范等内容的教育；夯实思想基础，强化自我约束意识。三是落实各项廉洁规定，如《国有企业领导人员廉洁从业若干规定(试行)》《二航局各级领导人员廉洁自律若干规定》《二航局四分公司合同监督实施细则》等；推行领导干部廉洁自律承诺，配偶保廉制度；执行领导干部个人收入申报，重大事项报告，班子民主生活会等制度。四是以促进提高管理水平和经济效益为目的，深入开展效能监察和监督监察工作，积极参与工程分包、劳务分包和大型设备物资采购招投标工作，对企业管理的薄弱环节和重要环节进行监督，防止腐败行为滋生。五是认真受理信访举报，发挥案件查处的治本功能，做到有件必核，有案必查，严守程序，及时办结，还注重以案施教，以案促教，以惩促防，抓好源头治理工作。

四、召开公司第六次党代会

2003年11月24日至26日，中共中港二航局四公司第六次党员代表大会在芜湖召开，出席大会的正式代表60人，特邀代表17人，列席代表14人，大会的主要任务是：高举邓小平理论伟大旗帜，深入学习十六大和十六届三中全会精神及“三个代表”重要思想，全面总结五次代表大会以来的各项工作和基本经验，研究部署今后5年两个文明建设目标和主要任务，选举产生中

共中港二航局四公司第六届委员会和纪律检查委员会。会议听取了顾志香题为“与时俱进,力争上游,抓住机遇,乘势而上,为实现公司跨越发展而努力奋斗”的党委工作报告;听取了张玮题为“实践三个代表,强化监督执行,深入推进公司党风廉政建设和反腐败工作”的纪委工作报告。选举产生了新一届两委会。经二航党〔2003〕82号文件批复同意,由刘东进、张玮、张先元、胡冬勇、顾志香、聂钟苏、黄澄源七位同志组成四公司第六届委员会,顾志香任党委书记,胡冬勇、张玮任党委副书记;由王立成、王先国、张玮、张帆、黄晓鸣五位同志组成四公司第六届纪律检查委员会,张玮任纪委书记。

五、创新载体,开展文明创建活动

公司党委始终以“两个文明一起抓,两个台阶一起上,两个成果一起要”为指导方针,将文明单位创建与企业两个文明建设结合起来,在常规的创建内容上不断赋予新的载体和方法,使创建活动深入扎实、稳定健康地发展。2002年,公司开展的“三文一星”活动(文明单位、文明科室、文明班组、星级设备管理)以公司本部和固定单位为主,着重环境建设,开展创建活动。2003年,公司以项目部为主,结合CI战略,推广中港集团形象识别系统,进一步推进公司现代化企业形象建设,推行统一着装,挂牌上岗,网络化建设,同时开展标准化工地建设,使每一个项目部都在当地形成一道亮丽的风景线。2005年是公司“信息化年”,公司开展了“创建学习型企业”“争做知识型员工”等活动,以提升职工内在素质为目的,通过职工论坛、职工辩论赛、计算机比赛等活动激发职工学技术、钻业务的积极性,通过“重点工程回忆”“企业文化故事”“我是党员,他是党员”等征文活动,丰富创建内容,进行企业形象建设、品牌工程塑造和员工素质培养,公司文明创建不断取得新成果。2002年至2008年,公司先后获得安徽省“安康杯”竞赛先进团体、全国“安康杯”先进集体、安徽省经济技术创新单位、湖北省“双创先进单位”、中港集团创建文明企业先进单位、二航局职工思想道德建设和企业文化建设先进单位等称号,并连续8届保持“安徽省文明单位”称号。

在创建活动中,公司不断加大小区环境建设的力度。2002年,公司投资10万元购置部分健身、游乐器材,建设了家属区(南区)健身活动场所。2003

年,公司又为家属区统一安装防盗装置。2004年,清洁优质能源——天然气进入芜湖,公司迅速与中燃公司联系,使家属大院告别液化气时代,成为芜湖市第一个使用天然气的小区,并载入芜湖市政发展史册。2005年,台风"麦莎"正面袭击了杭州湾跨海大桥项目部,副经理方成武、胡中超带领6名职工组成的小分队,坚守项目部,冒着12级大风和被飞来物砸伤的危险,多次出击抢险,保证了项目部安全渡险。

六、发挥工会的桥梁纽带作用

2002年至2008年,四公司工会认真贯彻《企业工会工作条例》《中华人民共和国劳动合同法》等重要文件精神,紧紧围绕公司中心工作,加强民主管理,重点突出维护职能;坚持以人为本,倾力打造活力工会文化;拓宽工作视野,大力开展职工素质教育;创新工作思路,加强自身建设,在职工与企业之间架起了一座沟通、凝聚、团结的桥梁。

(一)打造职工民主管理平台

一是坚持职代会制度,依法召开职代会,审议和通过企业发展重大事项。2002年以来,公司通过每年次或届次职工代表大会,先后参与审议了二航局《职工带薪休假办法》《职工年金管理办法》《企业职工奖惩条例》,四分公司《关于职工解除和终止劳动合同的暂行规定》《关于职工提前内退的规定》《机关竞争上岗方案》《组建综合作业公司方案》《公司核心层人员定位标准》等重要文件。二是推进民主管理和厂务公开,围绕生产、经营和管理中职工关心的热点、难点事项,实行厂务公开,强化群众监督,开展民主管理。三是以公示、谈话、座谈等方式,对评先、入党、干部任用等,以及大宗材料采购、废品处理等事项做到源头参与,通过这些平台,提高民主管理的质量。

(二)开辟群众性经济技术创新主战场

公司坚持围绕生产抓竞赛,围绕"争创"抓比武,围绕"革新"抓合理化建议的宗旨,坚持结合实际,先后开展了"安康杯"劳动竞赛、技能比武、合理化建议、技术革新等活动。群众性经济技术创新活动生机勃勃,硕果累累,主要有:2002年,公司荣获安徽省"安康杯"竞赛先进集体,安徽省经济技术创新先进单位,湖北省“双创”先进单位称号;杨志德获荆州市建桥功臣称号,朱守祥获安徽省安全生产十大标兵、武汉市劳动模范称号,吴绍杰获武汉市五一劳动奖章,许雄飞获安徽省“青年岗位能手”称号;2004年涌现出杨志德、王胜利、崔赐根等省市级劳模;在全局开展的测量、试验工技能比武中,胡于清、任明富分别获得试验第二名、测量第三名的好成绩,四公司获团体第一名,并夺取了唯一一块“优胜单位”牌照;2006年,胡冬勇被评为“芜湖市十大风云人物”,王冬松、许雄飞获安徽省五一劳动奖章;2007年,四公司和杭州湾跨海大桥项目部均被授予全国五一劳动奖状,胡冬勇经理作为安徽省赴京劳模代表出席了全国五一表彰大会,并受到王兆国的亲切接见,李维洲获全国五一劳动奖章,胡冬勇获芜湖市劳动模范称号,秦体达获武汉市五一劳动奖章。2008年,四分公司工会被评为“全国模范职工之家”、全国“安康杯”竞赛优胜班组,李宗平获上海市“五一”劳动奖章,丁俊峰被评为全国工会积极分子,李维洲获浙江省劳动模范称号。

(三)以人为本,倾力打造活力工会文化

(1)2003年,四公司承办了首届“二航杯”足球赛(芜湖赛区),并获得第二名。2006年,四分公司参加二航局第二届“二航杯”足球赛,夺得冠军,同时举办了第四届“金秋杯”运动会。

(2)2004年,四分公司在《与职工谈改革》的基础上创办了《主人翁风采》刊物,与媒体配合,利用工程的关键节点,宣扬生产、经营成就,展示“二航人”风采。

(3)本着为基层、为一线服务的原则,四分公司在新项目开工时,开展送书活动,帮助项目部建立图书阅览室,安装闭路电视,建设篮球场、乒乓球室,制作彩旗,宣传展示企业形象。

(4)结合市、局安排,四分公司经常性地开展职工书法、摄影、绘画、剪纸、刺绣、歌唱比赛以及爱我中华读书演讲等文娱活动。这些活动丰富了职工的业余文化生活,激发了职工拼搏向上的激情和集体荣誉感。

(四)开展送温暖活动,彰显大爱精神

工会作为职工利益的代表者和维护者,一直把关心职工安危冷暖,为职

工排忧解难作为大事来抓。一是结合施工生产，坚持每年夏季“送清凉”，冬季“送温暖”，为施工现场送去慰问品和慰问金。特殊情况下，如2004年“非典”，2006年台风“麦莎”袭击，2008年雪灾，工会组织总会出现在现场。二是给弱势群体送温暖，关心待下岗职工、生重大疾病的职工和退休职工，建立特殊困难职工档案，对困难职工的来信、来访，生活困难，医药费报销，子女上学等都予以关注。三是从2002年起开启了为劳模“送温暖”活动，为省、市级以上的五一劳动奖章获得者补办了养老保险，并制定了劳模管理奖励办法。每年用于“送温暖”的经费达20万～30万元。

为了拯救白血病患者朱德强和职工子弟刘竹的宝贵生命，工会在全公司范围内开展了两次捐款活动，共筹集到11.5万元，谱写了人间真爱的奉献之歌。

2008年5月12日，四川省汶川县发生了特大地震，天灾无情人有情，公司全体员工纷纷解囊捐出善款23万元，200多名党员以“特殊党费”的形式进缴57 880元，支持灾区，彰显了无疆大爱。

（五）召开公司第九届职工、会员代表大会

2004年2月18日至20日，公司第九届职工、会员代表大会在芜湖召开，出席大会的正式代表有114名，特邀代表有16名。大会听取了张先元题为“围绕中心，服务大局，与时俱进，不断进取，努力开拓工会工作的新局面”的工会工作报告；听取了胡冬勇题为“深化改革，强化管理，抓住机遇，乘势而上”的行政工作报告；听取了顾志香所作的《抓住机遇，强化管理，服务大局，共谋发展》党委工作报告；大会选举产生了公司第九届工会委员会和第九届经费审查委员会。第九届工会委员会由张先元、杨华、周桥、张帆、查荷生、许俊涛、张可松、李峰、李健等九位同志组成，经费审查委员会由黄晓鸣、王先国、程守昌、汤新萍、刘群等五位同志组成，黄晓鸣任经费审查委员会主任。2004年3月12日，二航局党委批复同意，由张先元任四公司第九届工会委员会主席。

七、发挥共青团生力军作用

公司团委在公司党委和上级团组织的领导下，按照团的章程紧紧围绕

公司生产、经营、管理中心，结合团员青年特点，以一系列活动为载体，把活动内容融于项目工程建设之中，并全面开展“青年文明号”“青年突击队”“青年岗位能手”等争创活动，发挥团员青年的生力军作用。引导团员青年在两个文明建设中，从现在做起，从本岗位做起，从小事做起，从自身做起，把个人理想同公司发展目标结合起来，把自己的工作和人生追求结合起来，立足岗位，建功立业。2002年至2008年，公司涌现出一批先进集体和个人，获得包括国家、省市、中交集团及二航局颁发的奖项和荣誉，主要有：2002年，润扬大桥C1标项目部获“安徽省青年文明号”称号，2003年继而获得“安徽省青年文明号标兵”称号，2004年再次以创建的优异成绩获得团中央授予的“青年文明号”称号；2005年，南京长江三桥项目部获中交集团“青年文明号”称号；2006年，杭州湾跨海大桥项目部获“安徽省青年文明号”称号，李维州被中交集团团委授予“青年岗位能手”称号；2007年，金塘大桥项目部获得“安徽省青年文明号”称号，李维州、丁俊峰两位同志获二航局第六届“十大杰出青年”称号，公司团委获中交集团和二航局“五四红旗团委”称号。

第八章 战略引领 跨越发展

（2009—2015）

2009年至2015年，四公司先后以李宗平、秦体达为总经理，张玮、张国云为书记的领导集体，深入贯彻落实科学发展观，以企业战略为引领，站在新的历史起点，继续浓墨重彩地写出辉煌篇章。2010年，四公司成功注册成立了“中交二航局第四工程有限公司”，结束了“总分模式”，成为二航局属全资子公司；2012年，成功开辟海外市场，承担了塞尔维亚贝尔格莱德北环线泽蒙大桥工程施工；2013年，审慎进入融投资项目，成功运作中标了江苏连云港跨海大桥BOO项目。施工产值不断跨越发展平台：2009年企业年施工产值跃上30亿元平台（30.2亿元）。2014、2015年施工产值均跨过40亿元平台；2014年、2015年经营额均跨过100亿元大关；加大技术研发力度，加强技术创新和科技成果转化，2009年至2015年，公司承建的大型工程多次获得“鲁班奖”，“詹天佑奖”，国家优质工程金、银奖，中国市政工程金杯奖等奖项。在开拓进取的征途中，四公司党委大力推进党建“五大工程”（理论武装工程、班子建设工程、项目党建工程、企业文化工程、反腐倡廉工程），先后获得“全国五一劳动奖状”“全国工人先锋号”“全国模范职工之家”等称号。在中交集团、二航局发展战略引领下，四公司步入了跨越式发展的新时期。

第一节 企业发展战略

一、“三分天下”战略

激烈的竞争犹如大浪淘沙，发展机会稍纵即逝，适者生存的铁律一次又一次严肃地摆在二航人的面前。二航人不断研究经济发展形势,适时更新经营发展战略,冲破了思想领域的禁锢。结合国家宏观经济变化,中交集团根据子公司的定位、市场变化、顾客要求、二航局能力,制定并实施两个“三分天下”战略,加快进军海外与铁路建设市场,调整产品结构与盈利模式,产品结构由水工、公路、铁路各三分之一组成,利润来源由传统市场、投资、海外各三分之一组成。

二航局围绕整体战略,建立市场网络,开发“大市场”,提出并实施“大土木”“二航品牌”“科技兴局”“人本管理”及“信息化”五大经营管理战略。

二、“文化兴企”战略

站在新的历史起点,二航局着力谋划了“文化兴企”的全新战略,把“企业文化”建设摆在了更加突出的位置,培育了“诚信共赢,拼搏奉献,持续改进,超越自我”的核心价值观,确立了“诚信服务,优质回报”的经营理念,以“争科技领先,创管理一流”的企业精神,践行“港航连四海,路桥通五洲”的企业使命,以“成为世界一流的工程建设企业,成就基业长青的百年二航伟业”为愿景,引领二航人不断追求更强、更大、更卓越。

第二节　在发展中完善管理架构

一、注册成立中交二航局第四工程有限公司

2002年之前,二航局总部与下属各公司均系“母子”关系,局属各子公司持有同级别的资质在市场上闯荡,在利益面前,相互竞争,效益流失。自2002年起,二航局新一届领导班子决定将各子公司与总部的关系全部调整为“总分”关系,将众多的团队整合成一个有统一品牌、统一资质、统一形象、统一企业文化和企业精神的团队,既减少了企业自身的内耗,也集中了优势兵力,还提升了二航品牌的含金量。“总分”关系确立和资质就位运营一段时间之后,如何调整二航局、分公司、项目部的责权利关系,如何解决全局一个资质高位运行所隐含的市场风险等问题同时暴露出来。2005年,二航局决定逐步改革治理结构,引入战略投资者,选择一到两家分公司改制为有独立

法人的子公司。初步计划以汉外分公司为主(即二、三、四公司),待时机成熟再申报独立资质。在这一背景下,第二分公司于2005年,第三分公司于2006年分别成功改制。第四分公司当时率先跨入路桥施工领域,且经营业绩逐年上升,一直在“总分”模式下正常运行。2010年,在二航局大力支持下,在与地方政府多次沟通和协调下,四公司改制成功。“中交二航局第四工程有限公司”于2010年5月19日在芜湖市工商行政管理局正式注册成立,注册资本2亿元,并于2010年7月10日举行了隆重的揭牌仪式。

2010年5月,公司登记注册时,经营范围包括公路工程施工总承包一级,市政公用工程总承包一级“双一级”资质;拥有桥梁工程专业承包和公路路基工程专业承包资质;经营范围涉及起重机械制造、安装、改造和维修(凭许可证经营),装饰材料,建筑材料,化工产品(除危险化学品),金属材料(不含稀贵金属),普通机械租赁,仓储(不含危险品),货物装卸、货物及技术出口等。2012年,又增加了港口与航道工程总承包、预制构建制作等两个三级资质,还增加了钢结构制作、安装三级资质,同时,根据注册规定逐步申报桥梁总承包等资质。公司经营资质的维护和提升不断加强,公司所负责的安徽和江苏信用评价均取得AA级好成绩。

二、进一步完善专业化服务中心

四公司改制后,为优化资源配置,改变管理模式,为企业长远发展做出规划,增设和加强了专业服务中心。

(1)将原裕溪口施工处更名为“四公司水工分公司”,以适应水工码头专业施工的需要。2015年,根据公司发展需要,在水工分公司的基础上组建成立了“四公司城轨分公司”。

(2)设立安徽分公司。按照自动化、高标准、兼顾后期发展的战略思路,在原预制厂的基础上,购买裕溪口沿江小学地块,拆除公司原有平房宿舍,建设了管片厂,成立了安徽分公司。

(3)理顺公司物资管理关系。公司物流中心与项目物资管理全面推行管理费打包模式,大宗物资集中采购率逐年提高,超过90%。

(4)检测中心以构建专业化强、服务优、非盈利型专业队伍为宗旨,逐步完善内部管理,服务意识不断增强,自2011年起逐步开展实验检测业务。

(5)设备站在设备租赁上实行专业化菜单式管理模式,管、用、养、修一条龙服务,设备的使用率和完好率都大大提高。

(6)安装施工处以钢结构安装和特种设备制造为方向积极参加公司项目的建设,并逐步走向市场。

三、总部管理力量加强

(一)总部领导层调整

2009年至2015年,总部管理架构及领导层作如下调整:

2009年3月27日,聘用曾平喜、李维洲为四公司经理助理;4月,朱君兵任四公司财务总监;9月9日,二航组织〔2009〕585号文件任李宗平为四公司经理兼党委副书记,胡冬勇调任二航局技术中心主任。

2010年1月,夏安乐任四公司副经理。2010年5月,根据二航局《关于印发〈局调整经理助理管理权限的意见〉的通知》,聘任曾平喜、王德怀为公司经理助理。2010年9月,聘任唐启为四公司总经理助理。

2011年2月,聘任王德怀为公司副经理;10月,聘任曾亿忠为公司副总经济师;11月,聘任罗仕、赵成立为公司经理助理。

2012年3月8日,按照《中交二航局第四工程有限公司章程》规定,李宗平执行董事总经理决定:聘任唐启为公司副总经理。4月,二航人字〔2012〕241号文件聘任吴天寿任四公司安全总监;4月,二航人字〔2012〕69号文件提任张宏武为四公司总经理助理;8月,二航人字〔2012〕117号文件聘用曾亿忠任四公司总经理助理。

2013年9月,四公司总经理〔2013〕2号文件决定:曾亿忠任四公司总经济师;11月,朱其敏被聘任为四公司总经理助理。

2014年1月,任命杨辛为四公司财务总监,任命赵成立为四公司副经理。2014年3月,二航组织〔2014〕211号文件任命何超然、唐启为二航局副总工程师,任命汪成龙为二航局总工办主任助理。2014年5月,成立中交二航局第四工程有限公司董事会,由张玮、秦体达、唐启、吴天寿四位成员组成,张玮任董事长,秦体达任副董事长,唐启、吴天寿任董事,邱阳任董事会秘书。同时,成立中交二航局第四工程有限公司监事会,由程跃辉、汪瑾、刘俊三位成员组成,程跃辉任监事会主席,汪瑾任监事,刘俊任职工监事。2014年7月,尤田任公司总工程师,不再担任副经理职务,罗仕任公司副总经理。

2015年1月,聘任张宏武为公司副经理。2015年5月,选举秦体达为公司董事长,选举张国云为公司副董事长,聘任张国云为公司副总经理,聘任程跃辉为公司副总经理(不再担任公司监事会主席职务),聘任张玮为公司高级助理(不再担任公司董事长、副总经理职务),选举焦贤模为四公司监事会主席。

(二)总部机构调整

2009年11月9日,根据拓展海外市场的工作需要,四公司决定成立“中交二航局四分公司海外部”,王成勇任海外部部长,王根宝任副部长。

2009年4月13日,分公司增设保卫科,主要负责治安保卫和综合治理工作,与安监部合署办公,陶铮任保卫科科长。

2011年5月,公司成立了法律事务部,王立成任部长。

2012年5月,经公司党政联席会研究决定:成立“中交二航局第四工程有限公司企业策划部”,刘兵任策划部副部长,主持策划部工作。

2012年5月,成立四公司投资事业部,其工作职能暂时纳入市场开发部,张晓红兼任投资事业部部长,汪本生、朱文祥任副部长。

2012年5月,杨辛提任财务部部长,苏胜丰提任设备物资部部长。

2014年12月,胡健任四公司安全总监。

(三)固定建制单位名称的变更

第四工程有限公司正式注册成立后,2010年9月28日,航四办发〔2010〕228号文件对公司所辖固定建制单位名称进行变更:原“中交第二航务工程局第四工程分公司裕溪口施工处”变更为“中交二航局第四工程有限公司裕溪口施工处”,原“中交第二航务工程局第四工程分公司安装施工处”变更为“中交二航局第四工程有限公司安装施工处”,原“中交第二航务工程局第四工程分公司设备站”变更为“中交二航局第四工程有限公司设备站”,原“中交第二航务工程局第四工程分公司物流中心”变更为“中交第二航务工程局第四工程有限公司物流中心”，原“中交第二航务工程局第四工程分公司检测中心”变更为“中交二航局第四工程有限公司检测中心”。2014年5月，成立安徽分公司，吴天寿兼任安徽分公司总经理、法人代表；2015年1月，成立湖南分公司，张宏武兼任湖南分公司总经理；2015年3月，撤销设备站，成立装备分公司；2015年9月，撤销水工分公司，成立城轨分公司。

四、建设研发中心

进入21世纪，四公司发展态势强劲，经营规模不断扩大，至2014年，年产值超过40亿元，经营额突破100亿元；同时，因现代化企业管理的需要，技术中心、检测中心、物流中心、共享中心等所辖机构相继成立，受条件限制，一些“中心”散落多处，租房办公，客观上存在建设研发中心办公楼的必要。2010年5月19日，经中交集团批准，四公司成功在芜湖市鸠江区注册登记，成为集团旗下二航局属全资子公司，亦是芜湖市鸠江区辖区内最大的“央企”建筑企业，区政府积极支持四公司在其属地投资兴业，并享受税收等优惠政策。在这一背景下，2010年4月30日，安徽省芜湖市鸠江区人民政府(甲方)与中交第二航务工程局有限公司(乙方)签订了建设科技研发中心协议书。其中，第三条规定：“甲方按乙方设计要求，通过代建出让的方式，为乙方筹建面积不小于18 000平方米和不少于100个停车位的科技研发中心办公大楼……”后由于区政府人员变动，以及芜湖市跨江发展区划调整等因素被搁置。但公司领导层一直没有放弃建设意愿，责成相关人员持续努力。通过多次洽谈，区政府同意由四公司自行承担购地成本，并自建科技研发大楼，政府不代建。

2012年11月7日，四公司通过挂牌方式，以840万元的价格取得了芜湖市鸠江区总部经济园区4#地块，该地块规划项目建筑总面积16 030.18平方米。其中，商业建筑面积3 170平方米，办公建筑面积12 860.18平方米，总停车位不少于104辆。取得地块后，四公司向二航局上报了建设科技研发中心的请示，二航局研究后上报中交集团。

2013年8月13日，二航企划〔2013〕581号文件批复：经公司研究后上报中交建批复，同意你公司建设研发中心(中交股预发〔2013〕433号文件)，建筑面积20 000平方米，土地面积10亩。项目总投资6 895万元(含土地购置费),资金自筹。

为顺利完成大楼建设,公司组织成立了筹建领导小组,并指派邱阳、周为民等同志负责项目施工管理。科研大楼于2014年5月28日正式动工兴建,2015年6月封顶, 2015年年底完工。

科研大楼位于鸠江区总部经济园区,毗邻芜湖市城东新区和芜湖市东高速公路入口,交通极为便利,地理位置十分优越。四公司拟在该地块建设两栋(4#楼和5#楼)九层办公大楼。4#楼和5#楼为研发中心专用楼,公司本部机关和散落各处的专业中心将集中到楼内办公,以提高管理运转效率和企业形象,提高相关产业的科技研发能力,提升企业的核心竞争力和创造力。

第三节　勇立市场潮头　实施经营战略

一、桥梁品牌继续领先

四公司建桥团队经历了生力军—主力军—领军的快速发展过程,尤其是进入21世纪之后,不断建造出跨江、跨海大型桥梁,业绩和影响力不断提高。经统计,2009年至2014年,公司桥梁产值超过100亿元。由桥梁品牌产生的良好效应不断显现,如2009年南京长江四桥E标节段梁预制安装,复合预应力体系代表着市政桥梁的发展趋势,对公司预制厂改良资产起到很大的推动作用;南京长江四桥上构A5标工程,是二航局首次独家承揽的悬索桥上部结构安装任务,大大提升了公司在中国桥梁建设业界的影响,不仅巩固了桥梁建设的份额,而且使公司购置的悬索四大件(揽载吊机、紧缆机、缠系机、25吨卷扬机)和12台斜拉桥面吊机等设备得以充分利用。2009年至2015年建造的桥梁工程主要有以下8个。

(一)浙江曹娥江大桥

浙江曹娥江大桥(图8-3-1)位于绍兴市滨海新城,为跨越曹娥江的一座特大桥。大桥东连世纪大道、西接致远大道,桥梁跨越曹娥江部分水域宽约1 300米。曹娥江大桥工程全长2 444米,其中B标起讫桩号为K1+275米—K2+715米,路线全长1 440米,主要施工内容为内跨越曹娥江河道长550米的斜拉桥主桥,与斜拉桥主桥衔接的东西两侧水中区及部分陆地区引桥(其中,西侧引桥长450米、东侧引桥长440米),以及相应的护栏、桥面铺装等附属工程。

图8-3-1　曹娥江大桥

绍兴滨海新城曹娥江大桥B标施工范围内桥梁结构及跨径布置为:跨越曹娥江河道的主桥设计为125米+300米+125米的3跨预应力混凝土斜拉桥,西引桥设计为9跨、(50+60米+3×50米)+(2×50米+2×45米)二联预应力混凝土连续梁桥,东引桥设计为9跨(5×50米)+(2×50米+2×45米)二联预应力混凝土连续梁桥。

绍兴滨海新城曹娥江大桥B标工程主要工程数量为:钻孔灌注桩324根、承台46座、墩身40座、斜拉桥索塔2座、引桥现浇箱梁36跨、主桥现浇主梁130个节段、斜拉索挂设288根、沥青桥面铺装及防水层44 397平方米、内外侧防撞护栏及人行道护栏2 880米。

绍兴滨海新城曹娥江大桥B标工程由中交第二航务工程局四公司承建,合同价为56 656万元(专项暂定金10 876万元),合同工期1 080天。

项目于2011年9月1日开工建设,2011年9月12日浇筑第一根桩基砼,2011年11月13日浇筑第一座桥梁承台,2011年11月27日浇筑第一座桥梁墩身,2012年7月26日浇筑第一节索塔,2013年3月09日浇筑第一次箱梁混凝土,2013年6月6日浇筑第一个0#块混凝土,2014年6月5日浇筑最后一个合龙段混凝土，2014年3月开始护栏及附属工程施工，至2014年9月结束。

在施工中，大型船舶无法进入，施工用材以及混凝土均需通过施工栈桥运输，施工组织和安全控制难度较高；大桥定位为城市景观桥，外观要求高；索塔采用双钻石型联体桥塔，塔柱交会段比较多、截面变化较大，同时上塔柱设有环向预应力，施工难度大；主梁采用左右分离式预应力混凝土结构，造型优美，采用前支点挂篮施工，全桥投入挂篮数量多达8只，施工组织难度较大。前支点挂篮悬浇工序繁多、技术要求高，具有一定的安全风险，因此前支点挂篮的设计与施工，以及安全管理是本项目中的重点。曹娥江大桥B标主墩承台钢板桩围堰长94米、宽28米，由于受下游曹娥江大闸调节水位的影响，钢板桩围堰所受合力的方向是变化的，需要较强的防渗、堵漏技术。

2014年10月7日，该项目完成指挥部组织的竣工验收，质量等级为“合格，并达到优质工程标准”。

2014年，该项目获得“绍兴市市政公用工程安全文明施工标准化工地”“浙江省市政公用工程安全文明施工标准化工地”“浙江省建筑工程安全文明施工标准化工地”等称号。

2015年，该项目获得绍兴市2014年度“兰花杯”优质市政公用工程奖，项目部荣获绍兴滨海新城曹娥江大桥B标双钻石型连体塔外观质量QC小组、绍兴滨海新城曹娥江大桥B标前支点挂篮浇筑主梁QC小组等称号，同时获得浙江省市政行业优秀管理小组二等奖。

该项目主要负责人是朱其敏、张平均、周桥。

（二）广东南澳大桥

广东南澳大桥（图8-3-2）为广东省第一座真正意义上的跨海大桥，是连接广东省唯一没有与大陆相连的海岛——南澳岛和大陆的首条通道。大桥全长11千米，其中桥梁长9.3千米，道路长1.7千米，全线采用二车道二级公路标准修建，工程包括西引道、西引桥、主桥、东引桥和东引道五个部分。

四公司承建的四标段是全线条件最苦、战线最长、受海况影响最大的标段，是一块最难啃的硬骨头。该标段全长5.3千米，为深水区引桥下部结构的施工，具体包括593根打入钢管桩、120个承台、120个现浇墩身以及承台、墩身的防腐涂装施工。

图8-3-2　南澳大桥

2009年6月9日,项目部开始沉设第一根钢管桩,拉开了四标段施工的帷幕。

2010年6月3日,南澳大桥项目中二航人迎来了一场久违的胜利,全体参战员工凭借智慧和拼搏精神,破解了强涌浪、强突风条件下海上沉桩难题,胜利完成深水区引桥钢管桩沉设任务。

2011年7月15日,四公司建设者历经816天的艰苦鏖战,顺利完成了广东南澳大桥四标段主体工程。

2015年1月1日,历经5年多的建设,广东省最长的跨海大桥——南澳大桥顺利通车。

受施工气象环境影响,大桥开工建设以来,年均有效作业天数仅有160多天,参建单位克服海上天气多变等困难,攻克建设过程中的不少重点、难点问题,不断探索创新,形成一批有关复杂海况与恶劣气象条件下海上施工的技术管理成果。其中,南澳大桥"移动式施工平台辅助墩身施工技术研究"课题喜获2011年至2012年中国交建级工法和2013年度公路工程工法,两项工法均为省部级工法,为国内跨海桥建设积累了宝贵经验。移动式施工平台辅助墩身施工新工艺可有效规避海上强涌浪对起重作业带来的安全风险,改水上施工为半陆地施工,减少了施工船舶的投入,大大节省了船机设备的台班费用,施工难题迎刃而解。最为重要的是,墩身施工由每月最多完成1个提高到5个,墩身施工进度大大加快。

南澳大桥的通车,从根本上解决了南澳海岛7万居民和岛外游客进出岛难问题,解决了大陆与海岛"最后一公里"的拥堵,并有利于发挥汕头对台优势,对南澳主动融入海峡西岸经济圈,加快对台航运、贸易发展等意义重大。

该工程主要负责人是赵成立、方成武、周桥。

(三)渔平高速公路平潭延伸线工程

渔平高速公路平潭延伸线工程,位于福建省福清市和平潭综合实验区内,起点位于福清市东瀚镇大壤山西侧,桩号为K39+576.812,经坑尾澳海湾、小山东,跨越海坛海峡,经北青屿,至平潭县娘宫,与S305省道相接,桩号为K45+577.421。延伸线位于平潭海峡大桥和渔平高速公路南侧,与平潭海峡大桥净间距25米,与渔平高速公路净间距0.5米,在渔平高速公路赤表特大桥段过渡。本标段路线总长6 000.61米,其中平潭海峡大桥全长3 504米,赤表特大桥全长1 061米,大壤大桥(东瀚互通主线右线桥)全长154.68米,平潭分离式立交桥长38米,其余接线公路长1 242.93米,全线采用双向六车道高速公路右幅标准建设,设计行车时速为80千米,建成后与平潭海峡大桥组合成六车道高速公路。大壤大桥桥面宽21米,其余大桥桥面与路面同宽,均为17米。工程于2010年12月6日开工建设,2014年5月27日完成交工验收。渔平复线桥如图8-3-3所示

该工程主要负责人是秦体达、曾亿忠、刘东尚。

(四)福建泉州湾跨海大桥

福建泉州湾跨海大桥(图8-3-4)是福建当时在建的最长桥梁,四公司承建了泉州湾跨海大桥路基土建工程A4标段,是跨海大桥的主桥标段,合同额9.6亿元。该工程起于晋江南塘,与泉州市环城高速公路晋江至石狮段相接,在石狮蚶江跨越泉州湾,经惠安秀涂、张坂,终于塔埔,路线全长26.675千米,其中大桥长12.454千米,桥梁宽41米,采用双向八车道标准,设计行车时速为100千米。

图8-3-3 渔平复线桥

图8-3-4 泉州湾跨海大桥

大桥于2011年8月8日开工建设,合同工期36个月。

该大桥主桥为双塔分幅式组合梁斜拉桥,采用中国传统古风的门塔——“三柱式古典门”结构,庄重古雅,简洁大方,寓意泉州兼容并蓄的人文性格,主塔高157.1米,刷新了泉州的建筑高度记录,成为泉州新地标。

2015年5月12日上午12点,福建省、泉州市两级重点项目,福建省第一座跨海高速公路大桥——泉州湾跨海大桥正式通车。至此，晋江、石狮、惠安和台商投资区从隔海相望变成只需10分钟的车程，环城高速已全线畅通。

该项目获得2012年度全国交通建设系统“工人先锋号”称号，被评为福建省高速公路“标准化管理典型示范优胜标段”，获得2014年度福建省重点建设项目优胜奖。二航局泉州湾跨海大桥项目经理唐启获“福建省重点建设项目建设功臣”称号。

一座桥带来的沟通，对两岸产业转型升级、资金流、人才吸引、人流、物流等都产生了深远影响。对于泉州来说，大桥的通车可以在更大范围上改善两岸的投资和发展环境，使其以更优越的区域地理位置优势，吸引外资，提高城市的综合竞争力。大桥带来的经济乘数效应是不可估量的，今后，它将成为产业聚集、产业拉动、城市品牌发展的加速器，两岸的跨越式发展指日可待。

该工程主要负责人是唐启、音北。

（五）安徽望东长江公路大桥

安徽望东长江公路大桥（图8-3-5）为国家高速公路网G35（济南至广州高速公路）中最为便捷的过江通道，也是北京、山东、河南通往江西、福建、广东等地的重要通道。在安徽省“四纵八横”高速公路网中，望东长江公路大桥是“四纵”商丘至景德镇公路的重要组成部分，是沟通安徽省西部地区的纵向干线公路。该桥是八百里皖江上游的第一座长江公路大桥，建成后，不仅会增强安徽省的过江通道运输能力，而且能够完善国家高速公路网，使济南到广州在过江时不再多绕行50千米。

该桥概算总投资50亿元，由长江大桥主体工程、望江县接线及东至接线三部分组成，于2012年12月开工建设，计划工期4年。

四公司已先后承揽了望东长江公路大桥大临工程WDQ-DL-01标、北主桥土建工程WDQ-2标后和后续引桥接线工程、大桥设备采购主梁混凝土桥面板工程两个标段（WDQ-S-01-QMB-01、02标），合同总额达12.2亿元。该工程的主要负责人是杨志德、吴天寿、张琳。

图8-3-5 安徽望东长江公路大桥

(六)安徽芜湖长江二桥

芜湖长江二桥(图8-3-6)及接线是安徽省高速公路网规划“四纵八横”中“二纵”的重要组成部分,是芜湖市拥江发展的重要过江通道。项目起点位于无为县的石涧,接建设中的北沿江高速公路,终于繁昌县的峨山,接已建成的沪渝(南沿江)高速公路。路线全长约55.508千米,采用高速公路标准建设,设计行车时速为100千米。其中,北岸接线长20.778千米,南岸接线长20.748千米,跨江主引桥长13.982千米;跨江主桥长1 622米,为主跨806米双塔四索面分离式钢箱梁斜拉桥,索塔高262.48米;自无为东互通至三山互通采用双向六车道标准,其余接线范围采用双向四车道标准。芜湖长江二桥位于芜湖市三山港(中外运码头)上游812米,距上游的铜陵长江大桥24千米,距下游的芜湖长江大桥34千米。全线共设桥梁13座,其中长江大桥1座,其他特大桥5座、大桥2座、中桥5座,隧道1处,互通立交桥5座(分别是石涧Y形枢纽互通、无为东单喇叭互通、三山双喇叭互通、繁昌北单喇叭互通、繁昌东Ⅲ形枢纽互通),匝道收费站3处,服务区1处,路段管理中心1处,养护工区2处。项目概算总投资90.39亿元,计划2017年年底建成通车。该工程主要负责人是杨志德、王德怀、唐洪流。

图8-3-6　建设中的芜湖长江二桥

(七)浙江三门湾大桥及接线工程

浙江省三门湾大桥及接线工程起自象山县戴港,顺接象山港大桥南接线终点,全线经象山、宁海、三门三个县,终于台州市三门县六敖镇,与台州湾大桥及接线工程起点相接。其中,宁海明港至三门跨海段桥梁依次跨越胡陈港、力洋港、青山港、蛇蟠水道,合称三门湾跨海大桥。路线全长约54.493千米,全线设桥梁28座,隧道7座,互通立交桥5座,停车区1处,匝道收费站5处。该项目全线采用高速公路标准建设,设计行车时速为100千米,采用双向四车道标准及双向六车道标准。项目核定概算为126.496亿元,计划建设工期为4年。

该工程是浙江省沿海高速公路(甬—台—温高速公路复线)的重要组成部分。项目建成后,将开辟浙江东部沿海地区南北向的第二条交通干道,大大缓解甬—台—温高速公路的交通压力,同时直接拉近长三角、浙江沿海和福建海峡两岸经济区之间的时空距离,对发展浙江省海洋经济、加强浙东南沿海港口之间以及港口与腹地之间的联系等具有重要意义。

四公司承建该工程第TJ7标段。该标段路线里程4.315千米,主线均为桥梁结构。主要施工内容为明港枢纽主线桥、力洋港大桥、青山港大桥(宁波境内)桥梁基础及下部构造,力洋港大桥和青山港大桥(宁波境内)主桥上部构造、部分附属工程及其他工程。合同金额9.39亿元,计划工期36个月。该工程于2015年2月10日正式开工建设,工程主要责任人是朱其敏、音北。图8-3-7为三门湾大桥主墩钢套箱吊装现场。

图8-3-7　三门湾大桥主墩钢套箱吊装

(八)连云港跨海大桥

连云港跨海大桥(图8-3-8)项目位于连云港田湾核电站外围海域,南连徐圩新区,北接高公岛,大桥全长4 482.4米,按双向六车道城市主干道标准建设,主通航孔桥为主跨125米预应力混凝土连续钢构,辅通航孔桥为主跨70米预应力混凝土连续钢构,其余非通航孔桥为标准跨径40米及30米装配式部分预应力混凝土组合箱梁先简支后连续结构,标准段桥梁全宽34米(设停车带局部加宽段桥梁全宽38米)。双向六车道,设计行车时速为60千米。

图8-3-8 连云港跨海大桥

四公司以公路工程和市政工程施工总承包一级的自有资质中标连云港跨海大桥。合同额15.66亿元，全长约4.5千米，混凝土方量达37万立方米，结构钢筋用量达3.7万吨。该工程于2013年9月开工建设，工期25个月，创下了四公司建桥史上的历史之最——工期最短的跨海大桥、以自有资质承接的首个标超10亿元的单项工程。

连云港跨海大桥项目是四公司以自有资质承接的首个大型桥梁项目，意义十分重大，通过承建该项目和武深高速项目，不但能够维护四公司市政和公路一级总承包资质，还具备了升级为特级资质的工程业绩。该项目的主要负责人是秦体达、毕来发、张帆、胡杰林。

二、铁路、轨道交通业务得到发展

2009年，国际金融危机的影响持续加深，全球经济增长速度明显放缓，中央经济工作会议明确提出了把保持经济平稳较快发展作为2009年经济工作的首要任务，出台了“千万亿拉动内需”计划。四公司抓住国家加大铁路建设投资的机遇，主动出击，先后获得了宿淮铁路SHZH-1标段和无锡轻轨一号线5标项目。其中，无锡轻轨一号线项目的承接成为公司进入城市轨道交通建设领域的切入点。

(一)青荣城际铁路工程

新建青荣城际铁路(图8-3-9)是山东省第一条终点站设在县级市的区域性高铁,也是山东省投资最大的单体铁路建设项目。该条铁路的通车运营,填补了威海高铁的空白,也改写了荣成地区没有火车的历史。

图8-3-9　新建青荣城际铁路

青荣城际铁路工程新建、改建13个车站,2个线路所,预留1个车站,正线长度为299.18千米,设计行车时速为250千米,是山东省继济青铁路客运专线、京沪高铁山东段之后的第三条铁路高速客运通道。

四公司承建青荣城际铁路QRZH-Ⅲ标第三合同段,合同额19.66亿元,于2010年10月1日开工建设,工期36个月。主要施工内容有:桥梁29座,全长19.154千米;框架涵46座,框构桥1座,站场旅客地道2座;路基全长16.571千米,被分割成79段,路基段落平均长度仅210米;箱梁预制场1处,预制、架设箱梁437孔。另外,还包括路基防护及桥面系工程,道砟铺设及轨道精调等施工内容。项目的主要责任人是罗仕、焦贤模、陶铮。

（二）沪通长江大桥

沪通长江大桥是我国铁路网沿海通道中的重要组成部分，是鲁东、苏北与苏南、上海、浙东地区之间最便捷的铁路运输通道，也是长三角地区快速轨道交通网的重要组成部分。沪通长江大桥建成投入使用后，将成为沿海重要的铁路、公路过江通道，对尽快实现沿海铁路全线贯通，进一步完善区域交通运输结构，提高过江通道运输能力，促进长三角社会经济一体化具有重要意义。

沪通长江大桥位于长江澄通河段，在江阴长江大桥下游45千米、苏通长江大桥上游40千米处，北岸为南通市，南岸为张家港，是我国铁路网沿海通道沪通铁路的控制性工程。大桥全长11.072千米，按四线铁路六车道高速公路标准合建，采用公铁两用、双塔斜拉桥方案施工，主跨1 092米，比此前的世界第一斜拉桥苏通大桥主跨长4米。大桥分两个标段进行投资建设，建成后将成为世界上首座超千米跨径的公铁两用桥梁。图8-3-10为建设中的沪通长江大桥。

图8-3-10　建设中的沪通长江大桥

四公司承建的新建上海至南通铁路沪通长江大桥HTQ-1标段工程于2014年3月1日开工建设，合同额39.9亿元，工期1 521天。HTQ-1标段约5.07千米，包括北岸引桥、北岸跨大堤2×112米钢桁梁、主跨336米的专用航道桥、跨横港沙21×112米简支钢桁简支梁桥的主体及附属设施工程。工程主要负责人是杨志德、唐启、张帆、马勇、饶曦。

(三)杭黄铁路

新建杭州至黄山铁路穿越浙江、安徽两省,是长三角城际铁路网的延伸,沿途将名城(杭州)、名江(富春江、新安江)、名湖(千岛湖)、名山(黄山)串连起来,形成一条世界级黄金旅游通道,极有利于整合旅游资源、加强长三角经济辐射,将为大杭州西部的跨越发展赢得全新机遇。

新建杭州至黄山铁路运营长度为286.8千米、建筑长度约262千米,速度目标值为250千米/小时。全线共设杭州东、萧山、富阳、桐庐、建德东、淳安、三阳、绩溪北、歙县北、黄山北10个车站。项目建成后,从杭州到黄山仅需一个多小时。

四公司承建的新建杭州至黄山铁路站前及相关工程HHZQ-5标段,合同金额21.597亿元,于2014年10月26日开工建设,工期45个月。据悉,杭黄铁路工程共分8个标段,HHZQ-5标是唯一一个"路外"单位施工的标段。该工程主要责任人是程跃辉、宋向荣、宋庆仁、张华。图8-3-11为建设中的杭黄铁路。

图8-3-11　建设中的杭黄铁路

(四)无锡地铁一、二号线

无锡地铁一号线工程包含一站(西漳站)两区间(锡北运河—西漳区间、西漳—天一路区间)。区间线路总长3 081米,其中车站长120米,合同造价2.505 2亿元。

无锡地铁二号线联系了湖滨区、南长区、崇安区、锡山区和新区五个城区,途经河口、五爱广场、三阳广场、东林广场等客流集散中心及崇安寺、东林书院等著名景点,加强了汽车西站、高铁无锡东站与中心城区的联系。二号线线路全长26.301千米,其中,高架线6.734千米,地下线19.567千米。该工程主要负责人是夏安乐、何旭斌、张先元、张六一。图8-3-12为无锡地铁。

图8-3-12　无锡地铁

三、海外项目取得突破

在二航局"三分天下"战略引领下,经过多年努力,四公司于2009年与中国路桥合作承接了塞尔维亚贝尔格莱德北环路泽蒙大桥项目施工任务。这一项目成为公司进军海外的转折点,结束了四公司一直没有海外项目的历史。之后自2011年起,四公司又先后涉足巴哈马、乌克兰、黑山以及欧洲一些国家,但由于市场环境不同,经营效果不明显,直至2014年年底承担了黑山南北高速公路工程,情况才开始好转。

(一)塞尔维亚贝尔格莱德北环路工程

塞尔维亚贝尔格莱德市泽蒙-博尔查大桥(下文简称泽蒙大桥,图8-3-13)及其附属连接线工程项目为中国进出口银行贷款项目,由中国进出口银行以优惠贷款形式出资85%,当地政府出资15%共同投资建设。中国路桥是施工总承包单位,设计由中交公路规划设计院(桥梁)和塞尔维亚共和国运输研究院(道路)共同承担,四公司承担其中三座桥梁的施工任务。泽蒙大桥合同额为2.62亿美元,合同工期为38个月。

图8-3-13　塞尔维亚泽蒙大桥

本项目为贝尔格莱德(Belgrade)T-6道路至贝尔格莱德-潘切沃道路的

市内北环路工程，线路总长度约21.26千米，包含1座跨多瑙河的泽蒙大桥（分为南引桥、主桥、滩桥及北引桥）、6座跨线（河）桥和1座互通，桥梁总长2 600米。其中，四公司承担跨多瑙河的泽蒙大桥、中桩位于K19+081.00处跨铁路桥、中桩位于K18+399.25处跨河桥3座桥梁。

泽蒙大桥主桥上部结构为(95+172+95)米预应力混凝土连续箱梁（挂篮施工），滩桥上部结构为(5×48.4+5×48.4+5×48.4)米预应力混凝土连续箱梁（移动模架施工），北引桥上部结构为(26+3×35+26+4×35)米预制安装预应力混凝土T梁（架桥机架梁），南引桥上部结构为(2×48.4)米预应力混凝土连续箱梁（现浇施工），基础为2.0米、1.5米及1.2米钻孔桩。

主桥预应力混凝土连续梁桥的172米主跨在同类型桥梁中为世界第三、中国第一。另外，主桥采用挂篮悬浇工艺，线型控制本身影响因素多，桥面标高控制难度大。塞尔维亚泽蒙大桥箱梁顶面标高控制QC小组凭借“攻克无铺装层箱梁顶面标高控制难关”成果获得中国施工企业管理协会2014年度全国工程建设优秀质量管理小组二等奖。这是泽蒙大桥项目获得的第二个省部级以上QC成果。

该项目于2011年10月开工。当地时间10月25日泽蒙大桥钻孔桩开钻，2012年3月3日下午4:50泽蒙大桥顺利浇筑完第一根水中钻孔灌注桩11#墩1#桩。2012年4月4日凌晨3:30浇筑完成首个承台，2013年5月5日上午7:30，经过一夜鏖战，塞尔维亚泽蒙大桥主桥5#墩左幅挂篮1#块完成最后一方砼浇筑施工任务。首个1#号块施工任务完成，预示主桥首对挂篮完成工序转换，进入正常对称悬浇施工工序。2014年6月2日，塞尔维亚泽蒙大桥完成了南引桥最后一跨箱梁施工。至此，泽蒙大桥全桥右幅贯通，大桥上部结构仅剩滩桥4跨移动模架现浇箱梁。2014年12月18日，大桥正式通车。

泽蒙大桥是中国企业在欧洲承建的第一个大桥项目，也是贝尔格莱德横跨多瑙河的第二座大桥。此前，贝尔格莱德唯一一座横跨多瑙河的大桥已经使用了70多年，随着岁月的流逝，该桥逐渐变得不堪重负。新桥的开通极大程度地缓解市区的交通压力，对泽蒙和博尔查两岸的经济发展产生巨大的推动作用。

塞尔维亚当地时间2014年12月18日，国务院总理李克强与塞尔维亚总理武契奇共同为泽蒙大桥竣工通车仪式剪彩。

作为四公司在海外的第一个项目,塞尔维亚泽蒙大桥项目在人员的属地化管理、发挥企业的社会责任、地方共建、海外党建等方面,都产生了较好的影响。2014年11月,在二航局思想道德与企业文化工作会上,该项目代表海外项目作了专题工作汇报。

该项目主要负责人是赵成立、吴林、明少宏。

(二)黑山南北高速公路

黑山共和国南北高速公路为双向四车道,局部路段为六车道,设计行车速度为100千米/小时。该项目是迄今为止黑山共和国兴建的首条高速公路,也是黑山政府整个交通规划中最先建设、技术难度和施工难度最大的一条公路,曾被波德戈里察市市长称为欧洲最为艰难和苛刻的一项工程。

四公司承建的黑山共和国南北高速公路项目第1标段施工范围为道路里程K0+000—K11+487.51内的路基、路面、隧道、桥梁、涵洞、排水、防护、机电配套土建等。该标段道路工程总长约13.2千米,2座桥梁共1 277米,道路7段共6 274米,隧道4座共3 931米。中标价1.688亿欧元,工期36个月。工程的主要负责人是赵成立、邹振、艾伟。

四、公路市场进一步拓展

公司进入公路市场较早,20世纪90年代就在广西市场上创造了辉煌业绩。2010年以后,随着皖江城市带经济政策的实施,安徽公路建设市场加大投入,四公司以优良的业绩先后承接了阜阳至新蔡安徽段FX-07标、长安至绩溪QS01标、铜南宣高速6标、从莞高速和乐昌至广州的高速公路T20标段等项目,重新巩固了安徽公路市场,填补了广东公路市场的空白。

(一)广西隆百高速公路

广西是四公司重要的经营版块,进入广西市场近20年来,四公司在广西共承建高速公路项目13项,总里程超过200千米,合同额逾20亿元。

2007年2月,中交股份与广西区政府签订了合作建设隆百高速公路框架协议书。四公司对该项目积极跟踪,并于2007年11月一举揽得隆百高速公路No.2-1标、No.2-2标两个路基标段施工权,2009年12月再次中标路面工程A-2合同段,三个标段累计合同总额超过10亿元。

广西隆百高速公路(图8-3-14)是国家高速公路网规划中的第“17横”汕

头至昆明高速公路的广西境内路段，是广西联系云南、贵州两省最便捷的公路通道。该项目主线全长177.5千米，其中国内资金支付段主线全长68千米，由中交股份以BT模式投资建设。

图8-3-14　广西隆林至百色高速公路

百色和大多数老区一样，地处偏远山区，山水险恶。隆百项目地处广西西北山区，是截至目前广西投资规模最大、工程最艰巨、单位造价最高的一条高速公路，被称为“广西山区高速公路第一路”。

四公司施工段路线全长30.6千米，包括近1 200万立方米路基土石方、23座桥梁、157座涵洞通道、30多万立方米砌体构筑物、30多万立方米砼，三个标段分项工程高达10 920项。

工程中标后，项目部精心做好策划，结合项目实际，将项目划分为7个路基工区、1个隧道工区、4个梁板预制场。项目部多次开展劳动竞赛，掀起施工高潮，接连取得全线第一个进行软基处理、第一个涵洞开工、第一个桥梁开工、第一个架梁、第一个进行路面试验段施工、第一个路面完工等多项第一，总体施工进度一直位居全线第一，成为全线名副其实的引路人和领跑者。三个标段先后受到业主奖励40次，奖励总额逾1 100万元。在二航局2008年度施工现场综合管理考评中，隆百项目综合得分全局第一！

2011年1月27日，公司承建的广西隆林至百色高速公路建成通车，这是国内第一条大规模采用橡胶沥青路面施工工艺的高速公路。隆百高速公路的建成通车,使广西百色市至与贵州省交界的隆林县的路程从5小时缩短到不足2小时。该条高速公路成为广西联系云南、贵州两省最便捷的公路通道,标志着广西、贵州两省区陆路交通仅靠国道G324线连接的时代结束,打通了西南地区出海、出边大通道的瓶颈。该项目主要负责人是汪俊杰、罗仕、邢应远。

(二)从莞高速公路

从莞高速公路惠州段介于增莞深高速公路与博深高速公路之间,途经增城、博罗、东莞三地,项目全线长度为30.916 3千米。东江特大桥为双幅桥,位于博罗县园洲镇廖尾村,跨东江水域,至东莞市石排镇,全长1 377米,其中惠州段建设长度为956米。全桥为双向六车道高速路标准,单幅桥梁宽度为15.425米,设计行车速度为100千米/小时。大桥采用预应力混凝土连续钢构和连续钢构体系预应力混凝土T梁组合,江中主航道区和两岸江堤采用连续钢构,江中滩岛采用T梁组合。工程于2010年11月1日正式开工,合同工期为30个月。该项目主要负责人是王年福、汪本生、刘大兵、李健。

(三)阜新高速公路

阜阳至新蔡高速公路安徽段是位于G36和G40之间的一条东西向高速公路通道,东接合淮阜高速公路,西接化庄—新蔡高速公路,全长68.048千米。本标段起讫桩号为K1+083—K18+500,里程长度为17.417千米,为全立交、全封闭、双向四车道高速公路。工程涉及大中桥梁19座,涵洞60多道。该工程主要负责人是王德怀、李计金、李峰。

(四)上海A15高速公路

上海A15高速公路(图8-3-15)是2010年上海世博会重点配套工程,是一条连接浙江与浦东机场的交通大动脉,全长83千米,是目前上海东西走向最长的高速公路。该高速公路从浦东机场到浙江省界,与浙江的申—嘉—湖高速公路连接。四公司承建A15公路5标工段,全长5.35千米,标准高速公路等级,沥青混凝土路面。该工程主线于2009年10月31日建成通车。该工程主要负责人是尤田、张帆、张平均。

图8-3-15　上海A15高速公路

五、传统水工项目再现辉煌

四公司充分利用传统水工工程施工的人才、技术、工艺、设备优势，与新老业主保持良好关系，不以其小而不为，每年都积极承揽水工项目，使水工项目在公司经营市场保持10%左右的份额。仅2011年公司就承接了芜湖船厂码头、铜陵有色冶炼项目专用码头、启东出运港池近岸码头、南宁港牛湾作业区码头等10余项工程。一些项目虽小，但离公司本部近，便于管理，也能安排职工就近劳作，对公司平稳发展起到了一定作用。

六、投资项目

(一)株洲市枫溪大桥新建工程

株洲市枫溪大桥距上游建宁大桥2.5千米，距下游天元大桥3.8千米。大桥北起黄河南路与科瑞路交叉口，终于航空大道与曲尺路交叉口，主线全长1.729 4千米。枫溪大桥是联系河东与河西的又一重要通道，对进一步完善城市功能,促进河东枫溪生态新城、航空工业园的开发和建设有重要意义。

株洲市枫溪大桥(图8-3-16)主桥采用300米双塔自锚式悬索桥型,桥塔采用混凝土门式塔,桥宽32米,双向六车道,设计车速为50千米/小时。本项目为二航局在株洲投资的第三个BT项目,项目管理及施工均由四公司承担。该项目总投资8.9亿元,施工总承包工程暂定为68 142万元,其中,建安费57 098万元,暂列费用11 044万元。项目开工日期为2013年7月15日,预计2016年7月15日完工。该项目主要负责人是张宏武、江五四、徐健。

图8-3-16 株洲市枫溪大桥

(二)省道S333渌口公路桥梁(株洲湘江七桥)

省道S333渌口公路桥梁(株洲湘江七桥)是株洲城区向南发展的重大基础设施工程,它将使株洲县“南洲新区”与天元区“天易科技城”连为整体,促进两大新城形成骨架路网,为全面开发新城奠定基础。

株洲湘江七桥(图8-3-17)起于株洲市株洲县南阳桥乡竹基村,跨越湘江进入株洲市天元区境内。该桥总长957.13米,引桥设计宽度为35米,主桥设计宽度为28米。工程造价2.06亿元,于2014年10月20日开工建设,工期24个月。该项目主要负责人是张宏武、汤有斌。

图8-3-17　建设中的株洲湘江七桥

(三)湘潭芙蓉大桥及北引线工程

湘潭芙蓉大桥及北引线工程是长株潭城际交通中最重要的一条快速通道——芙蓉大道的重要组成部分。该项目由中国交建和二航局以BT模式共同投资建设,总投资6.6亿元,其中建安费4.68亿元。开工日期是2011年11月12日,交工日期是2014年5月28日。

湘潭芙蓉大桥是芙蓉大道湘潭荷塘至飞龙桥段跨越湘江的控制性工程。下游距湘潭二大桥约3.4千米,上游距京珠高速公路马家河大桥约5千米。大桥全长1 607.04米,为城市快速路,双向六车道,桥面总宽27.0米。设计车速为60千米/小时,通航等级为Ⅱ-(3)级。

北引线工程北起双马互通终点(桩号为K11+580),南接湘潭芙蓉大桥0#桥台(桩号为K13+276),长约1.7千米,按城市快速路标准进行设计,设计车速为80千米/小时。

另外,本工程还包括给水、排水、绿化景观、供配电、道路照明、电力、弱电通信、交通设施工程。该项目主要负责人是张俊生、徐健。

(四)武广客运专线株洲站湘潭连接线(湘芸路—京珠高速公路段)

武广客运专线株洲站湘潭连接线(湘芸路—京珠高速公路段)项目是连接武广与沪昆两条客运专线株潭两地高铁站的快速通道,它的建成将使株潭两地人流物流联系变得更为便利,是长株潭一体化路网的重要组成部分。项目起点位于武广客运专线株洲站站前广场湘芸路与西站南路交叉口,与西站南路顺接,往西上跨武广客运专线、京港澳高速公路,经株塘冲,终于株洲、湘潭交界处的杨梅塘,与武广高铁株洲站至沪昆高铁韶山站连接线(湘潭段)顺接,总里程4 426.381米。

由四公司自有资质承担施工的标段全长2 458米,主要工程为新马南路跨线桥(4×30米预应力混凝土T梁)、京港澳跨线桥(5×30米+3×50米+5×30米预应力混凝土T梁)及主辅道路施工。主道采用双向六车道(辅道双向四车道)城市快速路标准建设,设计车速为80千米/小时,路基宽60米,单侧主行车道宽12米,单侧辅道行车道宽7.25米,全线桥涵设计汽车荷载采用公路-I级标准。工程于2015年8月16日开工,预计2016年5月31日完工,工程总造价2.8亿元。该项目主要负责人是张宏武、江五四。

(五)南京浦口管廊

浦口新城核心区综合管廊工程BT建设项目(即南京浦口管廊,图8-3-18),主要是在南京市浦口新城核心区横江大道、中央大道、商务大街、胜利路、中心大道、九袱路、支三路、支六路和商务东街等九条道路下建设综合管廊。综合管廊将接纳高压电缆、动力电缆、江水源空调水管、供水管、联合通信电缆、公共安全监控电缆等管线设备;综合管廊除钢筋混凝土主体结构工程外,还设计有通风工程、排水工程、消防工程、电气工程、自动控制工程等;综合管廊长度合计约10千米,覆盖范围约10平方千米。地下空间净高2.9米,依功能需要设计双仓结构和单仓结构两种,其净宽有双仓(3.4+2.6)米,单仓2.8米、2.4米多种,管廊内部设有感应式照明、自控排水、自控通风、自控灭火、自动记录及报警等多种设备,地面设有监控中心。

由四公司承建的南京市浦口新城核心区综合管廊项目,于2012年5月18日开工建设,工期为730天。该项目采取BT模式合作建设,总投资约5.24

亿元。该项目分期建设，分期回购，每期完工移交后进入回购期，回购期3年。该项目的主要负责人是汪本生、胡杰林。

图8-3-18　南京浦口管廊

（六）武汉至深圳高速公路

武汉至深圳高速公路（图8-3-19）跨湖北、湖南和广东三省，连接武汉城市圈、长株潭城市群和珠三角经济圈，是京港澳高速公路以东的另一条南北大通道，也是国家高速公路网大广高速公路与京港澳高速公路之间的加密线。本项目起点位于嘉鱼县新街镇，与工可阶段的武嘉高速公路衔接，并与武汉城市圈环线高速公路及杭瑞高速公路相交，其中本项目在桩号K45+394处，与京港澳高速公路相交，路线总里程90.981 288千米。

主线全线设置大小桥69座，桥梁总长18 759米，隧道4座，总长5 623米，桥隧合计占路线总长的26.8%。全线共设置枢纽互通式立体交叉8处，匝道收费站5处，监控通信分中心1处，服务区2处，停车场2处，养护区2处。新建嘉鱼南连接线，长约5.411千米，连接嘉鱼南互通与嘉鱼县，设计速度为80千米/小时，路基宽21.5米；新建崇阳西连接线，长约12.7千米，连接崇阳西互通与石黄公路和规划建设的天高公路,设计速度为60千米/小时,路基宽21米。

图8-3-19　武汉至深圳高速公路

四公司承建了武深高速公路嘉通段TJ-3标,合同额12.88亿元,主要施工内容为:主线路基工程、舒桥互通、车埠互通、赤壁北停车区、大屋大桥、米埠大桥、陆水河特大桥、陈家大桥等。其中,陆水河特大桥为本项目的控制性工程。陆水河特大桥全长1.728千米,主桥为变截面连续箱梁桥,设计标准为双向六车道高速公路。该工程于2013年10月1日开工建设,预计2016年5月31日竣工。项目的主要负责人为吴荣尚、黄晓鸣。

第四节　推动技术创新　摘取科技明珠

四公司秉承"争取科技领先,创管理一流"的企业精神,坚持走"科技引领施工生产"的内涵型发展道路,加大科技投入,强化技术创新激励机制,成立"技术中心",加强队伍建设,在技术创新过程中不断取得新成果。在中国施工企业管理协会2008年度评选活动中,四公司荣获"技术创新先进企业"的称号;2013年,四公司首次通过了安徽省"省级企业技术中心"的评审。

一、自主技术创新产生的主要成果

(一)南京长江三桥荣获古斯塔夫斯·林德恩斯奖

在当时中国第一钢塔斜拉桥南京长江三桥的施工中,四公司参与完成的"特大跨径桥梁钢塔和深水基础设计施工创新技术研究"获得2007年度国家科学技术进步二等奖、2006年度中国公路学会科学技术奖特等奖。2007年,南京长江三桥荣获国际桥梁界的"奥斯卡奖"——古斯塔夫斯·林德恩斯奖,这是该奖项自1999年设立以来第一次授予中国桥梁建设项目。

(二)杭州湾跨海大桥荣获中国公路学会科学技术奖一等奖

在杭州湾跨海大桥的建设中,四公司研发团队参与了科技部项目"跨海桥梁混凝土结构长寿命化关键技术研究",研究成果为我国标准规范中关于海洋工程混凝土寿命预测与评估、健康诊断与维护等相关内容的制定、修订提供可靠的技术依据,并可用于指导我国新建跨海桥梁的耐久性设计、施工及长寿命健康使用,对促进工程建设持续发展具有重要的现实意义。杭州湾跨海大桥的建设,使公司实现了从"江河时代"向"海洋时代"的历史性跨越,其"大直径超长钢管桩设计、制造、防腐和施工成套技术"获得了2007年中国公路学会科学技术奖一等奖,达到了国际领先水平。

(三)上海长江大桥荣获中国公路学会科学技术奖二等奖

上海长江大桥"宽阔水域、独立塔、宽幅分体式公轨共面钢箱梁特大跨度斜拉桥关键施工技术研究"获科技创新成果一等奖;上海长江大桥"主桥墩防撞吊箱设计施工技术研究"获得2008年度中国公路学会科学技术奖二等奖、湖北省2008年度科技进步三等奖。

(四)南京长江四桥荣获中国公路学会科学技术奖一等奖

2009年11月7日,在山东济南召开的2009年中国企业新纪录(第十四批)暨中国企业自主创新高层论坛会议上,南京长江四桥南锚碇基础创下中国企业新纪录。南锚碇基础采用井筒式地连墙结构形式,平面形状为"∞"形,拐角处设2个"Y"形槽,为国内首创。南京长江四桥科研项目"悬索桥主缆新型分布用力锚固系统设计施工关键技术研究"获2012年度中国公路学会科学技术奖一等奖。

二、获得的国家级工法和专利

四公司结合工程施工实际,采用引进与自主开发为主,不断跟踪国际先进技术,保持并不断培育发展自主核心技术,形成了一批具有国际先进水平甚至国际领先水平的施工工法和专利(详见附录)。

第五节　严格体系运行　加强项目管控

《二航局施工项目管理办法》是2002年6月正式出台的,其核心内容是实施项目经理负责制和项目经理风险承包制,优化配置生产要素,强化项目施工成本控制,规范项目分配、用工等。四公司在项目实施过程中,始终坚持“四控制”(进度控制、成本控制、质量控制、安全控制),“四管理”(合同管理、信息管理、现场管理、生产要素管理),“一协调”(组织协调)的基本思路,在加强项目前期策划的基础上,严格按照相关管理体系要求,将“四控制”“四管理”“一协调”贯穿项目运作始终。

一、强化工程质量控制,不断追求卓越

随着信息化水平的不断提高,公司在将工程项目划分为单位、分部、分项工程的基础上,通过网络软件编排各道工序及资源计划,在上道工序与下道工序之间建立顾客关系,通过“控制图”实现工程过程监控,追求每道工序与设计要求的偏差步步逼零,并在前道工序开始施工时统筹安排后道工序质量、成本、安全、进度等各项管理细节,实现“零工序转换时间”。同时,严格执行自检、互检、交接检“三检”制度,隐蔽工程交接验收按《工序一次验收合格率统计办法》进行一次验收合格率统计。

公司通过严格的质量控制不断取得卓越的质量成果。其中,2009年,南京长江三桥荣获2009年度国家优秀工程金质奖;杭州湾跨海大桥荣获浙江省“钱江杯”优质工程奖;南京长江三桥和株洲湘江四桥荣获中交优质工程奖;杭州湾跨海大桥三标、五标,广西隆百高速公路项目荣获二航局优质工程奖。另外,6项QC成果获奖,其中2项获中建协二等奖,3项获中交协二等奖;四公司荣获“芜湖市质量优胜单位”称号。

2010年，上海长江大桥获上海市“白玉兰”优质工程奖，润扬大桥获江苏省“扬子杯”优质工程奖；上海长江大桥五标及金塘大桥三个标段等四个项目荣获二航局优质工程奖，完成13项QC成果活动，获得安徽省优秀QC成果7项。

2011年6月，公司顺利通过船级社外审，提升了体系认证等级。当年杭州湾跨海大桥荣获国家优质工程鲁班奖，润扬大桥荣获国家优质工程金质奖，上海长江大桥荣获上海市政工程金奖，湘江五桥荣获国家优质工程奖；上海A15标高速公路、芜湖电厂五期码头、济南建邦大桥、上海松浦三桥等四个项目荣获二航局优质工程奖，上海长江大桥B5标项目和平潭海峡大桥项目分别获得全国项目管理成果一等奖和二等奖。

2012年，上海长江大桥荣获国家优质工程奖和中交优质工程奖；杭州湾跨海大桥荣获中国土木工程詹天佑奖；湘江五桥荣获中国施工企协优秀QC小组二等奖1个；公司共有中交建企协优秀QC小组2个，安徽省优秀QC小组11个，二航局优秀QC小组3个。

2013年，上海长江大桥荣获中国土木工程詹天佑奖、上海市科技进步奖一等奖，南京长江四桥荣获全国优秀项目管理成果奖以及中企协、中交建企协、中交股份公司、二航局等各级别优秀QC成果奖17项。

2014年，新津河大桥项目部获得全国优秀质量管理小组二等奖，芜湖长江二桥工程获得全球基础设施建设领域的重要创新奖项——“BE创新奖”，这是我国桥梁建设工程首次荣膺这项创新大奖。四公司荣获福建省五一劳动奖状。

二、运行卓越绩效模式，推进安全环保管理

四公司严格遵守国家安全生产的方针政策，牢固树立以人为本、全面协调、可持续发展的理念。按照《中华人民共和国安全生产法》和国家确定的“企业负责，行业管理，国家监督，劳动者遵守纪律”管理体制，公司突出企业主体的安全责任，实现了安全生产的总体稳定局面。

(1)安全生产规章制度建设持续深入。公司紧紧抓住国家、行业及二航局主管部门对安全生产的法规要求，结合企业自身实际，先后建立并完善了

各级各部门的安全生产责任人制、安委会工作条例、安全保证体系、安全管理网络、安全环保绩效考核办法、安全生产教育培训制度、安全检查制度、施工现场管理规定,分包单位及农民工安全管理规定,企业安全检查标准以及特殊工种、危险作业环境、关键施工工艺的安全技术操作规定等制度,并根据施工领域的拓展,适时修订、补充和完善。

(2)科技进步保障安全生产,管理手段持续创新。在安全生产管理事后控制传统经验法的基础上,公司于2003年推广应用了危险有害因素的识别和控制技术,2006年推广应用了《危险性较大工程安全专项施工方案的编制和专家论证审查办法》,2009年实施了《危险性较大分部分项工程安全管理办法》。同时,公司积极开展安全生产的信息化工作,2006年重点船舶调遣拖航和施工作业实施GPS动态监控,2009年5月,参与全局安全生产管理软件上线运行,科技进步和管理手段不断创新。

(3)OHSMS、EMS、卓越绩效模式的运行推进了企业安全环保管理工作的体系化、制度化、规模化。2003年,公司通过了OHSMS、EMS的体系化认证,安全环保工作实现了PDCA有效循环,安全生产的问题和隐患实现了整改闭合并持续改进。2006年,以全国质量奖的申报和获奖为契机,公司对企业的安全环保管理流程进行了梳理,于2008年形成了安全环保管理单元手册。

(4)安全生产管理队伍建设持续加强,成绩显著。根据国家、二航局的相关规定,随着企业规模的不断扩大,公司安全管理队伍建设亦不断增强。公司通过院校引进、在岗继续教育、相关专业转岗培训三条路子加强专业队伍建设。截至2014年年底,全公司共有安全管理人员89人,获得国家级注册安全工程师职业资格的25人,其中高级工程师1人,工程师14人,队伍的专业结构年龄分布更趋合理,队伍的职业归属感、责任意识和技术素质明显提升。

(5)企业安全管理绩效优良。2011年,公司被中华全国总工会、国家安全生产监督总局联合授予“全国安康杯竞赛优胜单位”称号,获芜湖市2010年度安全生产目标管理先进单位称号;无锡地铁获江苏省安全文明工地称号;嘉绍大桥获中国建筑业协会“AAA级安全文明标准化诚信工地”称号;南京长江四桥获江苏省及交通部“平安工地”称号；胡健荣获“中交股份2010年平安卫士”称号。2012年，公司获芜湖市2011年度安全生产目标管理先进单位称号；泉州湾跨海大桥获福建省高速公路施工标准化管理典型示范优胜工地称号；无锡地铁2号线获江苏省文明工地称号；南京长江四桥获江苏省公路水运工程“平安工地”建设活动省级示范工地称号。2013年，公司获芜湖市2012年度安全生产目标管理先进单位称号，灌河大桥获江苏省公路水运工程“平安工地”称号。2014年，曹娥江大桥获浙江省市政公用工程安全文明施工标准化工地称号，灌河大桥获江苏省省级示范“平安工地”及江苏省施工标准化先进单位称号，南京浦口管廊获南京市文明工地称号，株洲枫溪大桥获湖南省建筑施工安全质量标准化示范工地称号。

三、打造核心竞争力，加强设备投入及管理

随着人力要素成本的逐年增加，设备已经成为施工生产和经营的主要抓手，没有“金刚钻”就揽不到“瓷器活”。四公司一直以来注重设备的投入和管理，尤其是企业转轨经营，跨入桥梁、铁路等施工领域之后，更注重提升核心竞争力。2003年，为了承建杭州湾跨海大桥，二航局成立了海力公司，建造“海军”团队，打造“最先进的打桩船”——海力801。同年，四公司“航工砼1603”搅拌船也在杭州东风船厂打造，当时这一搅拌船被誉为“最先进的搅拌船”。先进设备的使用，较好地完成了杭州湾跨海大桥的施工任务，实现了二航局桥梁建设从江河到海洋的跨越，并创造了良好的经济效益和社会效益。

2006年，四公司跨海跨江大桥施工任务重、项目多，搅拌船供不应求，经二航局协调，“航工砼1601”搅拌船划归四公司所有，并参与了金塘大桥的施工。2013年，“航工砼1601”搅拌船又划归二公司所有。

船机设备的大型化、先进化，为公司近几年的快速发展提供了有力保障和支撑，同时促进了公司设备管理能力的提高。截至2015年5月25日，四公司（正式入账）船机设备实际拥有量为1 351艘（台），设备固定资产总原值为34 308.55万元。其中，船舶拥有量为5艘，原值2 686.49万元；施工机械设备拥有量为1 346台/套，原值31 622.06万元。

(一)主要船机设备简介

1.“航工砼1603”搅拌船

“航工砼1603”搅拌船(图8-5-1)是在杭州东风船舶有限公司制造的,船上安装两套混凝土生产线,每条生产线包括搅拌机、混凝土泵、布料机、抓斗吊、发电机等,可单独运行,也可同时运行,最大生产能力160立方米/小时。

图8-5-1　“航工砼1603”搅拌船

杭州湾跨海大桥混凝土方量大,战线长,每浇筑一次混凝土,需要移船抛锚定位。施工中往往白天抛锚定位,晚上浇筑混凝土,劳动强度很大。据统计,仅2005年一年,“航工砼1603”搅拌船生产混凝土累计60 450立方米,进行混凝土生产作业186次,移船定位96次(防台除外),防风避台3次。杭州湾跨海大桥建成之后,“航工砼1603”搅拌船划归公司水工分公司管理,先后在舟山金塘大桥、福建平潭跨海大桥、渔平复线大桥、沪通铁路大桥等项目中施工。

公司非常重视搅拌船的管理工作,早在2003年就在全公司内物色人选到武汉进行船员培训，到济南进行搅拌站的操作培训，等等。第一任船长胡金裕，轮机长李云平，大副张小龙，常年配有船员30多人。

2.900吨米塔式起重机（塔吊）

金塘大桥和上海长江大桥的施工，当时主塔钢锚梁单件质量达40吨，现有的塔吊不能满足使用要求，且社会上没有这样的资源。经考察，公司于2005年与沈阳三洋公司签订购买合同，购买了3台型号为M125/75的塔吊（图8-5-2），1台用于上海长江大桥工程，2台用于金塘大桥工程。该型号的塔吊为全变频控制，变频器为芬兰生产，运行平稳。3台塔吊又先后参加了嘉绍大桥、泉州湾大桥、灌河大桥、芜湖长江二桥的施工，战功卓著。

图8-5-2　金塘大桥4#主墩900吨米塔吊

3.桥面吊机

2002年，在润扬大桥北汊斜拉桥施工中，公司量身定做了4台桥面吊机，完成了斜拉桥61节钢箱梁的吊装任务。图8-5-3为嘉绍大桥桥面吊机施工现场。

图8-5-3　嘉绍大桥桥面吊机

由于桥面钢箱梁的不同,桥面吊机面临“用完即改”的现状,这4台桥面吊机,后来经多次改装,用在金塘大桥、嘉绍大桥、泉州湾大桥的建设中。这4台桥面吊机十几年经过至少三次大改装,这也是特种设备面临的困境。

2010年,公司分别在温州合力购买4台280吨变幅式桥面吊机,在武汉通联购买4台280吨桥面吊机,加上公司自行改装的4台桥面吊机,共12台同时被用于嘉绍大桥的建设,共吊装280多片钢箱梁,出现同时吊装8片钢箱梁的盛况。

一直以来,公司桥面吊机都由安装分公司管理改装,安装分公司具有设备制造及安装资质。2014年,安装分公司撤并,桥面吊机划归装备分公司使用和日常管理。

4. V360振动锤

V360振动锤为美国ICE公司生产,激振力320吨,最大拉力200吨,是当时国内最大吨位液压振动锤。图8-5-4是嘉绍大桥V360振动锤沉放直径4.1米的钢护筒的施工现场。

图8-5-4 嘉绍大桥V360振动锤沉放直径4.1米的钢护筒

苏通长江大桥的主桥基础采用钻孔灌注的方式,二航局承接的标段共有205根直径为2.50~2.80米的钻孔灌注桩,钢护筒为其中的结构之一。精确沉设钢护筒是施钻的前提,而振动锤的选型及正常使用是沉设钢护筒工序的关键。二航局选用了2台美国ICE公司产的V360振动锤,成功进行了施打,此振动锤由四公司管理使用。此设备后期成为四公司特大桥梁施工的开路先锋,一根根定海神针稳稳打入江海中,拉开了主体工程施工的序幕。

嘉绍大桥20根直径3.8米的钻孔桩,钢护筒直径达到4.1米,质量为130吨,长度为45米,如此庞然大物也是由V360振动锤完成施工的。V360振动锤在进行钢护筒和平台桩的沉放之外,还可以进行拔桩作业。

5. 大型移动模架

该移动模架(图8-5-5)是为平潭海峡大桥量身定制的,通过精心设计,一举解决了混凝土箱梁宽度变化大(从46#墩的17.0米变化至51#墩的28.5米)、墩高差距大(由36.6米变化至41.9米)、墩宽变化大(由7.3米变化至19.7米)、墩厚不同型(有3.4米、3.6米两种类型)、单跨箱梁施工砼方量大(约1 448方,重3 873.2吨)等问题,其结构形式为国内首创,承受载荷在国内也首屈一指。

图8-5-5　移动模架

6.缆载吊机

2010年,四公司与柳州欧维姆公司联合设计、制造了400T缆载吊机(图8-5-6)。该吊机是为南京长江四桥量身定制的。同时,公司从日本进口缠丝机、紧缆机和25T摩擦式卷扬机,与400T缆载吊机组成悬索桥施工的核心设备四大件。这些设备在南京长江四桥的成功运用为公司悬索桥施工开辟了市场,核心设备的拥有提高了公司悬索桥施工的竞争力,因此中标了马鞍山长江大桥等工程。该批设备在马鞍山长江大桥施工中发挥了至关重要的作用。

图8-5-6 缆载吊机

(二)设备管理机构

1.公司设备部

没有规矩不成方圆,公司设备管理以制度为纲,不断完善船机设备管理办法。2013年,二航局制定了《二航局四公司船机设备管理办法》,明确了公司设备管理部、装备分公司、水工分公司、项目部设备管理职责分工,同时,制定了《二航局四公司船机设备使用费收取办法》。随着公司规模的不断扩大,公司拥有的固定资产逐年增加,同时,对不能满足生产需求的老旧设备加大了淘汰和报废力度,这使公司设备趋于优良化。公司在设备管理人才队伍建设方面也取得了很好的成效,截至2014年,公司拥有设备管理高级职称人员8人,中级职称人员20人,助理级人员25人,管理队伍结构合理,数量充足,管理有效。公司设备管理人员非常重视特种设备的安全管理,多年来无设备安全事故发生,得到了上级主管部门的认可。2013年和2014年,公司连续两年获得二航局设备管理优胜单位称号。星级设备、优秀管理人员不断涌现,公司设备管理工作不断跨上新台阶。

2. 设备站汽修厂

早在20世纪90年代,公司设备站就与江铃汽车股份有限公司合作,打造了皖南地区江铃汽车特约维修站。通过“走出去,引进来”,主动与“高手”对接,设备站汽车修理厂(简称设备站汽修厂)整体技术能力不断增强,管理水平不断提升,服务意识不断提高,四公司设备站汽修厂升级为安徽省一类汽车大修厂。2012年5月,设备站汽修厂在保留原有维修业务的同时,成功转型升级为江铃汽车4S店。

江铃汽车4S店于2014年5月和10月,分别在芜湖国际会展中心和奥体中心举办过两次车展,积极参与市场竞争,不断突破发展瓶颈,实现了经济效益和社会效益的双丰收。设备站汽修厂在对外经营的同时,兼顾内部设备的维修保养。

3. 装备分公司(原设备站)

2014年4月,四公司启动固定单位重组方案,把下属安装分公司拆分,业务和人员分别并入四公司设备站、安徽分公司和水工分公司,原安装分公司的场地划归设备站所有。设备站对场地进行了统一规划,形成了不同的功能区,还修建了进场道路,搭设了便桥,令人眼前一亮。

2014年6月,四公司对设备站采用新的考核机制,即不以盈利为目的,不具体考核产值,主要考核设备完好率、利用率,重点做好项目服务,考核目标逐步转变为“抓管理、重服务”。在2014年10月的四公司经理办公会上,秦体达总经理就提出,设备站要对公司所有项目的设备实现全覆盖管理,为项目设备管理提供“交钥匙”或“一站式”的管理和服务。

2015年4月,公司设备站升级为四公司装备分公司。同年5月,装备分公司全面接管项目部机电工作的试点工作,并在池州长江公路大桥项目部展开，项目的机电设备统一由装备分公司管理。

4. 水工分公司

为加强对船舶的管理，2013年公司成立了水工分公司，主要负责对公司属船舶的管理，同时配合公司进行船舶的租赁和调拨，船员的管理，承担水工工程的施工任务。2015年9月，撤销水工分公司，成立“中交二航局第四工程有限公司城轨分公司”。

第六节　运行现代企业制度　内部管理精细化

一、财务工作由核算型向管理型转变

(1)积极稳妥地推进财务共享中心建设。自2010年起，公司对安装施工处、设备站、修理厂、检测中心、物流中心等单位进行组合，成立芜湖片区财务共享中心，实行专业化财务管理和服务；2012年8月，公司成立会计部，将会计工作与财务管理职能区分开来；2014年11月，公司成立了芜湖共享中心。

(2)制定新的《资金管理办法》。2009年，公司制定了新的《资金管理办法》(后简称《办法》)。《办法》规定各单位资金流入率不低于90%，资金时点存款集中率不低于80%；加大应收款的清收力度，每年都制订清收计划，按计划目标完成清欠工作。其中，2009年收回4 061万元，2010年收回15 400万元，2013年收回27 800万元，每年都能按计划完成清欠目标。合理运作资金，一方面调剂资金给急需项目，另一方面不断降低期末贷款余额，发挥资金运作效益，在资金压力大的情况下，适度提高负债比例，如2010年期末应付款占营业额的30%。另外，与协作单位建立共享成果、共担风险的诚信关系。

(3)强力推行预算管理，不断完善预算管理制度。把单线的编制预算向预算执行和深度分析展开，及时调整预算和年度目标，将预算建立在客观实际的基础上，加强对预算执行过程的控制，坚持每月预算执行情况报表制度，使预算起到精细化控制作用。

(4)合理利用国家优惠政策。在严格按财经制度、税收制度办理各项经济业务,依法缴纳各种税款的情况下,合理利用国家各种税收优惠政策进行税收筹划,努力达到降低企业税赋的目标,如利用技术开发费税前加计扣除政策。2009年,公司通过科技开发项目积极搜集整理资料,建立技术开发项目台账,上报技术研究开发支出9 516万元,获税收优惠720万元。

(5)开展银企合作,加强资本运作。银行授信额度对企业的生产经营有巨大影响。公司加强银企合作,合作银行和授信额度有所增加,这对公司顺利实施生产经营起到很大作用。

(6)规范商业保险管理,提高商业保险管理水平。自2012年起,公司所有新开项目都参加工程一切险、第三责任险和人身意外伤害保险,当年收到各项索赔款501万元,有效地补偿了项目部分损失。

二、开发人力资源,提升员工素质

(1)加大人才引进力度。公司为满足未来发展需要,以促进专业结构的平衡与配套为原则,加大人才引进力度,缓解人力资源不足的矛盾。一是扩大应届高校毕业生招收计划,确保资源储备量。2009年共招收109人,2010年98人,2011年63人,2012年77人,2013年49人,2014年70人,2015年94人。在这几年的招收工作中,铁路和海外工程相关专业人员比例明显增加,截至2014年年底,公司在册员工总数1 176人,在岗1 127人,内退38人,其他11人。在岗员工中,硕士研究生学历14人,大学本科学历 615人,专科学历123 人,中专及以下学历375人。其中,教授级高级工程师 1人,高级职称90人,中级职称229人,初级职称343人;高级技师15人,技师65人,高级工76人。二是择优录用外聘人员,挖掘社会资源。对在公司工作一年以上,具有丰富工作经验和突出技能,在某方面为项目部做出贡献的劳务派遣身份的技术人员和管理人员,通过“项目部推荐,人力资源部审核,公司总经理审批”的程序向二航局请示录用为主体员工。自2010年起,公司出台了引进人才的管理办法:对符合外聘条件的人员采用“先派遣试用,再考核推荐,后录用申报”的方式引进,严把进人关;2013年,制定了《中交二航局第四工程有限公司劳务派遣用工管理办法》,进一步规范人才引进工作。

（2）提升员工素质。一是注重干部年轻化，通过师徒“传帮带”、下基层锻炼、岗位负重锻炼等方式，形成挖掘人才和培养人才的工作机制。二是建立“人尽其才，用其所长”的机制，针对员工的业务方向、爱好、兴趣和性格的不同，做到用其所长；在对员工进行引导、观察和协助分析的基础上，通过职业生涯规划，建立员工合理化晋升通道，提供技术管理创新平台，建立有针对性的培养机制。三是加大培训力度，督促员工积极参加职业资格报名考试及取证注册，鼓励有条件的职工积极申报参加技术职称评审，鼓励自学，加强内培，开展外培，以多种方式提高职工素质。四是规范员工管理制度，倡导公开、公平，尊重人权、人格；强调效率、效益、效应及富有进取精神和创造精神的团队建设。

（3）执行二航局薪酬分配制度，不断完善项目责任承包管理体系。

（4）完善职工养老保险统筹。1986年1月，四公司以属地为原则，全员在芜湖市社保局参加了失业保险；2007年4月，全员在芜湖市社保局参加了生育保险。2007年，四公司被评为安徽省劳动保障诚信示范单位；2008年，被评为芜湖市劳动保险诚信A级企业。2009年5月，经二航局研究同意，各分公司、子公司可自行参加医疗保险，四公司2009年7月经职代会讨论通过，8月向芜湖市劳动和社会保障局提交了要求参保的申请，2010年再次报批，直至2012年获批。1996年1月，以二航局为单位，四公司全员在湖北省养老局参加了养老保险。为实现养老人员保险属地管理，自2009年起，公司逐步在芜湖市参加了养老保险。

三、“信息化”建设稳步推进

1984年，公司工程科、经营科、办公室等部门购进了第一批电脑，公司相关部门的工程报表、定额报价、文件管理开始了单项业务微机管理，同时，举办和参与了各类计算机应用和网络技术培训。到20世纪90年代后期，公司机关日常工作逐步依赖计算机完成，实现了复杂计算电算化，文档处理电子化，通用性工具和自行开发的单机软件得到充分利用，单项业务处理、员工个人办公效率得到很大提高。

2001年，公司组建了局域网；2002年至2006年，经过几年的努力，岗位工作电算化向企业管理信息化快速迈进。

2009年,公司继续加大信息化建设力度,进一步改善软硬件设施,加大二航局综合业务平台的应用推进力度,包括腾讯通、综合业务管理系统、知识系统、档案管理系统的应用。2009年,完成了财务“用友”软件与“浪潮”软件的转换,人力资源信息化调配和薪酬、经营、工程、合同、分包商管理等模块全面运行。

2010年,公司各业务模块系统信息化功能得到不断拓展和完善,财务、成本动态监控、物资材料收发存、安全、质量和竣工资料六大系统正常运行。在财务信息化建设上,充分利用财务信息化平台,一方面保证所有项目财务人员的网络畅通;另一方面要求所有单位按照公司规定制度对财务支付信息与合同联动进行深入分析,特别是资金的管理,做到每天监管,出现预警及时解决。在人力资源信息化管理上,2010年年初公司制定了《四公司人力资源信息运行规则》,对人力资源信息系统进行了规范,进一步明确了系统角色和责任分工,对各模块进行了详细注解。在合约信息化管理中,动态监控、采购合同、分包商管理、合同执行跟踪、初期成本预测、合同预计总成本调整等模块均全面运行,这强化了过程控制,推进了分包合同财务联动支付工作;营销、项目管理、质量、安全、档案、新闻资讯、知识系统等板块均能在日常工作中发挥重要作用。

2011年,公司成立了信息化领导小组,组建了信息中心,信息化专业人员达5人,并对机房进行了升级改造,互联网入口带宽拓展为30兆。公司渔平高速公路延伸线项目作为二航局双特级资质水工资质信息化检查的唯一展示项目,接受并通过了交通部水运司的高标准检查。

2012年,公司信息化建设紧扣资质考评,配合二航局双特级资质检查,各子系统运行良好,年内新增50万元以上设备合同录入率和招标、议标率均达到100%。设备使用计划、动态信息、设备台账、租赁合同、设备安拆方案都实现了平台管理,所有重点项目物资管理系统都建立了物资信息化岗位责任制,基本实现无纸化办公,会议上线运行。资金系统全面上线,项目债权、债务信息完全实行线上操作。

2013年,四公司顺利完成了二航局统一要求的系统应用对接任务,各岗位从业人员均接受了相关领域的知识技能培训，建立完善了一系列信息考核制度及管理办法。同时，加强海外项目信息化推进工作，基本做到管理与国内同步。2013年，四公司荣获二航局“2013年度信息化建设优秀单位”称号。

四、规范合同管理

(1)成立合约部。自2003年起，在原成控办的基础上，公司成立了合约部，第一任部长是杨积明。合约部主要履行合同管理、成本管理、分包管理等职责，合同实行分类归口管理：工程承揽合同的评审签订由市场部负责，经济责任合同、工程分包合同由合约部管理，设备、物资合同分别归口到设备部、物资部，法律事务合同由法律事务部负责。

(2)加强对分包商的管理，建立分包商动态资源库。一是实行分包商准入管理，定期向二航局推荐合格分包商，执行二航局发布的年度分包商名录；二是实行差异化管理，在广开渠道、寻求社会资源、扩大和优化分包商的同时，对分包商进行分类引进和分类管理，加快“联盟型”“卫星型”“交易型”分包链建设，以适应不同施工形式的需要，提高公司总包能力。

(3)加强成本管理，提升项目盈利水平。认真完善项目成本测算办法，落实项目经理的责权利，完善项目管理责任书的签订(责任书以成本为导向，引导项目部坚持以成本核算为中心)，加强项目成本预测、成本动态控制和成本分析，真正做到干前有预算，干中有核算，干后有决算，向管理要效益。

(4)推行合同上线，与二航局同步开发运行网上管理模块，主要包括工程建设合同管理、工程分包合同管理、合格分包商管理三个子模块；同时，推行分包商与财务联动支付，实现与财务联动的有效衔接。

五、提高审计效能

2009年以来，公司审计部门严格执行《中华人民共和国审计法》，落实、执行上级单位制定的审计规定，紧紧围绕加强各项管理、提高企业效益的目标，积极开展各类审计、监察工作。

2009年,公司主要立足于查找问题、发现问题,通过加强内部管理,加大审计监察力度,当年完成了公司工会及平潭大桥、建邦大桥、隆百高速公路等项目的财务审计9项,完成了分公司劳务用工管理和哈大项目合同管理专项效能监察2项,参加设备采购、劳务及工程分包招标、物资采购招标100余项。通过审计、监察和参与,公司查明了真实情况,强化了监督指导作用,推动了企业执行力建设。

2010年,公司主要以增加企业价值为目标,以管理活动和内部控制为对象,积极开展工作,年内独立完成了审计6项,效能监察2项,参与设备招标14项,涉及金额870万元,物资招标96项,涉及金额3.54亿元。对公司所属单位的监督面达100%,通过审计、监督,提出建议63条,落实率达100%,这对公司整体效益的提高起到了一定作用。在防范风险工作中,公司特别重视合同法律审核工作,积极应对纠纷,维护企业合法权益。

2011年,通过加大审计覆盖面,及时发现成本控制方面的问题和薄弱环节,认真抓好效能监察、选题立项和组织落实工作,当年马鞍山长江大桥项目部分项工程劳务分包协作结算效能监察被确定为"中交集团2011年效能监察联系点",公司审计部门、马鞍山长江大桥项目部配合集团很好地完成了"联系点"相关工作。2012年,马鞍山长江大桥项目部作为优秀代表在中交集团效能监察现场经验交流会上进行了经验交流,获得集团好评。

随着公司生产规模不断扩大,经营模式多样化,特别是海外投资项目的实施,公司面临的风险越来越多,加强风险管控的要求越来越迫切。公司进一步加大了审计监察的工作力度,不断改进工作方法。2009年以来,审计部门利用综合系统和财务系统进行审计,极大地提高了审计效率和审计质量,还将财务收支审计与内部控制审计、风险管理审计等有机结合起来,促进审计工作的互动与发展。

第七节 围绕中心,推进党建和精神文明建设

2009年,二航局召开了第九次党代会,提出了未来五年"八个三"主要工作任务:一是大力推进"三大结构"(生产、市场、资产)调整,实现"三分天下"

战略，不断扩大市场占有率，增强企业实力；二是继续强化“三大风险”（安全、质量、资金）意识，切实提升企业抵御风险的能力，确保企业健康运行；三是认真做好“三项申报”（企业公路和港航两个工程总承包特级资质、国家级企业技术中心和国家级桥梁重点实验室）工作，继续推进企业技术升级，增强核心竞争力；四是继续抓好“三大资源”（人力、物资、财务）配置，不断提升企业管控能力，增强企业发展活力；五是深入推进“三大软件”（思想道德、文明创建、企业文化）建设，大力提升企业品质，激活企业发展基因；六是坚持突出“三大工作要素”（劳动关系、素质提升、利益保障），大力推进和谐企业建设，提升员工幸福指数，增强企业凝聚力；七是紧紧抓住“三大关键环节”（教育、制度、监督），不断推进党风廉政建设，为企业持续健康发展护航助力；八是坚持把握“三项基本建设”（班子和干部队伍建设、基层党组织建设和党员队伍建设），大力提升党建工作效力，增强企业发展动力。四公司党委在二航局党委“八个三”主要工作任务指导下，结合各年度中心工作，深入推进党建及企业精神文明建设新的伟大工程。

一、全面加强党组织自身建设

（1）全面推进“四好班子”建设，形成精干高效的干部队伍。公司党委充分发挥政治核心作用，抓大事、谋全局、审时度势、把关定向。在决策上，公司充分发挥班子整体功能，对于企业发展、企业改革、干部任用、收入分配等事关全局的重大事项，坚持班子集体研究，整体讨论，集思广益，实行民主集中制，做出科学正确的决策。

（2）坚持两级中心组学习制度。公司结合各年度学习重点，先后组织党员学习了《中国共产党党员领导干部廉洁从政若干准则》以及干部选拔任用工作“四项监督制度”等文件。

（3）加强后备干部和中层干部队伍建设，完善领导班子结构，建立后备干部人才库；加强对中层干部的考核力度和监管力度，建立科学的以绩效考核为重点的干部考核评价体系。2011年，公司在全局范围内率先制定颁发了《中交二航局第四工程有限公司中层管理干部绩效考核管理办法》，将考核结果与个人经济兑现挂钩，努力实现职务、薪酬与责任贡献相对统一；

2013年,公司修订完善了该办法,加大了对中层干部的管理力度。在强化考核的基础上,结合中央“八项规定”精神,将一批靠得住、能干事、在状态、善合作,并得到广大员工认可的同志选拔到重要岗位上来。

二、推进学习型党组织建设,学习实践科学发展观

自2009年3月18日开始,公司党委组织两级党组织和广大党员开展了学习实践科学发展观活动。在三个多月的时间里,高标准看问题,严要求找差距,高质量求效果,全面完成了深入学习实践科学发展观活动各阶段的工作。公司党委采取区别情况,分类指导,突出针对性的办法对基层分别进行调研和指导;基层党支部都成立了学习机构,制定学习方案,形成一级抓一级的格局;在学习方法上,采取抓住主线、创新方式的做法,主要抓住“实践科学发展观”这一主线,针对有影响的重要问题进行调研,同时设立职工意见箱,做到统筹兼顾、注重实效、学用结合,把整个学习实践活动与中心工作结合起来,推动各项工作任务的完成。

三、创新机制,着力创新基层党建工作

(1)2011年,公司以“明确党员责任,活跃基层组织”为主题,切实抓好“争先创优”活动的各项工作。建立公司、基层两级党组织定期工作汇报和班子成员联络制度;积极推行“项目党建前期筹划”工作,公司党委制定颁发了《中交二航局四公司关于推行项目党组织工作策划书工作的实施意见》。随着海外市场步伐的加快,公司又出台了《海外项目党建工作管理办法》,从制度上为海外事业的不断发展提供坚强保障。

(2)2012年,公司开展了“基层组织建设年”活动。在活动中,公司党委不断扩大基层党组织覆盖面,着力建设高素质书记队伍,促进基层支部标准化建设,并充分发挥党员先进性作用。2012年,公司党委为原四公司剥离后重新组建的三个改制公司成立党支部,保证了改制企业中党员能够正常开展党内活动;为离退休党员专门成立了“二航四公司离退休党支部”,并提供会议室、活动器材、电话、网络、书报等,多次受到鸠江区街道党委的赞扬;采取项目领导班子成员交叉任职,从各类专业技术人员中选拔合适的人加入

党务工作者队伍等办法，加强基层党组织建设。

(3)强化干部队伍和党员队伍建设。公司通过年度考核和责任追究，加大对中层干部的监管力度，党员发展本着“坚持标准，保证质量，改善结构，慎重发展”的方针，坚持“个别吸收，择优发展，民主公开”的原则，不断为党组织输送新鲜血液。

四、文明创建与“标准化工地”建设齐头并进

(1)按照《安徽省文明单位管理办法》的要求，公司党委将物质文明、精神文明和政治文明建设有机地结合起来，深入开展工作，部署创建目标，制定活动措施，在创建工作过程中克服形式化、表面化倾向，使活动真正起到推进企业进步与发展的作用。

(2)在提高公司文明创建水平的基础上，公司党委着力提升基层“安全文明标准工地”的创建水平。公司注重“统筹创建规划、落实创建内容、推动创建发展”三个环节，形成了创建整体水平高、外部形象好的特点。嘉绍大桥项目荣获2009年度浙江省“高速公路建设工程标准化工地建设优秀项目部”称号；金塘大桥项目部荣获“2009年度全省高速公路建设工程标准化建设工地优秀项目部”称号；截至2014年，公司连续15年获得芜湖市建委“安全生产先进单位”称号。2014年12月，公司顺利通过了交通运输部企业安全生产标准化考评，再次荣获“芜湖市劳动保障诚信示范单位”称号；沪通大桥、芜湖长江二桥、灌河大桥、曹娥江大桥、武深高速公路、泉州机场路、渔平高速公路等项目分别获得多项省部级荣誉称号。

五、标本兼治，落实廉政责任

公司党委、纪委按照“立足教育，预防为主”的方针，在主管教育和制度建设上下功夫，制定了《建立健全惩治和预防腐败体系2008—2012年工作规划》等一系列落实廉政建设责任的规章制度。公司还形成了“大宣教”格局，在党员领导干部中先后开展了“五照五思”“作风建设年”等专题活动，认真贯彻中央“八项规定”和“反四风”要求，继续以责任状形式落实领导干部廉政责任，层层签订责任状，同时落实责任状执行情况；开展有针对性的效能

监察,根据党纪、政纪、效能监察,将廉政责任与经济收入挂钩,并根据党纪、政纪区别情况进行追责。

为有效推进公司廉洁文化规范化建设,公司开展"检企共建"活动。2014年,公司与芜湖检察院签订了《廉政共建协议》,并举行了启动仪式,共同拍摄廉政微电影《门路》;还将芜湖长江二桥项目部确定为"廉政共建联系点",并开展活动;编写了《机关部门廉洁风险防控手册》,制定相应的廉洁风险防控措施,落实二航局"五条禁令"承诺制度。

六、党建工作统筹升级

2014年,在确保"项目组建在哪里,支部就建设在哪里"的基础上,公司结合项目扁平化、区域化管理模式的转变,积极探索项目党建工作管理的新模式。公司成立了"沪通长江大桥项目经理部党工委"和"杭黄铁路V标项目部党工委",在项目部内部采取分工合作的形式共同完成项目党建工作任务;成立了"安徽分公司党总支"和"湖南分公司党总支",在片区内部采取"统一管理、分部推进"的方式开展党建活动。

2014年,公司积极落实上级党委工作精神,创造性地开展了多项活动。全面深入开展"项目增效,党员在行动"主题实践活动,并获得了二航局"优秀组织单位"称号;组织开展了"践行核心价值观,争做最美二航人"岗位实践活动,周新华同志荣获"最美二航人"的"安全之美"奖,同时还有3名同志获得提名奖;组织开展了以"人人都是赢利点"为主题的每周两小时学习论坛活动,全年共收集上报论坛文章24篇;继续抓好项目党组织工作策划书工作,重点抓了沪通大桥一工区、杭黄铁路二分部、皖河大桥、宁和城际铁路、广西凤山公路等项目部的党建策划工作。另外,做好公司基层项目党组织分类定级工作,2014年,共考评基层党组织23个,其中,"先进"支部18个,"一般"支部5个,无"后进"支部。开展了"党员真声音"党代表提案活动,收集党代表提案12条,精选了2条提案参加了"二航真声音"党代表提案竞赛活动,其中一条获奖;开展了纪念建党93周年"七一"表彰活动。2014年,四公司渔平高速公路、灌河大桥项目部党支部获得了中国交建党委"先进基层党组织”称号，其中4名党员获得了“优秀党员”称号，望东大桥项目党总支获得了二航局党委“红旗基层党组织”称号，同时，四公司党委表彰了7个先进基层党组织和36名优秀党员。

2014年，公司以特大型项目为培训基地，加快人才培养步伐，与沪通大桥项目部联合编制了《项目部人才培养规划》，为今后更好地参与市场竞争做好人才储备。目前，公司已将这一做法逐步推广到杭黄铁路项目、投资板块和海外板块，借此加快培养多种类型人才。

七、成功召开公司第七次党代会

2011年11月23日至24日，中共中交二航局四公司第七次代表大会在芜湖隆重召开，由各基层单位选举产生的90名党代表和7名特邀代表及16名列席代表参加了会议。公司党委书记张玮代表第六届党委作了题为“践行科学发展观，发挥党组织优势，为实现公司跨越而努力”的工作报告，报告总结了第六次党代会以来7年的工作，部署了第七届党代会的主要任务(6个保证)：坚持核心领导，提供战略保证；夯实党建基础，提供组织保证；加强塑形宣传，提供舆论保证；强化反腐倡廉，提供纪律保证；深化企业文化，提供文化保证；突出和谐建设，提供群众保证。程跃辉同志代表第六届纪委作了题为“推进党风廉政建设和反腐败工作，提高保障和服务公司有效运行的能力”的纪委工作报告。会议选举产生了中共中交二航局第四工程有限公司党委委员会和纪委委员会，报经上级党委批准。中共中交二航局第四工程有限公司第七届党委委员会由张玮、程跃辉、李宗平、吴天寿、秦体达、徐琨、朱君兵、汪俊杰、尤田等9人组成，张玮任党委书记，程跃辉任党委副书记、纪委书记。2015年4月，增补张国云为党委委员，任党委书记，增补焦贤模为党委委员、纪委委员，任党委副书记、纪委书记。

八、发挥工会桥梁纽带作用

工会工作紧紧围绕公司的中心工作，在加强组织建设、推进民主管理、服务工作大局、维护职工权益、构筑和谐劳动关系等方面开展大量工作，成为企业与员工之间的桥梁和纽带。

(1)深入开展“建家活动”,促进工会整体工作上台阶。在“建家活动”中,工会统一思想、提高认识、团结职工、依靠职工,不断提升“建家活动”工作水平,取得了优异成绩。其中,2009年,公司工会获得了芜湖市首批“五星级职代会”称号,公司工会阅览室被授予安徽省“职工书屋”称号,公司荣获“全国安康杯竞赛优胜企业”称号,山东济南黄河建邦大桥项目部荣获“工人先锋号”称号。2010年,公司荣获“全国厂务公开民主管理工作先进单位”称号,宿淮铁路项目部荣获全国交通系统“工人先锋号”称号,马鞍山长江大桥项目部荣获“安徽省工人先锋号”称号,南京长江四桥项目部荣获“南京市工人先锋号”称号,嘉绍大桥项目部崔红伟同志荣获嘉兴市“十大杰出职工”及“浙江省优秀职工”称号,南京长江四桥项目部获江苏省五一劳动奖状。2013年,渔平高速公路项目部荣获“全国工人先锋号”称号,南京青奥步行桥项目部荣获“南京市工人先锋号”称号。2014年,公司荣获福建省五一劳动奖状;芜湖长江二桥项目部荣获“安徽省工人先锋号”称号,项目常务副经理王德怀荣获芜湖市五一劳动奖章;南京青奥步行桥项目部常务副经理种艾秀获南京市五一劳动奖章。

(2)加强民主管理,提升职工参与企业管理能力。职工代表大会和职工民主议事会议制度,是四公司职工参与企业民主决策、民主管理和民主监督的一项基本制度。在这一基本制度的执行中,公司的企管会始终有职工代表参与其中。职工代表通过这些会议参与讨论企业重大决策(如重大体制改革、劳动用工、工资福利、劳动保护、生产经营、人事任免、大额资金支出等)的研究和制定,切实落实职工代表的知情权,有效发挥职工联席会议的作用。公司还不断促进厂务公开制度的健全和落实,切实做到真公开、常公开、主动公开。通过不同形式和渠道听取职工的意见、建议和要求,采纳广大职工的合理化建议,不断改进管理工作;坚持完善和落实劳动合同管理工作,健全劳动争议调解机制和集体合同、工资福利、集体协商机制。

(3)突出维护职能,切实关心和爱护职工群众。公司工会从实际出发,为职工送温暖、送政策,做了大量的工作:①2012年7月公司筹集2 000万元完成了所有在岗和退休职工加入社会统筹医疗保险工作;②连续坚持“冬送温暖、夏送清凉”，每逢重大节日，对特困职工进行慰问；③切实关心员工生活，为他们排忧解难，关注待岗、生病等弱势群体；④保障女职工各项权益，开展一系列活动；⑤开展丰富多彩的文娱活动。以2013年为例，工会充分利用“节日文化、假日文化、休闲文化”三大文化平台，在3月份为女职工送去《拥抱快乐》和《牵手幸福》两本书，并开展“书香三八，幸福二航”读书征文活动；6月，开展了“给海外父母知心话”活动，为孩子与在国外施工的父母搭建起亲情传递平台；8月，四公司“雄鸠”篮球队荣获第五届二航局篮球赛冠军；9月，开展了“圆梦计划”——为一线职工购房服务的活动；10月，召开退休职工茶话会，为518名退休职工送去了节日的祝福；11月，以精神关爱和休闲娱乐为切入点，组织95名退休职工进行秋日旅游；12月，组织职工参加合南社区第一届乒乓球赛，包揽了女子单打冠亚军。2014年，各项目部结合节假日、生产闲暇时间积极开展“趣味运动会”“棋牌大赛”“集体生日”“相亲联谊会”“演讲比赛”等活动。值得一提的是，株洲枫溪大桥项目部在工地创办的职工书屋被评为湖南省首家“工地书屋”。

（4）大力开展群众性生产活动，不断提高职工技能水平。公司工会围绕公司大局，结合施工生产，一以贯之地开展劳动竞赛、“安康杯”竞赛、技能比武、技术创新等生产性活动，在实践中不断提高员工业务水平和技术水平，取得了可喜的成果。以2013年为例：已竣工通车的南京长江四桥的“悬索桥锚碇钢筋混凝土榫锚固系统安装施工工法”喜获国家一级工法；马鞍山长江大桥项目部的“一种大体积沉井地基的分区封底办法”发明专利获批；纬三路过江通道项目部管片制作QC小组获安徽省优秀质量管理小组称号，并受邀参加中国施工质量协会优秀QC小组交流大会；株洲枫溪大桥项目部2013年上马的科技研发项目——大跨双塔自锚式悬索桥施工与控制关键技术研究，解决了深水基础施工中在陡峭岩面上水下爆破及钢围堰在无覆盖层情况下的难题；2013年7月，曹娥江大桥项目部成功承办了“二航局安全监督岗位技能比武”活动，四公司荣获团体第三名。

（5）增强大局意识，承担社会责任。公司积极承担社会责任，倡导职工自发献爱心。如2012年2月，水工分公司举行了对许传应同志家属的爱心捐款活动;4月,湘潭项目部主动维修施工范围内的湘江大堤,确保安全渡过汛期,受到当地政府及堤防部门的高度赞扬;8月,青荣铁路第三项目部特拨专款,与东岔河村委会合作组织人员修建公路,为近百户村民出行带来方便。2013年4月,四川雅安地震发生后,公司两级工会第一时间号召全体职工行动起来,共募集善款80 148元,为灾区人民送去了二航人的关爱。

(6)召开第十届职工会员代表大会。2013年2月20日至22日,中交二航局四公司第十届职工会员大会在芜湖召开,121名代表参加了会议。会议听取并审议了李宗平经理题为"积蓄发展正能量,提升管理新境界,为实现公司持续稳定发展而努力奋斗"的行政工作报告,听取了张玮书记题为"深入解放思想,助力企业内涵式发展,持续改进作风,提升党建科学化水平"的党委工作报告。大会选举产生了新一届工会委员会和经费审查委员会,报经上级批复:四公司工会第十届委员会由徐琨、邱阳、杨荣圣、刘俊、王力、苗兴强、汤新萍、王秋明、许雄飞、刘群、张翠玲等11人组成,四公司工会第十届经费审查委员会由汪瑾、王立成、杨辛、乔东方、丁青明等5人组成;徐琨同志为四公司工会第十届委员会主席,汪瑾同志为四公司工会第十届经费审查委员会主任。

九、发挥共青团生力军作用

自2009年以来,公司团委在公司党委及上级团委的领导下,按照团的章程,紧紧围绕公司生产、经营中心,结合团员青年的特点,以一系列活动为载体,把活动内容融于项目工程建设之中,发挥团员的青年主力军作用,引导广大团员青年在两个文明建设中,把共同理想与本单位发展目标结合起来,把自己的工作和人生追求结合起来,从而体现自我人生观和价值观,展示飞扬的激情,传播自强不息的正能量。其中,2009年,公司团委结合施工生产,组织"青年突击队"开展"青年安全生产示范岗""青春在重点工程闪光""青年安全监督岗"等竞赛活动。2010年,公司团委继续狠抓"青年文明号"创建活动,南京长江四桥"青年突击队"荣获芜湖市"青年文明号"称号;积极组织开展了"服务芜湖动漫节"、义务献血、抗震救灾捐款等青年志愿者活动,在"创新创效"活动中有2项成果获二航局"五小成果一等奖",公司经理李宗平被评为第二届“中国交通建设十大杰出青年”。2013年,公司团委以“双争双创”为抓手,重点开展了望东大桥项目部“青年文明号”的创建活动,积极组织年轻人参加二航局“英语口语大赛”并获三等奖,组织未婚青年参加“相亲大会”等活动。2014年,公司团委全面启动了“青年突击队”“青年安全生产示范岗”活动,组织开展了“星期吧”文明道德传诵、义务大扫除、义务献血、帮扶援助、文明交通行、做文明有礼芜湖人等青年志愿者活动;公司获二航局“青年文明号”和芜湖市“青年文明号”称号。

2011年6月25日,共青团中交二航局四公司第七次代表大会在芜湖隆重召开,由各基层单位选举产生的46名团员代表参加了会议。公司团委书记唐元元代表第六届团委作了题为“高举伟大旗帜　落实科学发展,团结带领团员青年为推进公司快速发展奉献青春和智慧”的工作报告,报告总结了第六次团代会以来七年的工作,部署了第七届团代会的主要任务,即重点抓好“一项教育”、深化“四项行动”、加强“三大建设”。会议选举产生了共青团中交二航局四公司第七届委员会,报经上级团委批准。共青团中交二航局四公司第七届委员会由古培、主自发、张国浩、张力元、吴焕彬、唐元元、彭琳琳等7人组成,唐元元任团委书记。

第八节　文化导航,打造“升级版”二航四公司

企业文化是企业的核心竞争力所在,是企业管理的重要内容之一。四公司一直注重企业文化建设,认为任何一个成功的企业都必然有一种成功的企业文化,现代企业的竞争已不仅仅是技术实力的竞争,更多地体现为企业文化的竞争。

四公司文化是二航局文化的重要组成部分。在60年的发展历程中,它承载着厚重的文化底蕴,继承传统,并不断开拓创新,多元发展,逐渐形成了桥梁品牌突出、员工精神突出、执行能力突出、盈利水平突出的亮点和特色,形成了“厚重、稳健、务实、创新”的文化共识,做到了厚重而不沉重、稳健而不失灵动、务实而不刻板、创新而不浮躁的文化诠释。这种文化,深植在四公司员工心里,表现在他们的理念上、行动上、视觉上,具有鲜明的特色。

一、推进企业文化落地工程,修订行文化大纲

2003年,二航局首次召开职工思想道德和企业文化工作会议,成立了二航局企业文化部,拉开了文化建设的序幕。2005年,二航局颁布了《二航局企业文化建设大纲》,列出了5章44条的具体条目,描绘了企业文化建设蓝图,为企业文化建设打下了坚实的基础。同年,积极开展企业文化年活动,统筹企业文化和企业发展战略的关系,提出打造百年二航的战略目标,将《二航局企业文化建设大纲》《二航局员工手册》《二航局制度汇编》以及《二航局企业文化方案的实施计划》等有机结合起来,为公司确立了新的历史发展方向。

《二航局企业文化建设大纲》的全面推行,培育了"诚信共赢、拼搏奉献、持续改进、超越自我"的核心价值观,确立了"诚信服务、优质回报"的经营理念,明确了"争科技领先、创管理一流"的企业精神,践行了"港航连四海、路桥通五洲"的企业使命,以"成为世界一流的工程建设企业,成就基业长青的百年二航伟业"为愿景,引领二航人不断追求更强、更大、更卓越。同时,公司确立了高质量的企业文化理念体系和工作体系,企业文化品质得到了有效提升。文化兴企,公司构建了企业文化建设的"七位一体"理念体系和"五位一体"工作体系。

《二航局企业文化建设大纲》下发后,得到了全局上下的积极响应,四公司开展了多种形式的宣传活动,制定了学习贯彻大纲的实施意见,并逐步推动落实,通过企业网络、统一着装、统一标识等,展示企业形象。

2014年年初,时隔8年,二航局的经营领域不断拓展,铁路、地铁、隧道、海外投资等市场蓬勃发展,原来的《二航局企业文化建设大纲》不能适应新的发展要求,二航局提出了修订企业文化大纲的计划,并下文各个分、子公司,征求意见。

2014年11月,二航局第二次思想道德和企业文化工作会在武汉召开,在广泛征求意见和建议的基础上,新的企业文化大纲——《行文化大纲(征求意见稿)》在会上首次推出。四公司党政工主要领导,企业文化部负责人出席会议;王力代表塞尔维亚泽蒙大桥项目部,做了题为"架中欧友谊桥,扮靓

多瑙河畔；铺温情二航路，畅通欧洲市场”的思想道德和企业文化建设工作汇报，提出了“项目在海外，党建不例外”的海外党建工作思路。

会议总结了公司过去8年思想道德与企业文化建设工作的成就，解析了新的历史发展时期公司企业文化的特质，对今后的企业文化建设工作进行了部署，发布了公司形象宣传片和《行文化大纲》，二航局董事长、党委书记蒋成双作了题为“知而行之、文而化之，以高度的文化自觉积蓄企业发展的新能量”的讲话。讲话从公司的管理实践出发，将管理的精髓和文化建设的归宿归结为“知而行之、文而化之”；从公司的战略环境出发，强调公司应着力修炼内功、深度融合、彰显特质；从文化的视角，拉通了公司战略、管理理念、管理布局这一整套脉络；从治理“亚健康”入手，深刻洞悉了企业目前存在的潜在病灶，深入解读了价值管理理念，并创新性地提出了二航局“中部崛起”战略；从重要战略入手，强化“海外优先”和“桥品牌推介”，进一步明确了公司的主要发展方向。此外，讲话还厘清了《行文化大纲》和“十个让”的关系，统一了思想。

蒋成双特别指出，二航文化建设是全体员工共同的责任，领导班子和每一位员工都要践行；要抓紧《行文化大纲》的宣传贯彻工作，要推进二航的“中部崛起”；员工要行动起来、担当责任、有所作为，成为二航航船中不可缺少的一员。二航文化对企业有引领作用。对企业而言，文化是灵魂，战略是纲，其他的办法、规定、措施是目，企业战略如果没有境界和文化含量，就没有品质。要做品质二航、温情二航，就要打造“文化二航”。

《行文化大纲》共5章52条，对行文化的核心内涵的四个层次、企业文化定位、企业核心理念、企业理念体系、企业发展目标等进行了明确，修订了原大纲的企业愿景，提出“行者无疆，百年二航”的新愿景，把“十个让”作为行文化建设的基本目标，并增加了“培育商文化”等条款。2015年3月，《行文化大纲》正式发布，四公司组织了行文化的各项宣传贯彻活动。

二、“十个让”理念的提出和解读

2013年，中国交建在改革创新、调整提升方面采取了一系列大的动作，着眼顶层设计，打造“五商中交”，强化适应性组织建设，履行发展责任和管理责任,促使集团各产业之间结成生命共同体,实现由产业链向价值链的转换。这一系列的举措已经初步显现出强大的爆发力、影响力和辐射力。

60多年的建筑生涯塑造了二航局的“工”文化,这种文化是我们的财富,带领几代二航人开疆拓土,培育了我们严谨、务实的作风,铸造了我们坚韧、吃苦耐劳的品质,这种文化需要我们这一代乃至后辈二航人的不断传承。同时,我们确实需要与时俱进,适应企业新的角色定位,赋予企业文化新的特质,在“工”文化中注入“商”的元素,“工”“商”并举,引领企业前行。企业文化建设工作要围绕这样的定位,调整文化大纲,丰富内涵,树立导向。

在这样的背景下,在2014年的工作会上,二航局董事长、党委书记蒋成双提出了“十个让”的理念,即让规则落地、让成本还原、让绩效说话、让监督有效、让风险受控、让文化升级、让激情飞扬、让思想阳光、让业绩更优、让员工受益。

让规则落地:以制度“安全线”自持,靠制度管人,依制度办事,按制度行权;以纪律“警戒线”自律,在心中自设“篱笆墙”,不越雷池,不入禁区;以法律“高压线”自警,时刻做到“心中有之,言必合之,行必想之”,做维护法律、遵守法律的模范。

让成本还原:推动管理理念的升级,树立精细化管理思想,形成精益管理的“蝴蝶效应”;推动管理体系的升级,树立集约化管理思想,形成统筹管理的“拳头效应”;推动管理手段的升级,树立科学化管理思想,形成善于应变的“变形金刚效应”。

让绩效说话:发挥好绩效考核的“指挥棒”作用,以“经济预算为基础,发展能力为牵引”考核分(子)公司,引导分(子)公司提升统筹发展能力;以“目标任务为基础,管理效率为牵引”考核管理部门,引导业务部门提升业务管控能力;以“成本控制为基础,年度绩效为牵引”考核项目,提升项目成本管控水平;以“靠得住、能干事、在状态、善合作”为指引考核员工,引导员工比能力、比担当、比贡献。

让监督有效:坚持“标本兼治、综合治理、惩防并举、注重预防”的方针,按照惩防体系建设的总体要求,在“大监督”格局下,抓教育,防患于未然,抓管控，止错于始发，抓惩处，震慑于心灵，抓制度，追溯于根本，营造“不想腐败、不能腐败、不敢腐败”的廉洁文化氛围，保障企业健康和谐发展。

让风险受控：通过建立业务部门、风控部门、审计和纪检监察等三道风险防控线，狠抓风险评估和风险管理信息化建设，让企业风险管理从“见空植树”向“规划植树”转变，变“要我防范”为“我要防范”，变“被动防范”为“主动防范”；让企业风险管理由风险揭示型向风险预警型转变；让风险管理为企业创造价值，成为企业核心竞争优势，为企业的长远发展保驾护航。

让文化升级：在“工”文化中注入“商”元素，铸商魂，炼商能，聚商情，培育诚信经营和价值创造精神，提升模式创新和资本运作能力，拓宽高端对接和商机捕捉的空间，围绕“五商中交”的战略构想，打造“工”“商”兼容的“升级版”二航文化。

让激情飞扬：把富于激情作为做好一切工作的源动力，始终保持一颗不断进取之心，面对机遇，敢于争先，面对艰险，敢于探索，面对竞争，敢于创新，从而取得令人振奋的工作业绩。

让思想阳光：自觉修为，做一个德行高尚的人；自觉修心，做一个胸怀宽广的人；自觉修身，做一个淡泊名利的人；自觉修学，做一个知行合一的人。从而解决好世界观、人生观、价值观这个“总开关”问题。

让业绩更优：以追求利润为根本，全方位提升经济指标、管理指标、成长指标等要素的增加值，形成强大的核心竞争力，推动企业价值创造最大化，提升企业发展品质。

让员工受益：关心员工学习进步，给予员工成长机会，提高员工收入福利，改善员工工作环境，让员工体面地工作，共同分享发展成果。

三、公司企业文化建设

1955年9月组建的二航局第一工区，也就是二航局四公司的前身，其职工一部分来自天津新港工程队，一部分来自部队的复原转业军人，一部分来自各大中专院校，还有一部分是从安徽等地新招的工人。他们来自五湖四海，既有北方人的豪爽稳重，又有军人的雷厉风行，还有徽州人的开拓创新。这支队伍融合多种优秀品格，辗转长江沿岸，不断发展壮大，组建了二航局四公司。员工新老接力,变化日新月异,管理不断创新,在这个过程中,在这样的环境下,形成了四公司特有的文化。

(一)公司文化理念的提出

2013年年底,公司党委书记张玮根据四公司发展实际,总结归纳四公司的文化,形成了"厚重、稳健、务实、创新"的文化理念。在2013年二航局文化建设的总结交流材料会中,张玮作了题为"厚重稳健保基础,务实创新谋发展"的报告,首次系统地提出四公司的文化理念,并得到了二航局领导的肯定。

根据中国交建"五商中交"的发展战略,二航局提出"工""商"兼容的文化发展理念,"商"文化逐步得到重视。在2014年的公司工作会上,四公司总经理秦体达提出了"诚信、开拓、情义、共赢、回报"的四公司"商"文化,对"工""商"兼容作了阐释。

二航局在2015年的工作会上提出了"品质二航"的概念,指出我们未来几年的奋斗目标就是要在"五商中交"的战略引领下,努力打造"品质二航",全公司上下要围绕"品质二航"练内功、强基础、谋升级、促转型。四公司积极响应,在2015年2月13日工作会的行政报告中,提出打造"'升级版'二航四公司"的概念,通过改革创新,管理升级,文化升级,打造"桥品牌",成为二航局的主力和品牌子公司。

(二)"桥品牌"的形成

早在20世纪90年代末,二航局就提出"塑造桥梁品牌"的想法,并努力实践。进入21世纪,随着苏通大桥、杭州湾跨海大桥、南京长江三桥、金塘大桥等世界级桥梁的建设竣工,桥梁施工已经成为二航局的主要产品,并实现了桥梁建设从跨江到跨海的跨越。从此二航局桥梁品牌真正开始蜚声海内外,成为中国交建乃至全国的一大知名品牌。

在随后的几年里,二航局继续加大对桥品牌的宣传。二航局董事长蒋成双在公司2014年工作会议暨十届二次职代会上提出:"特别需要强调的是,我们要花大力气,下大功夫维护好我们的'桥品牌'。"2014年7月,二航局作了"续写桥品牌"的战略调研活动,四公司作了专题报告。2014年,在二航局的努力和策划下，“桥品牌”战略上升为集团战略。

2009年至今，四公司桥梁建设市场不断拓展，“桥品牌”不断彰显。嘉绍大桥、南京长江四桥、马鞍山长江大桥、福建平潭复线桥、泉州湾跨海大桥、塞尔维亚泽蒙大桥、望东长江大桥、芜湖长江二桥、沪通长江大桥、曹娥江大桥、灌河大桥、连云港跨海大桥、湘潭芙蓉大桥、株洲六桥、株洲湘江七桥、汕头南澳大桥、汕头新津河大桥等知名桥梁相继开建或通车，四公司是二航局打造“桥品牌”的主力军。

公司在2015年工作会议暨十届三次职代会的党委工作报告上，再一次吹响“打造一流品牌，把‘桥品牌’擦得更亮”的号角。

据统计，自1995年5月起，截至2015年2月，在近20年的时间里，二航四公司在国内外已建或在建的特大桥有近六十座，在长江上建设的特大桥有十余座，涵盖各种桥型，牢固树立了公司在国内的“桥品牌”地位。

（三）项目文化有声有色

项目文化是公司文化的具体展示，项目文化建设已经由项目形象识别系统的自觉实施向制度建设、理念形成、价值取向等深层次文化推进，不断形成员工的行为规范。

企业形象视觉识别系统广泛运用。中国交建统一发布并制定了规范手册，包括范例部分、基础部分和应用部分，对项目部的驻地建设、标语标示、宣传栏、员工穿戴等都做了规范。各项目部按照规范要求，进行了统一布置，特别是在项目前期策划中，企业文化部门和项目部对接，对视觉识别系统进行了落实。

随着标准化在项目部的逐步推行，项目驻地建设大为改观，员工生活条件大大改善。四公司在全局率先实现了项目职工“每人半间房”的居住条件，并安装空调，营造了温馨小屋，为家属探亲、朋友来访创造条件，也避免了上下班之间的相互干扰。同时，改善农民工的住宿条件，为农民工安装空调，“以人为本”的管理理念得到落实。图8-8-1是芜湖长江二桥项目部驻地。

文化氛围浓厚，活动精彩纷呈。望东大桥项目部的“家”文化，让员工感受到公司的温暖，留住了人才，自开工以来，除正常调动外，人员“一个也不少”；杭黄项目部依托“最美县城”桐庐，打造“最美项目部”，提出“最美桐庐，追美杭黄”的文化理念和“追求精细、追求扎实、追求严谨、追求和谐、追求效益”的“五追”目标；塞尔维亚泽蒙大桥项目部确定“讲政治、重实效、勇探索、炼队伍、树品牌、拓市场”的项目价值观，在项目实施过程中不断深化，取得了较好的经济效益和社会效益。

图8-8-1　芜湖长江二桥项目部驻地

(四)宣传工作成绩斐然

各项目部重视宣传工作，多个项目部自办项目部报刊。嘉绍大桥的《嘉绍风云》、塞尔维亚泽蒙大桥的《多瑙河畔》、杭黄铁路项目部的《追美杭黄》等均具特色，受到了地方或业主的肯定。

公司《港桥风采》报纸每月一期，四个版面，自2005年创刊以来，内容不断丰富，成为广大员工的精神食粮；公司网站每日更新，信息量大，内容详实，报道及时，是员工了解公司的一个窗口。自2013年以来，网站陆续增加了摄影、散文、项目文化等版块，给广大员工提供了展示的舞台。2014年，公司开通了微信平台，把信息和政策送到员工的“手上”。

2014年，二航局在《交通建设报》上发稿得分前10名的人员中，四公司有3人，人员队伍实力不断增强。另外，在湖北企业报举办的好新闻比赛中，四公司曾先后获得二等奖和优秀奖；在《交通建设报》举行的好新闻比赛中，四公司获得2013年度三等奖，人员素质和写作能力进一步提高。

在外部媒体方面，李杰的《国外练成的土专家》上了《工人日报》，《安徽日报》《芜湖日报》等多家媒体对芜湖长江二桥等公司参建项目进行了报道。2014年12月4日,《芜湖日报》与芜湖长江二桥项目部开展摄影比赛,聚焦芜湖长江二桥建设,整版刊登大桥建设者的摄影作品,四公司多幅作品分别获得一、二、三等奖;沪通长江大桥多次荣登《中国铁道建筑报》。2014年12月18日,在塞尔维亚泽蒙大桥通车典礼上,国家总理李克强和公司董事长、党委书记张玮亲切握手。

四、履行社会职责,展示二航形象

(一)打捞沉船保通航

2014年4月28日上午9点多,二航局株洲枫溪大桥项目经理部接到湘江株洲海事局救援电话:一条2 200吨自卸式驳船,满载砂石料,在湘江株洲滩下游约100米航道处,由于船舶大吃水较深导致触礁沉没,船上人员获救,但沉船需要打捞。

该处航道较窄,沉船严重阻碍了上下船只通航,且事发处下游为株洲、湘潭、长沙等重要城市,若不及时打捞沉船,油污泄露,可能造成湘江水质污染,对沿途居民饮水造成极大危害,情况万分危急。湖南省政府、株洲市政府高度重视,指示海事、航道等部门以最快速度、最短时间打捞沉船,确保人民群众饮水安全和通航安全。

险情就是命令,项目部接到海事局电话后,立即调遣正在大桥主塔施工的"黄山一号"大型起重船,配备起重工具,前往事发地点实施打捞。沉船地距离枫溪大桥上游约7千米,经过2个多小时的逆水行驶,"黄山一号"到达事发地,全船人员顾不上吃午饭,立即抛锚定位,投入打捞工作。直到晚上7点,终于将沉船打捞出水,并拖离航道,恢复通航。

看到沉船被顺利打捞出水,正在现场负责指挥协调的株洲市海事局领导紧握项目部负责人的手,连声感谢。

(二)钱塘江上速救援

2010年5月19日,游艇"奥普兰46号"在嘉绍大桥施工水域失去控制,船上9人遇险呼救,经二航局嘉绍大桥项目部员工火速救援,游艇得到有效控制,遇险人员全部脱险,在钱塘江上唱响了一支感人的救助赞歌。

5月19日14时16分,奥普兰游艇制造湖州有限公司制造的“奥普兰64号”游艇,从浙江湖州钢材市场码头出发去舟山凤凰岛进行首次试航,途径钱塘江嘉绍大桥施工水域时,由于对航行路线不清楚,水况不熟悉,加上河床宽浅,涨潮流急,游艇失去控制,随波逐流至施工栈桥,多次与施工栈桥发生碰撞,致使游艇倾斜,船舱进水,游艇随时都有可能沉没,船上9名人员生命受到严重威胁,情况十分危急。二航局嘉绍大桥项目部现场员工发现险情后立即启动应急预案,一方面打电话向当地海事局报告险情;另一方面进行英勇救助,及时调遣现场50吨履带吊进行紧急救援,用打混凝土的料斗当救生设备进行施救,短短10分钟时间,9名遇险人员安全获救,游艇也得到了有效控制。由于情况紧急,遇险船员离船时,有5人赤脚,2人手、脚、下巴等处有不同程度的受伤,项目部及时联系了车辆送他们去医院进行救治。

公司职工们勇于承担社会责任,尽显二航人的大爱本色,得到了海事等部门的高度赞扬。

(三)大灾面前显大爱

2014年5月,塞尔维亚连降大雨,境内科卢巴拉河、萨瓦河以及多瑙河水位暴涨,科卢巴拉河甚至决堤,一场百年不遇的洪灾席卷了塞尔维亚西部,造成超过50人死亡,2万人需暂时迁徙,整个巴尔干地区受到了极大影响。

驻扎在多瑙河边的中交二航局四公司泽蒙大桥项目部成员在高度戒备做好洪水防御的同时,时刻牵挂着已受灾的塞尔维亚人民。一方面,在项目经理赵成立的带动下,项目部全体员工纷纷捐款,奉献爱心;另一方面,项目部选出精干队伍参与当地足球俱乐部组织的为灾区募捐的足球友谊赛,带动社会力量扩大募捐范围。这些使中国建桥人在塞尔维亚获得了良好的口碑,塞尔维亚媒体多次正面报道大桥建设情况。

(四)助学济困献爱心

2014年5月29日,二航局武深高速公路项目部与赤壁市杨家岭学校开展校企共建,共庆“六一”,借此弘扬“二航文化”。项目部分工会向学校一次性捐赠5 000元“爱心助学基金”;项目部党支部委员以及团支部书记个人出资，与学校张晶、徐瑶等6位家庭贫困且品学兼优的同学开展一帮一的“爱心助学活动”；项目部团支部积极参与学校的“庆六一文化节”活动，组织职工参加学校的文艺汇演。

2014年9月26日，四公司广西凤山项目三分部副经理王涛一行代表项目部及工会慰问中亭乡贫困家庭，用热心和真诚为贫困家庭送去温暖。

附录一

附表1-1　中交二航局第四工程有限公司更名记录表

时　间	名　称	文件标题	文件号
1973年6月18日	交通部第二航务工程局第一工程处711工程水工建设指挥部	关于成立第一工程处711工程水工建设指挥部的批复	交航革〔1973〕48号
1973年9月6日	交通部第二航务工程局第一工程处芜湖分处	关于更改711工程水工建设指挥部名称的批复	交航革〔1973〕93号
1976年2月18日	交通部第二航务工程局直属分处	关于一处芜湖分处隶属局领导的通知	交航革〔1976〕53号
1977年12月9日	交通部第二航务工程局第四工程处（县团级）	关于我局直属分处改为第四工程处的通知	交航革〔1977〕427号

续 表

时　间	名　称	文件标题	文件号
1984年11月3日	交通部第二航务工程局第四工程公司	转发《关于二航局的属处(厂)改为公司的批复》的通知	二航人〔1984〕495号
1999年6月21日	中港第二航务工程第四工程公司	关于局属单位名称变更的通知	二航人劳〔1999〕209号
2002年4月19日	中港第二航务工程局第四工程分公司	关于进行局组织机构调整的通知	二航人劳〔2002〕124号
2006年9月26日	中交第二航务工程局有限公司第四工程分公司	关于变更单位名称的通知	二航办〔2006〕457号
2010年5月19日	中交第二航务工程局第四工程有限公司	关于撤销中交二航局第四工程分公司的通知	二航企划〔2010〕362号

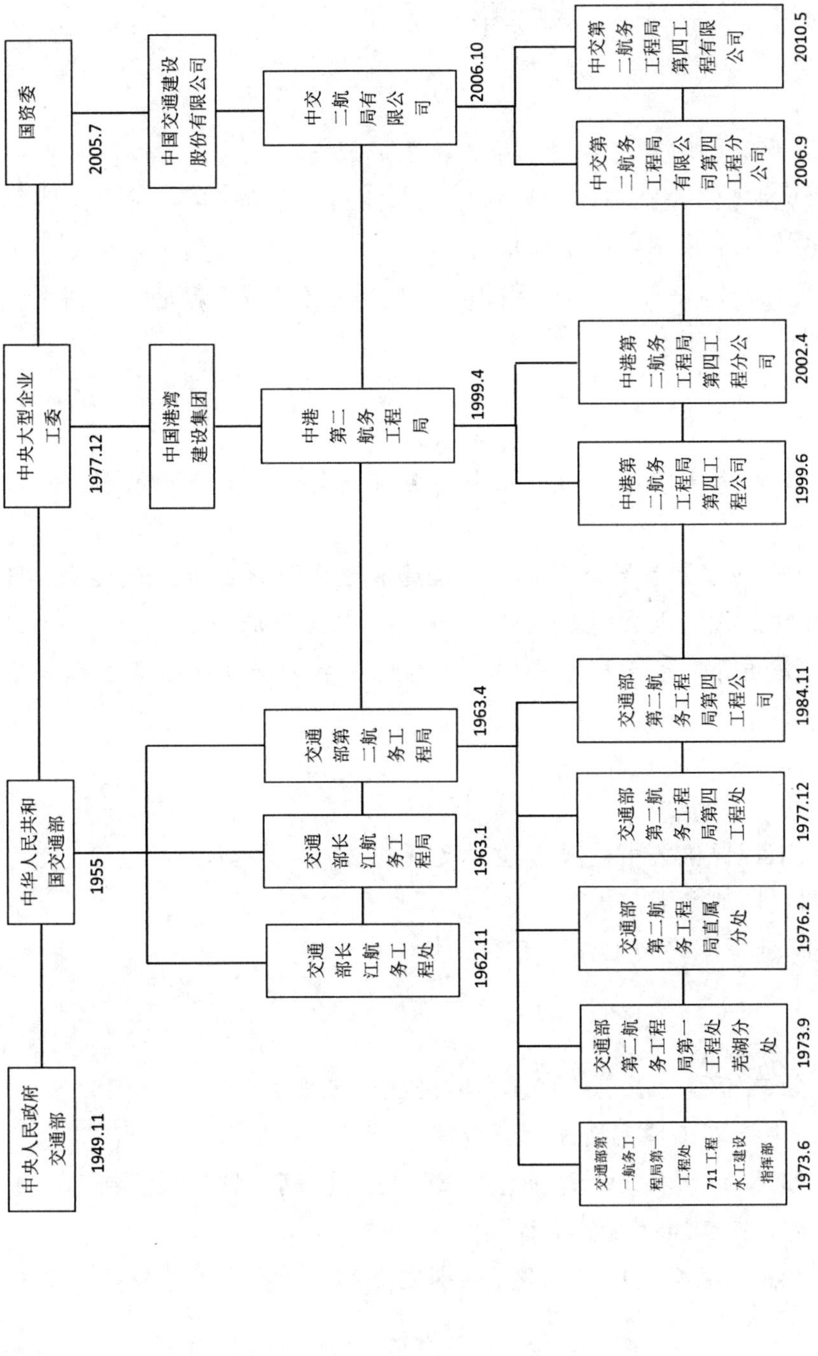

附图1-1 中交二航局第四工程有限公司成立及沿革示意图

附录二

大 事 记

1955年

2月10日，交通部航务工程总局第二工程局成立。

9月15日，为加强芜湖裕溪口机械化港区工程建设的领导，第二工程局机关临时由武汉迁至裕溪口施工现场办公。

12月24日，国家“一五”重点工程，长江上第一座机械化煤港——裕溪口港区工程建设正式开工。

1956年

1月1日，交通部决定裕溪口港区工程建设改由第二工程局采用自发自包经营方式进行。

1月27日，中共安徽省委批准第二工程局成立企业党委会，并于2月2日在裕溪口召开党员代表大会，选举产生了中共第二工程局委员会。

9月4日，交通部航务工程总局第二工程局更名为交通部航务工程局第二工程局。

1957年

4月，第二工程局机关由裕溪口迁回汉口。

5月，芜湖船厂船台滑道工程竣工。

12月，芜湖纸板厂码头工程开工。

1958年

4月6日，第二工程局承建的裕溪口港区建设工程竣工。

4月25日，朱德同志视察裕溪口新港区。

7月，第二工程局下放湖北省交通厅领导。9月，湖北省交通厅将第二工程局更名为“湖北省交通厅航务工程局”。

10月7日，航务工程局撤销工区，分别成立第一工程处（芜湖裕溪口）、第二工程处(武汉青山)。

10月21日,刘少奇同志视察裕溪口新港区。

1959年

2月7日,中共湖北省交通厅航务工程局委员会组成。

4月1日,交通部决定收回航务工程局,更名为“长江航运管理局航务工程局”,实行交通部和长航双重领导。

5月,船舶机具修造厂由芜湖裕溪口迁往武汉青山蒋家墩。

12月,马鞍山建港工程正式开工打桩。

1960年

3月16日,航务工程局第一技校(汉口)、第二技校(裕溪口)成立。

1961年

8月21日,第二技校建制撤销。

1962年

6月20日,撤销长江航运管理局航务工程局建制。

7月,经交通部批准,在裕溪口吹填的沙滩上陆续兴建砖木结构平房宿舍。

11月19日,交通部决定将原属航务工程局的勘察、设计、施工、船舶检修的技术力量,包括原有的船舶机械等单独组成一个工程处,定名为“交通部长江航务工程处”。

1963年

1月18日,交通部决定恢复航务工程局建制,定名为“交通部长江航务工程局”。

3月,马鞍山钢铁公司江边水泵站工程开工。

4月17日,长江航务工程局更名为“交通部第二航务工程局”。

1964年

9月,南京炼油厂万吨级码头工程开工。

1965年

12月,铜陵化肥厂码头工程开工。

1966年

12月,船舶机械处第一船机站(裕溪口)和第二船机站(重庆)改为实行由船机处和第一、第二工程处双重领导的体制。

1967年

1月17日,第二航务工程局驻汉基层群众“造反”组织进驻局机关,宣布夺取局党政权力。各处党政权力亦被夺取。

3月初,解放军代表进驻局机关,7月23日撤出。

2月,安庆港重体码头工程开工。

1968年

2月6日,根据中共中央国务院、中央军委、中央“文革”领导小组1月4日的决定,中国人民解放军军事管制小组进驻二航局,对全局实行军事管制。

10月8日,第二航务工程局革命委员会成立,下设办事组、生产指挥组、政治工作组。

1969年

8月5日,第二航务工程局援建刚果(布)造船厂第一批出国人员抵达刚果(布)首都布拉柴维尔。

1970年

6月30日,第二航务工程局革命委员会党的核心小组组成。

1971年

1月6日，第一工程处机关由芜湖裕溪口迁往武汉丹水池，裕溪口留下的部分人员设立办事处。

1972年

8月18日，撤销局革命委员会“三大组”，恢复职能科室建制。

1973年

6月13日，为承担上海海运局荻港船厂码头工程，第一工程处组建成立了“711工程指挥部”。

9月6日，“711工程指挥部”更名为“交通部第二航务工程局第一工程处芜湖分处”，简称“芜湖分处”。

9月，交通部决定在裕溪口建设临时混凝土构件预制场。

1974年

2月，第二航务工程局军管组撤销。

7月，开展“工业学大庆”活动。

1975年

1月，全局“工业学大庆”经验交流会在武汉召开。

1月21日，荻港船厂码头工程由于地质原因出现大滑坡。

7月20日，分处成立筹备小组，在芜湖市朱家桥沿江地段征地，开始筹建芜湖船舶修理点和芜湖生活基地。

1976年

2月9日，芜湖分处划归局直属领导，改名为“交通部第二航务工程局直属分处”。

8月，二航局决定将中、小型船舶下放各工程处管理，直属分处随之成立了船舶队。

9月,安庆石化化肥出口码头及廊道工程竣工。

10月,江苏江阴海军“九五”工程上马。

1977年

1月,全处开始进行企业恢复性整顿。

8月,直属分处成立后,全处有273名职工第一次调增工资。

12月9日,“交通部第二航务工程局第四工程处(县团级)”成立。

12月,刘江汉被评为全国交通战线“工业学大庆”先进生产者。

1977年全处完成工作量达到1 002万元,首次突破千万元大关。

1978年

4月,组建成立了401、402、403三个工程队,同时将预制场更名为“构件预制厂”。

6月9日,处革命委员会撤销,开始实行党委领导下的处长负责制。

6月,从三公司接收镇江落脚点。

12月,获港修船厂码头工程竣工。

12月,经长航局学大庆检查团验收,第四工程处定为大庆式企业。

1979年

1月,二航局恢复奖金制度,包括“计时超产奖”和“月度综合奖”。

3月,纠正“文革”中的冤假错案,为张慎丰、马文恭两位同志平反昭雪。开始贯彻党的十一届三中全会精神,实现工作重心转移。

10月16日至17日,中共交通部二航局第四工程处首届党代会胜利召开。

12月,江苏江阴海军“九五”工程竣工。

年内,芜湖基地第一期工程(含修理站机具库等部分厂房、办公楼、附楼、宿舍楼)竣工验收。

1980年

3月10日,全处首届职代会召开。

6月23日，全处首届团代会召开。

11月28日，处机关从裕溪口逐渐迁入芜湖市长江路231号新址办公。

1981年

对教师、医生、公安干警岗位的专业人员调增工资。

6月，江苏镇江深水港区工程动工。

12月7日至12日，全处召开第二届职工会员代表大会。

因国民经济调整，基建项目大幅压缩，全处全年共完成建安工作量162.61万元，为历史最低。

1982年

1月，二航局《关于试行经济责任制的实施方案》颁发，意味着经济责任制模式启动执行。

7月，贯彻中央〔1982〕2号文件精神，开展企业“五顿”工作全面整顿。

11月，公司第一次承建的市政工程——芜湖市中江桥工程开工。

1983年

8月12日至15日，全处第三届职工会员代表大会召开。

10月，组建成立“交通部二航局四公司劳动服务公司”。

12月，经二航局、芜湖市建委验收，四处企业五项工作整顿达到合格标准，是全局第一家验收合格单位。

12月，二航局首次召开全局QC成果发布会，四处有5项成果发布，占全局发布数的50%，其中3项获优秀成果奖，2项获成果发布奖。

1984年

1月，全面推行方针目标管理。

5月，芜湖市中江桥工程竣工。

8月，首次通过投标方式获得安庆五里庙码头工程施工权，成功打响了我国港口工程招投标第一枪。

11月3日，交通部批复“交通部第二航务工程局第四工程公司”更名。

年末，在二航局首次开展的“四杯竞赛”（文明杯、质量杯、安全杯、节能杯）中四公司获得当年的“文明杯”“质量杯”。

1985年

1月，全面推行《百元产值工资含量系数包干办法》。

5月8日，四公司正式实行经理负责制并召开了经理就职大会。

6月30日，镇江港历史上最大的深水码头，国家“六五”计划的重点项目——大港港区一期工程竣工。

1986年

1月27日至29日，中共交通部二航局四公司的第二次代表大会在芜湖召开。

4月5日，中共二航局四公司党员组织关系由原芜湖市交通局党委管理划归为芜湖市建委党委管理。

4月，投资30万元与安徽马鞍山钢铁公司签订了《钢材集资合同》，马鞍山钢铁公司承诺10年之内保障部分钢材的供应。在当时的条件下，这对公司生产发展起到了很大的作用。

5月13日至14日，共青团二航四公司第二次代表大会召开。

9月17日，芜湖朱家桥外贸码头工程开工。

1987年

4月15日，成立了修造厂厂属机械施工队，该队1991年更名为“交通部二航局四公司机械化施工处”。

7月，二航局批复同意成立审计科。

9月，公司成立监察科。

11月，二航局四公司计量试验所（正科级）成立。

12月，安徽六安九里沟船闸工程中标。

年内，开始专业技术职务评聘工作，开始部署企业升级工作。

1988年

2月6日，提出“争科技领先，创管理一流”的企业精神。

2月21日，组建第一个项目部——交通部二航局四公司六安九里沟船闸工程项目经理部。

6月8日至10日，召开公司第五届职工会员代表大会。

7月22日，成立了“二航局四公司企业管理委员会”，有工人代表成为企管会成员。

8月18日至19日，召开共青团二航四公司第三次代表大会。

9月，“交通部二航局四公司设备站”（正科级）成立。

10月9日，广州新沙港区一期工程开工。

年末，公司荣获二航局“文明杯”“安全杯”。

1989年

4月，《交通部第二航务工程局推行工法制度的实施细则》正式颁发。

5月23日至24日，公司第三次党代会胜利召开。

12月8日，“六安九里沟船闸工程项目部”解体，在此基础上组建成立了“交通部二航局四公司405施工处”。

年终，通过企业诊断验收，四公司达到“交通行业国家二级企业”标准，并捧回“文明杯”“安全杯”。

1990年

1月，公司所属工程队全部更名为施工处。

10月，芜湖朱家桥外贸码头工程竣工，获交通部1990年度优质工程奖。

11月，经交通部专家组评审，四公司档案管理工作达到“企业档案国家二级”标准。

12月9日，我国第一座格形钢板桩码头——广州新沙港区第一期工程竣工。

年末，公司荣获二航局“文明杯”“安全杯”。

1991年

1月，六安九里沟船闸工程竣工验收。

2月8日，广州新沙港区一期工程竣工，并举行隆重仪式。

6月11日至12日，公司第六届职工会员代表大会召开。

9月17日至18日，公司第四届团代会召开。

12月，设立质量技术科。

1992年

5月18日至20日，召开了四公司第四次党代会。

8月，四公司被国务院、中央军委命名为交通战略正规化建设合格单位。

9月，安徽省政府正式批准了《芜湖市住房制度改革实施方案》和《芜湖市公有住房出售暂行办法》，公司住房制度改革亦与芜湖市同步启动。

10月，在业余党校的基础上，公司组建成立了“职工思想政治教育研讨会”。

年内，四公司完成总产值首次突破亿元大关，达1.37亿元。

1993年

6月，接收“漳州龙航建筑预制品公司”经营管理权。

7月，在深圳盐田一期工程施工中采用格形钢板桩施工工艺，技惊业界，进而获得集装箱堆场施工合同。

10月1日起，四公司刘挽黄经国务院批准开始享受政府特殊津贴。

1993年，国家体改委会同财政部、劳动部、卫生部共同起草了《关于职工医疗改革的试点意见》。

1993年，公司首次推出《思想政治工作方针目标管理方案》。

1994年

2月、5月分别成立了南海分公司和深圳分公司。

4月28日，公司承建的盐田港一期工程通过国家验收。

8月，福建官蟹航运枢纽工程开工。

8月16日至18日,公司第七届职工会员代表大会召开。

1994年起,职工住房出售工作正式启动。

年内,公司完成总产值跃上2亿元平台,达2.12亿元。

1995年

1995年起,公司两级领导干部开始实行"年薪制",职工实行"岗位技能工资制"。

5月16日至17日,共青团二航四公司第五次代表大会召开。

5月18日,福建泉州刺桐大桥开工,该桥是公司主业延伸、转轨经营所承建的第一座大桥工程。

8月,泉州办事处成立。

9月14日,江阴长江公路大桥A标正式开工,这是四公司在长江上承建的第一座大桥。

10月31日,时任福建省委书记贾庆林视察了刺桐大桥工地。

1995年,四公司在安徽省50强建筑企业评比中名列第9位。

1996年

5月23日至24日,公司第五次党代会在芜湖召开。

5月,广西钦防高速公路30—31标段开工。这是公司承建的第一个高速公路工程项目。

7月,时任交通部部长黄镇东视察江阴大桥A标工地。

7月1日起,全公司职工正式实行全员劳动合同制,这是企业用工的一次历史性变革。

11月,湖北洪湖螺山船闸工程开工。

11月18日,福建泉州刺桐大桥建成通车。

12月10日,黄镇东部长视察江阴大桥工地。

1996年,公司工会拨出12.04万元为全公司1 204名职工办理了互助保险。

1997年

1月14日，中国工程院院士刘济舟视察江阴大桥A标工地。

4月15日，广西钦防高速公路项目部发生翻车事故，造成7人死亡，28人受伤，后来这一天被二航局定为安全“警示日”。

5月22日，世界最大沉井——江阴长江公路大桥北锚碇基础沉井下沉到位。

6月，公司工会代表职工与公司签订了《集体合同》。

9月，开始撤销施工处，402施工处第一个被撤销。

9月，深圳盐田二期工程(合同四)开工。

9月26日，“交通部二航局四公司劳务公司”成立。

10月1日，“交通部二航局四公司物业公司”正式挂牌运作。

1998年

3月，湖北荆州长江公路大桥开工。

7月28日，公司正式开始实行财务会计委派制，委任了第一批主办会计。

8月，公司机关科室进行了一次调整，中层干部举行了第一次竞岗讲演。

9月10日，四公司《质量手册》第一版颁发。

10月26日至28日，公司第八届职工会员代表大会顺利召开。

12月25日，“交通部二航局四公司物资公司”成立。

1998年，江铃汽车销售及配件销售维修站成立。

1998年起，公司按二航局“十百千”人才工程要求，建立了两级人才库。

1999年

1月，“武汉航务公安处第四分处”成立。

3月，“二航局四公司试验检测中心”成立。

3月，四公司荣获“全国施工企业设备管理优秀单位”称号。

5月，交通行业土建类工人技师评聘工作开始实施。

5月18日至19日，共青团二航四公司第六次团员代表大会召开。

6月20日，撤销403施工处，至此，历经两年，公司全部施工处被撤销。

7月19日，“中港第二航务工程局第四工程公司”成功更名。

7月26日，时任湖北省委书记贾志杰视察洪湖螺山船闸。

9月28日，时任中共中央总书记、国家主席江泽民出席江阴大桥通车典礼，杨志德获“建桥功臣”称号。

12月6日，公司通过IS09000系列质量认证审核。

12月，广西南宁机场高速公路C标开工。

1999年，公司施工产值突破3亿元。

2000年

4月，湖北荆州长江公路大桥工程竣工。

4月20日，全局再就业工作会议在四公司召开。

5月，深圳盐田二期工程竣工。

6月，公司内部资金结算中心挂牌成立。

9月，广西南宁机场高速公路C标工程竣工。

9月20日至22日，全公司“千年科技交流会”在荆州大桥项目部召开。

12月7日，中港集团批准了《二航局建立现代企业制度实施方案》，四公司建立现代企业制度工作开始起步实施。

2000年起，厂务公开正式推行。

2000年，全公司总产值突破4亿元，达到4.12亿元。

2001年

1月10日，江苏润扬公路大桥工程签约。

6月5日，时任国务院副总理李岚清视察润扬大桥工地。

8月3日，时任交通部部长黄镇东视察润扬大桥工地。

8月，公司机关干部职工进行竞争上岗，落实用工“三项制度”。

9月15日，国内最大钢吊箱在润扬大桥吊装成功。

2001年，润扬大桥C1标项目部成为扬州市、芜湖市、二航局创建“青年文明号”共建对象。

2001年,公司实现利润突破1 000万元。

2002年

1月29日,由公司承建的深圳盐田港二期工程喜获2001年中国工程质量最高奖——鲁班奖。这是二航局在水工工程中第一次获得的最高奖项。

4月,二航局取消各全资子公司的资格,将四公司更名为“中港第二航务工程局第四工程分公司”。

5月12日,世界桥梁协会理事长伊藤学等一行18人考察润扬大桥工地。

6月20日,润扬大桥项目部钢吊箱制作安装QC小组获中国工程建设优秀质量小组奖。

6月28日,二航局施工资质通过建设部审查,主项资质等级被批准为公路工程总承包特级,增项资质等级分为港口与航道工程施工总承包壹级;市政公用工程施工总承包壹级,公路路基工程专业壹级,公路路面工程专业承包壹级,桥梁工程专业承包壹级,特种专业工程专业承包壹级。

7月10日,二航局第一个企业专业网站在四分公司开通。

8月17日,时任国务院副总理李岚清视察润扬大桥工地。

8月19日,二航局首次“厂务公开”经验交流会在四公司(芜湖)召开。

9月1日,在美国匹兹堡举行的国际桥梁大会上,江阴长江公路大桥被授予首届尤金·菲戈金奖,这是我国首次获得国际桥梁大奖。

10月18日,四分公司自制的4台JQ225吨架桥机投入润扬大桥项目使用。

11月22日,润扬大桥项目部两项技术成果通过省级鉴定。

年内,公司果断转让了江苏张家港建材公司股权,圆满解决了福建泉州名流公司全部欠款。

2003年

1月,江阴长江公路大桥荣获2002年“鲁班奖”和中国土木工程詹天佑奖。

4月,公司紧急部署抗击“非典”。

5月,“芜湖大地工程有限责任公司”注册成立。

5月20日，南京长江三桥开工。

8月16日，时任中共中央政治局常委、中纪委书记吴官正视察润扬大桥工地。

8月26日，首届“二航杯”足球赛落幕，四分公司获得第二名。

11月14日，杭州湾跨海大桥打下第一根钢管桩，意味着公司桥梁建设由“江河时代”跨入“海洋时代”。

11月24日至26日，中共中港二航局四分公司第六次党代会召开。

12月12日，杨志德荣获全国重点工程建设优秀项目经理称号。

12月13日至20日，四分公司“一体化”管理体系认证工作圆满完成，取得环境管理体系、职业安全健康管理体系认证证书。

2003年开始，全面推行财务会计主管述职制。

2004年

2月18日至20日，四分公司第七届职工会员代表大会在芜湖召开。

3月2日，世界第一跨海大桥——杭州湾跨海大桥首座承台施工。

4月13日，南京长江三桥项目部荣获“江苏省交通工程建设十佳项目部”称号，刘先鹏、秦体达荣获“江苏省交通工程建设十佳项目经理”称号。

5月，二航局首个“廉政工程示范点”在南京长江三桥成立。

6月10日，润扬长江公路大桥C1、D2标项目部荣膺全国“青年文明号”称号。

6月24日，杨志德获中央企业优秀共产党员称号。

6月，撤销劳务公司。

年内，四分公司被中国建设企业协会评为“2004年度全国工程建设质量优秀企业”。

年内，四分公司家属大院（芜湖）率先使用清洁能源——天然气，成为芜湖市最早使用该能源的小区。

2005年

1月19日，二航局第一个BT项目——株洲湘江四桥BT合同正式签订。

4月16日，润扬长江公路大桥被交通部授予“交通建设项目典范”。

4月30日，润扬长江公路大桥正式通车。

7月19日，四分公司隆重召开动员大会，启动“保持共产党员先进性教育活动”。

9月20日，上海长江大桥正式开工。

10月，南京长江三桥建成通车。

12月，浙江舟山金塘跨海大桥开工。

12月，时任中共中央总书记、国家主席、中央军委主席胡锦涛视察南京长江三桥，接见南京长江三桥建设者。

12月18日，中国交通建设集团隆重揭牌。

年内，四分公司调进“航工砼1601”搅拌船，购进 360吨振动锤、购进900吨米塔吊等设备。全年设备投入近5 000万元。

年内，全公司完成的总产值跨过10亿元大关，达11.31亿元。

2006年

3月，中交建启动“龙成项目”，公司助力完成集团整体上市。

6月28日，公司党委书记顾志香荣获“中央企业优秀党务工作者”称号。

7月1日，上海长江大桥项目部成功实施中国第一吊。

9月29日，中国交通建设股份有限公司成立。

11月9日，中交第二航务工程局第四工程有限公司挂牌。

11月18日，中交第二航务工程局有限公司隆重揭牌。

12月15日，中国交通建设股份有限公司在香港成功上市。

2006年，胡冬勇获“芜湖市十大风云人物”称号。

2006年，公司“雄鸠”足球队在“二航杯”足球赛中夺得冠军。

2007年

1月28日，润扬大桥荣获中国土木工程詹天佑奖。

3月，杨志德当选首届国家重大基础设施建设风云人物。

3月，李宗平获全国知识型职工先进个人称号。

3月16日，二航局“再造管理体系”启动。

4月，时任上海市委书记习近平、市长韩正视察上海长江大桥工地。

4月29日，四分公司荣获全国五一劳动奖状。

5月，“鑫瑞公司”成立。

6月4日，南京长江三桥获“古斯塔夫斯·林德恩斯”奖。

6月23日，润扬长江公路大桥建设关键技术研究获中国公路学会科学技术奖特等奖。

6月26日，杭州湾跨海大桥全线贯通，项目部获得全国五一劳动奖状。

6月，四分公司团委荣获中国交通建设“五四红旗团委”称号。

6月26日，上海长江隧桥B5标超大型钢吊箱封底。

8月11日，国民党副主席江炳坤参观苏通长江大桥。

8月23日，四分公司参建的哈大客运专线土建工程正式开工。

9月，四分公司荣获安徽省“劳动保障诚信示范企业”称号。

10月，四分公司铁路事业部成立。

11月28日，上海长江大桥主塔封顶。

12月27日，四分公司连续七次获得“安徽省文明单位”。

年内，第一次挺进铁路建设市场，获得哈大客运专线土建工程及箱梁制作安装任务。全年总产值突破20亿元大关，达20.78亿元。

2008年

2月，南京长江三桥荣获中国土木工程詹天佑奖。

2月，马鞍山长江大桥工程开工。

2月28日，二航局承建的润扬长江公路大桥工程被评为中国交通建设品牌工程，杭州湾跨海大桥项目部被评为中国交通建设品牌团队，杨志德被评为中国交通建设品牌员工。

3月，再造管理体系以适应现代企业管理的需要，机关科室部门一并撤销，重新设立15个管理部门。

5月1日，杭州湾跨海大桥建成通车。

5月12日，汶川县发生特大地震，四分公司职工捐款23万元，缴纳特殊党费5.78万元。

7月9日，中交集团跨入世界500强企业行列。

9月14日，山东济南黄河建邦大桥第一根钢护筒沉放到位。

9月24日，四分公司荣获“全国模范职工之家”称号。

12月，浙江舟山金塘跨海大桥建成通车。

2009年

3月18日，二航局召开视频大会，深入学习实践科学发展观活动全面启动。

4月13日，增设保卫科。

5月，全局安全生产管理软件上线运行。

9月14日，杨志德当选“60位新中国成立以来感动交通人物”。

10月29日，润扬长江公路大桥成功入选“新中国成立60周年百项经典暨精品工程”。

10月31日，上海长江隧桥正式建成通车。

11月2日，浙江金塘大桥通过交工验收。

11月7日，在山东济南召开的2009年中国企业新纪录（第14批）暨中国企业自主创新高层论坛会议上，南京长江四桥南锚碇基础创下中国企业新纪录。

11月9日，四分公司成立海外部。

12月，南京长江三桥荣获2009年度国家优质工程奖。

2009年，四分公司与中国路桥合作承接了塞尔维亚贝尔格莱德北环路泽蒙大桥项目的施工任务，成功进军海外。

2009年，四分公司工会获得芜湖市首批“五星级职代会”称号。

12月29日，南京长江三桥荣获2009年度国家优质工程金质奖。

12月31日，四公司参建的上海一次性建成的最长高速公路——S32申嘉湖高速公路通车。

年内，公司总产值跃上30亿元平台，达30.2亿元。

2010年

4月1日，时任中共中央政治局委员、国务院副总理王岐山视察平潭海峡大桥工地。

4月3日,由原全国政协副主席、中国工程院院士钱正英任组长的中国工程院浙江沿海项目调研组一行到嘉绍大桥调研。

6月25日,共青团中交二航局四公司第七次代表大会在芜湖召开。

7月10日,中交二航局第四工程有限公司揭牌庆典在芜湖举行。

11月23日,四公司首届安全生产管理经验总结交流会召开。

11月30日,平潭海峡大桥正式建成通车。

12月21日上午,中交二航局在黄河上承建的第一座三塔式斜拉桥——建邦大桥建成通车。

2011年

1月21日,李宗平被授予第二届"中国交通建设十大杰出青年"称号。

3月29日,四公司成功取得市政工程施工总承包壹级资质。

5月17日,四公司获公路工程施工壹级总承包资质,成为皖江地区拥有双壹级资质的大型建筑企业之一。

6月21日,安庆长江公路大桥顺利通过竣工验收。

7月6日,绍兴滨海新城曹娥江大桥开工。

8月4日,公司获"全国安康杯竞赛活动优胜单位"称号。

8月25日,由二航四公司自发创建的"星期吧"社团正式成立。

9月1日,四公司成功取得由安徽省建设厅颁发的《安全生产许可证》。

9月14日,公司获评安徽省第九届文明单位。

10月31日,公司承建的上海长江隧桥B5标工程项目部荣获全国建设工程优秀项目管理成果一等奖。

2012年

1月17日,四公司首次以独立资质中标三山区莲花湖清淤驳岸工程施工项目。

2月23日,中国龙年大年初一,塞尔维亚第一副总理兼内务部部长达齐齐亲临泽蒙-博尔查大桥项目部现场,给参加泽蒙大桥建设的所有中国员工拜年。

4月10日，四公司汽车修理厂新址正式营业，主要经营江铃汽车的销售与维修，是安徽省一类汽车维修企业。

5月10日，公司总经理李宗平获评交通青年科技英才。

9月14日，新加坡前总理吴作栋来到二航局承建的三山港码头工地参观考察。

11月21日，上海长江隧桥荣获国家工程建设质量金奖。

12月24日，公司参建的南京长江四桥建成通车。

12月27日，南京青奥步行桥开工。

2013年

1月6日，公司中标合肥市轨道交通1号线一、二期工程土建8标段，标志着公司首次成功进入城市轨道交通地下工程市场领域。

1月7日，嘉绍项目部《一种钢围堰下沉导向装置》《一种钢围堰与混凝土间的止水装置》两项专利获得国家实用新型专利授权。

2月20日至23日，四公司第十届职代会召开。

4月26日，原中共中央政治局常委、中央书记处书记、中纪委书记尉健行参观视察了中交二航局嘉绍大桥施工现场。

5月9日，公司在安徽省2012年公路施工企业信用评价工作中获评AA等级。

5月15日，二航局四公司技术分中心组建并开始运行。

5月27日，四公司安徽共享中心组建。

6月5日，公司在芜湖市2012年建筑企业10强排序中名列第一。

6月28日，芜湖长江二桥建设正式启动。

7月18日，世界上最长最宽的多塔斜拉桥——嘉绍跨江大桥建成通车。

7月25日，上海长江隧桥工程荣获第十一届中国土木工程詹天佑奖。

8月11日，公司勇夺第五届“二航杯”篮球赛冠军。

9月13日，四公司获得安徽省级企业技术中心认可。

11月15日，南京长江四桥项目获得第八届全国建设工程优秀项目管理成果一等奖。

11月29日，公司获评“中国交建文明单位”。

12月31日，马鞍山长江大桥正式建成通车。

2014年

2月26日，公司中标新建沪通铁路沪通长江大桥HTQ-1标施工任务，这是国内路外企业首次进入铁路桥梁建设领域。

3月18日，公司2014年工作会暨十届二次职代会召开。

4月28日，二航局株洲枫溪大桥项目积极参与地方抢险救援，打捞湘江沉船，疏通航道，履行国企社会责任。

5月11日，中交二航局第四工程有限公司安徽分公司揭牌。

5月31日，平潭海峡大桥正式通车。

6月23日，四公司在芜湖市2013年建筑企业10强排序中名列第一。

7月10日，二航局四公司研发中心大楼开工建设。

11月7日，曹娥江大桥顺利通过交工验收。

11月13日，成立中交二航局第四工程有限公司湖南分公司，成立四公司清算中心。

11月17日，舟山大陆连岛工程——金塘大桥通过竣工验收。

11月19日，二航局芜湖财务共享中心正式揭牌。

12月18日，中国在欧洲修建的第一座大桥——塞尔维亚泽蒙大桥通车。

12月28日，由公司承建的青荣城际铁路正式通车。

12月31日，芜湖二桥项目部被评为安徽省“环境保护示范工地”。

2015年

1月1日，广东南澳大桥正式通车。

1月12日，公司被认定为交通运输企业安全生产标准化一级达标企业。

1月，公司荣获“第十届安徽省文明单位”称号。

1月，公司中标池州长江公路大桥CZQ-02合同段，该标段主要施工内容包括北引桥、北主桥施工，以及附属设施的采购、制作、安装等。

3月9日，撤销设备站，成立装备分公司。

3月，沪通大桥一工区水上1号拌和站荣获江苏省“工人先锋号”称号。

3月，沪通大桥项目部常务副经理唐启荣获中华全国铁路总工会颁发的2014年度“火车头”奖章。

3月31日，湘潭芙蓉大桥及北引线开始试通车。

4月，四公司获评安徽省“守合同重信用”企业。

4月28日，“杨志德创新工作室”在沪通大桥揭牌成立。

5月9日至10日，四公司2015年党建研讨暨新闻宣传工作会议在沪通大桥项目部召开。

5月12日，泉州湾跨海大桥正式通车。

5月，公司中标G1501上海绕城高速(南环段)大修工程土建1标段。

6月，由四公司承担主体施工的“南京眼”步行桥，获得第32届国际桥梁大会(IBC)的亚瑟·海顿奖。

7月10日，公司研发中心办公楼5#楼顺利封顶。

7月29日，公司以自有资质中标S330武广高铁株洲站—沪昆高铁韶山站连接线株洲段工程。

9月19日，四公司城轨分公司挂牌成立。

10月16日，公司中标五峰山长江特大桥LZDQSG-1标段。

10月24日，公司检测中心周海生在“2015年中国技能大赛——中央企业职工技能大赛(工程测量工)”中取得第一名的好成绩并荣获金牌。

12月15日，公司中标苏北铁路有限公司的新建徐州至淮安至盐城铁路站前工程XYZQ-IV标。

12月23日，当地时间11:45，塞匈铁路塞尔维亚段现代化改造及重建项目启动仪式在诺维萨德隆重举行。

12月25日，公司成功中标广西壮族自治区柳州(鹿寨)至南宁高速公路改扩建工程No.1标段。

12月29日，公司中标S26公路入城段(G15-嘉闵高架路)新建工程S26R-

7标。

12月31日,铜南宣高速公路正式通车。

12月,公司被评为全国“安康杯”竞赛优胜单位。

附录三

中交二航局四公司历届领导班子任职情况

局直属分处(1976年2月9日,原第一工程处芜湖分处改为局直属分处)

一、党总支书记　潘礼康(1976.4—1976.11)

党总支书记　薛保平(1976.11—1978.8)

总支副书记　黄观钿(1976.4—1978.4)

总支副书记　于增源(1976.4—1977.5)

总支副书记　李德恕(1977.5—1978.4)

总支副书记　赵庭芳(1977.5—1978.8)

二、主任　曾昭久(1976.4—1977.5)

主任　赵庭芳(1977.5—1978.4)

副主任　于增源(1977.5—1978.11)

第四工程处(1977年12月2日,更名为第四工程处,明确为县团级单位)

一、党委书记　薛保平(1978.8—1983.3)

党委书记　陈升富(1984.4—1985.2)

党委副书记　黄观钿(1978.4—1983.3)

党委副书记　赵庭芳(1978.8—1981.3)

党委副书记　潘礼康(1978.8—1979.11)

党委副书记　胡永桢(1983.3—1984.2)

党委副书记　陈升富(1983.3—1984.4)

纪委书记　黄观钿(1983.3—1985.5)

二、政治处主任　黄观钿(兼)(1978.4—1979.1)

政治处主任　张贵(1979.1—1980.9)

政治处主任　陈升富(兼)(1983.8—1984.5)

政治处主任　詹克强(1984.5—1985.5)

调研员(正处级)　薛保平(1983.3—1983.6)

三、主任、处长　赵庭芳(1978.4—1981.3)

副主任、副处长　张庭奎(1978.4—1979.11)

处长　刘挽黄(1983.3—1985.2)

副处长　孙启彩(1979.6—1983.3)

副处长　陈春田(1979.6—1985.2)

副处长　于增源(1979.6—1983.3)

副处长　刘挽黄(1980.8—1983.3)

副处长　张永福(1981.2—1985.2)

副处长　张凤(1982.1—1985.28)

副处长　丁公义(1984.5—1985.2)

四、主任工程师　陈光福(1983.9—1985.2)

主任会计师　刘寿彭(1985.5—1985.2)

调研员(副处级)　孙启彩(1983.3—1985.2)

五、工会主任　左兆海(1978.4—1980.9)

工会主席　张贵(1980.9—1983.3)

工会主席　于增源(1983.3—1985.2)

第四工程公司(1984年10月22日更名为第四工程公司)

一、党委书记　陈升富(1985.2—?)

党委副书记　丁公义(1985.8—1986.4)

纪委书记　黄观钿(1985.2—1991.2)

纪委书记　高成礼(1991.2—2000.1)

纪检员(副处级)　黄观钿(1991.2—1992.7)

政治处主任　丁公义(兼)(1985.8—1986.4)

调研员(副处级)　于增源(1985.2—?)

二、经理　陈春田(1985.2—1998.7)

经理　许四发(1998.7—2000.5)

经理　刘先鹏(2000.4—2003.3)

经理　胡冬勇(2003.3—2009.9)

经理　李宗平(2009.9—2014.3)

三、总工程师　陈光福(1985.2—1985.10)

总工程师　刘成(1986.11—1998.2)

总经济师　张凤(1986.11—1991.6)

调研员(正处级)　刘挽黄(1985.2—?)

调研员(副处级)　张永福(1985.2—?)

调研员(副处级)　孙启彩(1985.2—?)

四、工会主席　王守政(1985.2—1991.10)

工会主席　张帆(1991.10—1993.3)

工会主席　张先元(1993.3—2007.8)

工会主席　张玮(2007.10—2008.5)

工会主席　徐琨(2008.10—2010.5)

五、党委书记　陈升富(1986.4—1995.6)

党委书记　张帆(1995.6—1997.11)

党委书记　许四发(1997.11—1998.12)

党委书记　顾志香(1998.12—2008.6)

党委书记　张玮(2008.6—2015.4)

六、副经理　王铭泉(1985.2—1992.6)

副经理　黄澄源(1985.2—2005.10)

副经理　张凤(1985.2—1995.7)

副经理　丁公义(1985.2—1995.7)

副经理　聂钟苏(1997.6—2009.4)

副经理　杨志德(1995.7—2003.8)

副经理　许四发(1995.7—1997.11)

副经理　刘先鹏(1999.1—2000.4)

副经理　施志勇(1998.1—2000.4)

副经理　王年福(1998.4—2002.2)

副经理　胡冬勇(2002.11—2003.3)

副经理　秦体达(2002.2—2014.4)

副经理　朱守祥(2003.6—2004.7)

副经理　吴天寿(2004.8—2010.5)

副经理　王永东(2006.9—2008.4)

副经理　汪俊杰(2007.12—2013.9)

副经理　尤田(2008.6—2014.7)

七、副书记　丁公义(1986.4—1993.3)

副书记　张帆(1993.3—1995.6)

副书记　张玮(1995.6—2008.5)

副书记　程跃辉(2009.9—2015.4)

八、总工程师　吴本智(1998.2—2004.8)

总工程师　李宗平(2004.8—2009.9)

总工程师　何超然(2009.9—2014.4)

总经济师　顾志香(1991.6—1998.12)

总经济师　刘先鹏(1999.1—2000.4)

总经济师　胡大明(2001.1—2007.10)

总经济师　宋华清(2007.10—2010.10)

总会计师　余大毛(1998.4—2002.3)

总会计师　刘东进(2002.3—2004.5)

总会计师　马汉昌(2004.5—2006.9)

总会计师　姚光华(2006.9—2009.4)

总会计师　朱君兵(2009.4—2010.5)

第四工程有限公司(2010年5月19日，注册成立中交二航局第四工程有限公司)

一、董事长　张玮(2014.3—2015.4)

董事长　秦体达(2015.4—　)

二、党委书记　张玮(2010.5—2015.4)

党委书记　张国云(2015.4—　)

纪委书记　程跃辉(2010.5—2015.4)

纪委书记　焦贤模(2015.4—　)

三、总经理　李宗平(2010.5—2014.3)

总经理　秦体达(2014.3—　)

四、副经理　吴天寿(2010.5—　)

副经理　尤田(2010.5—2014.5)

副经理　王德怀(2011.2—　)

副经理　唐启(2012.3—　)

副经理　罗仕(2014.7—　)

副经理　赵成立(2014.1—　)

副经理　张宏武(2015.1—　)

副经理　程跃辉(2015.4—　)

五、工会主席　徐琨(2010.5—　)

总经济师　曾亿忠(2013.10—　)

总工程师　何超然(2010.5—2014.4)

总工程师　尤田(2014.5—　)

总会计师　朱君兵(2010.5—2013.12)

总会计师　杨辛(2014.1—　)

附录四

附表4-1　中交二航局第四工程有限公司历年部、省、市级以上先进人物名单

姓　名	年　份	奖　项
曾昭久	1960	安徽省先进生产(工作)者
刘江汉	1978	全国交通战线“工业学大庆”先进生产(工作)者
刘江汉	1980	全国交通战线劳动模范
陈春田	1989	芜湖市劳动模范
王清芳(女)	1985	全国计划生育先进工作者
王丕清	1985	全国交通教育先进工作者
肖益民	1987	交通部新长征突击手
黄观钿	1990	交通部优秀纪检干部
王丕清	1991	全国交通系统优秀教育工作者
顾志香	1991	武汉市五一劳动奖章
王家喜	1996	芜湖市劳动模范
许四发	1998	武汉市五一劳动奖章
杨志德	1999	江阴大桥建设功臣(省级劳动模范待遇)
黄澄源	2000	安徽省五一劳动奖章
朱守祥	2003	武汉市劳动模范

续　表

姓　名	年　份	奖　项
唐洪流	2004	安庆市劳动模范
崔赐根	2004	安庆市劳动模范
张先元	2004	安徽省五一劳动奖章
杨志德	2005	安徽省劳动模范
王胜利	2005	安徽省劳动模范
徐　琨	2005	镇江市五一劳动奖章
王冬松	2006	安徽省五一劳动奖章
徐雄飞	2006	安徽省五一劳动奖章
杨志德	2007	武汉市十大杰出劳模
李维洲	2007	全国五一劳动奖章
秦体达	2007	武汉市五一劳动奖章
胡冬勇	2007	芜湖市劳动模范
徐　琨	2007	江苏省五一劳动奖章
李宗平	2008	上海市五一劳动奖章
杨志德	2009	上海市五一劳动奖章
张　玮	2009	安徽省五一劳动奖章

续 表

姓 名	年 份	奖 项
杨志德	2010	全国劳动模范
宋华清	2010	芜湖市五一劳动奖章
方成武	2012	芜湖市劳动模范
程跃辉	2013	安徽省五一劳动奖章
朱其敏	2013	芜湖市五一劳动奖章
何承海	2013	浙江省五一劳动奖章
王德怀	2014	芜湖市五一劳动奖章

附录五

附表5-1　公司综合奖项获奖情况表

序　号	奖项名称	获得时间
1	全国五一劳动奖状	2007年4月
2	全国模范职工之家	2008年4月
3	全国安康杯竞赛优胜企业	2009年1月
4	全国厂务公开民主管理先进单位	2010年
5	安徽省劳动保障诚信示范企业	2007年6月
6	守合同重信用单位	2013年
7	安徽省文明单位	2014年
8	福建省五一劳动奖状	2014年

附录六

附表6-1 公司总部科室副科以上干部变动情况表

财务部

部 门	职 务	姓 名	时 间	备 注
施工技术组（1973—1978）	组 长	刘挽黄	1973. 7—1974. 7	
	组 长	项昌祥	1974. 7—1978. 4	
	副组长	陈春田	1973. 7—1974. 8	
施工计划科（1978—1991）	科 长	刘挽黄	1978. 4—1980. 4	
	科 长	胡永桢	1980. 5—1983. 9	
	科 长	陈光福	1983. 9—1985. 2	
	科 长	刘 成	1985. 4—1987. 4	
	科 长	雷树先	1987. 4—1991. 12	
	副科长	胡永桢	1978. 4—1980. 5	
	副科长	陈光福	1980. 7—1983. 9	
	副科长	董长海	1983. 4—1983. 6	
	副科长	黄澄源	1983. 6—1985. 2	
	副科长	雷树先	1985. 8—1987. 4	
	副科长	吴本智	1987. 4—1991. 12	

续 表

部　门	职　务	姓　名	时　间	备　注
工程科（1991—2001）	科　长	吴本智	1991.12—1998.2	
	科　长	王东明	1998.2—2001.2	
	科　长	贝　沆	2001.2—2001.10	
	副科长	吴天寿	1991.12—1995.8	
	副科长	贝　沆	1998.2—2000.6	
	副科长	吴天寿	1997.9—?	
	副科长	曾亿忠	2000.11—?	
	副科长	虞锁敏	2001.2—?	
工程部（2001—2010）	部　长	贝　沆	2001.10—2006.7	
	部　长	方　顶	2006.7— 2010.6	
	副部长	虞锁敏	2001.10—?	
	副部长	饶崇安	2002.4—?	
	副部长	王小波	2004.7—2005.1	
	副部长	陈时喜	2004.6—2010.12	

续 表

部 门	职 务	姓 名	时 间	备 注
工程管理部（2010.6— ）	部 长	方 顶	2010.6—	
	副部长	殷良君	2010.6—2013.2	
	副部长	李凤美	2010.6—2015.6	
	副部长	胡雄为	2010.6—	
	副部长	郭佳嘉	2012.2—2015.7	
	副部长	张宗言	2013.5—2013.9	
	副部长	郑海涛	2013.7—2013.10	
总工室（1985—2010）	副总工	郑玲玲	1985.5—?	
	副总工	董长海	1991.12—?	
	副总工	施志勇	1991.1—?	
	副总工	胡冬勇	2000.7—?	
	副总工	吴天寿	2001.1—2002.1	
	副总工	李宗平	2003.4—?	
	副总工	方 顶	2003.11—2015.11	
	副总工	汪俊杰	2004.9—?	
	副总工	曾平喜	2006.4—?	

续 表

部 门	职 务	姓 名	时 间	备 注
总工室（1985—2010）	副总工	贝 沆	2006.7—?	
	副总工	王胜利	2007.6—?	
	副总工	甄义省	2007.6—?	
	副总工	殷良君	2008.10—	
	副总工	汪成龙	2008.12—2014.3	
	副总工	罗 仕	2009.3—2010.11	
	副总工	吴荣尚	2015.11—	
	副总工	吴忠和	2010.6—2010.11	
	副总工	孙立军	2010.11—	
技术中心	副主任	郭佳嘉	2015.7—	
生产调度室（1987—1993）	主 任	黄澄源(兼)	1987.4—1991.12	
	主 任	陆玉海	1991.12—1998.12	
	副主任	陆玉海	1987.4—1991.12	
	副主任	王守政	1993.9—1995.6	
计划定额科（1984—1985）	副科长	吴庆雪	1984.6—1985.4	
	副科长	李可英	1984.6—1985.4	

续 表

部门	职务	姓名	时间	备注
计划经营科（1985—1998）	科长	吴庆雪	1985.4—1998.8	
	副科长	李可英	1985.4—1997.10	
	副科长	陆玉海	1985.4—1987.4	
	副科长	李水正	1991.12—2007.12	
	副科长	庞裕金	1995.8—1998.8	
	副科长	倪维华	1993.3—1997.10	
经营科（1998—2001）	科长	庞裕金	1998.8—2001.10	
	副科长	王立虎	1998.8—?	
	副科长	徐大闩	1998.8—2003.10	
	副科长	吴天寿	2000.9—2001.1	
	副科长	王根宝	2000.9—2001.10	
经营部（2001—2009）	部长	庞裕金	2001.10—2009.11	
	副部长	王根宝	2002.10—2009.11	
	副部长	蔡莉芬	2001.10—?	
	副部长	陈方伟	2003.11—?	
	副部长	迟恒安	2004.1—2009.11	

续 表

部 门	职 务	姓 名	时 间	备 注
经营部（2001—2009）	副部长	王小波	2005. 1—2007. 6	
	副部长	刘崇敬	2007. 6—2013. 9	
	副部长	王成勇	2008. 1—2009. 11	
	副部长	陈志刚	2010. 11—2012. 8	
市场开发部（2009— ）	部 长	庞裕金	1998. 8—2009. 11	
	部 长	王成勇	2009. 11—2014. 3	
	部 长	王根宝	2014. 3	
	副部长	周永龙	2009. 4—2014. 6	
	副部长	王根宝	2012. 2—2014. 3	
	副部长	汪学进	2012. 7—2012. 9	
	副部长	张雪丽	2012. 12—	
	总工程师	孙立军	2013. 4—2013. 11	
	副部长	段召江	2013. 9—	
副总经济师	副总经济师	朱守祥	1998. 2—?	
	副总经济师	胡大明	1998. 8—?	

续 表

部 门	职 务	姓 名	时 间	备 注
副总经济师	副总经济师	张舒心	2003.4—?	
	副总经济师	徐大闩	2004.1—?	
	副总经济师	程跃辉	2007.6—2008.6	
	副总经济师	王小波	2007.6—	
	副总经济师	杨积明	2008.1—2014.6	
	副总经济师	陈志斌	2008.9—	
	副总经济师	朱文功	2009.3—2011.2	
	副总经济师	赵成立	2009.3—2014.1	
	副总经济师	张宏武	2009.3—2010.11	
	副总经济师	朱其敏	2009.8—2015.9	
	副总经济师	汪本生	2010.11—	
	副总经济师	孙 星	2010.11—2012.2	
	副总经济师	王根宝	2012.2—	
	副总经济师	汪学进	2015.12—	
轨道交通部	部 长	周永龙	2014.6—	
投资部	部 长	迟恒安	2014.6—	

续 表

部 门	职 务	姓 名	时 间	备 注
海外部	部 长	王小波	2012.1—	
经营一科（1998—2003）	科 长	张舒心	1998.8—2005.6	
	副科长	蔡莉芬	1998.8—?	
	副科长	杨积明	2000.9—2003.7	
成本核算中心（2003—2007）	主 任	杨积明	2003.7—2007.12	
	副主任	杨积明	2001.10—2003.7	
	副主任	何满俊	2003. 4—2007.3	
合同管理部（2007— ）	部 长	杨积明	2007.3—	
	副部长	何满俊	2007.3—2009.11	
	副部长	潘长娥	2009.11—	
质量技术科（1991—1995）	科 长	雷树先	1991.12—?	
质量管理科（1995—2001）	副科长	胡冬勇	1995.9—1998.12	
	副科长	吴忠和	1997.10—1998.12	
质量管理部（2001— ）	部 长	吴忠和	2001.10—2010.11	
	副部长	胡才春	2001.10—2008.12	
	副部长	李凤美	2009.11—2010.7	

续　表

部　门	职　务	姓　名	时　间	备　注
安全技术科	科　长	许仁发	1985.4—1997.10	
	科　长	倪维华	1997.10—2001.10	
安全监督科	副科长	殷增芝	1978.4—1979.8	
	副科长	周永昌	1979.8—1981.12	
	副科长	曾广林	1981.12—1983.6	
	副科长	许仁发	1983.6—1985.4	
	副科长	孙厚林	1995.8—1997.10	
安全监督部	部　长	倪维华	2001.10—2009.11	
	部　长	胡　健	2006.3—2009.11	
	副部长	胡　健	2006.3—2009.11	
	副部长	崔胜国	2007.2—2007.10	
	副部长	李　健	2009.11—2010.6	
物资供应组（1973—1979）	组　长	于凤鸣	1973.7—1974.7	
物资供应科（1979—1995）	科　长	黎华轩	1979.1—1983.9	
	科　长	肖广丰	1983.9—1995.8	

续 表

部 门	职 务	姓 名	时 间	备 注
经营部（2001—2009）物资管理科（1995—1998）	科 长	倪 竹	1995.8—1998.12	
	副科长	张玉山	1978.4—?	
	副科长	李章良	1982.7—1985.8	
	副科长	康 云	1985.5—?	
	副科长	李耀荣	1985.8—1998.12	
	副科长	倪 竹	1994.5—1998.12	
物资公司（1998—2000）	经 理	倪 竹	1998.12—2007.10	
	副经理	李耀荣	2000.12—2004.3	
	副经理	刘东尚	2000.7—2001.11	
物资保障部（2000—2007）	部 长	倪 竹	2007.1—2008.4	
	副部长	江丙育	2001.10—2008.4	
物流中心（2007— ）	经 理	丁 磊	2008.4—	
	副经理	江丙育	2008.4—	
	副书记	张克荣	2014.9—	
船机组（1973—1985）	组 长	吕建昌	1973.7—1974.7	
	副组长	刘谊全	1973.11—1985.4	

续 表

部　门	职　务	姓　名	时　间	备　注
船机科（1985—1998）	科　长	刘谊全	1985. 4—1998. 12	
	副科长	于凤鸣	1974. 7—1975. 7	
	副科长	魏家堂	1975. 7—?	
	副科长	许仁发	1978. 4—1983. 6	
	副科长	吴达本	1979. 1—?	
	副科长	陆玉海	1983. 5—1985. 4	
	副科长	聂钟苏	1983. 5—1983. 6	
	副科长	陈露群	1986. 2—1991. 1	
	副科长	曾宪邦	1991. 1—1998. 12	
设备物资科（1998—2001）	科　长	曾宪邦	1998. 12—2001. 10	
	副科长	周永龙	1998. 12—2002. 12	
设备部（2001—　）	部　长	曾宪邦	2001. 10—2007. 7	
	部　长	甄义省	2007. 7—2009. 8	
	部　长	曾凌飞	2009. 8—2012. 5	
	部　长	苏胜丰	2012. 5—	
	副部长	曾凌飞	2008. 9—2009. 8	主持工作

续 表

部　门	职　务	姓　名	时　间	备　注
设备部（2001—　）	副部长	张平均	2010.12—2011.8	
	副部长	库银桃	2010.12—	
	副部长	苏胜丰	2012.1—2012.5	
人事组（1975—1979）	组　长	张远吉	1975.12—1977.1	
	副组长	王铭泉	1973.7—1978.4	
劳动工资科（1979—1981）	科　长	王丕清	1979.1—1981.1	
	科　长	谢开年	1981.12—1985.4	
	科　长	谢仁福	1985.4—1998.9	
人事劳动科（1981—1998）	科　长	唐洪流	1998.12—2001.10	
	副科长	丁俊峰	1998.12—2003.2	
劳资工资科（1998—2001）	副科长	谢开年	1981.12—1985.4	
	副科长	谢仁福	1983.6—1985.4	
	副科长	徐　凌	1995.9—1998.12	
人力资源部（2001—　）	部　长	唐洪流	2001.10—2003.2	
	部　长	丁俊峰	2003.2—2007.3	

续 表

部　门	职　务	姓　名	时　间	备　注
人力资源部（2001—　）	部　长	张可松	2007. 3—2012. 1	
	部　长	邱　阳	2012. 1—2012. 2	
	部　长	孙华才	2012. 2—	
	副部长	丁俊峰	2000. 10—2003. 2	
	副部长	张可松	2003. 2—2007. 2	
	副部长	孙华才	2007. 2—2008. 8	
	副部长	邱　阳	2007. 3—2012. 2	
	副部长	张　红	2013. 8—	
劳务公司（1997—2003）	经　理	光　飞	1997. 10—1998. 7	
	经　理	徐　凌	1998. 12—2004. 4	
	书　记	崔国胜	1998. 12—2007. 3	
	副经理	崔国胜	1998. 1—1998. 12	
	副经理	杨积明	1999. 5—2000. 9	
财务组（1973—1983）	副组长	刘寿彭	1973. 7—1983. 9	
财务科（1983—2001）	科　长	刘寿彭	1983. 9—1984. 5	
	科　长	童　炜	1985. 4—1991. 12	

续 表

部 门	职 务	姓 名	时 间	备 注
财务科（1983—2001）	科 长	余大毛	1993.2—1998.4	
	科 长	刘楚华	1998.12—2001.7	
	副科长	童 炜	1983.6—1985.4	
	副科长	何正平	1984.6—？	
	副科长	余大毛	1991.12—1993.2	
	副科长	刘楚华	1993.2—1998.12	
	副科长	储修忠	2000.7—2001.10	
财务部	部 长	储修忠	2001.10—2004.11	
	部 长	王先国	2004.11—2012.5	
	部 长	杨 辛	2012.5—2014	
	部 长	李国栋	2014.6—	
	副部长	戴礼南	2001.10—？	
	副部长	王先国	2003.7—2004.11	
	副部长	吴 翼	2006.8—？	
	副部长	乔东方	2009.6—2012.8	
	副部长	曹靖华	2010.11—2011.8	

续 表

部　门	职　务	姓　名	时　间	备　注
财务部	副部长	张建兵	2014.6—2015.10	
	副部长	王勇华	2015.9—	
会计部	部　长	乔东方	2012.8—2014.6	
基建办公室（1985—1994）	主　任	徐锦义	1985.4—?	
	主　任	戴金鸿	1994.5—1998.12	
	副主任	李章良	1985.8—1993.2	
	副主任	戴金鸿	1993.2—1994.5	
教育科（1981—1994）	科　长	王丕清	1981.12—1994.5	
	科　长	李章良	1994.5—1998.12	
	副科长	李章良	1993.2—1994.5	
多种经营办公室（1998—1999）	副主任	张剑平	1998.10—1999.1	
总务组（1973—1978）	组　长	冯孝思	1973.7—1978.4	
	副组长	谢开年	1973.7—1981.12	
	副组长	朱正亮	1974.8—?	
行管科（1978—1997）	科　长	冯孝思	1978.4—1995.8	
	科　长	赵金友	1995.8—1997.9	

续 表

部　门	职　务	姓　名	时　间	备　注
设备部（2001—　）	副科长	曾广林	1978.4—1981.12	
	副科长	孙茂祝	1979.1—1982.12	
	副科长	耿允和	1986.2—1997.10	
	副科长	赵金友	1993.10—1995.8	
物业公司（1997—2003）	经　理	赵金友	1997.9—2006.4	
	副经理	李全生	1997.10—1999.5	
	副经理	叶新华	1997.10—2006.4	
	书　记	鲁迅涛	2000.10—2006.3	
后勤管理部（2003—　）	书　记	李　健	2003.6—2008.1	
	书　记	余剑飞	2008.2—	
	部　长	李　健	2003.6—2008.2	
	部　长	叶新华	2006.4—2008.1	
	部　长	余剑飞	2010.5—	
	副部长	李　健	2010.6—2012.7	
政治工作组（1974—1978）	组　长	于增源（兼）	1974.3—1997.5	
	组　长	李德恕	1977.5—?	
	副组长	吕新德	1973.7—1974.1	
	副组长	李可威	1974.1—?	

续 表

部　门	职　务	姓　名	时　间	备　注
政治处（1978—1987）	主　任	黄观钿	1978.4—1978.9	
	主　任	张贵(兼)	1979.1—1983.7	
	主　任	陈升富(兼)	1983.7—1985.8	
	主　任	丁公义	1985.8—?	
	副主任	詹克强	1983.9—?	
	副主任	高成礼	1986.2—1987.11	
办公室（1978—1985）	副主任	吴念祖	1978.4—1983.9	
党政办公室（1985—2012）	主　任	汪德旺	1985.4—1995.3	
	主　任	李水泉	1995.8—2001.10	
	主　任	吴　林	2001.10—2012.2	
	主　任	刘　兵	2013.4—	
	副主任	汪德旺	1983.9—1985.4	
	副主任	李水泉	1985.5—1995.8	
	副主任	吴茂远	1999.11—2001.2	
	副主任	吴　林	2001.2—2001.10	
	副主任	张　琳	2010.11—2012.2	

续 表

部门	职务	姓名	时间	备注
信息中心	主任	张琳	2012.2—2012.10	
企业策划部	部长	刘兵	2012.10—	
组干科	科长	耿星义	1985.4—1998.12	
	副科长	路巨川	1979.1—1985.5	
	副科长	耿星义	1983.6—1985.5	
	副科长	鲁迅涛	1985.5—1993.3	
	副科长	章雪明	1993.9—1999.5	
	副科长	邱阳	1999.5—2001.3	
党务工作部	副部长	邱阳	2001.3—2008.10	
党委组织部	部长	邱阳	2008.10—	
党委办公室	主任	邱阳	2007.3—	
董事会办公室	秘书	邱阳	2014.5—	
宣传科	科长	詹克强	1979.1—1984.5	
	科长	高成礼	1984.5—1986.2	
	科长	张玮	1991.12—1995.5	
	科长	张帆	1999.1—2001.1	

续 表

部 门	职 务	姓 名	时 间	备 注
财务部	副科长	汪德旺	1979.1—1981.12	
	副科长	张 玮	1988.3—1991.12	
	副科长	焦贤模	2001.1—2002.2	
党务工作部	部 长	唐洪流	2007.3—2008.2	
	副部长	焦贤模	2002.2—2003.12	
	副部长	陶 铮	2007.3—2010.10	
企业文化部	部 长	唐洪流	2004.12—2007.12	
	部 长	焦贤模	2008.2—2010.10	
	部 长	王 力	2014.5—	
	副部长	唐元元	2010.12—2014.5	主持工作
	副部长	王 力	2013.9—2014.5	
文明办	副主任	陶 伟	1995.9—1998.12	
	主 任	陶 伟	1998.12—2001.2	
	主 任	焦贤模	2001.2—2005.5	
	主 任	唐元元	2005.5—	

续 表

部　门	职　务	姓　名	时　间	备　注
纪委办	副主任	何少祥	1984. 2—1985. 4	
	主　任	何少祥	1985. 4—1997. 10	
	副主任	王立成	2001. 10—2008. 10	
监察科	专职监察员	陈华虎	1989. 9—199112	
	科　长	陈华虎	1991. 12—2001	
纪委综合办	主　任	张五八	1997. 10—2001. 10	
	主　任	王立成	2008. 10—	
纪委副书记	纪委副书记	鲁迅涛	1998. 2—2000. 10	
	纪委副书记	黄晓鸣	2010. 2—2013. 7	
法律事务部	部　长	王立成	2011. 5—	
审计科	副科长	范翠芳	1987. 7—1995. 9	
	副科长	黄晓鸣	1995. 9—1998. 12	
	科　长	黄晓鸣	1998. 12—2012. 10	
审计监察室	主　任	黄晓鸣	2001. 10—2012. 10	

续 表

部门	职务	姓名	时间	备注
审计监察室	副主任	刘　群	2008.4—2008.12	
审计监察部	部　长	汪　瑾	2014.6—	
	副部长	汪　瑾	2012.10—2014.6	主持工作
	副部长	屈兴峰	2014.6—	
武装保卫组	组　长	魏成良	1975.12—1979.1	
保卫科	科　长	盛志超	1979.1—1991.12	
公安科	科　长	孙锡宝	1991.12—1997.3	
	科　长	曹海树	1997.10—2001	
	副科长	孙锡宝	1986.2—1997.7	
	副科长	曹海树	1991.12—1996.9	
	副科长	刘瑞荣	1997.10—2001.1	
武汉航务公安处第四分处	副处长	刘瑞荣	2001.1—2002	
	处　长	刘瑞荣	2002—2009.3	
安保部	部　长	陶　铮	2009.4—2010.10	
	部　长	胡　健	2011.3—	

续 表

部门	职务	姓名	时间	备注
武装部	部长	王槐松	1979.3—1982.1	
	部长	宋厚启	1985.6—2000.7	
	部长	陶铮	2000.7—2010.10	
	部长	胡健	2010.10—	
工会办公室	主任	左兆海	1978.4—1980.9	
	副主任	徐锦义	1973.7—?	
	副主席	戴志平	1978.4—?	
	副主席	孙茂祝	1982.12—1997.10	
	副主席	陈华虎	1984.12—1989.9	
	副主席	张帆	1991.1—1991.10	
	副主席	杨华	1995.9—2005.11	
	副主席	於权清	1998.9—1999.1	
	副主席	周桥	2004.2—2009.2	

续 表

部门	职务	姓名	时间	备注
工会办公室	副主席	刘东尚	2014.9—2015.6	
	副主席	高梁栋	2015.9—	
	主任	周桥	2007.3—2009.2	
	副主任	刘俊	2015.9—	
团总支（1973—1980）	副书记	钟芹	1973.7—1975.7	
	副书记	曹火珍	1975.7—1980.7	
团委	副书记	耿星义	1980.7—1983.6	
	副书记	吴年华	1983.6—1985.4	
	书记	吴年华	1985.4—1986.2	
	书记	崔胜国	1986.2—1989.5	
	副书记	崔胜国	1986.2—1988.8	
	副书记	周文彬	1989.5—1992.10	
	副书记	邱阳	1992.10—1993.9	

续 表

部 门	职 务	姓 名	时 间	备 注
团 委	书 记	邱 阳	1993.9—1999.5	
	书 记	周 桥	1999.5—2004.11	
	书 记	唐元元	2010.6—2014 .6	
	书 记	陶 涛	2014.6—	
	副书记	唐元元	2004.11—2010.6	
	副书记	杨少波	2010.12—2013	
	副书记	陶 涛	2013.5—2014	
机关党支部	支部书记	骆骥骏	1978.4—?	
	协理员	沈其标	1979.8—?	
	支部书记	高成礼	1983.9—1984.5	
	支部书记	戚高田	1984.5—1992.10	
	支部书记	宋厚启	1992.10—?	
	支部书记	陶铮(兼)	2000.8—2010.12	

续 表

部 门	职 务	姓 名	时 间	备 注
机关党总支	支部书记	唐元元	2010.12—	
卫生所	所 长	燕明树	1986.4—1988.9	
	所 长	温维铎	1988.9—1998.12	
	所 长	李 健	1998.12—2008.2	
	所 长	余剑飞	2008.2—	

附录七

处属固定建制单位负责人情况变化

附表7-1　401施工处负责人情况变化表

单位名称	职　务	姓　名	时　间	备　注
码头工段（1973.6—1978.4）	段　长	盛新亭	1973.6—1974.1	
	段　长	周永昌	1974.2—1975.7	1981.10退休
	段　长	李金庭	1975.8—1980.9	
	副段长	周永昌	1973.6—1974.2	
	副段长	项昌祥	1973.7—调局	
	副段长	李云騑	1973.7—调局	
	副段长	李金庭	1974.7—1975.7	
	副段长	徐家发	1974.7—1978.4	
	副段长	张　凤	1974.7—1978.4	
	指导员	林少华	1973.6—1974.6	
	支部书记 指导员	王保文	1974.7—1978.4	
	副书记 副指导员	葛德淼	1973.7—1974.5	
	副指导员	王小云	1974.7—1978.4	
	副指导员	徐家发	1974.7—1978.4	
	副指导员	张先元	1978.5—1980.12	

续 表

单位名称	职 务	姓 名	时 间	备 注
401工程队（1978.4—1990.1）	队 长	王同华	1980.9—1983.5	
	队 长	刘尚仁	1984.9—1987.2	
	副队长	张家云	1985.9—?	
	副队长	吴天寿	1985.9—1988.7	
	副队长	庞裕金	1986.8—1989.12	
	副队长	肖益民	1989.3—1997.1	
	书 记	王保文	1978.4—1990.1	
	副书记	黄学恒	1983.5—1990.1	
	副书记	张 帆	1987.8—1988.4	
401施工处（1990.1—1999.1）	队长、主任	邱成筛	1987.2—1994.3	
	主 任	庞裕金	1994.3—1995.6	
	主 任	许四发	1995.4—?	
	副主任	张家云	1990.3—1991.6	
	副主任	尚守玉	1991.4—1994.12	
	副主任	饶崇安	1991.4—1993.2	
	副主任	汪文彬	1992.5—	

续 表

单位名称	职　务	姓　名	任职时间	备　注
401施工处（1990.1—1999.1）	副主任	吕召健	1993.6—?	
	副主任	张　文	1995.8—?	
	书　记	张五八	1990.1—1999.1	
	技术主管	王同华	1983.9—1988.9	
	技术主管	饶崇安	1988.9—1991.4	
	主任工程师	汪文彬	1995.8—1997.1	
	主任工程师	贺　涛	1997.1—1998.5	
	主任工程师	李传林	1998.7—1999.1	

附表7-2　402施工处负责人情况变化表

单位名称	职　务	姓　名	时　间	备　注
第一工地（1975.4—1978.4）	副主任	段增芝	1975.4—?	
	副主任	李瑞龙	1975.4—?	
	指导员	余锡山	1975.4—?	
	副指导员	张先元	1975.4—1978.5	
402工程队（1978.4—1990.1）	主任、队长	徐锦义	1976.7—1980.7	
	主任、队长	董长海	1980.7—1983.4	
	队　长	丁公义	1983.4—1983.5	
	队　长	汪德隆	1983.5—1984.4	
	队　长	陈文杰	1984.4—1985.9	
	队　长	倪维华	1985.9—1988.1	
	副队长	董长海	1978.5—1980.6	
	副队长	汪德隆	1980.9—1983.5	
	副队长	陈文杰	1983.6—1984.4	
	副队长	周为民	1984.6—1987.2	
	副队长	倪维华	1984.9—1985.9	
	副队长	祝小丰	1985.9—1990.1	

续　表

单位名称	职　务	姓　名	时　间	备　注
402工程队（1978.4—1990.1）	副队长	胡小林	1987—1990.1	
	支部书记 指导员	余锡山	1975.4—?	
	支部书记 指导员	陈金喜	1980.7—?	
	支部书记 指导员	王保文	1983.9—?	
	副指导员	邓邦权	1980.9—?	
	副指导员	齐德华	1983.5—1985.5	
	副指导员	陈文杰	1983.9—?	
	副书记	陶　铮	1987.2—1990.5	
402施工处（1990.1—1997.9）	主　任	徐锦义	1988.1—1995.11	
	主　任	光　飞	1995.11—1997.9	
	支部书记	陶　铮	1990.5—1997.9	
	副主任	胡大明	1993.10—1997.9	
	技术主管	冯　军	1987.4—?	
	主任工程师	方　顶	1994.10—1997.9	
	副主任	胡小林	1990.1—1997.9	
	副主任	邹平勇	1991.2—1997.9	
	副主任	祝小丰	1990.1—1994.6	

附表7-3　403施工处负责人情况变化表

单位名称	职　务	姓　名	时　间	备　注
第二工地（1975.4—1978.4）	主　任	曾广林	1975.7—1979.1	
	主　任	陈　军	1979.1—1980.7	
	副主任	史永安	1975—?	
	副主任	张　凤	1978.5—?	
	支部书记 指导员	左兆海	1975.6—1976.8	
	支部书记 指导员	陈金喜	1977.8—1980.7	
	副书记	曾广林	1975.9—1976.8	
	副指导员	徐家发	1975.9—1976.8	
403工程队（1978.4—1990.3）	队　长	张　凤	1980.7—1982.1	
	队　长	王铭泉(代)	1982.12—1983.5	
	队　长	丁公义	1983.5—1984.5	
	队　长	顾志香	1984.6—1991.2	
	副队长	王铭泉	1983.6—?	
	副队长	顾志香	1983.6—1984.6	
	副队长	邱成筛	1984.9—1987.2	
	副队长	肖益民	1985.8—1989.12	
	副队长	杨志德	1987.4—1990.3	

续 表

单位名称	职 务	姓 名	时 间	备 注
403工程队 (1978.4—1990.3)	副队长	崔胜国	1989.3—1998.1	
	副队长	张先元	1989.3—1990.3	
	副队长	徐文新	1991.12—1997.10	
	支部书记 指导员	陈 军	1980.7—1982.12	
	支部书记 指导员	聂钟苏(代)	1982.12—1983.6	
	支部书记	陈 军	1985.5—1990.5	
	副指导员	邓邦权	1979.7—?	
	副指导员	张 凤	1982.9—?	
	副指导员	聂钟苏	1983.6—?	
	副书记	张先元	1986.2—?	
403施工处 (1990.3—1999.6)	主 任	杨志德	1991.12—1999.6	
	副主任	施志勇	1992.5—?	
	副主任	张舒心	1993.3—?	
	副主任	时道洪	1993.3—1995.8	
	支部书记	张先元	1990.5—1993.3	
	支部书记	鲁迅涛	1993.3—1998.1	
	支部书记	章雪明	1998.2—1999.6	

附表7-4 405施工处负责人情况变化表

单位名称	职 务	姓 名	时 间	备 注
九里沟船闸项目部（1988.2—1989.12）	经 理	陈文杰	1988.4—1989.12	
	经理、副主任	冯昌虎	1988.4—1989.12	
	副经理	光 飞	1991.12—1995.8	
	副经理	周为民	1989.3—1989.12	
	书 记	陈文杰	1988.4—1989.12	
	副书记	光 飞	1988.10—1989.12	
405施工处（1989.12—1999.1）	主 任	庞裕金	1991.4—1991.12	
	主 任	光 飞	1991.12—1995.8	
	主 任	赵开生	1995.12—1998.7	
	副主任	沈普员	1991.1—1992.10	
	副主任	许四发	1992.3—1995.7	
	副主任	王立虎	1993.2—	
	副主任	赵开生	1992.10—	
	副主任	汪其友	1992.10—1995.8	
	副主任	汪守政	1995.5—1999.1	
	副主任	曾平喜	1995.12—1999.1	

续 表

单位名称	职　务	姓　名	时　间	备　注
405施工处（1989.12—1999.1）	副主任	王德怀	1996.4—1999.1	
	支部书记	光　飞	1991.12—1993.2	
	支部书记	陈自来	1993.2—1997.1	
	支部书记	孙锡宝	1997.1—1999.1	
	副书记	光　飞	1990.5—1991.12	
	副书记	陈自来	1993.2—?	
	技术主管	赵开生	1992.3—1992.10	
	技术主管	曾平喜	1992.10—1995.12	

附表7-5　裕溪口施工处负责人情况变化表

单位名称	职　务	姓　名	时　间	备　注
预制工段（1973.6—1978.4）	段　长	孙启彩	1973.7—1974.8	
	段　长	曾广林	1973.7—1975.7	
	段　长	周永昌	1975.7—1979.8	
	副段长	曾广林	1974.8—1975.7	
	副段长	程爵庆	1974.6—1975.12	
	副段长	史永安	1974.7—1975.4	
	副段长	宋德文	1975.12—1978.4	
	支部书记 指导员	陈金喜	1973.6—1977.7	
	副指导员	代志平	1973.7—1974.7	
	副指导员	曹火珍	1974.6—1975.6	
	副指导员	邓邦全	1975.7—1980.9	
构件预制厂（1976.4—1998.8）	厂　长	徐锦义	1980.7—1983.5	
	厂　长	刘　成	1983.5—1985.2	
	厂　长	王东明	1985.2—1986.2	
	厂　长	彭光荣	1986.2—1995.8	
	厂　长	王年富	1995.8—1998.8	

续 表

单位名称	职 务	姓 名	时 间	备 注
构件预制厂（1976.4—1998.8）	副厂长	靳永升	？ —1980.9	
	副厂长	刘尚仁	1978.10— ？	
	副厂长	刘 成	1982.11—1983.5	
	副厂长	曾宪帮	1983.2—1991.1	
	副厂长	殷良君	1984.7—1985.5	
	副厂长	饶崇安	1985.5—1987.2	
	副厂长	周为民	1987.2—1989.3	
	副厂长	张宗言	1989.3—1993.4	
	副厂长	王保文（兼）	1989.3—?	
	副厂长	虞锁敏	1991.1—?	
	副厂长	胡杰林	1991.1—1998.5	
	副厂长	石雅水	1993.6—?	
	副厂长	张世新	1995.8—1999.11	
	副厂长	许光磊	1997.10—1999.11	
	支部书记 指导员	戚高田	1977.7—1980.11	
	支部书记	陈 军	1980.11—1982.9	

续　表

单位名称	职　务	姓　名	时　间	备　注
构件预制厂（1976.4—1998.8）	支部书记	戚高田	1982.9—1983.5	
	支部书记	邓邦权	1983.5—1987.2	
	副书记	徐锦义	1982.9—1983.5	
	副指导员	杨　华	1983.5—1985.8	
	副书记	陶　铮	1986.2—1987.2	
	副书记	吴年华	1987.8—1991.1	
裕溪口分公司 1998.8—2003.5	经　理	王年福	1998.8—1999.11	
	经　理	高梁栋	1999.11—2003.5	
	副经理	高梁栋	1998.8—1999.11	
	副经理	杨曦东	1998.8—2003.5	
	副经理	张百宇	1999.11—2003.5	
	副经理	刘杳华	1999.1—2004.2	
	副书记	李　峰	1997.11—1998.8	
	总支书记	李　峰	1998.8—2003.8	
裕溪口施工处（2003.5—2012.12）	主　任	高梁栋	2003.5—2012.12	
	常务副经理	杨曦东	2008.10—2010.11	

续 表

单位名称	职 务	姓 名	时 间	备 注
裕溪口施工处（2003年改名）	副主任	朱其敏	2003.5—2007.8	
	副主任	张百宇	2007.1—?	
	经理助理	毕茂庆	2007.12—?	
	经理助理	张明星	2008.8—?	
	经理助理	黄金生	2009.6—?	
	总支书记	刘东尚	2004.2—2010.10	
	总支书记	杨曦东	2010.11—2012.12	
	技术主管	贝 沆	1983.9—?	
	主任工程师	王年福	1992.11—?	
	主任工程师	李卫东	1995.8—?	
安徽分公司（2014.5— ）	常务副经理	刘杳华	2014.5—2015.9	
	常务副经理	周 桥	2015.9—	
	书 记	周 桥	2014.5—2015.9	
	书 记	钱建赞	2015.9—	

附表7-6 船舶队负责人情况变化表

单位名称	职 务	姓 名	时 间	备 注
船舶队（1976.8成立）	队 长	魏家堂	1976.8—1977.6	
	队 长	杜长珍	1977.6—1980.6	
	队 长	魏家堂(兼)	1980.7—1983.5	
	队 长	魏成良	1983.5—1987.11	
	队 长	曲平(代)	1987.11—1989.12	
	队 长	吴茂远	1989.12—1998. 7	
	副队长	盛永才	1977.1—?	
	副队长	刘少南	1981.11—1987.1	
	副队长	曲 平	1987.1—1987.11	
	副队长	孙好勤	1987.4—1995.8	
	副队长	吴茂远	1989.3—1989.12	
	副队长	邓邦权	1989.3—?	
	副队长	吴代柱	1991.1—1995.8	
	副主任	高梁栋	1995.9—?	
	副主任	张百宇	1997.10—?	

续 表

单位名称	职 务	姓 名	时 间	备 注
船舶队 （1976.8成立）	副主任	杨曦东	1997.10	
	支部书记	张远吉	1 977.1—1978.4	
	支部书记	李可威	1978.4—1979.10	
	支部书记	莫春才	1979.10—1980.7	
	支部书记	陈金喜	1985.5—?	
	支部书记	魏成良	1986.2—1987.2	
	支部书记	邓邦权	1987.2—1998.7	
	支部副书记	杜长珍	1983.5—?	
	支部副书记	江学跃	? —1983.6	
	支部副书记	张五八	1983.6—?	
	技术主管	库银桃	1990.1—1998.5	

附表7-7　安装分公司负责人情况变化表

单位名称	职　务	姓　名	时　间	备　注
机械队（1977.6—1980.7）	队　长	张志成	1977.6—1979.10	1982年4月决定撤销机械队
	指导员	戴志平	1974.6—1977.8	
	支部书记	张志成	1977.8—1979.0	
	指导员	廖新浩	1979.10—1980.7	
	指导员	莫春才	1980.7—1982.8	
航修站（1980.7易名）	站　长	廖新浩	1979.10—1983.5	
	站　长	陆玉海	1983.5—1985.4	
	副站长	张剑平	1978.5—?	
	副站长	刘谊全	1978.5—?	
	副站长	于凤鸣	1980.11—1981.6	
	副站长	聂钟苏	1983.5—?	
	副站长	曹伟仁	1985.5—?	
	副站长	王　翔	1985.5—?	
	支部书记	高成礼	1982.8—1985.8	
船机修造厂	厂　长	聂钟苏	1985.5—1988.9	
	厂　长	曹伟仁	1988.9—1995.8	

续 表

单位名称	职　务	姓　名	时　间	备　注
船机修造厂	厂　长	吴代柱	1995.8—1998.2	
	副厂长	王　旭	1991.1—1992.5	
	副厂长	汪本生	1993.5—1998.2	
	副厂长	袁词高	1995.8—?	
	副厂长	甄义省	1996.6—2003.11	
	支部书记	张五八	1985.5—1991.1	
	支部书记	黄学恒	1991.1—2007.8	
	副书记 副指导员	聂钟苏	1977.6—1979.7	
	副书记	高成礼	1979.7—1983.5	
	副书记	聂钟苏	1983.5—1985.5	
安装分公司 （1997.8改名）	厂长、经理	汪本生	1998.2—2010.1	
	经　理	陈志斌	2010.1—2014.4	
	副经理	陈志斌	2002.10—2008.10	
	副经理	钱建赞	1997.8—2007.9	
	副经理	刘树森	2004.2—2012.3	
	副经理	张世新	2009.6—2013.1	

续　表

单位名称	职　务	姓　名	时　间	备　注
安装分公司（1997.8改名）	经理助理	苗兴强	2010.12—2012.7	
	经理助理	许小东	2010.12—2013.5	
	副经理	苗兴强	2012.7—2014.5	
	副经理	许小东	2013.5—2014.5	
	支部书记	黄学恒	1997.8—2007.8	
	支部书记	程跃辉	2007.8—2008.6	
	支部书记	陈志斌	2008.10—2010.2	
	支部书记	钱建赞	2010.2—2014.4	
	技术主管	王火泉	1987.4—?	
	主任工程师	胡春光	1991.1—1999.1	
	主任工程师	王　旭	1992.5—1999.11	
	总工程师	陈志斌	1999.11—2002.12	
	总工程师	张世新	2009.6—2013.1	

附表7-8　劳动服务公司负责人情况变化表

单位名称	职　务	姓　名	时　间	备　注
劳动服务公司（1983.6—1991.12）综合服务公司（1991.12—1999.12）	经　理	于增源	1983.6—1984.2	
	副经理	徐锦义	1984.2—1985.5	主持工作
	经　理	莫春才	1985.5—1991.12	
	经　理	倪维华	1991.12—1995.8	
	经　理	李耀荣	1995.8—1999.7	
	副经理	李全生	1999.5—1999.12	主持工作
	副经理	徐锦义	1983.6—1984.2	
	副经理	戴志平	1983.6—?	
	支部书记	于增源	1983.6—1984.2	
	支部书记	莫春才	1984.2—1985.5	
	支部书记	路巨川	1985.5—1998.2	
	支部书记	陈自来	1998.2—1998.7	
	支部书记	吴茂远	1998.7—1999.11	
	副书记	靳永升	1983.6—1985.4	
	副书记	陈坚强	1985.5—1990.6	
	副书记	倪维华	1990.7—1991.12	

附表7-9 机械化施工处负责人情况变化表

单位名称	职　务	姓　名	时　间	备　注
机械土方队（1987.4—1988.10）机械化施工处（1988.10—1998.7）	队　长	刘少南	1987.4—1998.7	
	副队长	靳永升	1990.2—1991.8	
	副队长	张家云	1991.8—？	
	副主任	沈普员	1992.10—1995.8	
	副主任	甄义省	1993.4—1996.6	
	副主任	章韶东	1995.8—1998.7	
	副主任	张宗言	1996.11—1999.11	
	书　记	吴年华	1993.2—1998.7	
	副书记	吴年华	1991.1—1993.2	
	技术主管	冯唐新	1991.9—1997.7	
	主任工程师	李宗平	1997.7—1998.7	

附表7-10　设备站负责人情况变化表

单位名称	职　务	姓　名	时　间	备　注
设备站（1988.9—2015.3）	站　长	聂钟苏	1988.9—1995.11	
	站　长	李　明	1995.12—2012.5	
	站　长	李　进	2002.5—2006.4	
	站　长	查荷生	2006.4—2008.12	
	站　长	苏克东	2008.12—2014.6	
	站　长	秦德贵	2014.6—2015.3	
	书　记	查荷生	1998.5—2006.4	
	书　记	杨荣圣	2009.4—2013.12	
	书　记	张平均	2013.12—2015.3	
	副站长	李　明	1988.9—1995.12	
	副站长	查荷生	1992.9—1998.5	
	副站长	胡杰林	1998.5—2001.5	
	副站长	吉增平	1998.11—2001.3	
	副站长	刘谊平	1998.11—?	
	副站长	苏克东	2001.3—2008.12	
	副站长	杨荣圣	2001.3—2009.4	

续 表

单位名称	职 务	姓 名	时 间	备 注
设备站（1988.9成立）	副站长	胡杰林	1998.3—2001.12	
	副站长	秦德贵	2010.12—2013.2	
	副站长	盛小勇	2012.7—	
	副站长	陈晓赫	2013.1—	
	副站长	王 匡	2015.4—	
	副书记	查荷生	1992.9—1998.5	
	副书记	苏克东	2006.4—2008.12	
二航四公司汽车修理厂	厂 长	李 明	1996.11—2002.6	
	厂 长	李 进	2002.6—2006.5	
	厂 长	查荷生	2006.5—2009.4	
装备分公司	经 理	秦德贵	2015.3—	
	书 记	张平均	2015.3—	

附表7-11　其他固定建制单位负责人情况变化表

单位名称	职　务	姓　名	时　间	备　注
基础公司（1999年4月22日成立，2004年10月28日撤销）	经　理	李　进	1999. 4—2002. 8	
	经　理	袁词高	2002. 8—2004. 10	
	书　记	李水泉	2001. 10—2004. 10	
	副经理	张俊生	1999. 9—2000. 7	
	副经理	刘树森	2001. 5—2004. 2	
	副经理	李智波	2003. 4—2004. 10	
	总工程师	张　祥	1999. 9—2000. 7	
水工分公司（2012. 12—2015. 8）	经　理	高梁栋	2012. 12—2015. 8	
	书　记	杨曦东	2012. 12—2015. 8	
	副经理	程世斌	2012. 12—2015. 8	
城轨分公司（2015. 9—　）	经　理	朱其敏	2015. 9—	
	书　记	何承海	2015. 9—	
勘察设计所（1993. 2—2000. 9）	副所长	饶崇安	1993. 2—2000. 9	
	总工程师	曾亿忠	1999. 9—2000. 9	

续 表

单位名称	职　务	姓　名	时　间	备　注
试验检测所（2000.9—2008.9）	所　长	饶崇安	2000.9—2001.8	
	副所长	王冬松	2001.8—2001.11	主持工作
	所　长	章韶东	2002.3—2008.10	
检测中心（2008.9—　）	主　任	方　顶	2008.9—2012.1	
	主　任	王冬松	2012.2—	
	书　记	孙华才	2010.10—2012.2	
	书　记	章韶东	2012.2—	
	副主任	王冬松	2008.9—2012.2	
	副主任	徐雄飞	2008.9—	
	副主任	章韶东	2008.9—2012.2	
	副主任	蔡少云	2008.9—	
	副主任	刘　虎	2012.2—	
	副主任	彭　杰	2012.2—	
	副主任	苏海文	2012.2—	

附录八

历年完成的主要工程项目一览

附表8-1 水工工程项目一览表

序号	工程名称	工程地点	建设单位	设计单位	合同价（万元）	合同工期		项目主要负责单位
						开工日期	竣工日期	
1	芜湖裕溪口建港工程	安徽芜湖	中华人民共和国交通部	航务工程总局设计局	866.68	1955.10	1958.4	第二工程局
2	芜湖船厂船台滑道	安徽芜湖	芜湖船厂	第九设计院	22.10	1957.2	1957.5	第二工程局一工区
3	芜湖纸板厂码头	安徽芜湖	芜湖纸板厂	上海轻工设计院	10.40	1957.12	1958.5	第二工程局一工区
4	裕溪口港二期扩建	安徽芜湖	芜湖港务局	航务工程局勘察设计院	477.18	1958.9	1962.12	第二工程局一工区
5	马鞍山港扩建	安徽马鞍山	马鞍山港务局	航务工程局勘察设计院	674.64	1959.5	1962	第二工程局一工区
6	马鞍山钢铁公司江边水泵站	安徽马鞍山	武汉冶金建设公司第三工程公司	武钢设计院	182.6	1963.3	1963.12	第二工程局一工区

续　表

序号	工程名称	工程地点	建设单位	设计单位	合同价（万元）	合同工期		项目主要负责单位
						开工日期	竣工日期	
7	马鞍山电厂码头	安徽马鞍山	马鞍山电厂		31.81	1964.9	1965.11	第二工程局一工区
8	南京炼油厂万吨级码头	江苏南京	南京炼油厂	二航设计院	156.61	1964.9	1965.8	第二工程局一工区
9	芜湖电厂码头	安徽芜湖	芜湖电厂	二航设计院	41.62	1964.7	1966.1	第二工程局一工区
10	芜湖船厂船台	安徽芜湖	芜湖船厂		49.87	1963.12	1966.2	第二工程局一工区
11	铜陵化肥厂码头	安徽铜陵	铜陵化肥厂	二航设计院	133.31	1965.12	1966.12	第一工程处
12	安庆港重件码头	安徽安庆	安庆港务局	二航设计院	200.00	1967.2	1969.1	102队
13	铜陵有色金属公司9号码头	安徽铜陵	铜陵有色金属公司	二航设计院	21.20	1969.1	1970.6	101队
14	江西湖口船厂滑道	江西湖口	湖口船厂	六机部九院	22.51	1969.12	1970.6	101队

续 表

序号	工程名称	工程地点	建设单位	设计单位	合同价（万元）	合同工期		项目主要负责单位
						开工日期	竣工日期	
15	江西湖口永新船厂码头	江西湖口	湖口永新船厂	六机部九院	31.13	1970.7	1971.2	101队
16	芜湖造船厂（440）滑道	安徽芜湖	芜湖造船厂	六机部九院	174.78	1970.11	1972.3	第一工程处
17	贵池航修站滑道	安徽贵池	贵池航修站		67.15	1972.2	1972.12	103队
18	马鞍山1号码头	安徽马鞍山	马鞍山港务局	二航设计院	31.55	1972.11	1973.7	103队
19	芜湖江东船厂船台改造	安徽芜湖	芜湖江东船厂	芜湖江东船厂	28.18	1975.3	1975.8	103队
20	南京新华船厂滑道	江苏南京	南京新华船厂	江苏省交通厅	137.29	1975.6	1977.8	直属分处
21	安庆石化码头	安徽安庆	安庆石油公司	二航设计院	131.29	1975.5	1977.8	直属分处
22	江阴港4号码头	江苏江阴	江阴港务局	华东水院	119.95	1976.9	1977.12	直属分处

续　表

序号	工程名称	工程地点	建设单位	设计单位	合同价（万元）	合同工期		项目主要负责单位
						开工日期	竣工日期	
23	荻港修船厂码头	安徽繁昌县	上海海运局	交通部水规院	1 779.43	1972.12	1978.12	直属分处
24	二航局裕溪口预制厂改造	芜湖裕溪口	二航局	二航局	182.67	1976.1	1978.12	直属分处
25	高港磷矿码头	江苏高港	高港港务局	二航设计院	116.27	1977.11	1978.12	402队
26	镇江大港磷矿码头	江苏镇江	镇江港务局	二航设计院	320.18	1977.5	1979.5	403队
27	425厂舾装码头	安徽芜湖	425厂	425厂	139.69	1977.12	1979.6	401队
28	巢湖化肥厂中转库码头	安徽巢湖	巢湖化肥厂中转库	二航设计院	58.38	1978.6	1979.9	401队
29	谏壁电厂油码头四期煤码头	江苏镇江	谏壁电厂	华东电力设计院 二航设计院	442.48	1976.6	1980.10	403队

续　表

序号	工程名称	工程地点	建设单位	设计单位	合同价（万元）	合同工期		项目主要负责单位
						开工日期	竣工日期	
30	芜湖朱家桥工程	安徽芜湖	芜湖港务局	二航设计院	36.37	1979.5	1979.11	402队
31	江阴九五码头工程	江苏江阴	东海舰队	海军后勤部设计局	805.31	1976.6	1979.12	402队
32	武钢一冶重件码头	湖北武汉	冶金部一冶建设公司	二航设计院	260.37	1980.3	1981.1	401队
33	芜湖四褐山码头桩基	安徽芜湖	芜湖港航工程处	安徽港航工程处	75.5	1980.10	1981.1	402队
34	芜湖425船厂船体东面桩基	安徽芜湖	芜湖425船厂	六机部第七设计院	39.81	1980.11	1981.10	402队
35	芜湖上水厂一级泵房	安徽芜湖	芜湖一水厂	上海市政工程设计院	41.04	1980.6	1982.3	402队
36	芜湖朱家桥作业一区	安徽芜湖	芜湖港务局	二航设计院	48.16	1981.8	1982.6	402队

续　表

序号	工程名称	工程地点	建设单位	设计单位	合同价（万元）	合同工期		项目主要负责单位
						开工日期	竣工日期	
37	荻港船厂宿舍楼抗震加固	安徽荻港	荻港船厂		72.31	1981.9	1982.12	401队
38	镇江大港一期工程	江苏镇江	镇江港务局	二航设计院	4 786.65	1982.3	1985.11	403队
39	芜湖425厂80T吊车道工程	安徽芜湖	芜湖425厂	六机部第九设计院	40.96	1981.11	1983.1	402队
40	芜湖汽车轮渡码头改造	安徽芜湖	芜湖汽车轮渡管理所	长航设计事务所	208.91	1985.3	1986.1	401队
41	裕溪口储木场码头	安徽芜湖	裕溪口储木场	二航局科研设计所	267.43	1985.2	1986.5	预制厂
42	镇江谏壁电厂泵房	江苏镇江	江苏省电力三公司	电力部华东电力设计院	69.32	1985.8	1986.5	401队
43	张家港煤码头	江苏张家港	张家港港务局	二航科研设计所	437.38	1985.4	1986.9	403队

续　表

序号	工程名称	工程地点	建设单位	设计单位	合同价（万元）	合同工期		项目主要负责单位
						开工日期	竣工日期	
44	安庆五里庙码头	安徽安庆	安庆港务局	二航设计院	799.00	1985.4	1986.12	402队
45	铜陵负8号码头	安徽铜陵	铜陵港务局第三港埠公司	长航设计事务所	111.2	1986.12	1987.6	401队
46	镇江谏壁电厂码头	江苏镇江	谏壁电厂	二航设计院	516.27	1986.10	1987.12	403队
47	南京石埠寨粮库码头	江苏南京	南京石埠寨粮库	南京市政设计院	260.00	1987.12	1988.8	403队
48	江苏武进打桩	江苏武进	武进交通建筑四公司		32.22	1988.7	1988.10	403队
49	芜湖火车轮渡靠船码头	安徽芜湖	芜湖铁路轮渡所	南京航务工程专科学校	131.3	1987.11	1988.10	401队
50	镇江大港木材码头	江苏镇江	江苏物资局镇江木材中转站	江苏交通规划设计院	397.79	1987.10	1989.2	403队

续 表

序号	工程名称	工程地点	建设单位	设计单位	合同价（万元）	合同工期		项目主要负责单位
						开工日期	竣工日期	
51	安庆石化总厂煤码头	安徽安庆	安庆石化总厂	二航设计院	1 007.00	1986.8	1989.4	402队
52	镇江谏壁电厂码头	江苏镇江	谏壁电厂		64.10	1989.2	1989.5	403队
53	芜湖东方纸板厂码头	安徽芜湖	芜湖东方纸板厂	二航科设所	109.00	1988.3	1990.6	402队
54	芜湖朱家桥外贸码头	安徽芜湖	芜湖港务局	二航设计院	3 001.36	1986.9	1990.10	401队
55	镇江木材码头软基处理	江苏镇江	江苏省物资局镇江木材中转站	江苏省交通规划设计院	375.26	1988.11	1990.10	403队
56	镇江谏壁电厂5000吨级码头工程	江苏镇江	谏壁电厂		480.00	1988.9	1990.9	403队
57	二航局裕溪口预制厂改造	安徽芜湖	二航四公司	四公司工程科	47.00	1989.9	1990.9	预制厂

续 表

序号	工程名称	工程地点	建设单位	设计单位	合同价（万元）	合同工期		项目主要负责单位
						开工日期	竣工日期	
58	马钢取水泵站	安徽马鞍山	马鞍山钢铁厂		106.09	1991.3	1991.6	403队
59	芜湖粮油专用码头	安徽芜湖	芜湖市粮油储运站	二航设计院	268.00	1989.12	1991.6	402队
60	广州黄埔港新沙港区一期工程	广东广州	广州黄埔港务局	四航设计院 二航科设院	10 842.49	1988.10	1991.2	新沙项目经理部
61	镇江大港二期河西板桩码头	江苏镇江	镇江建港指挥部	二航设计院	1 340.09	1991.3	1992.8	405处
62	裕溪口煤码头扩建	安徽芜湖	芜湖港务局	二航设计院	657.00	1989.11	1992.6	预制厂
63	芜湖电厂三期扩建取水工程	安徽芜湖	芜湖电厂		482.00	1989.10	1992.11	四公司土方队
64	南京上镲门码头	江苏南京	南京港务局	二航设计院	594.24	1990.12	1992.4	401处

续　表

序号	工程名称	工程地点	建设单位	设计单位	合同价（万元）	合同工期		项目主要负责单位
						开工日期	竣工日期	
65	马钢原料进口码头	安徽马鞍山	马鞍山钢铁公司		967.00	1990.12	1992.9	403处
66	张家港二期东区码头	江苏张家港	张家港港务局		5 350.00	1990.1	1992.9	403处
67	江苏外贸南沙中转码头	江苏南京	江苏外贸南沙仓库	南科院	208.00	1991.6	1992.4	402处
68	深圳盐田港集装箱码头	广东深圳	东鹏实业有限公司		7 379.00	1991.8	1993.12	402处
69	深圳盐田一期码头堆场	广东深圳	东鹏实业有限公司	交通部水规院	19 947	1993.10	1994.2	
70	安庆五里庙码头	安徽安庆			1 798	1997.4	1998.4	
71	张家港越洋化工码头工程	江苏张家港			2 852	1997.7	1998.4	

续　表

序号	工程名称	工程地点	建设单位	设计单位	合同价（万元）	合同工期		项目主要负责单位
						开工日期	竣工日期	
72	肖厝五万吨级煤码头工程	福建泉州			5 248	1998.7	2001.12	
73	深圳盐田二期合同	广东深圳	盐田国际集装箱码头有限公司	执行英国B.S规范和香港C.S标准	26 575	1997.9	2000.5	
74	钦州港二期码头工程	广西钦州			5 792	2001.3	2002.2	
75	盐田国际集装箱码头一期堆场改造	广东深圳			3 167	2002.1	2002.7	
76	盐田2.5万吨及1万吨级码头维修	广东深圳			3 483	2003.4	2004.4	

续　表

序号	工程名称	工程地点	建设单位	设计单位	合同价（万元）	合同工期		项目主要负责单位
						开工日期	竣工日期	
77	浙江玉环电厂水工工程	浙江台州			10 000	2003.12	2006.5	
78	芜湖海螺专用码头	安徽芜湖			10 550	2006.3	2007.2	
79	枞阳造船基地水工码头及滑道地质勘探	安徽枞阳			5 425	2007.9	2007.11	
80	池州港江口区二期工程	安徽池州			6 200	2008.3	2009.1	
81	张家港宏泰通用码头工程	江苏张家港			10 400	2007.7	2008.6	
82	镇江高姿二重码头	江苏镇江			21 259	2009.2	2010.4	

附表8-2　桥梁工程项目一览表

序号	工程名称	工程地点	建设单位	设计单位	合同价（万元）	合同工期		项目主要负责人
						开工日期	竣工日期	
1	泉州刺桐大桥	福建泉州	泉州名流实业公司		16 534	1995.5	1996.11	许四发、贝沅、耿星义
2	江阴长江大桥	江苏江阴	江苏省长江公路大桥建设指挥部	交通部公路规划设计院、江苏省交规院、同济大学设计研究院	22 404.77	1995.9	1998.3	金良、吴本智、杨志德、黄澄源、陈升富
3	湖北荆州长江大桥B标（墩基础）	湖北荆州	湖北荆州长沙公路大桥建设开发公司		16 061.33	1998.3	2000.2	杨志德、胡冬勇、贝沅、章雪明
4	湖北荆州长江大桥E标（上部结构）	湖北荆州	湖北荆州长沙公路大桥建设开发公司		17 403	2000.2	2002.4	杨志德、胡冬勇、贝沅、章雪明

续　表

序号	工程名称	工程地点	建设单位	设计单位	合同价（万元）	合同工期		项目主要负责人
						开工日期	竣工日期	
5	润扬长江大桥E1/E2标	江苏镇江	江苏长江公路大桥建设指挥部	江苏交通规划设计院	27 476	2001.2	2004	杨志德、吴本智、秦体达、张帆
6	润扬长江大桥C1标	江苏镇江	江苏长江公路大桥建设指挥部	江苏交通规划设计院	18 492.15	2001.1	2003.6	杨志德、吴本智、秦体达、张帆
7	安庆长江大桥B、E标	安徽安庆			17 763	2001.1	2004.4	杨志德、唐洪流
8	南京长江三桥A2标	江苏南京			23 988	2003.5	2005.10	杨志德、李宗平、王永东、詹冬生、周瑞祥
9	南京长江三桥D1标	江苏南京			15 570	2003.9	2005.6	杨志德、李宗平、王永东、詹冬生、周瑞祥
10	株洲湘江四桥	湖南株洲	二航局第一个BT项目		32 075	2005.3	2007.6	杨志德、王永东、汪成龙、杨安南

续 表

序号	工程名称	工程地点	建设单位	设计单位	合同价（万元）	合同工期		项目主要负责人
						开工日期	竣工日期	
11	杭州湾跨海大桥V标	浙江平湖			85 020	2003.1	2007.1	吴维忠、汪德隆、秦体达、罗仕贵
12	杭州湾跨海大桥Ⅲ-A标	浙江平湖			37 993	2004.3	2007.12	吴维忠、汪德隆、秦体达、罗仕贵
13	舟山大陆连岛工程金塘大桥Ⅲ-A标	浙江舟山	浙江省高速公路建设指挥部		64 777	2005.1	2006.1	吴维忠、宋华清、曾平喜、王胜利、丁俊峰
14	舟山大陆连岛工程金塘大桥Ⅳ-C标	浙江舟山	浙江省高速公路建设指挥部		48 000	2006.3	2007.12	吴维忠、宋华清、曾平喜、王胜利、丁俊峰
15	舟山大陆连岛工程金塘大桥Ⅲ-B标	浙江舟山	浙江省高速公路建设指挥部		26 594	2007.3	2008.12	吴维忠、宋华清、曾平喜、王胜利、丁俊峰
16	上海崇明越江通道长江大桥B5标	上　海			113 000	2005.8	2009.3	杨志德、李宗平、喻艳芳

续　表

序号	工程名称	工程地点	建设单位	设计单位	合同价（万元）	合同工期		项目主要负责人
						开工日期	竣工日期	
17	广州猎德大桥	广东广州			25 610	2006.9	2007.12	王永东、王胜利、唐启、汪成龙、胡杰林
18	平潭海峡大桥及接线公路工程	福建平潭			83 195	2007.11	2010.11	秦体达、曾亿忠、李健
19	湖南株洲市湘江五桥	湖南株洲			30 101	2008.5	2011.5	王永东、马尚军、唐洪流
20	南京四桥A3标	江苏南京			22 769.5	2008.12	2011.1	杨志德、李宗平、何超然、查荷生
21	济南建邦黄河公路大桥JBS2合同段	山东济南			42 627.65	2008.9	2010.11	朱文功、刘崇敬、孙华才
22	马鞍山长江大桥三标	安徽马鞍山			3 000	2009.1	2011	杨志德、王德怀、唐洪流

续　表

序号	工程名称	工程地点	建设单位	设计单位	合同价（万元）	合同工期		项目主要负责人
						开工日期	竣工日期	
23	嘉绍跨江大桥第Ⅲ合同段	浙江绍兴			50 900	2009.4	2011.12	吴维忠、曾平喜、丁俊峰、周桥
24	嘉绍跨江大桥第Ⅱ合同段	浙江绍兴			28 684	2009.4	2011.12	吴维忠、曾平喜、何承海、丁俊峰、周桥
25	泉州湾跨海大桥A4标	福建泉州			97 000	2011.8	2014.7	唐启、郑君礼、音北
26	曹娥江大桥	浙江绍兴				2011.9	2015	朱其敏、张平均、周桥
27	塞尔维亚泽蒙大桥	塞尔维亚			26 200(万美元)	2011.8	2014.12	赵成立、吴林、明少宏
28	湘潭芙蓉大桥	湖南湘潭				2011.11	2015.3	张俊生、徐健
29	望东长江大桥	安徽望江				2012.12	2016.12	吴天寿、汪学进、张琳
30	灌河大桥	江苏连云港			46 000	2012.8	2015.7	何旭斌、查荷生

续　表

序号	工程名称	工程地点	建设单位	设计单位	合同价（万元）	合同工期		项目主要负责人
						开工日期	竣工日期	
31	新津河大桥	广东汕头			54 000	2013.3	2015.8	方成武、吴茂远
32	铜南宣高速公路青弋江大桥	安徽芜湖			12 380	2013.4	2015.4	杨长虹、艾伟
33	芜湖长江二桥	安徽芜湖					2017.12	王德怀、孙立军、唐洪流
34	株洲枫溪大桥	湖南株洲			68 100	2013.7	2016.7	张宏武、吴志民、徐健
35	连云港跨海大桥	江苏连云港			156 600	2013.9	2015.10	秦体达、毕来发、张帆、胡杰林
36	皖河大桥	安徽安庆				2013.12		杨长虹、杨荣圣
37	沪通长江大桥	江苏南通				2014.3	2018.5	杨志德、唐启、张国云、汪成龙、张帆、饶曦
38	湘江七桥	湖南株洲			20 600	2014.10	2016.9	张宏武、汤有斌、张俊生
39	池州大桥	安徽池州				2015.9		黄先术、刘东尚

附录8-3　公路工程项目一览表

序号	工程名称	工程地点	建设单位	设计单位	合同价（万元）	合同工期		项目主要负责人
						开工日期	竣工日期	
1	芜湖港湾路工程	安徽芜湖	芜湖高新技术茶叶开发总公司	芜湖市勘察设计院	390.86	1991.3	1991.12	四公司土方队
2	广西钦防高速公路30、31标	广西钦州			4 996	1996.6	1997.1	朱守祥、罗仕
3	钦北高速公路北海支线NO.18标段	广西钦州			4 211	1998.1	2000.9	朱守祥、罗仕
4	河南三灵高速公路	河南三门峡			3 079	1999.6	2001.12	宋华清、徐文新
5	广西南宁机场高速公路C标	广西南宁			4 963.55	1999.12	2000.9	朱守祥、罗仕

续 表

序号	工程名称	工程地点	建设单位	设计单位	合同价（万元）	合同工期		项目主要负责人
						开工日期	竣工日期	
6	合安高速公路路基N06标段	安徽合肥			17 523	1999.3	2001.11	
7	潭邵高速公路5合同段	湖南湘潭			11 498	2000.7	2001.12	吴天寿、熊卫根、吴代柱
8	广西水南高速公路	广西南宁			22 850	2001.6	2003	朱守祥、程跃辉
9	合徐高速公路	江苏徐州				2001.1		王永东、曹海树
10	徽杭高速公路	安徽歙县			2 860	2001.4	2004.10	宋华清、孙华才
11	广西南友高速土建工程NQC7标	广西南宁			12 045	2003.4	2006.4	程跃辉、刘东尚、胡杰林

续 表

序号	工程名称	工程地点	建设单位	设计单位	合同价（万元）	合同工期		项目主要负责人
						开工日期	竣工日期	
12	广西南友高速土建工程NQC3标	广西南宁			13 959	2003.4	2006.5	程跃辉、刘东尚、胡杰林
13	诸永高速东阳段土建工程S102标	浙江东阳			25 964	2004.1	2005.1	吴天寿、张帆
14	广西南百高速公路8标	广西南宁			15 330	2005.5	2007.8	罗仕、邢应远
15	广西隆百高速公路N02合同段	广西隆林				2008.3.12	2011.1.27	罗仕、邢应远
16	从莞高速惠州段第二合同段	广东从莞			15.22	2010.11		王年福、汪本生、李健

续 表

序号	工程名称	工程地点	建设单位	设计单位	合同价（万元）	合同工期		项目主要负责人
						开工日期	竣工日期	
17	沈海高速公路泉州机场连接线	福建泉州			46 200	2012.10	2014.9	郑海涛、李健
18	武深高速公路TJ-3	湖北咸宁			12.88	2013.10	2016.5	吴荣尚、黄晓鸣
19	广西凤山二级路改造工程	广西凤山			5.85	2014.5	2016.4	肖景红、王胜
20	黑山共和国南北高速公路	黑山			1.688（亿欧元）	2015.7	2018.7	赵成立、艾伟

附表8-4　铁路工程项目一览表

序号	工程名称	工程地点	建设单位	设计单位	合同价（万元）	合同工期		项目主要负责人
						开工日期	竣工日期	
1	哈大客专土建工程TJ-3	哈尔滨			245 000	2007.10	2010.7	汪俊杰、毕来发、张先元、程跃辉
2	宿淮铁路SHZH-1标	安徽宿州		中铁第五勘察设计院	186 501	2009.6	2011.12	汪俊杰、吴荣尚、徐琨、张帆、李刚
3	青荣铁路	山东荣城				2011.2.26	2014.12.28	罗仕、宋向荣、焦贤模、陶铮
4	杭黄铁路	浙江杭州			215 900	2014.10	2018.7	程跃辉、宋向荣、宋庆仁
5	连镇铁路五峰山大桥	江苏镇江				2015.11	2019	何旭斌、汪成龙、徐凌

附录九

附表9-1　中交二航局四公司2009—2013年工法一览表

序　号	工法名称	获奖单位	完成人	年　份	备　注
1	跨越繁忙干线铁路连续梁转体施工工法	四公司哈大		2009	
2	“∞”字型深基坑地连墙施工工法	南京长江四桥		2009	
3	斜拉桥钢管承插式临时墩施工工法	上海隧桥	李宗平、曲洪春、李鉴、谢小琴	2009	
4	下承式提篮钢箱拱桥钢结构安装工法	上海A15公路新建工程A15-5标	尤田、何旭斌、李育才、王永康	2010	
5	Φ3.8 米大直径超长钻孔桩施工工法	嘉绍跨江大桥项目部	曾平喜、唐衡、陈宏宝、章文彬、彭琳琳	2010	
6	强涌潮河段无底钢围堰下沉施工工法	嘉绍跨江大桥项目部	曾平喜、唐衡、陈宏宝、何承海、彭琳琳	2010	
7	悬索桥锚碇钢筋混凝土榫锚固系统安装施工工法	南京四桥项目部	何超然、钟永新	2010	
8	公路隧道小净距段施工工法	广西隆百路项目部	罗仕、邢应远、肖景红、姚欧阳	2010	
9	公路路堑边坡锚索格梁施工工法	广西隆百路项目部	罗仕、邢应远、肖景红、姚欧阳、屈朝阳	2010	

续 表

序 号	工法名称	获奖单位	完成人	年 份	备 注
10	钢拱桥拱肋分段安装工法	四公司	尤田、何旭斌、李育才、王永康	2010	
11	陆域节段箱梁安装施工工法	南京长江四桥E标	种爱秀、何超然	2012	
12	陆上超大沉井全过程施工工法	马鞍山长江大桥	杨志德、王德怀、汪成龙、汪学进、党彦锋	2012	
13	自行式移动施工平台辅助墩身施工工法	南澳大桥	方成武、郭迎苟、陈伟、龙凤文	2012	
14	小倾角大面积斜面混凝土施工工法	南京长江四桥	何超然、钟永新、田雨金、李有为、高飞	2012	
15	锚固钢板式锚固系统锁股锚固端安装施工工法	南京长江四桥	何超然、潘桂林、钟永新、曲洪春、李有为	2012	
16	悬索桥边跨主缆限位吊索安装施工工法	南京长江四桥	何超然、潘桂林、钟永新、曲洪春、李有为	2012	
17	悬索桥主缆背锁安装施工工法	南京长江四桥	何超然、潘桂林、钟永新、曲洪春、李有为	2012	
18	悬索桥浅水区钢箱梁安装施工工法	南京长江四桥	何超然、潘桂林、钟永新、曲洪春、李有为	2012	
19	高强纤维绳先导锁水面过渡过江施工工法	南京长江四桥	何超然、潘桂林、钟永新、曲洪春、李有为	2012	

续 表

序　号	工法名称	获奖单位	完成人	年　份	备　注
20	斜拉桥“X”型托架施工工法	嘉绍大桥	何承海、唐衡、彭琳琳、万金发、许建伦	2012	
21	桥面吊机安装支架去钢箱梁施工工法	嘉绍大桥	何承海、唐衡、彭琳琳、王力、孙士辉	2012	
22	抛石区钢护筒沉放施工工法	嘉绍大桥	何承海、唐衡、彭琳琳、陈宏宝、章文彬	2012	
23	宽幅分离式钢箱梁现场组拼安装工法	嘉绍大桥	何承海、唐衡、彭琳琳、谢德宽、游新鹏	2012	
24	超大体积锚碇锚体混凝土施工处理与梯度养护施工工法	四公司	杨志德、王德怀、汪成龙、汪学进、党彦锋	2013	
25	三塔两跨悬索桥钢箱梁吊装施工工法	四公司	杨志德、王德怀、汪成龙、刘立中、党彦锋	2013	
26	盾构管片自动化流水线预制施工工法	四公司	魏玉吉、刘杳华、周佑斌、张明、陈治宏	2013	
27	斜拉桥刚性铰安装施工工法	四公司	唐　衡、何承海、彭琳琳、谢德宽、黄翔	2013	
28	悬索桥锚碇钢筋混凝土榫锚固系统安装施工工法	四公司	何超然、钟永新、田雨金、李有为、张景禄	2013	
29	移动式施工平台辅助墩身施工工法	四公司	李宗平、方成武、郭迎苟、陈伟、龙凤文	2013	

续 表

序 号	工法名称	获奖单位	完成人	年 份	备 注
30	陆上超大沉井全过程施工工法	四公司	杨志德、王德怀、汪成龙、汪学进、党彦锋	2013	
31	桥面吊机安装支架去钢箱梁施工工法	四公司	唐衡、何承海、彭琳琳、王力、谢德宽	2013	
32	超高钢筋混凝土索塔环缝切割与梯度养护施工工法	四公司	殷永高、王德怀、杨敏、金松、纪厚强	2013	
33	悬索桥锁股双缠包带与新型拽拉器防扭转法架设施工工法	四公司	殷永高、章征、欧阳祖亮、党彦锋、朱瑞允	2013	

附录十

附表10-1　中交二航局四公司2009年—2014年专利一览表

序号	专利号	专利名称	专利类型	专利人	发明人	取得时间	备注
1		主梁与承台之间自平衡加载临时锚固装置	实用新型	中交二航局第四工程有限公司 中交二航局	李宗平、曲洪春、李鉴	2009.1	
2		钢吊箱与钢护筒之间的连接锚固装	发明	中交二航局第四工程有限公司 中交二航局	李宗平、曲洪春、唐启、孙立军、钟永新	2009.7	
3		多点固定张拉防扭转千斤顶	实用新型	中交二航局第四工程有限公司 中交二航局	李宗平、曲洪春、李鉴	2009.11	
4		梁段加载与承台之间实现自平衡锚装置	实用新型	中交二航局第四工程有限公司 中交二航局	李宗平、曲洪春、李鉴	2010.2	
5		斜拉锁防扭转千斤顶	发明	中交二航局第四工程有限公司 中交二航局	李宗平、曲洪春、李鉴、钟永新	2010.4	
6		护筒沉放筒支导向装置	实用新型	中交二航局第四工程有限公司 中交二航局	李维洲、孙立军、胡学成	2010.5	

续　表

序号	专利号	专利名称	专利类型	专利人	发明人	取得时间	备注
7		一种海上辅助施工平台装置	实用新型	中交二航局第四工程有限公司 中交二航局	李宗平、吴天寿、何超然、方顶、曾凌飞、赵成立、陈时喜、方成武、郭迎荀、陈伟、李高锟、龙凤文、晏志彬、刘洪亮、熊文、魏宏展、罗霜、胡志强、陈文魁、贺再兴	2011.3	
8		一种船台水下滑道	实用新型	中交二航局第四工程有限公司 中交二航局	殷良君	2011.9	
9		一种塔吊基础	实用新型	中交二航局第四工程有限公司 中交二航局	郭佳嘉、秦体达、曾亿忠、孙立军、刘树华、季英俊	2011.12	
10		一种海上辅助施工平台装置及其使用方法	发明	中交二航局第四工程有限公司 中交二航局	李宗平、吴天寿、何超然、方顶、曾凌飞、赵成立、陈时喜、方成武、郭迎荀、陈伟、李高锟、龙凤文、晏志彬、刘洪亮、熊文、魏宏展、罗霜、胡志强、陈文魁、贺再兴	2012.5	
11		一种应用于大体积沉井地基加固的换填层结构	实用新型	中交二航局第四工程有限公司 中交二航局	汪成龙、党彦锋、汪学进、刘立中、胡才春、黄河清、刘伟、吴少志、贾雷刚、江超、汤吉松、陈沿松、张国浩、刘振峰、周运雄、王武兵、汪龙军	2012.5	

续　表

序号	专利号	专利名称	专利类型	专利人	发明人	取得时间	备注
12	ZL2010205270 94.5	一种海上辅助施工平台	实用新型	中交二航局第四工程有限公司 中交二航局		2011.3	已获专利证书
13	ZL2011202910 27.2	一种应用于大体积沉井地基加固的换填层结构	实用新型	中交二航局第四工程有限公司 中交二航局		2011.8	已授权
14	ZL2011200396 73.X	一种船台水下滑道	实用新型	中交二航局第四工程有限公司 中交二航局		2011.9	已获专利证书
15	ZL2011201427 48.7	一种塔吊基础	实用新型	中交二航局第四工程有限公司 中交二航局		2011.12	已获专利证书
16		装配化锁股托架	实用新型	中交二航局第四工程有限公司 中交二航局	张鸿、游新鹏、张永涛、潘桂林、何超然、田唯、刘毅、姚清涛、彭成明	2012.10	
17		用于大体积混凝土浇筑的模板	实用新型	中交二航局第四工程有限公司 中交二航局	汪成龙、党彦锋、汪学进、刘立中、胡才春、黄河清、刘伟、吴少志、贾雷刚、江超、陈沿松、张国浩、刘振峰、周运雄、王武兵、汪龙军、李向阳	2012.8	
18		一种用于管桩沉放的施工装置	实用新型	中交二航局第四工程有限公司 中交二航局	李宗平、唐衡、何承海、曾平喜、方顶、吴天寿、陈宏宝、汪炎、彭琳琳、李桂华、章文彬、刘辉	2012.8	

续 表

序号	专利号	专利名称	专利类型	专利人	发明人	取得时间	备注
19		船台滑道水下桩基及其施工方法	发明	中交二航局第四工程有限公司 中交二航局	殷良君	2012.8	
20		钢筋笼沉放导向架	实用新型	中交二航局第四工程有限公司 中交二航局	胡学成、张琦、吴延明、王宜钰	2012.10	
21		一种水平吊具	实用新型	中交二航局第四工程有限公司 中交二航局	刘杳华、黄金生、陆锦平	2012.11	
22		一种混凝土管片专用吊具	实用新型	中交二航局第四工程有限公司 中交二航局	刘杳华、黄金生、陆锦平	2012.11	
23		一种水泥成型模具	实用新型	中交二航局第四工程有限公司 中交二航局	刘杳华、黄金生、陆锦平	2012.11	
24		一种套杆连接式拉杆千斤顶张拉系	实用新型	中交二航局第四工程有限公司 中交二航局	何超然、李宗平、潘桂林、钟永新、曲洪春、李有为、陶圣志、高飞、汤叶帅、王通、尚龙、刘新安、马勇、杨琳、熊小一、奚林胜、张万、赵科	2012.12	
25		一种钢围堰下沉导向装置	实用新型	中交二航局第四工程有限公司 中交二航局	唐衡、何承海、彭琳琳、方顶、吴天寿、陈宏宝、王力、孙士辉、许建伦	2012.12	

续 表

序号	专利号	专利名称	专利类型	专利人	发明人	取得时间	备注
26		一种大角度荡移吊装的液压式跨缆吊机	实用新型	中交二航局第四工程有限公司 中交二航局	何超然、邓年军、李宗平、潘桂林、钟永新、曲洪春、饶曦、李有为、高飞、汤叶帅、王通、尚龙、刘新安、张家国、蔡振茂、李桂华	2013.2	
27		一种钢围堰与混凝土间的止水装置	实用新型	中交二航局第四工程有限公司 中交二航局	唐衡、何承海、彭琳琳、陈宏宝、方顶、谢德宽	2013.2	
28		一种用于钢围堰纠偏的水下顶推装置	实用新型	中交二航局第四工程有限公司 中交二航局	何超然、唐衡、何承海、彭琳琳、王力、孙士辉、万金发、张生军	2013.2	
29		一种用于钢箱梁吊装的快速组合接头装置	实用新型	中交二航局第四工程有限公司 中交二航局	唐衡、何承海、彭琳琳、陈宏宝、方顶、谢德宽	2013.2	
30		一种钢围堰沉放控制装置	实用新型	中交二航局第四工程有限公司 中交二航局	唐衡、何承海、彭琳琳、方顶、吴天寿、陈宏宝、王力、孙士辉、万金发、张生军、许建伦	2013.2	
31	ZL201320328549.4	管筒式穿筋板	实用新型	中交二航局第四工程有限公司 中交二航局安徽分公司	刘杳华、黄金生、魏玉吉、张明、周佑斌	2013.1	
32	ZL201320329137.2	盒体式精轧螺纹钢限位装置	实用新型	中交二航局第四工程有限公司 中交二航局安徽分公司	刘杳华、黄金生、魏玉吉、张明、周佑斌	2013.1	

续 表

序号	专利号	专利名称	专利类型	专利人	发明人	取得时间	备注
33	ZL2012 20 12671. 8	一种大角度荡移吊装的液压式跨缆吊机	实用新型	中交二航局第四工程有限公司 中交二航局	何超然、邓年军、李宗平、潘桂林、钟永新、曲洪春、饶曦、李有为、高飞、汤叶帅、王通、尚龙、刘新安、张家国、蔡振茂、李桂华	2013.2	
34	ZL2012 203797 08.9	一种钢围堰与混凝土间的止水装置	实用新型	中交二航局第四工程有限公司 中交二航局	唐衡、何承海、彭琳琳、陈宏宝、孙士辉、李桂华	2013.2	
35	ZL2012 203797 37.5	一种用于钢围堰纠偏的水下顶推装置	实用新型	中交二航局第四工程有限公司 中交二航局	何超然、唐衡、何承海、彭琳琳、王力、孙士辉、万金发、张生军	2013.2	
36	ZL2012 203797 38.X	一种用于钢箱梁吊装的快速组合接头装置	实用新型	中交二航局第四工程有限公司 中交二航局	唐衡、何承海、彭琳琳、陈宏宝、方顶、谢德宽	2013.2	
37	ZL2012 204422 02.8	一种钢围堰下沉导向装置	实用新型	中交二航局第四工程有限公司 中交二航局	唐衡、何承海、彭琳琳、方顶、陈宏宝、吴天寿、王力、孙士辉、许建伦	2013.2	
38	ZL2012 204426 31.5	一种钢围堰沉放控制装置	实用新型	中交二航局第四工程有限公司 中交二航局	唐衡、何承海、彭琳琳、方顶、陈宏宝、吴天寿、王力、孙士辉、万金发、张生军、许建伦	2013.4	
39	ZL2012 207268 82.6	一种分幅式钢箱梁横向调位装置	实用新型	中交二航局第四工程有限公司 中交二航局	唐衡、彭琳琳、肖福春、殷力立、谢德宽、黄翔	2013.7	

续　表

序号	专利号	专利名称	专利类型	专利人	发明人	取得时间	备注
40	ZL2013 200530 28.2	一种组合钢板桩施工导向架	实用新型		李宗平、何超然、汤宗祥、虞锁敏、翟宗刚、汪文彬、周燕青、彭鹏	2013.8	
41	ZL2013 201666 06.3	一种刚性铰及大型构件的起吊装置	实用新型	中交二航局第四工程有限公司 中交二航局嘉绍跨江大桥工程建设指挥部	何承海、彭琳琳、唐衡、桂炎德、王力、于长海、曹宗勇、谢德宽、刘建波	2013.9	
42	ZL2011 102296 63.7	一种大型沉井地基的分区封顶方法	发明	中交二航局第四工程有限公司 中交二航局	张鸿、王德怀、汪成龙、党彦锋、汪学进、刘立中、胡才春、黄河清、刘伟、吴少志、贾雷刚、江超、汤吉松、陈岩松、张国浩、刘振峰、周运雄、汪龙军、李向阳	2013.9	
43	ZL2013 203064 98.5	一种过桥式钢绞线限位装置	实用新型	中交二航局第四工程有限公司 中交二航局安徽分公司	刘杳华、黄金生、魏玉吉、张明、周佑斌	2013.12	
44	ZL2013 203073 63.0	一种钢绞线限位装置	实用新型	中交二航局第四工程有限公司 中交二航局安徽分公司	刘杳华、黄金生、魏玉吉、张明、周佑斌	2014.1	
45	ZL2013 203064 29.4	一种组合式钢绞线限位装置	实用新型	中交二航局第四工程有限公司 中交二航局安徽分公司	刘杳华、黄金生、魏玉吉、张明、周佑斌	2014.1	

续　表

序号	专利号	专利名称	专利类型	专利人	发明人	取得时间	备注
46	ZL2013203068 30.8	一种钢架式钢绞线限位装置	实用新型	中交二航局第四工程有限公司 中交二航局安徽分公司	刘杳华、黄金生、魏玉吉、张明、周佑斌	2014.1	
47	ZL2013203064 30.7	一种插销式钢绞线限位装置	实用新型	中交二航局第四工程有限公司 中交二航局安徽分公司	刘杳华、黄金生、魏玉吉、张明、周佑斌	2014.1	
48	ZL2013203388 55.6	一种横向张拉抬	实用新型	中交二航局第四工程有限公司 中交二航局安徽分公司	刘杳华、黄金生、魏玉吉、张明、周佑斌、喻洋洋	2014.1	
49	ZL2013203388 65.X	一种精轧螺纹钢定位工装	实用新型	中交二航局第四工程有限公司 中交二航局安徽分公司	刘杳华、黄金生、魏玉吉、张明、周佑斌、喻洋洋	2014.1	
50	ZL2013203064 62.7	一种开合式钢绞线限位工装	实用新型	中交二航局第四工程有限公司 中交二航局安徽分公司	刘杳华、黄金生、魏玉吉、张明、周佑斌	2014.1	
51	ZL2013203390 56.0	一种预应力张拉平台	实用新型	中交二航局第四工程有限公司 中交二航局安徽分公司	刘杳华、黄金生、魏玉吉、张明、周佑斌	2014.2	

续 表

序号	专利号	专利名称	专利类型	专利人	发明人	取得时间	备注
52	ZL2013205171 20.X	一种底板钢材可回收的轻型组合吊箱	实用新型	中交二航局第四工程有限公司 中交二航局	郭佳嘉、方顶、张鸿、李宗平、何超然、康学云、程世斌	2014.3	
53	ZL2011103702 86.9	一种用于大体积混凝土浇筑的模板	发明	中交二航局第四工程有限公司 中交二航局	汪成龙、党彦锋、汪学进、刘立中、胡才春、黄河清、刘伟、吴少志、贾雷刚、江超、陈岩松、张国浩、刘振峰、周运雄、王武兵、汪龙军、李向阳	2014.3	
54	ZL2012100906 25.2	一种套杆连接式拉杆千斤顶张拉系统及其张拉方法	发明	中交二航局第四工程有限公司 中交二航局	张鸿、何超然、李宗平、潘桂林、钟永新、曲洪春、李有为、陶圣志、高飞、汤叶帅、王通、尚龙、刘新安、李桂华	2014.3	
55	ZL2013205778 31.6	一种波腹板锁口钢护筒装置	实用新型	中交二航局第四工程有限公司 中交二航局	李宗平、郭佳嘉、李桂华	2014.3	

附录十一

附表11-1　中交二航局四公司科技进步奖获奖项目清单

序号	项目名称	获奖单位	等级	主要完成人	年份	备注
1	悬索桥主缆新型分布传力锚固系统设计施工关键技术研究	四公司	一等	杨志德、何超然、朱其敏、种艾秀、田雨金、刘立海、张翼、夏辉、高阳、胡大元、王辉、郭志飞、鲁信旺、张万、奚林胜	2011	
2	多种类节段箱梁预制及多变跨多类型陆域节段箱梁安装技术研究	四公司	二等	杨志德、何超然、董萌、钟永新、田雨金、高飞、李有为、刘虎、张翠玲、马勇	2011	
3	中央油泵集中供油多点柔性墩顶推施工技术	四公司	二等	张宏武、张俊生、马尚军、张红昌	2011	
4	曲线桥转体施工技术研究	四公司	三等	夏安乐、何旭斌、张六一、胡学成、缪永明	2011	
5	跨海主通航孔连续梁桥台风期施工	四公司	三等	秦体达、孙立军、刘树华、王建勋、马春	2011	
6	移动式施工平台辅助墩身施工技术	四公司南澳大桥	一等	李宗平、方成武、郭强、汪文霞、郭迎荀、陈伟、龙凤文、李拔周、刘洪亮、贺再兴、胡志强、周飞、曾建、李树均、杨森林	2012	
7	悬索桥大型锚碇井施工关键技术研究	四公司马鞍山大桥	一等	杨志德、王德怀、汪成龙、党彦锋、汪学进、刘立中、胡才春、吴少志、贾雷刚、周亚军、张国浩、周运雄、汪龙军、陈沿松、李向阳	2012	

续　表

序号	项目名称	获奖单位	等级	主要完成人	年份	备注
8	变幅式桥面吊机安装支架区钢箱梁关键技术研究	四公司嘉绍大桥	二等	唐衡、何承、彭琳琳、王力、陈宏宝、孙士辉、谢德宽、肖福春、任明富	2012	
9	独柱索塔与"X"型托架异步施工关键技术研究	四公司嘉绍大桥	二等	何承海、唐衡、彭琳琳、王力、许建伦、万金发、张生军、殷力立、黄翔	2012	
10	大直径高精度管片预制自动化流水线技术研究	四公司纬三路	二等	刘杳华、黄金生、陆锦平、周佑斌、张明、魏玉吉	2012	
11	抛石区沉放大直径钢护筒关键技术研究	四公司嘉绍大桥	三等	唐衡、何承海、陈宏宝、彭琳琳、刘辉	2012	
12	强涌潮水域大型单桩独柱基础设施成套技术	四公司嘉绍大桥	三等	何承海、唐衡、彭琳琳、江五四、汪炎	2012	
13	强涌潮水域分幅式四锁面多塔斜拉桥上部结构安装施工关键技术研究	四公司	一等	何承海、唐衡、彭琳琳、罗自立、胡义新、游新鹏、彭成明、彭强、王力、孙士辉、谢德宽、黄翔、张生军、肖福春、杜松	2013	
14	钱塘江涌潮水动力特性研究与基础施工关键技术	四公司	一等	唐衡、何承海、彭琳琳、杨炎华、刘建波、胡义新、王力、孙士辉、谢德宽、黄翔、万金发、殷力立、许建伦	2013	

续 表

序号	项目名称	获奖单位	等级	主要完成人	年份	备注
15	大跨度三塔两跨悬索桥上部结构施工及控制技术研究	四公司	二等	杨志德、王德怀、汪成龙、党彦锋、刘立中、胡才春、杨传辉、张国浩、吴少志、贾雷刚	2013	
16	深水区锁扣钢管桩加钢板桩组合围堰施工技术研究与研究	四公司	二等	赵成立、邹振、许建伦、郭迎苟、赵攀、商哲儒、李冰、张宏刚、张永鑫、周海涛	2013	
17	悬索桥大型锚碇锚体外观质量关键技术研究	四公司	二等	杨志德、王德怀、汪成龙、党彦锋、汪学进、刘立中、胡才春、杨传辉、吴少志、贾雷刚	2013	
18	双钻石型联体桥塔空间四锁面斜拉桥主梁前支点悬浇施工技术研究	四公司	三等	朱其敏、刘崇敬、章文彬、张翼、胡大元	2013	
19	二次张拉低回缩锚固体系竖向预应力钢绞线施工技术研究	四公司	三等	汪晓燕、严登山、刘正、熊小平、赵日全	2013	
20	大直径环氧涂层钢护筒施工技术	四公司	三等	唐启、陈宏宝、郑君礼、康学云、陈巍	2013	

后　　记

《中交二航局第四工程有限公司发展史》是在公司党委和行政的直接领导下，于2014年10月组建编写班子开始编写的。编写过程中，我们查阅档案，广泛收集资料，走访老职工，在听取各方意见的基础上，几易其稿。历经一年半的努力，终于编写完成。

本书以时间为经，以主要工程为纬，以数据和图片做补充，对公司1955年至2015年60年发展史分阶段、按章节进行编写，包括8章52节内容及附录。

编写过程中，我们努力遵循辩证唯物主义和历史唯物主义的基本观点，真实记录公司发展中的重要工程和主要事件，旨在为后人留下一份可借鉴、可佐证的历史资料。

编写过程中，我们参照了《交通部第二航务工程局史》提供的部分资料，得到了安徽师范大学新闻与传播学院陈新平教授，二航局企业文化部施卫锋、周玲同志及四公司历任老领导的指导和帮助，还得到了四公司机关各部室的大力支持，特别是组织部的宋春辉、人力资源部的陈炜、总工办的李桂华、企业策划部的蒋红梅、企业文化部的任婷婷和曾贞，在资料提供上给予了大力支持，在此一并表示感谢。

由于编写水平有限，其疏漏和错误之处在所难免，恳请读者批评指正。

编　者

2016年5月